Peter-Ulrich Wendt
Lehrbuch Soziale Arbeit im Gemeinwesen

Peter-Ulrich Wendt

Lehrbuch
Soziale Arbeit im
Gemeinwesen

Der Autor

Peter-Ulrich Wendt, Dr. disc. pol., ist seit 2009 Professor für Soziale Arbeit an der Hochschule Magdeburg. Von 1983 bis 2009 war er beruflich und ist seitdem ehrenamtlich in verschiedenen Arbeitsfeldern der Sozialen Arbeit tätig. Seit 2012 ist er Landesvorsitzender des Deutschen PARITÄTISCHEN Wohlfahrtsverbandes Sachsen-Anhalt. Seine Arbeitsschwerpunkte sind die Methoden, Professionalisierung und Ethik der Sozialen Arbeit. Website: www.puwendt.de.

Das Werk einschließlich aller seiner Teile ist urheberrechtlich geschützt. Jede Verwertung ist ohne Zustimmung des Verlags unzulässig. Das gilt insbesondere für Vervielfältigungen, Übersetzungen, Mikroverfilmungen und die Einspeicherung und Verarbeitung in elektronische Systeme.

Dieses Buch ist erhältlich als:
ISBN 978-3-7799-6238-0 Print
ISBN 978-3-7799-5540-5 E-Book (PDF)
ISBN 978-3-7799-8062-9 E-Book (ePub)

1. Auflage 2024

© 2024 Beltz Juventa
in der Verlagsgruppe Beltz · Weinheim Basel
Werderstraße 10, 69469 Weinheim
Alle Rechte vorbehalten

Herstellung: Ulrike Poppel
Satz: xerif, le-tex
Druck und Bindung: Beltz Grafische Betriebe, Bad Langensalza
Beltz Grafische Betriebe ist ein klimaneutrales Unternehmen (ID 15985–2104-100)
Printed in Germany

Weitere Informationen zu unseren Autor:innen und Titeln finden Sie unter: www.beltz.de

Inhalt

Vorwort		11

I Einladung ins Gemeinwesen

1	Erste Annäherungen an die Soziale Arbeit im Gemeinwesen	14
	1.1 Ein Zentrum für die Jugend. Was tun, wenn die Mehrheit dagegen ist?	14
	1.2 Grundverständnis Sozialer Arbeit	22
	1.2.1 Lebensbewältigung	22
	1.2.2 Leitprinzipien	23
	1.3 Gebrauchshinweise für dieses Lehrbuch	26

II Grundlagen

2	Begriffliche Klärungen	30
	2.1 Grundlegende Begriffe	30
	2.1.1 Lebenswelt	30
	2.1.2 Netzwerk(e)	31
	2.1.3 Nachbarschaft(en)	32
	2.1.4 Gemeinwesen	33
	2.2 Akteure im Gemeinwesen	38
	2.3 Soziale Arbeit im Gemeinwesen (SAG)	40
	2.4 Anregungen zur Weiterarbeit	41
3	Ein kurzer Ritt durch die Geschichte der Arbeit im Gemeinwesen	42
	3.1 Die Herausbildung von Gemeinwesenarbeit in Deutschland	42
	3.2 Herausbildung einer wohlfahrtsstaatlichen GWA in Deutschland	44
	3.3 Die „wilden Jahre" der alternativen Gemeinwesenarbeit	47
	3.4 Vom Arbeitsprinzip eines Arbeitsfeldes zum Quartiers-/Stadtteilmanagement	50
	3.5 Anregungen zur Weiterarbeit	53
4	Rahmenbedingungen	55
	4.1 „Gutes Leben"	55
	4.2 Vorherrschendes politisches Regime	56

4.3	Marginalisierung als Grundtatsache der Sozialen Arbeit im Gemeinwesen	57
	4.3.1 Verarmung und Segregation	57
	4.3.2 Vernachlässigung ländlicher Räume	61
	4.3.3 Soziale Stadt: Ein Ansatz sozialer Befriedung	63
4.4	Anregungen zur Weiterarbeit	66

5 Aktivierung und Management — 67
- 5.1 Aktivierung durch Gemeinwesenarbeit und Quartiersmanagement — 67
    - 5.1.1 Bewohner*innenorientierte Aktivierung durch Gemeinwesenarbeit — 67
    - 5.1.2 Struktur-orientierte Aktivierung durch Quartiersmanagement — 71
    - 5.1.3 Kooperation von GWA und Stadtteilmanagement — 75
- 5.2 Vernetzen — 76
- 5.3 Anregungen zur Weiterarbeit — 80

III Praxis

6 Verhältnisse und Bedarfslagen verstehen: Gemeinwesen analysieren — 82
- 6.1 Wie kann ein Gemeinwesen verstanden werden? — 82
- 6.2 Verfahren der Gemeinwesenanalyse — 83
    - 6.2.1 Gemeinwesenbegehung — 84
    - 6.2.2 Nadelmethode — 86
    - 6.2.3 Subjektive Landkarten — 87
    - 6.2.4 Gruppenkataster — 88
    - 6.2.5 Fremdbilderkundung und Institutionenbefragung — 88
    - 6.2.6 Sozialfotografie als Medium der Gemeinwesenerkundung — 90
- 6.3 Aktivierende Befragung: Bedarfslagen von Bewohner*innen erkennen — 95
- 6.4 Praxisberatung bedeutet: Akzeptierend verstehen — 100
- 6.5 Anregungen zur Weiterarbeit — 102

7 Auf Bedarfslagen eingehen: mit Zielgruppen arbeiten — 103
- 7.1 Mit welchen Zielgruppen hat Soziale Arbeit im Gemeinwesen zu tun? — 103
    - 7.1.1 Gemeinwesenbezogene Arbeit mit jungen Menschen — 103
    - 7.1.2 Soziale Arbeit mit der Nachbarschaft — 106
    - 7.1.3 Soziale Arbeit mit Älteren im Gemeinwesen — 111

	7.2	Praxisberatung bedeutet: Begleitung anbieten	119
	7.3	Anregungen zur Weiterarbeit	121
8	Maximal flexibel sein: Die Lebenswelt unterstützen		122
	8.1	Was ist Aufsuchende Arbeit?	122
	8.2	Die Straße von „diesen Jugendlichen" freiräumen!	127
	8.3	Praxisberatung bedeutet: Gast sein	133
	8.4	Anregungen zur Weiterarbeit	137
9	Zurückhaltend unterstützen: Engagement fördern		138
	9.1	Was kennzeichnet freiwilliges und ehrenamtliches Engagement?	138
	9.2	Machen! Über Flüchtlingshilfe und Verbesserung sozialer Infrastruktur im ländlichen Raum	141
	9.3	Selbstorganisiertes Arbeiten im dörflichen Gemeinwesen	149
	9.4	Praxisberatung bedeutet: Bewohner*innen coachen	155
	9.5	Anregungen zur Weiterarbeit	157
10	Strukturen verstehen und nutzen: Im kommunalen Setting handeln		160
	10.1	Worin bestehen die Grundlagen kommunaler Politik und Verwaltung?	160
	10.2	„Einmischen!?" – Kommunalpolitik als Handlungsfeld	166
	10.3	Praxisberatung ist: Politisch agieren	173
		10.3.1 Sozialpolitisches System der Gemeinde	174
		10.3.2 Politikfeldanalyse	179
	10.4	Anregungen zur Weiterarbeit	182
11	Teilhabe fördern: Mitgestaltung ermöglichen		184
	11.1	Welche Konzeption der Teilhabe ist für ein Gemeinwesen bedeutsam?	184
	11.2	Diskursgestützte Verfahren der Teilhabeförderung	186
		11.2.1 Bürgerrat	187
		11.2.2 Zukunftswerkstatt	188
		11.2.3 Zukunftskonferenz	190
		11.2.4 World Café	192
		11.2.5 Open Space Technique	194
		11.2.6 Dynamic Facilitation	196
		11.2.7 Weitere diskursgestützte Verfahren	197
	11.3	Erfahrungsgestützte Verfahren der Teilhabeförderung	201
		11.3.1 Appreciative Inquiry	201
		11.3.2 Dragon Dreaming	202

11.3.3	Planspiel	204
11.4	Praxisberatung bedeutet: Moderieren	207
11.5	Anregungen zur Weiterarbeit	208

12 Druck machen: In den Konflikt gehen — 210
- 12.1 Was haben Macht und Konflikt mit der Sozialen Arbeit zu tun? — 210
- 12.2 Mit Macht umgehen: Community Organizing — 212
  - 12.2.1 Macht als Mittel — 213
  - 12.2.2 Organisierung im Gemeinwesen — 214
  - 12.2.3 Praxis im Gemeinwesen — 217
- 12.3 Zugespitzt: Transformative Community Organizing. Eine zeitgemäße Form einer Sozialen Arbeit im Gemeinwesen? — 222
  - 12.3.1 Vom liberalen zum transformativen Community Organizing — 222
  - 12.3.2 TCO und GWA — 224
  - 12.3.3 Die Rothe Ecke – Ein Musterbeispiel — 225
  - 12.3.4 Fazit und Ausblick — 226
- 12.4 Praxisberatung ist: Organisieren im Hintergrund — 227
- 12.5 Anregungen zur Weiterarbeit — 228

13 Sichtbarkeit herstellen: Transparenz ermöglichen — 229
- 13.1 Was bedeutet es, in und an der Öffentlichkeit eines Gemeinwesens zu arbeiten? — 229
  - 13.1.1 Medienöffentlichkeit herstellen: Formelle Öffentlichkeitsarbeit leisten — 230
  - 13.1.2 Informell öffentlich arbeiten: Öffentlichkeit unmittelbar beeinflussen — 232
  - 13.1.3 Themen- und Versammlungsöffentlichkeit herstellen: Aktionen durchführen — 235
- 13.2 Mobile Jugendarbeit am exklusiven Ort — 237
- 13.3 Sichtbar werden, Kampagnen durchführen — 245
- 13.4 Praxisberatung ist: Kooperation koordinieren — 250
- 13.5 Anregungen zur Weiterarbeit — 252

14 Grundlagen bestimmen: Professionell im Gemeinwesen arbeiten — 254
- 14.1 Worin besteht die professionelle Funktion von Praxisberater*innen? — 254
  - 14.1.1 Rolle der Praxisberater*innen: Parteiergreifende Teilhabeförderung — 254
  - 14.1.2 Haltung der Praxisberater*innen — 256
  - 14.1.3 Kompetenzen und Arbeitsformen der Praxisberatung — 257
- 14.2 Praxisberater*innen als Akteure im politischen Feld — 258

7.2	Praxisberatung bedeutet: Begleitung anbieten	119
7.3	Anregungen zur Weiterarbeit	121

8 Maximal flexibel sein: Die Lebenswelt unterstützen 122
- 8.1 Was ist Aufsuchende Arbeit? 122
- 8.2 Die Straße von „diesen Jugendlichen" freiräumen! 127
- 8.3 Praxisberatung bedeutet: Gast sein 133
- 8.4 Anregungen zur Weiterarbeit 137

9 Zurückhaltend unterstützen: Engagement fördern 138
- 9.1 Was kennzeichnet freiwilliges und ehrenamtliches Engagement? 138
- 9.2 Machen! Über Flüchtlingshilfe und Verbesserung sozialer Infrastruktur im ländlichen Raum 141
- 9.3 Selbstorganisiertes Arbeiten im dörflichen Gemeinwesen 149
- 9.4 Praxisberatung bedeutet: Bewohner*innen coachen 155
- 9.5 Anregungen zur Weiterarbeit 157

10 Strukturen verstehen und nutzen: Im kommunalen Setting handeln 160
- 10.1 Worin bestehen die Grundlagen kommunaler Politik und Verwaltung? 160
- 10.2 „Einmischen!?" – Kommunalpolitik als Handlungsfeld 166
- 10.3 Praxisberatung ist: Politisch agieren 173
  - 10.3.1 Sozialpolitisches System der Gemeinde 174
  - 10.3.2 Politikfeldanalyse 179
- 10.4 Anregungen zur Weiterarbeit 182

11 Teilhabe fördern: Mitgestaltung ermöglichen 184
- 11.1 Welche Konzeption der Teilhabe ist für ein Gemeinwesen bedeutsam? 184
- 11.2 Diskursgestützte Verfahren der Teilhabeförderung 186
  - 11.2.1 Bürgerrat 187
  - 11.2.2 Zukunftswerkstatt 188
  - 11.2.3 Zukunftskonferenz 190
  - 11.2.4 World Café 192
  - 11.2.5 Open Space Technique 194
  - 11.2.6 Dynamic Facilitation 196
  - 11.2.7 Weitere diskursgestützte Verfahren 197
- 11.3 Erfahrungsgestützte Verfahren der Teilhabeförderung 201
  - 11.3.1 Appreciative Inquiry 201
  - 11.3.2 Dragon Dreaming 202

11.3.3	Planspiel	204
11.4	Praxisberatung bedeutet: Moderieren	207
11.5	Anregungen zur Weiterarbeit	208

12 Druck machen: In den Konflikt gehen — 210

- 12.1 Was haben Macht und Konflikt mit der Sozialen Arbeit zu tun? — 210
- 12.2 Mit Macht umgehen: Community Organizing — 212
  - 12.2.1 Macht als Mittel — 213
  - 12.2.2 Organisierung im Gemeinwesen — 214
  - 12.2.3 Praxis im Gemeinwesen — 217
- 12.3 Zugespitzt: Transformative Community Organizing. Eine zeitgemäße Form einer Sozialen Arbeit im Gemeinwesen? — 222
  - 12.3.1 Vom liberalen zum transformativen Community Organizing — 222
  - 12.3.2 TCO und GWA — 224
  - 12.3.3 Die Rothe Ecke – Ein Musterbeispiel — 225
  - 12.3.4 Fazit und Ausblick — 226
- 12.4 Praxisberatung ist: Organisieren im Hintergrund — 227
- 12.5 Anregungen zur Weiterarbeit — 228

13 Sichtbarkeit herstellen: Transparenz ermöglichen — 229

- 13.1 Was bedeutet es, in und an der Öffentlichkeit eines Gemeinwesens zu arbeiten? — 229
  - 13.1.1 Medienöffentlichkeit herstellen: Formelle Öffentlichkeitsarbeit leisten — 230
  - 13.1.2 Informell öffentlich arbeiten: Öffentlichkeit unmittelbar beeinflussen — 232
  - 13.1.3 Themen- und Versammlungsöffentlichkeit herstellen: Aktionen durchführen — 235
- 13.2 Mobile Jugendarbeit am exklusiven Ort — 237
- 13.3 Sichtbar werden, Kampagnen durchführen — 245
- 13.4 Praxisberatung ist: Kooperation koordinieren — 250
- 13.5 Anregungen zur Weiterarbeit — 252

14 Grundlagen bestimmen: Professionell im Gemeinwesen arbeiten — 254

- 14.1 Worin besteht die professionelle Funktion von Praxisberater*innen? — 254
  - 14.1.1 Rolle der Praxisberater*innen: Parteiergreifende Teilhabeförderung — 254
  - 14.1.2 Haltung der Praxisberater*innen — 256
  - 14.1.3 Kompetenzen und Arbeitsformen der Praxisberatung — 257
- 14.2 Praxisberater*innen als Akteure im politischen Feld — 258

	14.2.1 Teilhabe praktizierende Praxisberatung	259
	14.2.2 Reklam!eren! Interessen bündeln und gemeinsam laut werden	260
14.3	Praxisberatung ist: Solidarisierendes Lobbying	266
14.4	Arbeitsaufgabe	268
14.5	Anregungen zur Weiterarbeit	268

IV Handlungsgestaltung

15	Soziale Arbeit im Gemeinwesen: In der Arena handeln	272
	15.1 Eine (eher kurze) Zusammenführung	272
	15.2 Sich einmischen!	275
	15.3 In der Arena: Soziale Arbeit als Navigation	281
	15.3.1 Den Standort bestimmen	287
	15.3.2 Herangehensweisen und Wege klären	289
	15.3.3 In der Arena handeln	291

Literatur   296

Vorwort

Mein Enkel Leonard hat mir ein Buch geschenkt: „Opa erzähl doch mal" – eine Aufforderung, ihm in mehr als 150 Fragen etwas über mein Leben und die Zeit zu berichten, in der ich aufgewachsen bin. Eine Frage lautet sinngemäß, was sich in der Zeitspanne, auf die ich zurückschauen kann, verändert habe.

Fachlich gesprochen (und hierum geht es ja in diesem Lehrbuch) zielt die Frage auf den gesellschaftlichen Wandel ab, der sich in den zurückliegenden Jahrzehnten ereignet hat und den ich miterlebt habe. Ich werde Leonard also schreiben, dass sich dieser Wandel vor allem vor Ort, in der Lebenswirklichkeit von Menschen (d. h. in *ihrem Gemeinwesen*), abbildet, z. B. dann, wenn der Inhaber der alteingesessenen Bäckerei deren Schließung bekanntgibt, weil er die erhöhte Miete nicht mehr zahlen kann, die der neue Eigentümer des Hauses verlangt. Vielleicht ist es ein neues Bauschild, das den Wandel ankündigt, weil die kleine Straße zu einer großzügig ausgebauten Trasse umgestaltet wird, die das Wohngebiet in zwei Teile zerschneiden wird, oder es ist die Buslinie, die das Dorf bislang wenigstens dreimal mit der Kreisstadt verbunden hat, nun aber aus Gründen „unzureichender Rentabilität" eingestellt wird. Es mag auch sein, dass sich der Wandel in der Verringerung der Sozialwohnungen im Wohngebiet zeigt, die nun verkauft werden (können), weil nach 25 oder 30 Jahren die Sozialbindung ausgelaufen ist. Der soziale Wandel erzeugt viele Wirkungen, die ein Gemeinwesen verändern, in seiner Entwicklung belasten und begünstigen können. Diese Wirkungen sind für die *Praxisberatung* von Bedeutung, um die es in diesem Lehrbuch geht, denn Soziale Arbeit im Gemeinwesen ist, wie sich zeigen wird, Praxisberatung. Drei Hinweise möchte ich gleich zu Beginn dieses Lehrbuches gegeben haben:

1. Wer Soziale Arbeit im Gemeinwesen mit dem Anspruch betreiben möchte, dort etwas *für* Menschen zu tun (und sei es „etwas Gutes"), der/die möge dieses Lehrbuch bitte gleich wieder zur Seite legen. Soziale Arbeit, das sei vorweggenommen, hat mit einem solchen Verständnis von Hilfe(leistung) nichts zu tun. Sie ist *Unterstützung* von Menschen in ihrem Gemeinwesen, die Fachkräfte der Sozialen Arbeit als Praxisberater*innen anbieten. Praxisberater*innen sind, wie zu zeigen sein wird, einerseits respektlose, andererseits zurückhaltende Menschen.
2. Leser*innen dieses Lehrbuchs sollten sich auch rasch von der Hoffnung befreien, es könne eine Handlungsanleitung darstellen, wie Soziale Arbeit im Gemeinwesen „gemacht" wird. Das weiß ich nicht, obwohl ich seit über 40 Jahren in Gemeinwesen (sehr überwiegend beruflich) gearbeitet habe. Dieses Lehrbuch ist vielmehr eine *Collage*, was Soziale Arbeit im Gemeinwesen

leisten kann; die Entscheidung, was dort tatsächlich getan wird, das kann nur die/der einzelne Praxisberater/in vor Ort beurteilen. Und dieses Lehrbuch ist zudem auch noch unvollständig; ich habe auswählen, die Darstellung fokussieren müssen. Das kann mir den Vorwurf mangelnder Gründlichkeit einbringen – dann sei's drum, es lässt sich nicht vermeiden, Lücken entstehen zu lassen, die die Leser*innen selbst schließen werden, indem sie weiterarbeiten, recherchieren, sich selbst ein Urteil bilden.

3. Dieses Lehrbuch argumentiert absichtlich *eklektisch* (d. h. aus bereits Vorhandenem auswählend) – und das wird theoretische Purist*innen in der Disziplin (vielleicht auch in der Profession) Soziale Arbeit nerven, provozieren oder (auch) anregen, nachzudenken über die Soziale Arbeit im Gemeinwesen, die keinem methodischen Zwang unterliegt, in einer bestimmten Art und Weise erbracht zu werden. Eklektisch zu handeln wird gelegentlich als Vorwurf gebraucht: das Zusammentragen verschiedener Materialien, Quellen oder Daten sei nicht systematisch, zufällig bzw. theorielos oder sogar stillos. Das mag für andere Zusammenhänge (vielleicht) gelten, nicht aber für die Soziale Arbeit: Hier ist reflektierte Eklektik zwingend, um der vielfältigen Lebenswelt ihrer Zielgruppen (und damit deren alltäglicher „Wirklichkeit") gerecht werden zu können, ohne systematisch formulierte Schubladenlösungen zu praktizieren. Soziale Arbeit folgt vielmehr einer systematischen Intuition, die – als unbewusstes Erfahrungswissen – unterschiedliche theoretische Zugänge, Konzepte, Methoden und Verfahren angemessen, also: eklektisch auf einen Fall anzuwenden versteht (vgl. Wendt 2021a: 422 ff.).

Sollten diese Hinweise beachtet werden, dann kann es meines Erachtens nicht schiefgehen mit der Sozialen Arbeit im Gemeinwesen.

Dass die dazu angestellten Überlegungen möglich wurden, hat mit einigen Mitstreiter*innen zu tun. So danke ich den Verfasser*innen der Gastbeiträge – *Siegfried Müller, Karl-Heinz Braun, Matthias Elze, Josefine Heusinger, Florian Nägele, Ulf Neumann, Ellen Reck-Neumann, Winfried Pletzer, Christopher Grobys, Simon Fregin, Melissa Manzel, Michael Bertram* und *Tilman Kloss* – für ihre hilfreiche fachliche Unterstützung. Für die kritische redaktionelle Begleitung geht besonderer Dank an *Elke Petersen-Wendt* und *Romy Voigt*, die mit viel Aufmerksamkeit und Geduld die Entstehung des finalen Textes gefördert haben. Und ohne die wertvolle Motivationshilfe, sein Verständnis für die (auch coronabedingte) verzögerte Vorlage des Manuskripts, seine fachliche Begleitung und sein Lektorat wäre dieses Buch nicht mehr zustande gekommen – herzlichen Dank dafür, lieber *Konrad Bronberger* vom Verlag Beltz Juventa!

Northeim, im November 2023
Peter-Ulrich Wendt

I Einladung ins Gemeinwesen

1 Erste Annährungen an die Soziale Arbeit im Gemeinwesen

In diesem Lehrbuch ist von *Gemeinwesen* die Rede. Darunter wird – zunächst noch allgemein ausgeführt – ein sozialer Ort verstanden, der geografisch gesehen (im städtischen Raum) ein Stadtteil oder (im ländlichen Raum) ein Dorf sein kann. In diesem Ort sind Menschen durch Kommunikation und Handeln verbunden.

Ein solches Gemeinwesen ist (zwischen Regensburg in der Oberpfalz und Nürnberg in Mittelfranken gelegen) die Stadt Neumarkt. Mit ihren rund 40.000 Einwohner*innen ist sie die viertgrößte Stadt in der Oberpfalz, wird aber regional der Metropolregion Nürnberg (Franken) zugeordnet. *Siegfried Müller*[1] beschreibt in seinem nachstehenden Gastbeitrag, wie er (mit dem Fokus auf Kinder und Jugendliche) Soziale Arbeit im Gemeinwesen in Neumarkt entwickelt hat. Seine Schilderung erlaubt anschließend zu klären, was deren zentrale Aspekte sind (und wie sie in diesem Lehrbuch behandelt werden):

1.1 Ein Zentrum für die Jugend. Was tun, wenn die Mehrheit dagegen ist?

Ein Erfahrungsbericht von Siegfried Müller

Ja, ja, die Jugend! Alte Herren schwelgen mitunter gut gelaunt in nostalgischen Erinnerungen. Ein ums andere Mal wird dabei mit stolzem Brustton von so manchem verwegenen „Husaren-Ritt" berichtet und damit ein unvergessliches Ereignis aus der eigenen Jugend markiert, was im höchsten Maße anerkennenswert sein muss – und den Wert des Erzählenden in jedem Fall steigern soll! Ja – damals! Das waren noch Zeiten. Verwegen, mit Mumm und Enthusiasmus hoben sie die Welt aus den Angeln ... Erstaunlich ist nur, dass die gleichen Herren – und meist sind es meines Erachtens Herren – engagierte junge Leute, wie jene, bei „Fridays for future", als Schulschwänzer und Drückeberger bezeichnen, die man

---

[1] *Siegfried Müller*, Diplom-Sozialpädagoge, nahm von 1985 bis 2022 die Leitung verschiedener sozialer Einrichtungen wahr und war in den Arbeitsfeldern Abenteuerspielplatz, Jugendarbeit, Jugendverbandsarbeit, Sonderhort und von 2001 bis 2022 in der Jugendarbeit der Stadt Neumarkt tätig. Politische Bildung, Gemeinwesenarbeit, Spiel- und Theater sowie Kunst-, Kultur- und Medienpädagogik waren seine Schwerpunkte, seit März 2022 ist er im Ruhestand. Kontakt: muellersg@arcor.de.

nicht ernst nehmen kann. So oder zumindest ähnlich erging es uns Anfang der 2000er Jahre in Neumarkt.

„Du brauchst deine Koffer gar nicht erst auszupacken! Das, was du da vorhast (gemeint war der Bau eines Jugendzentrums), das wird es bei uns nicht geben!" Ähnliche Sätze hörte ich zu jener Zeit immer wieder. Das kam nicht nur aus den Reihen des Stadtrates oder der Verwaltung, sondern auch von dem ein oder anderen Bürger auf der Straße. Fast 22 Jahre danach ist es letztlich ganz anders gekommen als viele gedacht haben. Das ungeliebte Kind Jugendarbeit ist in Neumarkt langsam erwachsen geworden. Das Jugendbüro wurde ein eigenständiges Amt in der Stadtverwaltung und das „G6 – Haus für Jugend, Bildung und Kultur" wurde die zentrale Einrichtung der Jugendarbeit mit mehr als 60 meist eigenständigen Gruppen, 130 bis 150 Veranstaltungen im Jahr und vor Corona kamen jährlich zwischen 45.000 und 50.000 Besucher*innen in die Einrichtung. Es wurde eine feste Größe in der Bildungs- und Kulturlandschaft der Stadt, bei dessen Maßnahmen sich regelmäßig bis zu 160 Menschen im Jahr ehrenamtlich einbringen. Wie aus einer scheinbaren Unmöglichkeit dennoch ein im Gemeinwesen fest verankertes Haus für Jugend, Bildung und Kultur in Neumarkt entstehen konnte, ist Gegenstand der folgenden Betrachtung. Dabei ist mir wichtig, festzuhalten, dass dies lediglich eine Betrachtung sein kann, die sich speziell auf die Entwicklung in Neumarkt bezieht. Es liegt mir fern, daraus allgemeingültige Empfehlungen abzuleiten. Jede Infrastruktur braucht eigene Analysen und darauf aufbauende Lösungsansätze. Hier kann lediglich aufgezeigt werden, was und wie wir in Neumarkt geplant und gehandelt haben und welche Schlüsse wir daraus ziehen.

Ein Rheinländer in Bayern
Zugegeben, als ich im Juni 2000 meinen Dienst bei der Stadt Neumarkt als Jugendpfleger und Leiter des Jugendbüros begann, waren die Vorzeichen nicht gerade optimal. Weder kannte ich die Stadt noch die Region Oberpfalz. Mentalität und ortsübliche Gebräuche waren mir fremd und so ähnlich muss es den Neumarktern mit mir, dem Rheinländer, auch gegangen sein. Nach acht Jahren als Leiter eines sonderpädagogischen Hortes in einer Obdachlosensiedlung beim Jugendamt in Nürnberg wollte ich endlich wieder in die Jugend- und Jugendbildungsarbeit zurück, dahin, wo ich meine berufliche Heimat sah. Und Neumarkt suchte einen neuen Leiter für das Jugendbüro der Stadt. Das war doch schon einmal ein Anfang! „Na, Breiss, schaffst fünf Maß?"[2] war die wenig zuversichtlich klingende Frage eines Stadtrates bei meinem ersten Volksfestbesuch. Der Oberbürgermeister hatte mich zum Treffen der Stadträte beim Volksfest eingeladen, um ihnen die Gelegenheit zu geben, den Neuen kennenzulernen – und dem gegebenenfalls mal auf den Zahn zu fühlen! Da habe ich wohl kläglich versagt, mehr als

---

2   Als Rheinländer war ich für die meisten Neumarkter „a Breiss" (ein Preuße). Eine Maß (Maßkrug) ist ein Gefäß aus Stein oder Glas, das einen ganzen Liter Bier fasst.

zwei Maß konnte und wollte ich nicht trinken. Doch war ich mit allen ins Gespräch gekommen und hatte auch fast alles verstanden, was für einen hochdeutsch sprechenden Rheinländer nicht so einfach ist. Wichtig war nur, sie konnten sehen, dass ich mich um sie und ihre Denkweisen bemühe, auch wenn ich nicht immer mit ihnen übereinstimmen konnte.

Zu dieser Zeit standen mir mit einem Sozialpädagogen, der einen kleinen Jugendtreff betreute, und einem Heilerziehungspfleger, der als Streetworker mit Mitteln vom Arbeitsamt finanziert wurde, zwei pädagogische Fachkräfte zur Seite, die sechs Monate zuvor ebenfalls ganz neu in diesem Arbeitsfeld angekommen waren. Deshalb sahen wir anfangs, neben einer fundierten Sozialraumanalyse, die den Bedarf eines Zentrums für die Jugend klar erkennen ließ, als unsere wichtigste Aufgabe, den Kontakt zu möglichst vielen Menschen in Neumarkt zu suchen und ihnen zuzuhören! Es galt herauszufinden, wie und was denken und fühlen die Neumarkter und was macht ihnen beim Thema Jugendarbeit so große Angst.

In vielen Gesprächen gab es immer wieder den Hinweis auf das legendäre „KOMM" in Nürnberg, wo es in der Vergangenheit deutschlandweit beachtete Auseinandersetzungen zwischen Polizei und jugendlichen Besucher*innen gegeben hatte. Es schien eine kollektive Furcht im Raum, dass mit einem Jugendzentrum „sämtliche Chaoten" aus der gesamten Region von Nürnberg bis Regensburg nach Neumarkt eingeladen werden, um dann die beschauliche Kleinstadt zu verwüsten. Deshalb brauchte es, so die herrschende Meinung, gar kein Jugendzentrum, zumal in der Stadt und im Landkreis ein äußerst reges Vereinsleben existierte. Für uns galt es, diese Stimmung ernst zu nehmen, ohne den Auftrag des SGB VIII, dem Kinder- und Jugendhilfegesetz (KJHG), zu vernachlässigen. Wir stellten uns die Frage, was müssen wir tun, um möglichst vielen Neumarktern einen eigenen subjektiven Zugang zur Jugendarbeit zu öffnen? – weg von dem Gedanken, dass Jugendarbeit nur etwas für Bedürftige ist, also nichts für den Normalbürger und seine Kinder! Bei einer stark mittelschichtorientierten Kleinstadt schien uns der Zugang über Bildung und Kultur am naheliegendsten – nur eben anders, als bisher gewohnt.

Verantwortungsträger und Meinungsbilder
Als nächsten Schritt suchten wir nach Verantwortungsträgern*innen, die wir für die Grundsätze des KJHG interessieren konnten. Dabei war es für uns und die Jugendarbeit der Stadt zweifellos ein großer Glücksfall, dass Elfriede Meier, die vom Oberbürgermeister als „Jugendbeauftragte" bestimmt worden war und aus der CSU-Mehrheits-Fraktion des Stadtrates kam, sich in erster Linie nicht als Parteifrau sah, was wir zunächst befürchtet hatten, sondern tatsächlich mit Herz und Leidenschaft die Jugendarbeit unterstützen wollte. Sie tat dies, obwohl sie nicht selten aus den eigenen Reihen und vor allem aus den Reihen der politischen Konkurrenz verschmäht, angefeindet und mitunter verunglimpft wurde. Ohne ihre

Standhaftigkeit und gelebte Solidarität mit den Mitarbeiter*innen der Jugendarbeit wäre die Entwicklung, wie wir sie in Neumarkt hatten, so nicht möglich gewesen. Die öffentliche Anerkennung und Wertschätzung ihres Schaffens kam allerdings erst viele Jahre später. Im Dezember 2021 wurde Elfriede Meier mit der Goldenen Stadtmedaille für ihre 25-jährige ehrenamtliche Tätigkeit ausgezeichnet.

In der Laudatio des Oberbürgermeisters wurde vor allem ihr unerschütterliches Engagement für die Jugendarbeit der Stadt Neumarkt hervorgehoben. Es war uns gemeinsam gelungen, eine Allianz in gegenseitigem Nutzen entstehen zu lassen. Als Jugendpfleger konnte ich ihr nahebringen, dass Jugendarbeit im Sinne des KJHG zu einem erheblichen Maße Bildungsarbeit bedeutet, sich an allen Jugendlichen auszurichten hat und nicht, wie in großen Teilen der Verwaltung, des Stadtrates und der Bevölkerung angenommen, ausschließlich für Problem- und Randgruppen gemacht wird. Auch war es aus meiner Sicht von erheblicher Wichtigkeit, dass ich als Jugendpfleger die „Deutungshoheit" über die gesetzlichen und fachlichen Belange der Jugendarbeit in der Stadt erlangen konnte. Nur so war es möglich, die politischen Entscheidungsträger zu beraten und was noch viel wichtiger ist, dass sie mich zu Rate zogen, so wie Elfriede Meier dies vor allen Stadtrats-, Verwaltungssenats- oder auch Bausenats-Sitzungen tat. Bald waren wir ein eingespieltes Team, das auch während der Sitzungen in der Lage war, sich gegenseitig die Bälle zuzuschieben.

So war sie als ehrenamtliche und fachfremde Stadträtin dennoch in den allermeisten Fällen in der Lage, fachlich fundierte Stellung zu beziehen, was ihr mehr und mehr den Respekt ihrer Stadtratskolleg*innen einbrachte. Andererseits sorgte sie als Jugendbeauftragte und stadtbekannte Frau des größten Bratwurstbudenbesitzers, die noch dazu Stimmenkönigin ihrer Partei bei den Kommunalwahlen wurde, dass ich als Jugendpfleger über die Sitzungen des Stadt- oder Verwaltungssenates direkten Kontakt zu den Menschen in den Fraktionen bekam. Auch nutzte sie jede Gelegenheit, wie etwa die Weihnachts-Sitzungen des Stadtrates, mich Neumarkter Persönlichkeiten und den Repräsentanten Neumarkter Firmen und der Geschäftswelt persönlich vorzustellen und für Projekte und Sponsoren erfolgreich zu werben – ein Umstand, der später mehrfach dazu führte, dass Firmen-Chefs sich persönlich einsetzten, um Belange der Jugendarbeit zu unterstützen und Hemmnisse aus Verwaltung und/oder Politik zu beseitigen.

Neben dieser gesellschaftspolitischen Offensive war es für uns wichtig, die örtlichen Vereine und Verbände zu kontaktieren und deutlich zu zeigen, dass wir uns als Kooperationspartner und Unterstützer der Vereine sehen und nicht als Konkurrenten auf der Spielfläche erscheinen. Die ersten, die sich öffneten, waren die Jugendvertreter der katholischen und evangelischen Jugend in Neumarkt. Hier entwickelten sich gleich am Anfang zahlreiche gemeinsame Veranstaltungen. Wir begannen mit gemeinsamen Theaterworkshops, gefolgt von einem großen jährlichen überkonfessionellen und unorthodoxen „Rock-

Gottesdienst", der zu gesellschaftspolitischen Themen kritisch Stellung nahm und bei dem oft mehr als 1.000 Besucher*innen in der Arena des Landesgartenschau-Geländes (LGS-Park) interaktiv teilnahmen. Die städtische Jugendarbeit veränderte merklich und für alle Seiten gewinnbringend das Profil der Maßnahmen traditioneller Verbände. Bei einer anderen gemeinsamen Veranstaltung, der „Mystischen Nacht", die in zahlreichen Gebäuden in der ganzen Innenstadt durchgeführt wurde, gelang es uns, zwei angesehene Frauen zu gewinnen, die die „Schirmherrschaft" dieser Veranstaltung übernahmen. Einerseits war das Hildegard Karl, die Ehefrau des Oberbürgermeisters und Kirchenvorstand der evangelischen Kirche, andererseits war das Hemma Ehrnsperger, die Chefin der Lammsbrauerei (der ersten Bio-Brauerei in Deutschland, ausgezeichnet mit dem Bundes-Umwelt-Preis), die die katholische Seite Neumarkts repräsentierte. Mit ihr unterhielt ich mich nach dem Ende der Veranstaltung noch zwei weitere Stunden zum Thema Jugendarbeit im Kontext gesellschaftlicher Entwicklungen und der Idee einer Verknüpfung von Freizeit, Bildung und Kultur. Als wir dann ein Jahr später den Förderverein „Haus für Jugend, Bildung und Kultur" ins Leben riefen, sagte sie mir auf meine Anfrage sofort und ohne Zögern zu, den Vorsitz im Förderverein zu übernehmen. Ihr Argument war: „Ich bin vom Saulus zum Paulus geworden! Ich habe früher immer gesagt, wir brauchen in Neumarkt kein Jugendzentrum! Unser Gespräch damals hat mir die Augen geöffnet, ich wusste ehrlicherweise vorher nicht wirklich, was eine Jugendarbeit im Sinne des Kinder- und Jugendhilfegesetzes bedeutet. Und so wie ich dachte, so denken noch viele Neumarkter! Deshalb bin ich bereit, mich an die Spitze des Fördervereins zu stellen – für alle sichtbar!" Dieses Versprechen hat sie 18 Jahre lang eingehalten, bevor sie jetzt im April 2022 im Alter von 72 Jahren das Amt weitergegeben hat. Sie organisierte Benefiz-Veranstaltungen und nahm aktiv Einfluss auf Politik und Wirtschaft. Alleine der Förderverein hat in den letzten Jahren mehr als 150.000 Euro in das G6 investiert. Die aktive Lobbyarbeit der Mitglieder ist unbezahlbar!

Ähnlich, was die Jugendreferentin Elfriede Meier auf der politischen Ebene für die Jugendarbeit tat, machte Hemma Ehrnsperger nun auf der Ebene in den Reihen der Wirtschaft. Die Firmenchefs der größten Neumarkter Firmen, die größtenteils noch in Familienbesitz waren/sind, sprachen sich auf ihre Initiative öffentlich für die Schaffung eines Jugend- und Kulturzentrums aus. „Wenn die das sagen, dann kann das so verkehrt ja nicht sein! ..." gab so mancher Stadtrat nun zu bedenken. Auf die Initiative von Hemma Ehrnsperger hin meldeten sich Vertreter des Lions- und auch des Rotary-Clubs beim Jugendbüro, um anzufragen, ob es bei uns Projekte gebe, die sie fördern könnten. Mit Unterstützung der damaligen Agenda 21-Beauftragten im Stadtrat, Ruth Dorner, wurde ein Jugend-Forum in der Kleinen Jura-Halle initiiert, aus dem der „Arbeitskreis Jugendzentrum" schließlich entstehen konnte. In ihm engagierten sich mehr als 200 Personen jeden Alters.

Hier entwickelte sich das Konzept einer kulturpädagogischen Jugendeinrichtung mit einem generationsübergreifenden Ansatz. Jung und Alt wollten gemeinsam ein Haus für die Jugend dieser Stadt! Freizeit, Bildung und Kultur sollten miteinander verknüpft werden und dies wurde eindrucksvoll demonstriert, indem alle gemeinsam wiederholt in den Stadtratssitzungen erschienen – sittsam, doch wurden eigene Vorstellungen der Jugendlichen stets selbstbewusst vorgetragen und vertreten. Das machte Eindruck! Wollte man anfangs allenfalls ein paar Holzleim-Binder einer alten Tennishalle zur Verfügung stellen, die eventuell mit ein paar Containern ergänzt werden könnten, stellte der Fraktionsvorsitzende der CSU bei einer wenige Wochen später stattfindenden Klausurtagung erstmals eine Summe von einer Million Euro zum Antrag. Das war sicher bei weitem noch nicht genug, doch dies markierte eine deutliche Wende in der Entwicklung dieses Projektes. Die Mehrheiten begannen sich zu verschieben, auch wenn der Oberbürgermeister mich mit den Worten verabschiedete: „Das wird Ihnen noch einmal leidtun!" Kuragiert auftretende Jugendliche, unterstützt von den sogenannten „Alten" und prominente Persönlichkeiten hatten sich zu einer Allianz formiert, die scheinbar in der Lage war, öffentliche Meinungsbilder zu beeinflussen. Allmählich gab es immer mehr Menschen, die einen gesellschaftspolitischen Vorteil in dieser Entwicklung für Neumarkt sahen.

Netzwerke bilden
Neben den Verbänden sind für uns von Anfang an die Schulen, soziale Einrichtungen, Firmen und Gremien wichtige Adressaten eines wirkungsvollen Netzwerkes für die Jugendarbeit. Projekte wie die „Schulübergreifenden Theatertage", „G6-TV – Jugend macht Fernsehen", „Schul-Band-Festivals" oder „Poetry-Slam für Schulen" zeigen deutlich, wie unsere Jugendarbeit über Schulgrenzen hinweg, Maßnahmen gemeinsam mit unterschiedlichen Schularten entwickelt und insbesondere Formen psychosozialen Lernens in den Mittelpunkt stellt. Aber auch Projekte mit einzelnen Schulen wie den Aufbau von Theatergruppen in den Mittelschulen, die Gestaltung der Außen-Fassade des „G6" mit dem Willibald-Gluck-Gymnasium, die Schaffung eines „Skulpturen-Gartens" mit einzelnen Grundschulen, die Mosaik-Gestaltung von Innenräumen mit der Mädchenrealschule … zeigen beispielhaft die Stärken einer kulturpädagogisch orientierten Jugendarbeit, von dessen Methoden und Ergebnissen dann auch die Schulen profitieren. Uns war dabei stets wichtig, dass all diese Projekte für die teilnehmenden Kinder und Jugendlichen erfolgreich abgeschlossen werden und stets eine öffentliche Präsentation erfolgte.

Öffentliche Achtung und Beachtung hilft, so unser Credo, Kinder und Jugendliche stark zu machen und vermittelt ihnen, dass sie wertvoll sind. Damit sind auch automatisch die Eltern, Lehrer und die beteiligten Schulen und Institutionen wertvoll und finden Beachtung! Ähnliche Projekte liefen und laufen auch mit Firmen und ihren Auszubildenden. Stets leitet uns das Prinzip des

Win-Win-Denkens. Auch suchten wir von Anfang an einen engen Kontakt zu den Printmedien sowie zu Radio und Fernsehen. In den letzten Jahren kamen dann noch die sozialen Medien hinzu, was Anfang der 2000er Jahre jedoch noch keine Rolle spielte. Dafür gab es in den Anfangsjahren mit einem Redakteur einer regionalen Tageszeitung eine „G6-Redaktions-Gruppe", die monatlich eine ganze Jugendseite mit ihren eigenen Themen präsentieren konnte. Alle Akteure in dieser Gruppe waren auch im Arbeitskreis Jugendzentrum aktiv, was sich merklich auf die Themenwahl auswirkte.

Jugendarbeit als Gesamtpaket
Der Leitgedanke, dass Projekte der Jugendarbeit erfolgreich verlaufen und Kinder und Jugendliche dadurch in ihrer Persönlichkeit gestärkt werden, ist ein Image, das meines Erachtens für die Umsetzung von Maßnahmen der Jugendarbeit enorm förderlich ist. Das trifft auch für die Angebote in den Ferien zu. Seit 2001 werden in Neumarkt die Ferienmaßnahmen als kultur- und sozialpädagogisch begleitete Angebote durchgeführt. Sie widmen sich einem Thema und werden über eine sozialpädagogisch betreute Gruppenarbeit mit jeweils zwei festen Betreuer*innen umgesetzt. Wir legen besonderen Wert auf psychosoziales Lernen in der Gruppe, das zunehmend auch in den Kooperationen mit den Schulen an Bedeutung gewinnt. 2001 konnte z. B. mit dem Thema Zirkus das neue Konzept der Ferienbetreuung mit einem Paukenschlag begonnen werden. Der Zirkusdirektor des Zirkus Sambesi hatte sein wunderschönes Zelt, das große Ähnlichkeit mit dem Zirkuszelt von Roncalli hat, zur Verfügung gestellt und die Kinder präsentierten am Ende vor einer staunenden Öffentlichkeit mit jeweils unterschiedlichen Gruppenschwerpunkten eine viel bejubelte fantastische zweistündige Show. Das „Last Minute-Orchester", besetzt mit jugendlichen und erwachsenen Musikern*innen, begleitete, spontan von einer Musiklehrerin ins Leben gerufen, die jungen Akteure mit Live-Musik und bot damit sogar einen Zirkus mit einem richtigen Zirkus-Orchester. Bei der Premiere saß dann auch noch der weltberühmte Clown Oleg Popov, der viele Jahre Chef des Moskauer Staatszirkus war, im Publikum. Seine Ehefrau, Gabriela Popov hatte zuvor zwei Wochen bei diesem Projekt unterstützend mitgewirkt. Kinder und Presse waren völlig aus dem Häuschen. Die Betreuer*innen waren stolz, die Eltern waren stolz und der Oberbürgermeister freute sich über so viel Rummel.

Stets endete die Maßnahme mit einem großen Spektakel und eine breite Öffentlichkeit konnte ein ums andere Mal mit ihren eigenen Kindern erleben, dass Jugendarbeit für alle da ist und die Kinder und Jugendlichen bei diesen Projekten und Maßnahmen im Mittelpunkt stehen, Freude und Spaß erleben und dabei gestärkt und gefördert werden. Unser Ziel war, die Verknüpfung von Bildung, Freizeit und Kultur erfahrbar zu machen und dabei den Kindern und Betreuer*innen einen möglichst hohen Spaßfaktor zu ermöglichen. Zwar hatten diese Maßnahmen nichts unmittelbar mit dem Bau des Jugendzentrums zu tun, jedoch war es für uns wichtig und notwendig zu zeigen, dass Jugendarbeit alle Bereiche des Gemeinwesens tangiert und mit diesen Maßnahmen die Qualität unserer Arbeit auch auf das zu schaffende Jugendzentrum übertragbar ist.

Nutzen für das Gemeinwesen
Parallel zu dieser Entwicklung war uns wichtig, auch der Eltern-Generation einen subjektiven Nutzen durch die Einrichtung der Jugendarbeit nahezubringen. 2001 war es im Umfeld des Jugendbüros gemeinsam mit Jugendlichen und Erwachsenen gelungen, in einem nebenan leerstehenden Gebäude der Stadt versuchsweise ein kleines Jugendzentrum, das G6 (= die Koordinaten im Stadtplan) als Provisorium umzusetzen. Der Hauptraum war nur 110 m² klein, doch das Konzept war das gleiche wie später im großen Haus am Volksfestplatz. Freizeit, Bildung und Kultur erfuhren eine lustvolle Verknüpfung und ermöglichten einen Zugang für alle Generationen. Es gab eine kleine Bühne, eine lange Theke mit vielen Barhockern, Bistro-Tische und -Bestuhlung und das erste Internet-Café der Stadt. An zwei Vormittagen in der Woche waren engagierte Senioren im Haus, ab Mittag kamen die Jugendlichen. Oft kamen Schüler*innen auf ihrem Weg von der Schule zum Bus spontan in die Einrichtung. Dies bot den sozialpädagogischen Fachkräften die Möglichkeit, Interessen der Jugendlichen zu erfahren und mit ihnen Ideen und Projekte zu planen und umzusetzen.

Dieser ganz persönliche und individuelle Nutzen veranlasste viele der erwachsenen G6-Besucher*innen auch anderenorts für die Schaffung eines Hauses für Jugend, Bildung und Kultur am Volksfestplatz einzutreten. Der Standort am Volksfestplatz war zu diesem Zeitpunkt bereits als Stadtratsbeschluss gefasst. Auch nutzten wir zunehmend das „kleine G6" für Tagungen und Sitzungen von Gremien wie AK Jugendzentrum, Schülervertretungen, Projekte des Städtebauprogramms Soziale Stadt, Seniorenbeirat, Vorstands-Sitzungen der Jugendverbände wie der des Alpenvereins etc. Schließlich wurde das „Kleine G6" offiziell ein Veranstaltungsort beim wichtigen und etablierten Altstadtfest. Jetzt gehörten wir dazu!

Fazit
Bei aller Freude über eine positive Entwicklung der Jugendarbeit in der Stadt Neumarkt, möchte ich dennoch nicht versäumen, darauf hinzuweisen, dass diese Entwicklung mit vielen Rückschlägen und teilweise auch schmerzlichen Niederlagen verbunden war. Als Jugendpfleger braucht es meines Erachtens ein gehöriges Maß an „Stehvermögen", Missmut bis hin zu Anfeindungen auszuhalten und sich auf die Menschen zu fokussieren, mit denen eine positive Beziehung möglich ist. Bei aller Fachlichkeit, die unbedingt die Grundlage für alles Handeln sein muss, gewinnt diese Ebene für mich immer mehr an Gewicht. Es sind die gelebten Beziehungen, die die Welt positiv verändern!

1.2 Grundverständnis Sozialer Arbeit

Fünf Aspekte werden in dem Gastbeitrag von *Siegfried Müller* deutlich, die für die Soziale Arbeit im Gemeinwesen insgesamt von Bedeutung sind:

- der *Gewinn für die Zielgruppe*, der sich v. a. in Raum (z. B. als Treffpunkt Gleichaltriger), in Kompetenzen (z. B. aufgrund kultureller Erfahrungen) und Mitwirkung (an der Gestaltung des Jugendhauses) äußert;
- die *Verhältnisse im Gemeinwesen* als Fremde/r wahrzunehmen, anzunehmen und zu verstehen (u. a. eine Sozialraumanalyse durchzuführen), was auch damit zu tun hat, daran anzuschließen, wie sich eine (mittelschichtige) Mittelstadt darstellt, mit der dort gepflegten Sprechweise (Dialekt, Anspielungen u. a.) und Vorurteilen (z. B. Neuem gegenüber) umzugehen und sehr viel zuzuhören;
- die *kommunalpolitische Bühne* nicht zu scheuen, vielmehr die Zusammenarbeit mit Kommunalpolitiker*innen aktiv und frühzeitig zu suchen, sie mit dem Wissensvorsprung als Fachkraft der Sozialen Arbeit (Jugendrecht und -praxis u. ä.) sachkundig machen und die Kommunalpolitik als Arena wahrzunehmen (in der für die Jugendarbeit – auch hart – gestritten werden muss);
- die *Vernetzung mit anderen* zu entwickeln, u. a. Kooperationspartner (z. B. in der Jugendarbeit selbst) zu gewinnen, Allianzen mit anderen Akteuren (z. B. örtlichen Unternehmen) zu schließen und die eigene Arbeit durch wichtige Personen (z. B. durch ihren Einfluss im Gemeinwesen oder öffentliche Erklärungen) unterstützen zu lassen; und
- die *Zusammenarbeit mit örtlichen Medien* zu suchen, um die eigenen Vorstellungen transportieren zu lassen und für eine positive Außenwahrnehmung zu sorgen.

Jedenfalls, auch das macht der Gastbeitrag deutlich, erzielt Soziale Arbeit im Gemeinwesen keine kurzfristigen Effekte: Sie braucht Zeit, u. U. auch einen sehr „langen Atem".

1.2.1 Lebensbewältigung

Grundlegend für die Soziale Arbeit ist, dass der kontinuierliche Erwerb von Kompetenzen, das Leben (auch unter erschwerten und dramatischen Bedingungen) bewältigen zu können, in ihrem Fokus steht (ganz so, wie es im Gastbeitrag angedeutet wird): Im Prozess des lebenslangen Lernens soll sie Menschen (als ihre *Adressat*innen* bzw. *Zielgruppe*) bei der Aneignung von Kompetenzen unterstützen, den Alltag und den in ihm eingelagerten Problemstellungen (in Ausbildung, Berufstätigkeit und im Fall von Arbeitslosigkeit, in Partnerschafts- und Freundschaftsbeziehungen, in Gesundheit, Haushaltsführung, Alter u. a.) zu bewältigen, um ein bewusstes und (selbst-)gestaltetes „gutes Leben" führen zu können. Dieses „Streben nach subjektiver Handlungsfähigkeit" wird als *Lebensbewältigung* verstanden, v. a. in Lebenssituationen, die von Menschen „dann als kritisch erlebt (werden), wenn die bislang verfügbaren personalen und sozialen Ressourcen für die Bewältigung nicht mehr ausreichen" (Böhnisch 2013: 122). Ihre Unterstützung durch Soziale Arbeit soll dort erfolgen, wo sie kritische Lebenssituationen selbst nicht (mehr) gelingend bewältigen können.

1.2.2 Leitprinzipien

Diese Unterstützung erfolgt auf der Grundlage eines humanistischen Menschenbildes, das „den Menschen als ein beziehungsorientiertes, freiheits- und entscheidungsfähiges, verantwortungsvolles, bildsames und nach persönlicher Entfaltung strebendes Wesen" begreift und von der Gleichheit aller Menschen ausgeht (Korf 2022):

1. *Soziale Arbeit sieht die Menschen als Subjekte und fördert ihre Ressourcen*: Menschen sind *eigen-sinnig*, sie entwickeln einzigartige und auch eigenartige Vorstellungen davon, was sie unter einem für sie „guten Leben" verstehen, welchen Interessen bzw. Bedürfnissen sie nachgehen und wofür es lohnt, sich einzusetzen und Energie aufzuwenden. Damit verwirklichen sie sich *als Subjekte*, als Gestalter*innen ihres eigenen Lebens, die nicht Objekte fremder Vorstellungen sind (vgl. Thiersch 2002a: 34).
Das Fragen nach Interessen bzw. Bedürfnissen der Menschen ist immer auch ein Suchen nach Ressourcen, die Menschen einsetzen (könnten), ihr Leben alltäglich zu bewältigen und individuelle oder gemeinschaftliche Bedürfnisse zu erfüllen und Ziele zu verfolgen (vgl. Knecht u. a. 2014: 109). Ressourcen sind Potenziale, die in ihnen selbst liegen oder die soziale Umwelt bereithält (und die sich aus sozialen Beziehungen und Netzwerken, z. B. der Nachbarschaft, ergeben können). Soziale Arbeit ist daher als subjektorientierte „Ressourcenarbeit" zu verstehen, die individuelle und soziale Ressourcen von Menschen zu aktivieren hilft.
2. *Soziale Arbeit unterstützt Menschen, sich selbst zu ermächtigen*: Im Umgang und in der Zusammenarbeit mit anderen Menschen und den in der sozialen Umwelt herrschenden (gesellschaftlichen, politischen, wirtschaftlichen) Bedingungen entwickeln sie sich und ihre individuellen Fähigkeiten. Sie zu unterstützen – bzw. zu *empowern* –, zählt zu den Kernaufgaben Sozialer Arbeit. Mit dem Begriff des Empowerments darf nicht das Missverständnis verbunden sein, jemanden *zu etwas* zu befähigen. Menschen sollen vielmehr ermutigt werden, *selbsterarbeitete* Lösungen wertzuschätzen und „in Situationen des Mangels, der Benachteiligung oder der gesellschaftlichen Ausgrenzung beginnen, ihre

Angelegenheiten selbst in die Hand zu nehmen, in denen sie sich ihrer Fähigkeiten bewußt werden, eigene Kräfte entwickeln und ihre individuellen und kollektiven Ressourcen zu einer selbstbestimmten Lebensführung nutzen lernen" (Herriger 2010: 20; vgl. Keupp 2013: 248 f.).
3. *Soziale Arbeit fördert die Mündigkeit der Menschen* und unterstützt sie, sich selbst von Verhältnissen frei zu machen, die das von ihnen selbst bestimmte „gute Leben" be- oder verhindern, und von bevormundenden Vorstellungen unabhängig zu werden, was andere als ein „gutes Leben" beschreiben. Soziale Arbeit begleitet somit ihre *Emanzipation*, auch für die Rechte einzutreten, die ihnen (noch) vorenthalten werden, was oft nur in der aktiven Auseinandersetzung mit entmündigenden Verhältnissen (die die Verwirklichung dieser Interessen einschränken) möglich und im Begriff der *Teilhabe* ausgedrückt wird.

Teilhabe ist als Prozess zu verstehen, in dem sich Menschen, befasst mit den Aufgaben der alltäglichen Lebensbewältigung, ermächtigen, ihre eigenen Interessen zur Sprache zu bringen und dafür einzutreten, ihre Rechte zu verwirklichen.

Teilhabe bezieht sich „auf alle Lebensbereiche, z. B. die Institutionen und Organisationen des Sozial-, Gesundheits- oder Bildungswesens oder auch den gesamten Bereich der Kultur" (Mogge-Grotjahn 2022: 17 f.) und schließt damit die Beteiligung von Menschen „an den politischen Strukturen und demokratischen Willensbildungsprozessen" (Wurtzbacher 2011: 634) ein. Damit ist Teilhabe immer auch Mitgestaltung der Daseinsvorsorge (→ 2.1.4).

So verstanden hat Teilhabe für die Soziale Arbeit eine doppelte Bedeutung:

- einerseits geht es immer darum, Menschen dabei zu unterstützen, die Möglichkeiten der Beeinflussung der eigenen Lebenswelt durch Prozesse politischer Mitgestaltung (z. B. in Form von Bürgerbeteiligung auf lokaler Ebene → 11.2, 11.3) und sozialer Mitwirkung (z. B. in Form der Selbsthilfe → 9) *selbst* wahrzunehmen (weshalb sie sich – insofern *parteilich* – darauf konzentriert, jene Menschen dabei zu unterstützen, die bislang nicht beteiligt wurden, deren Interessen übersehen oder ignoriert wurden);
- andererseits muss sie eine umfassende Aufmerksamkeit für die Interessen und Belange ihrer Adressat*innen entwickeln, um Formen, Felder und Prozesse begrenzter oder verhinderter Teilhabe öffentlich zu machen und die Teilhabe ihrer Adressat*innen (ggf. zunächst auch erst einmal stellvertretend für sie) *einzufordern*.

Es geht darum, durch Teilhabe

- ein solidarisches Miteinander von Menschen zu fördern und

- den Anliegen auch ausgegrenzter Bevölkerungsgruppen (z. B. Minderheiten oder sog. „Randgruppen") eine Stimme zu geben.

Hierfür bilden die Menschenrechte die ethische Grundlage (vgl. Staub-Bernasconi 2019; Eberlei/Neuhoff/Riekenbrauk 2018). Sie verlangen von der Sozialen Arbeit, sich für die Teilhabe der Adressat*innen an den für sie relevanten Themen einzusetzen, wenn die Teilhabe beschränkt wird (vgl. Staub-Bernasconi 2006: 285 f.). Die von *Siegfried Müller* geschilderte Jugendarbeit realisiert seit ihrer moderneren Konzeptualisierung (vgl. z. B. Mollenhauer 1968; Giesecke 1971) diese menschenrechtlich bestimmte Aufgabe, die die Soziale Arbeit insgesamt leitet.

Deshalb werden zugleich *marginalisierende Prozesse* zu einem zentralen Thema der Sozialen Arbeit im Gemeinwesen: Mit *Johan Galtung* (1975, 1994 [insb. 165 ff.], 2007) muss der Teilhabe als Ziel Sozialer Arbeit die soziale Tatsache der Marginalisierung (auch als Ausgrenzung oder Exklusion bezeichnet) entgegengestellt werden, wozu z. B. Prozesse der Demütigung, Beschämung, Missachtung oder Diskriminierung zählen. Unter Diskriminierung werden Formen ungerechtfertigter Ungleichbehandlung oder (Ab-)Wertung einer Person oder Personengruppe verstanden, z. B. aufgrund ihrer sozialen oder ethnischen Herkunft, ihres Geschlechts, einer Behinderung, ihrem Alter, ihrer religiösen Überzeugung oder sexuellen Orientierung. Diskriminierung kann durch Gesetze, gesellschaftliche oder politische Leitbilder (z. B. Armut sei selbstverschuldet), die Handlungspraxis von Organisationen (z. B. Behörden, die Sozialleistungen nur eingeschränkt bereitstellen) oder abwertende Medienberichterstattung hervorgerufen werden (wenn z. B. ein Stadtteil pauschal als von „sozial schwachen Menschen" bewohnt bezeichnet wird, weil die Zahl der von Sozialtransfers abhängigen [armen] Menschen über dem Durchschnitt der Stadt liegt). Vorurteile, die z. B. von Armut betroffenen Menschen mangelnde Leistungsbereitschaft zuschreiben, bedeuten nicht nur eine Umdeutung der Ursachen für Probleme, ihren Alltag erfolgreich zu bewältigen (indem sie individualisierend allein für ihre Lebenslage verantwortlich dargestellt werden), sie stellen zugleich auch eine Rechtfertigung dafür dar, z. B. niedrigere Sozialleistungen als zulässig zu betrachten. Solche alltäglichen Diskriminierungen werden z. B. durch Aussagen („Männer mit südländischem Aussehen neigen zu Gewaltbereitschaft" u. ä.) oder die Verdrängung als „unliebsam" bzw. „störend" eingestufter Menschen (Wohnungslose, Cliquen junger Menschen u. a.) durch sog. „defensive Architektur" (die den Aufenthalt im öffentlichen Raum erschwert bzw. ausschließt) sichtbar.

Marginalisierung kennzeichnet solche sozialen Verhältnisse, die Teilhabe verhindern; diese Verhältnisse ergeben sich aus sozialen Strukturen und Interaktionen von Menschen, die durch diese Strukturen hervorgerufen und/oder begünstigt werden. *Galtung* hat für solche Prozesse den Begriff der „strukturellen Gewalt" geprägt. Gewalt ist damit nicht zwingend als „rohe Gewalt" zu verstehen, die durch Körpereinsatz oder Waffengebrauch gekennzeichnet ist; auch das Vortäuschen von Möglichkeiten der Mitbestimmung ohne wirklich gegebene Einflussmöglichkeit ist z. B. als strukturelle Gewalt zu verstehen. Insofern ist „Gegengewalt" auch nicht als körperliche Gewalt zu verstehen, sondern als Bemühen, Teilhabemöglichkeiten zu gewährleisten bzw. zu erschließen.

Marginalisierende Verhältnisse, die Menschen, ihre Teilhabe und die Gemeinwesen, in denen sie leben, benachteiligen, einschränken oder ausschließen, sind das zentrale Thema der Sozialen Arbeit im Gemeinwesen.

1.3 Gebrauchshinweise für dieses Lehrbuch

Dieses Lehrbuch ist nicht als konkrete Handlungsanleitung zu verstehen, wie Fachkräfte der Sozialen Arbeit in einem Gemeinwesen professionell zu arbeiten haben. Die Konstruktion des jeweils eigenen Beitrages in einem konkreten Gemeinwesen müssen sie – und damit die Leserinnen und Leser dieses Buches als künftige Fachkräfte – immer wieder (neu) selbst leisten!

Die Struktur dieses Buches (vergleichbar einem Hausbau) soll dabei helfen: Von einem gut errichteten Haus wird dann gesprochen, wenn es „in Dach und Fach" sicher ist. Im Gegensatz zum Alltagswissen (ein Gebäude wird im Erdgeschoss betreten) wird ein Haus dann von oben (Dach) nach unten (Fundament) gedacht und seine Sicherheit durch die Stabilität des Daches und der Statik der einzelnen Etagen beurteilt.

Diese Betrachtung sollte auch für das „Haus" der Sozialen Arbeit im Gemeinwesen gelten; es weist vier systematisch getrennte Etagen auf, die ...

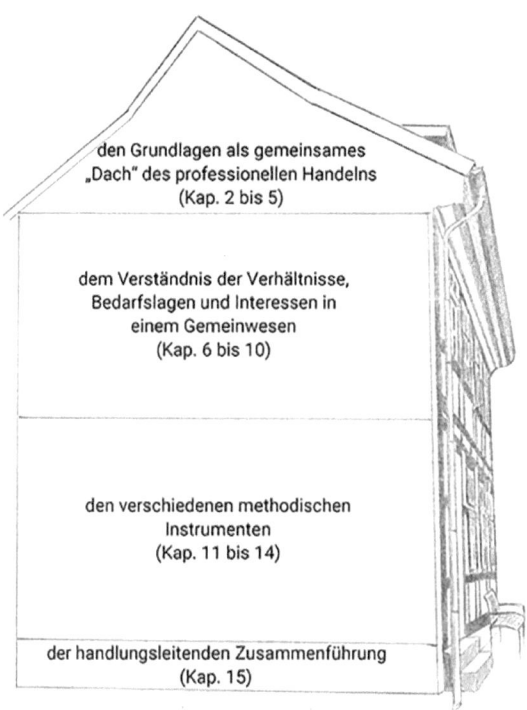

... gewidmet sind (Zeichnung: Mariangel Beatriz Mendoza de Wendt, Heidelberg und Wien). Dazu folgende *Lesehinweise:*

- Jedes *Kapitel* ist grundsätzlich für sich lesbar, Querverweise werden entsprechend (→) kenntlich gemacht.
- Es empfiehlt sich, jedes Kapitel abschließend in einer Ein-Satz-Aussage zusammenzufassen und diese Zusammenfassung bei der Bearbeitung des letzten Kapitels heranzuziehen
- *Nachweise im Text* sind nicht immer nur Fundstellenbelege, sondern auch Anregungen, den Aspekt unter Nutzung der angegebenen Fundstelle durch Lektüre und weitere Bearbeitung zu vertiefen.
- Die im Gemeinwesen tätige berufliche Praxis kommt neben *Gastbeiträgen* (→ 8.2, 9.2, 10.2, 12.2.5, 13.2, 14.2.2 und 15.2) in Form zahlreicher *Statements* („O-Töne") im Text zu Wort (die anonymisiert kursiv [z. B. *Richard*] hervorgehoben werden)[3].

---

3   Im Zeitraum Februar 2016 bis Juni 2022 wurden 73 Fachkräfte der Sozialen Arbeit aus acht Bundesländern in Form teilstrukturierter Interviews zu ihren Erfahrungen in der Sozialen Arbeit im Gemeinwesen befragt und ihre Aussagen im Modus einer Grounded Theory ausgewertet.

In diesem Buch werden folgende *Abkürzungen* gebraucht:

allg.	allgemein
ausf.	ausführlich
BAG, LAG	Bundes- oder Landesarbeitsgemeinschaft
BO	Bürgerorganisation
bzw.	beziehungsweise
CO	Community Organizing
ebd.	ebenda
f., ff.	folgende, fortfolgende
ggf.	gegebenenfalls
GWA	Gemeinwesenarbeit
Herv. i. O.	Hervorhebung im Original
Herv. PUW	Hervorhebung P.-U. Wendt
i. d. R.	in der Regel
insb.	insbesondere
insg.	insgesamt
m.w. N.	mit weiteren Nachweisen
NGO	Non-Government-Organizations/s (Nicht-Regierungsorganisation/en)
ÖPNV	Öffentlicher Personennahverkehr
S.	Seite, Seiten
sog.	Sogenannte/n
u. ä.	und ähnliches
u. a.	unter anderem, und anderes
u. U.	unter Umständen
v. a.	vor allem
vs.	versus (gegen)
zit.	zitiert
zit. ebd.	zitiert ebenda
zit. n.	zitiert nach

II Grundlagen

2 Begriffliche Klärungen

Der Gastbeitrag des ersten Kapitels hat bereits die starke Eingebundenheit des dort geschilderten Geschehens in die *soziale Umwelt* (die immer auch eine politische ist) deutlich werden lassen. Dieser Zusammenhang besteht nicht nur auf politischer Ebene, sondern – viel grundsätzlicher – alltäglich, da jeder Mensch mehrfach einer sozialen Umwelt angehört: im engeren sozialen Nahraum mit den unmittelbaren Erfahrungen, die mit anderen Menschen gesammelt werden, und in der weiteren Gesellschaft mit ihren allgemeinen Erwartungen, z. B. an ein als „normal" bezeichnetes Verhalten (vgl. Wendt/W. R. 2010: 47).

2.1 Grundlegende Begriffe

In diesem durch Zugehörigkeiten zur sozialen Umwelt gekennzeichneten *Lebensbereich* passen sich Menschen im Laufe ihrer Entwicklung an die Umwelt, in der sie leben, an und gestalten diese gleichzeitig durch ihr Handeln mit (vgl. Bronfenbrenner 1976: 202 ff.). Im *Lebenslauf* führt diese Wechselwirkung zwischen Menschen und ihrer sozialen Umwelt dazu, dass sie kompetent werden (bzw. lebenslang lernen), Schwierigkeiten der alltäglichen Lebensbewältigung im Austausch mit dem sozialen Nahraum zu bewältigen. Dies erfolgt z. B. durch Hilfen und Ressourcen, die in „sozialer Zugehörigkeit" (z. B. in der Familie, der Peergroup oder der Nachbarschaft) begründet sind (vgl. Germain/Gitterman 1999: 8, 502, 506).

2.1.1 Lebenswelt

Die Bedeutung von Lebensbereich, Lebenslauf und Lebensbewältigung haben Eingang in das Verständnis von der *Lebenswelt* gefunden, wie es sich im Konzept der lebensweltorientierten Sozialen Arbeit (vgl. Thiersch 1992/2014, 2002a/b) darstellt. Lebenswelt ist als sozialer „Raum täglicher Aktionen" und als „Möglichkeitsraum" zu verstehen (vgl. Oelschlägel 2001b: 40, 42, zit. ebd.), wo Menschen ihr Leben führen und bewältigen. Dieser soziale „Ort" wird durch die Menschen selbst *konstruiert*, d. h. subjektiv erlebt und gestaltet, z. B. durch ihre Einbettung in soziale Milieus und Beziehungen (sog. subjektive Faktoren), aber zugleich durch die herrschenden gesellschaftlichen Bedingungen als sog. objektiven Rahmenbedingungen *konstituiert* und fremdbestimmt (vgl. ausf. Wendt 2021b: 154 ff.). *Objektive Rahmenbedingungen* sind z. B.

- das *dominierende politische Regime*, worunter v. a. das in Gesetzen zum Ausdruck kommende System politischer Ideologien und Konzepte zu verstehen ist, mit dem spezifische Ansprüche und Handlungserwartungen an Menschen allgemeingültig werden; dazu zählen z. B. die Leistungsideologie (zentrales Motiv: „Jeder ist seines Glückes Schmied") und die Behauptung der Leistungsgerechtigkeit („Leistung lohnt sich"), weshalb (sozialer, beruflicher) Erfolg und Scheitern persönlich bedingt und zu verantworten sind;
- die *Organisationen, Institutionen und Prozesse*, die sich auf die Lebenswelt auswirken, d. h. ihre institutionelle Verfassung (d. h. die Quantität und Qualität von Dienstleistungen wie Beratungs- und Verwaltungseinrichtungen, ÖPNV u. a.) und ob und wie sie von Bewohner*innen in Anspruch genommen werden können.

Subjektive Faktoren sind z. B.

- das *Milieu*, d. h. das durch spezifische Werte und Normen, Verhaltenserwartungen und -weisen bestimmte soziale Umfeld (soziale Umwelt), dem ein Mensch als Individuum und/oder in der sozialen Gruppe (z. B. durch Zugehörigkeit seit Geburt) unterworfen ist und das dessen Erleben, Verhalten und Entwicklung beeinflusst/prägt/determiniert (vgl. Braun 2020);
- die *sozialen Beziehungen*, d. h. Interaktionen und Möglichkeiten für Interaktionen zwischen Menschen in Familien, Kollektiven (z. B. im Betrieb, als Schulklasse) und Gruppen (z. B. Freunde, Gleichaltrigengruppe/Peergroup), Nachbarschaft und Selbsthilfe sowie Prozesse der Solidarisierung (z. B. durch Mitgliedschaften in Vereinen).

2.1.2 Netzwerk(e)

Das Geflecht aus Beziehungen, das zwischen Personen oder Organisationen besteht, wird als Netzwerk bezeichnet. Relevant sind die Funktionen eines Netzwerks, v. a. Kommunikation, Stiftung sozialer Gemeinschaft und Solidarität sowie Bereitstellung von Ressourcen unter den Angehörigen des Netzwerks (vgl. Nollert 2014; Bullinger/Nowak 1998).

Drei Netzwerktypen lassen sich unterscheiden:

- *primäre Netzwerke* (mikrosoziale, persönliche Netzwerke), d. h. Kontakte und soziale Beziehungen im Wohnumfeld und selbstgewählte Netzwerke (z. B. die Nachbarschaft);
- *sekundäre Netzwerke* (auch makrosoziale oder global-gesellschaftliche Netzwerke), d. h. marktwirtschaftliche bzw. institutionelle Netzwerke (z. B. die Kommunalverwaltung);

- *tertiäre Netzwerke* (mesosoziale Netzwerke), die zwischen primären und sekundären Netzwerken liegen (z. B. die Einrichtungen und Dienste der Sozialen Arbeit) und eine vermittelnde Funktion haben (vgl. Friedrich 2013: 29 ff.).

Solche Netzwerke können dann zu sozialen Netzwerken werden, wenn sie als Beziehungsgeflecht primär zwischen Personen anlassgerecht genutzt und entwickelt werden können, also zur Lebensbewältigung dienlich sind (vgl. Nestmann 1991: 33, 41). Soziale Unterstützung (z. B. in Form von persönlicher Begleitung, Rat oder materieller Hilfe) erfolgt in starken, verlässlichen Netzwerkbeziehungen (v. a. aufgrund familiärer Bindungen, belastbarer Freundschaften oder kontinuierlicher Kontakte in der Nachbarschaft) und in schwachen, unsicheren Netzwerkbeziehungen (v. a. informellen, gelegentlichen oder schon belasteten Beziehungen, z. B. flüchtige Bekanntschaften, entfernte Verwandte, ehemalige Freundinnen). Sie wird v. a. im Fall des akuten Bedarfs zur Verfügung gestellt, woraus sich meist eine gegenseitige Verpflichtung ergibt: Einer Leistung steht eine (ggf. später erbrachte) Gegenleistung gegenüber (vgl. Früchtel/Budde 2011a: 810). Nach für die Lebensbewältigung dienlichen Ressourcen zu suchen, heißt also, zu fragen, wer im Umfeld Unterstützung geben kann.

2.1.3 Nachbarschaft(en)

Menschen wohnen zusammen Tür an Tür, sie begegnen sich dort zwangsläufig und sie müssen, verbunden mit einer Idee, wie sie zusammenleben wollen, ihr Verhältnis zu den anderen bestimmen. Die Nachbarschaft *ist* der Ort, wo sich die dort wohnende Menschen (gewollt oder unbeabsichtigt) begegnen (müssen); sie *kann* ein Ort sein, wo sie sich (z. B. durch gegenseitige Hilfe) unterstützen, sich informieren (z. B. durch das Gespräch auf der Straße oder beim Bäcker), sich zeigen und den eigenen Status dokumentieren (z. B. durch das neue Auto, das durch die Siedlung gefahren wird). In der Nachbarschaft als primärem Netzwerk werden die Regeln des Zusammenlebens bestimmt, z. B., wie intensiv man in der Nachbarschaft voneinander Kenntnis hat oder wie distanziert Nachbar*innen miteinander umgehen sollen (so können sich Nachrichten über andere sehr schnell verbreiten, aber Personen von der Weitergabe ausschließen; bestimmte Personen wissen Bescheid, andere „bekommen nichts mit"). Distanz und Nähe werden so ausgelotet (vgl. Germain/Gitterman 1999: 503 f.; Schreiber u. a. 2017: 212; Becker 2017: 179).

2.1.4 Gemeinwesen

Wo ist der „Ort" der Sozialen Arbeit im Gemeinwesen? Die denkbare begriffliche Vielfalt (Gemeinwesen als Wohnbezirk, als Quartier, als Viertel, als Kiez u. a.) gilt es auf einen Kern zu reduzieren, mit dem drei Begriffe voneinander geschieden werden: Zu differenzieren sind

- *Gemeinde* als politischer Ort, in dem die kommunale Selbstverwaltung und Bürgermitgestaltung durch Gesetze des jeweiligen Bundeslandes näher bestimmt wird;
- *Gemeinwesen* als subjektiver Ort der Lebenswelt von Menschen und ihrer sozialen Umwelt; und
- *Sozialraum* als Planungs- und Administrationsort, auf den sich insb. das Handeln von der kommunalen Selbstverwaltung bezieht.

Unter einer *Gemeinde* ist einerseits ein geografisch bestimmtes *Territorium* (mit Grenzen zu anderen Gemeinden) zu verstehen, das zugleich andererseits eine *politische Körperschaft* darstellt, die für das Territorium befugt ist, durch dazu bestimmte Gremien (z. B. den Stadt- oder Gemeinderat) im Rahmen gesetzlicher Bestimmungen Entscheidungen für das gesamte Gemeindegebiet oder Teile davon (z. B. Stadtteile oder dörfliche Bezirke) zu treffen. Durch dieses besondere Recht, Entscheidungen für die gesamte Gemeinde zu treffen, wird das lokale politische System (die sog. kommunale Selbstverwaltung → 10.1) zur zentralen Instanz jeder Gemeinde. Gemeinden sind (Klein-, Mittel- und Groß-)Städte, selbständige Dörfer und Dorfgemeinschaften (z. B. Samtgemeinden); sie werden z. T. auch durch besondere Bezeichnungen (Markt, Flecken u. a.) kenntlich gemacht. Angehörige einer Gemeinde sind *Bürger*innen*, soweit ihnen durch die deutsche Staatsangehörigkeit (oder die eines EU-Staates) das Recht zusteht, diese Gremien durch Wahl zu bestimmen.

Neben der politischen Gemeinde gibt es – weitgehend ohne gesetzliche Bestimmung ihrer Funktionen, Rechte und Pflichten – auch die Gemeinschaft der wirtschaftlichen Akteure (auf dem Gebiet der durch territoriale Grenzen bestimmten), politischen Gemeinde (z. B. örtliche Unternehmen, Gewerbetreibende, Medien) und das System der *Daseinsvorsorge* (→ Kasten) mit ihren Organisationen (z. B. Vereine, Wohlfahrtverbände, Träger von Einrichtungen, Religionsgemeinschaften) und Dienstleistungen (z. B. Kindertagesstätten, die örtliche Bibliothek, das Theater, die Schule und Organisationen). Die Gewährleistung der Daseinsvorsorge ist eine vorrangige Aufgabe der Gemeinde (Daseinsvorsorge als etablierter Begriff der Sozialpolitik ist irreführend, denn es geht nicht nur um die *Vorsorge* als etwas, das sich auf Zukünftiges bezieht, sondern um die *Daseinsgestaltung* in der Gegenwart). Zum Teil kommt es dabei zu Schnittmengen, z. B. dann, wenn das örtliche Theater von der Stadt betrieben wird und sich damit als Dienstleistung der kommunalen Selbstverwaltung darstellt.

Daseinsvorsorge

„Die öffentliche Hand leistet einen wichtigen Beitrag zum *Gemeinwohl*, indem sie uns mit Gütern und Dienstleistungen der Existenzsicherung versorgt. Als klassische Bereiche der öffentlichen Daseinsvorsorge gelten dabei Aufgaben wie die Wasserversorgung, die Abfallbeseitigung oder der Betrieb des öffentlichen Personennahverkehrs. Aber auch Gesundheitsdienste, Bildungs-, Kultur- und Sporteinrichtungen, öffentlich-rechtliche Medien, Post und Telekommunikationsdienstleistungen oder die öffentliche Sicherheit gehören dazu" (BBSR 2020: 47; Herv. i. O.).

Die Vorstellungen, was dagegen ein *Gemeinwesen* darstellt, sind „sowohl in der Praxis als auch in der Fachliteratur sehr heterogen" (Becker 2017: 177), was bereits wenige Einschätzungen beruflicher Praktiker*innen deutlich machen:

- „Ein Gemeinwesen betrifft alle Menschen, die gemeinsam wohnen, gemeinsam leben, ihre Orte und Räume" (*Lea*).
- „Innerhalb eines Gemeinwesens gibt es verschiedene Gruppierungen, die sich institutionalisiert haben, Vereine, Kirchen, Verbände, die sich natürlich politisch auch Gehör verschaffen können. Aber es gibt halt auch im Gemeinwesen viele Einzelgruppen, die nicht so gehört werden, beispielsweise Kinder und Jugendliche" (*Mike*).
- „Gemeinwesen bezeichnet für mich so ein bisschen das nachbarschaftliche Zusammenleben innerhalb einer Gemeinde, innerhalb eines Quartiers, sprechen ja immer ganz viele von Quartier, so würde ich das mehr oder weniger deuten" (*Irene*).
- „Ein Gemeinwesen ist für mich ein Ort, der mehrere Räume zur Verfügung hat und in dem ganz viele unterschiedliche Menschen, Bevölkerungsgruppen, von jung bis alt, leben. Und es gibt unterschiedliche Einrichtungen, Institutionen, die die Lebensräume der Menschen tangieren oder beeinflussen" (*Petra*).
- „Das Gemeinwesen ist die Summe der Menschen, die um uns herum leben und arbeiten. (...) Das heißt also, ich gehe in den sozialen Nahraum und schaue, wer ist dort und was haben die Menschen für Bedarfe. Das, was ich dort sehe, das ist das Gemeinwesen um uns herum" (*Uli*).

Auch eine verbindliche fachliche Definition, was ein Gemeinwesen darstellt, liegt für die Soziale Arbeit nicht vor, was vier weitere Beispiele verdeutlichen:

- Gemeinwesen wird z. B. als „Sammelbegriff" verstanden z. B. für Stadtteile, Quartiere und Nachbarschaften, „die sich als soziales und räumliches Lebensumfeld von Menschen beschreiben lassen" (Becker 2014: 14/Fußnote 1). Allgemein können sie als „gesellschaftliche Räume" begriffen werden, „die von baulich-materiellen Strukturen als auch gesellschaftlichen Handlungsstrukturen und Interaktionsprozessen beeinflusst und geprägt werden und von der

Bevölkerung sowohl räumlich wie sozial als relativ überschaubar empfunden werden" (ebd.: 21).
- Die „Zusammengehörigkeit von gemischten Menschengruppen" macht es zur „Community"; hier gehen Menschen Beziehungen miteinander ein, „weil sie ähnliche Anschauungen, Bräuche und einen verwandten kulturellen Hintergrund besitzen" (Hauser/Hauser 1971: 480).
- Es kann auch als „sozialer Zusammenhang von Menschen" verstanden werden, „der über einen territorialen Bezug (Stadtteil, Nachbarschaft), Interessen und funktionale Zusammenhänge (Organisationen, Wohnen, Arbeit, Freizeit) oder kategoriale Zugehörigkeit (Geschlecht, Ethnie, Alter) vermittelt ist, bzw. darüber definiert wird" (Stövesand/Stoik 2013: 16; vgl. insg. May 2017: 35–76).
- Ein Gemeinwesen kann als „Hauptkanal" beschrieben werden, „durch den Ressourcen verteilt, formelle und informelle Systeme sowie politische, soziale und ökonomische Kräfte ihren Einfluß auf Individuen, Familien und Nachbarschaften ausüben" (Germain/Gitterman 1999: 502 f.).

Die Summe solcher Definitionen eröffnet einen Zugang, das Gemeinwesen als Ort zu verstehen, in dem Ressourcen verteilt werden und durch *Akteure* unterschiedlicher Art (→ 2.2) Einfluss ausgeübt wird. Daraus lassen sich (in umgekehrter Reihenfolge) zwei wesentliche Funktionen eines Gemeinwesens ableiten:

- einerseits die – Einfluss auf die Bewohner*innen eines Gemeinwesens ausübende – Vermittlung von Wissen, sozialen Werten und Verhaltensmustern, die zu *sozialer Integration* führen soll, z. B. durch die Zugehörigkeit in Nachbarschaften oder durch Mitgliedschaften (in religiösen, politischen, soziokulturellen und anderen Organisationen), und zu *sozialer Kontrolle* führen kann, die Menschen veranlasst, sich den im Gemeinwesen gültigen Regeln anzupassen;
- andererseits in der Bereitstellung von *Infrastruktur*, v. a. Dienstleistungen in Form von Versorgung (z. B. Einkaufsmöglichkeiten), Betreuung (z. B. Kindertagesstätten), Bildung (z. B. Schulen), Beratung und Hilfe (z. B. durch Soziale Arbeit oder Gesundheitswesen) und Beschäftigung (z. B. Betriebe mit Ausbildungs- und Arbeitsstellen) sowie Bereitstellung von Ressourcen (z. B. Sporteinrichtungen, Spielplätze, Grünanlagen).

Adressat*innen sind alle in einem Gemeinwesen lebenden Bewohner*innen, v. a. aber solche, deren Chancen, ein „gutes Leben" zu führen, (im Sinne der Begriffswelt *Pierre Bourdieus* [vgl. Bourdieu 1983, 1985; Schwingel 2009: 83–96]) ökonomisch (z. B. durch Verhältnisse der Armut), sozial (aufgrund nur geringer Kontakte zu anderen), kulturell (durch eingeschränkte Möglichkeiten, an Bildungsprozessen teilzuhaben) oder symbolisch (aufgrund von Etikettierungen als randständige Personengruppe, z. B. wohnungslose Menschen) begrenzt sind.

In den zurückliegenden rund 30 Jahren wurde das Verständnis des Gemeinwesens durch den Begriff *Sozialraum* ergänzt (was die ohnehin bestehenden Definitionsprobleme nicht erleichtert hat). Unter einem Sozialraum wird das Resultat sozialer Prozesse verstanden, z. B. in welcher Form und wo Menschen miteinander zu tun haben, wie sie handeln, kommunizieren, Konflikte austragen, an politischen Entscheidungen teilhaben (vgl. Früchtel/Budde 2011b: 844; Kessl/Reutlinger 2007: 126). Ein Sozialraum entsteht dadurch, dass Menschen dort leben und i. d. R. auch aufeinander angewiesen sind, ihre Lebenswelten Gemeinsamkeiten aufweisen, die sich auch räumlich (z. B. in Treffpunkten) darstellen (i. d. R. handelt es sich um einen geografischen Raum, z. B. einen Stadtteil). Er bildet sich somit durch die Besetzung (Aneignung) physischer Räume durch die hier lebenden Menschen unter Berücksichtigung der Rahmenbedingungen, die diese physischen Räume zulassen, und in Abhängigkeit von den kulturellen, sozialen und ökonomischen Ressourcen, über die die jeweiligen Akteure verfügen (vgl. Baum 2006: 170; Reutlinger/Deinet 2022).

Ein Sozialraum weist eine „Doppelstruktur" (Spatscheck/Wolf-Ostermann 2016: 22) auf. Er besteht

- aus einer materiellen Struktur, die sich „in der sozialstrukturellen und sozioökonomischen Situation, der Wohnsituation und Bebauungsstruktur, Familienstruktur, Bildungssituation, Häufigkeit der Nutzung von Angeboten von Ämtern, Identifizierung sozialer Brennpunkte" u. a. abbildet, und
- aus der immateriellen, subjektiven Perspektive der hier lebenden Menschen, die einen Sozialraum als individuellen Aneignungsraum in ihrer Lebenswelt verstehen (als „Ort", der z. B. Ressourcen für unterschiedlichste Nutzungen und den persönlichen Gebrauch bietet).
- Es kommt zu einer „Verschränkung" dieser Doppelstruktur, denn Menschen eignen sich „die materiell vorgefundenen Orte an, gehen dabei untereinander Beziehungen ein und machen damit letztlich erst Orte zu Räumen mit ihrer eigenen Qualität" (vgl. ebd.: 22 f., zit. S. 23).

Der Begriff des Sozialraums wurde in den zurückliegenden Jahren diskussionsleitend, was sich im Konzept der *Sozialraumorientierung* niedergeschlagen hat (vgl. Noack 2015: 91–106; Stoik 2008; Becker 2014: 26; Becker 2020a: 6). Damit hat sich ein Verständnis durchgesetzt, Sozialräume einerseits (vorrangig) in der Stadtentwicklung Sozialplanung als geografischen Bezugsrahmen (i. d. R. auf Ebene eines Stadtteils) für die Bereitstellung von Dienstleistungen und die Kooperation von Einrichtungen zu bestimmen und andererseits (nachrangig) als subjektive Lebenswelt zu verstehen, auf die sich Soziale Arbeit beziehen kann (vgl. Reutlinger/Deinet 2022: 4./5.).

Kritisch gesehen wird, dass die Sozialraumorientierung von planerischen Zielsetzungen bestimmt werden kann (und damit primär der Versorgung von Stadtteilen mit notwendigen Dienstleistungen dient) und dabei Zielstellungen der Sozialen Arbeit (z. B. die Förderung von Mündigkeit und Teilhabe) in den Hintergrund treten. Mit der Ausrichtung sozialer Dienste auf den lokalen

Nahraum sei auch „die Gefahr einer Instrumentalisierung zum Feigenblatt für die schrittweise Demontage sozialstaatlicher Sicherungssysteme" verbunden, da die „Verantwortung für das Lösen sozialer Probleme nun an kleinräumigere Einheiten" und damit in die Zuständigkeit zivilgesellschaftlicher Organisationen und die Selbsthilfe „abgeschoben wird" (Fehren 2011: 452). Kritisiert wird, dass die Sozialraumorientierung v. a. der kommunalen Budgetkontrolle dient; sie führe z. B. bei den erzieherischen Hilfen der Kinder- und Jugendhilfe dazu, dass individuelle (und kostenintensive) Rechtsansprüche auf diese Hilfen nicht mehr gewährt würden (vgl. Dahme/Schütter/Wohlfahrt 2008: 186 f.). Zudem sei das Konzept auf die Städte fixiert, es spiele in ländlichen Räumen nahezu keine Rolle.

Bemängelt wird schließlich auch, dass sich der Begriff des Sozialraums zum „passende(n) Begriff für alle möglichen Problemstellungen" und damit zum „catch-all-Begriff" entwickelt habe (May 2016).

Gemeinwesen als hier gewählter grundlegender Begriff grenzt sich von Begriffsbildern ab, die in der Praxis eher auf eine administrative Perspektive abstellen (Sozialraum als Ort der Gewährleistung sozialer Infrastruktur) und weniger auf die Perspektive der Menschen Bezug nehmen. Bezeichnungen wie „Viertel", „Quartier" oder „Kiez" gehen in diesen grundlegenden Begriff des Gemeinwesens ein; sie sind Artikulationsformen einer Zuordnung, die die dort lebenden Menschen selbst vornehmen und so den subjektiven Ort ihres Alltags zum Ausdruck bringen: Im „Blumen-Viertel", im „Mühlenkiez" oder in den Blocks der „Neuen Heimat" zu wohnen und zu leben, sind subjektive Abgrenzungen ihrer Lebenswelt, die die technischen (meist geografischen oder administrativen) Raumbestimmungen einer Gemeinde (als „Stadtteil X" oder „Wohnbezirk Y") ignorieren. Hier bringen Menschen zum Ausdruck, was für sie „Sache", was für sie wichtig, was sie als gut und was sie als veränderungsbedürftig erleben, wofür sie sich einsetzen oder was für sie ein „gutes Leben" ist. Gemeinsam mit anderen (in der Nachbarschaft) befinden sie sich in einer Arena des sozialen Austauschs (wie sie untereinander kommunizieren), der Information (über welche Kenntnisse sie verfügen und wie sie diese teilen) und der Aushandlung (wie sie ihre Interessen einbringen und durchzusetzen versuchen). Durch Austausch, Information und Aushandlung wird das Gemeinwesen zum *Ort der Teilhabe*.

Das Gemeinwesen ist in der Lebenswelt der Bewohner*innen der soziale Ort der Teilhabe, wo sie ihre Themen, Interessen und Bedarfslagen für bedeutsam erklären, darüber verhandeln und (wo notwendig) Entscheidungen dazu herbeiführen oder an ihnen mitzuwirken.

Insbesondere in ländlichen Gemeinwesen wird die Differenz zwischen subjektiver Bestimmung eines Gemeinwesens durch dessen Bewohner*innen und den administrativ-technischen Zugängen, ein Gemeinwesen als planerischen

Sozialraum zu definieren, deutlich: Während sich die Bewohner*innen des alten Kerndorfs meist über ihre familiäre Verwobenheit, ihre Traditionen, ihre Vereine, Gewohnheiten und nachbarschaftlichen Verbindungen (sowie auch ihre lange Wohndauer) als „Dorfgemeinschaft" bestimmen, werden die Bewohner*innen des Neubauviertels, die das Dorf aufgrund dessen Nähe zur Stadt (und damit zu den Arbeitsplätzen) und der Lage im Grünen als Wohnort gewählt haben, mit dieser dörfliche Gemeinschaft wenig anfangen können. Sie entwickeln ihre eigene Nachbarschaft (mit ihren eigenen Formen der Unterstützungen). Lebensweltlich haben beide nur wenig miteinander zu tun, denn es besteht, bis auf wenige Ausnahmen (vgl. Bokelmann/Wendt 2022: 51f.), keine Notwendigkeit, miteinander zu tun haben zu müssen. Es existieren somit subjektiv wenigstens zwei Gemeinwesen, während sozialplanerisch nur von einem „Ortsteil" oder „Wohnbezirk" gesprochen wird und damit eine Definition zur Anwendung kommt, die den subjektiven Differenzierungen nicht Rechnung trägt.

2.2 Akteure im Gemeinwesen

Im Gemeinwesen sind vier Gruppen von Akteuren zu unterscheiden, die dort miteinander agieren und auf die sich die Soziale Arbeit bezieht:

- *Bewohner*innen* bestimmen alltäglich mit, welche (subjektiven) Vorstellungen sich von einem „guten Leben" (z. B. von „guter Nachbarschaft" oder „guten Zusammenleben") im Gemeinwesen als allgemein akzeptiert durchsetzen und welche Voraussetzungen dafür (z. B. Kommunikationsweisen, Entscheidungsprozesse, Dienstleistungen) erfüllt sein sollen. Sie klären, welchen Anspruch auf Unterstützung durch die Gemeinschaft (also auch der Sozialen Arbeit) sie dabei geltend machen, und sie klären, zu welchen Gegenleistungen sie bereit sind (ob und wie sie sich ins Gemeinwesen einbringen bzw. dafür tätig werden wollen).
- *Institutionen* sind durch unterschiedliche gesetzliche Bestimmungen im Gemeinwesen tätige Einrichtungen, insb. die kommunale Selbstverwaltung [→ 10.1], Polizei und Justiz sowie die Arbeitsverwaltung (Bundesagentur für Arbeit, Jobcenter).
- *Gesellschaftliche Akteure* sind zunächst die freien zivilgesellschaftlichen Zusammenschlüsse (Vereine, [Bürger-] Initiativen u. ä.), in denen sich Bewohner*innen organisieren, um ihre Interessen wirkungsvoller vertreten zu können, wenn sie sich selbstorganisiert eigene Strukturen geben, die sie nach außen sichtbar und handlungsfähig werden lassen (vgl. Kammann/Schaaf 2004: 181). Auch Religionsgemeinschaften und die Zusammenschlüsse zur Durchsetzung gemeinsamer Interessen (z. B. Gewerkschaften, Handels- und Handwerkskammern, Arbeitgeberverbände) sowie Parteien und Wählerge-

meinschaften als politische Akteure zählen dazu, ebenso die örtlichen, im Gemeinwesen tätigen Unternehmen, z. B. Wohnungsbaugesellschaften, die mit einer Mieterberatung oder -gärten u. a. zum Zusammenhalt der Bewohner*innen beitragen können (vgl. BAG SE+GWA 2009: 11) und auch die örtlich relevanten Medien (von der Tageszeitung bis zur Social-Media-Plattform).

- *Schlüsselpersonen (auch als „Leader" bezeichnet)*, sind Personen, die im Gemeinwesen eine herausgehobene Bedeutung haben; sie stellen eine „Art von Kristallisationspunkt" für die Bewohner*innen dar, „deren Stimme großes Gewicht" (Hinte/Karas 1989/2019: 43) hat. *Dieter* sieht in ihnen „Menschen, die sind nirgends im Verein, aber die machen über den Gartenzaun mehr Politik, sind gewichtig und werden mehr gehört als andere, die sich jeden Tag für irgendwas engagieren." *Fred* beschreibt sie als Akteure, „bei denen viel zusammenfließt, die irgendwie einen gewissen Geltungsbereich oder Einflussbereich haben". Dazu zählt er u. a. auch, die „Frau, die ihre Freizeit damit verbracht hat, bei all den Gruppen, die da irgendwo rumstanden, die Pfandflaschen aufzusammeln, die kannte die alle und die wusste auch alles. Das war auch eine Schlüsselperson, weil die einfach Wissen hat, was andere Leute nicht haben". Es „sind anerkannte Verantwortungsträger, Respektpersonen oder Vorbilder eines Gemeinwesens" (Susen 2021: 292 f.), und Menschen mit starken Verbindungen innerhalb ihrer eigenen Organisation, sofern sie einer solchen angehören (vgl. Jamoul 2022: 196; Maier/Penta/Richter 2022a: 295). Sie sind Brückenbauer*innen, „die über Verbindungen in wichtige Gruppen, Gemeinschaften und Milieus verfügen und einen Zugang eröffnen können" (Susen 2021: 292).

In diesem Sinne keine Akteure sind die Fachkräfte der Sozialen Arbeit, die (im Anschluss an *Saul Alinsky*[4]) als *Praxisberater*innen* den Bewohner*innen in erster Linie beratend Unterstützung geben, wie sie ihre Interessen im Gemeinwesen artikulieren, aushandeln und durchsetzen können (→ 10 bis 13). Sie erarbeiten sich durch die Analyse des Gemeinwesens (→ 6) ein „sozialräumliches Wissen", aufgrund dessen sie als Expert*innen für die Interessen von Bewohner*innen gelten können; sie beraten Politik und Verwaltung, „mischen sich in Stadtteilkonferenzen und andere institutionelle Abläufe ein" (Reutlinger/Deinet 2022: 6.) und vermitteln zwischen den Systemen (z. B. kommunaler Selbstverwaltung) und (z. B. sozialpolitischen) Interessen der Bewohner*innen (vgl. Maier/Penta/Richter 2022a: 294), aber sie verfolgen keine eigenen Interessen.

---

4   Diese Bezeichnung stammt von *Saul D. Alinsky* (1974; deutsche Übersetzung; in aktuellen Texten wird stattdessen von „Organizer/in" gesprochen). Dieser (m. E. überzeugende) Begriff wird hier – anstelle des sonst (z. B. im „Lehrbuch Soziale Arbeit" [Wendt 2021b]) gebrauchten Begriffs „Soziale/r" – durchgehend verwendet.

2.3 Soziale Arbeit im Gemeinwesen (SAG)

Unter *Sozialer Arbeit im Gemeinwesen* wird die auf die soziale Umwelt von Bewohner*innen eines Gemeinwesens bezogene Arbeitsweise verstanden, die sich nicht an einzelne Menschen richtet, sondern mit den Ressourcen eines Gemeinwesens (z. B. in Form nachbarschaftlicher Netzwerke) und dessen Bewohner*innen arbeitet, um z. B. das Miteinander (die Gemeinschaft) der dort lebenden Menschen zu gestalten, die dort gegebenen sozialen Konflikte (z. B. Spannungen zwischen einzelnen Gruppen des Gemeinwesens) zu bearbeiten oder unzureichende Infrastrukturen (z. B. fehlende Freizeitangebote) durch geeignete Angebote zu beseitigen, die den Bedarfslagen der Bewohner*innen (z. B. nach speziellen Beratungsangeboten oder Freizeitmöglichkeiten) entsprechen.

Dabei hat sie zu klären, wie sie die Adressat*innen darin unterstützen kann, ihre in der Lebenswelt erlebten (alltäglichen) Aufgaben der Lebensbewältigung zu erfüllen, und welchen Beitrag sie dazu mit ihren rechtlichen, institutionellen und professionellen Möglichkeiten und Ressourcen leistet (vgl. Grunwald/Thiersch 2004: 14, 23). Diese *Alltagsorientierung* der Sozialen Arbeit bedeutet, die Lebensführung der Adressat*innen, ihre subjektive Sicht und ihre Bemühungen, in und mit der sozialen Umwelt „klarzukommen", in den Blick zu nehmen. Eine lebensweltorientierte Unterstützung verlangt, dass Soziale Arbeit dort Räume (z. B. zur Erlangung neuer Erfahrungen) öffnet und Ressourcen erschließen hilft, die sonst versperrt sind. Unterstützung kann nur dauerhaft wirken, wenn sie in den Alltag der Menschen integriert ist und dabei auf bestehende Netzwerke Bezug genommen wird. Sie kennzeichnet, dass sie sich lebensweltorientiert auf die Interessen der Bewohner*innen bezieht, die Nutzung der im Gemeinwesen gegebenen Ressourcen in den Mittelpunkt stellt und dabei das Engagement der Bewohner*innen (z. B. in Selbsthilfegruppen oder Vereinen [→ 9.1] bzw. bei der Mitwirkung in der kommunalen Selbstverwaltung [→ 10.1, 10.3]) unterstützt.

Soziale Arbeit im Gemeinwesen stellt, wie Soziale Arbeit insgesamt, methodisch-abgestütztes Handeln im Rahmen von Praxisberatung dar. *Methodisches Handeln* wird immer als etwas begriffen, das an eine *Theorie* oder *theorieartige Überlegungen* (als Teil einer Theorie) geknüpft ist, z. B. die Theorie einer lebensweltorientierten Sozialen Arbeit (vgl. Thiersch 1992/2014; Grunwald/Thiersch 2004), und sich in theoriebegründeten *Konzepten* zeigt (z. B. Sozialraumorientierung), die den praktischen *Handlungsvollzug* bestimmen, in dessen Rahmen *Verfahren* als „Einzelelemente von Methoden" (Geißler/Hege 2001: 23 f., 29) zum Einsatz kommen. Methodisches Handeln erfolgt nicht zufällig, sondern *überlegt* und *absichtsvoll;* es werden konkrete Ziele bestimmt (dass z. B. ein Nachbarschaftstreff geschaffen werden soll), zu deren Erreichung geeignete Verfahren (z. B. ein Planspiel durchzuführen [→ 11.2.3]) bestimmt werden (um Bewohner*innen in die Lage zu versetzen, mit Kommunalpolitiker*innen darüber zu verhandeln), und es werden die erzielten Ergebnisse im Verhältnis zum angestrebten Ziel überprüft, was künftig anders zu machen ist.

2.4 Anregungen zur Weiterarbeit

» In die Grundlagen und Elemente der auch im Gemeinwesen relevanten Gesprächsführung (vgl. Wendt 2021a: 78–117) führen *Wolfgang Frindte und Daniel Geschke* (Lehrbuch Kommunikationspsychologie, Weinheim und Basel 2019), *Sabine Weinberger* (Klientenzentrierte Gesprächsführung, 14. Aufl. Weinheim und Basel 2013), *Wolfgang Widulle* (Gesprächsführung in der Sozialen Arbeit, 3. Aufl. Wiesbaden 2020) sowie *Heinrich Greving und Ilona Hülsmann* (Gesprächsführung, Stuttgart 2023) ein.

» Grundlegend erläutern *Hans Thiersch* das (vielen der hier vorgestellten Überlegungen als Grundlage dienende) Konzept der „Lebensweltorientierte(n) Soziale(n) Arbeit" (Weinheim und München 1992) und *Lothar Böhnisch* die (bereits im ersten Kapitel herangezogenen) Überlegungen zur „Lebensbewältigung" (Weinheim und Basel 2016).

3 Ein kurzer Ritt durch die Geschichte der Arbeit im Gemeinwesen

In den zurückliegenden nahezu 70 Jahren einer eigenständig zu nennenden Entwicklung der Sozialen Arbeit in (v. a. West-)Deutschland haben sich höchst unterschiedliche Zugänge und Vorstellungen entwickelt, Soziale Arbeit im Gemeinwesen (sozialpolitisch bzw. gesellschaftstheoretisch) zu begründen, als *dritte Methode* der Sozialen Arbeit zu beschreiben und Konzepte für die praktische Umsetzung zu entwickeln. Diese Entwicklung präzise nachzuzeichnen kann an dieser Stelle nicht möglich sein, aber versucht werden soll, einige Entwicklungslinien aufzuzeigen.

3.1 Die Herausbildung von Gemeinwesenarbeit in Deutschland

Gemeinwesenarbeit beginnt im Übergang vom 19. zum 20. Jahrhundert in einigen der sich rasant entwickelnden Industriestädte eine Rolle zu spielen, wo aus den agrarischen Regionen zugewanderte Menschen „nicht mehr auf die für ländliches Leben typischen familiären, verwandtschaftlichen und nachbarschaftlichen Hilfsnetze zur Sicherung der Lebensrisiken wie Missernten, Krankheit, Morbidität etc. zurückgreifen" konnten (Becker 2014: 15). Erste Ansätze sind dabei aus Großbritannien und den Vereinigten Staaten bekannt:

- In London zielte deshalb seit den 1870er Jahren das *Ehepaar Barnett* auf die Verbesserung der Lebensumstände der Arbeiterbevölkerung durch eine soziale und auf Bildung und Gesundheit bezogene Infrastruktur auf der Grundlage gemeinschaftlicher Hilfe. In ihrer *Toynbee-Hall* sollten Studenten der Oxford University im Elendsviertel die Verhältnisse der Armut kennenlernen und gleichzeitig ihr kulturelles und fachliches Wissen an die dort lebenden Menschen weitergeben (vgl. Kilb 2009: 264 f.; vgl. Weber 2018).
- In Chicago gründete *Jane Addams* das Hull House, eines der (neben dem Henry Street Settlement und dem Greenwich House in New York) ersten amerikanischen Settlements (vgl. Müller / C. W. 1985; Alexander 2018). Im Stadtviertel um Hull House lebte eine Vielzahl von Immigranten verschiedenster Herkunft unter teilweise katastrophalen Bedingungen zusammen (Kinderarbeit, extreme Ausbeutung der Arbeiter, erbärmliche und unhygienische Wohnverhältnisse ohne Formen eines sozialen Netzes). *Addams* sammelte gut gebildete, berufserfahrene und sozialpolitisch engagierte Frauen und Vertreter der Stadtsoziologie/-ethnografie der Universität Chicago um sich. Ziele

waren direkte und tätige Nachbarschaftshilfe, die Mobilisierung der Selbsthilfekräfte durch geeignete kulturelle, freizeit-, bildungsbezogene Aktivitäten, politische Emanzipation der Nachbarschaft, Beibehaltung der Traditionen, der Kultur und der Herkunftssprache der Einwanderer (z. B. ein Arbeitsmuseum zu verschiedenen Arbeitsweisen der unterschiedlichen Herkunftsländer) und deren Teilhabe an der amerikanischen Kultur sowie die Verbesserung der Arbeitsbedingungen und deren Sicherung. In Hull House entstand so eine Mischung aus Weiterbildung, Zusammenkommen, Erholung, Diskussionen und Lernen (z. B. ein wöchentlicher Lesekreis, Handarbeitskurse, Handwerksklassen, Tanzkurse und Ausflüge). Dies wurde ergänzt, begleitet und gestärkt durch vielfältige politische Aktionen, durch Auseinandersetzung mit den Verhältnissen des marginalisierten, durch unterschiedliche Zuwanderer-Nationalitäten, Ethnien und Kulturen gekennzeichneten Stadtteils und den Kampf um konkrete Verbesserungen (z. B. Straßenbeleuchtung, gesicherte Gehwege, Einrichtung von Treffpunkten u. a.).

Addams' Aufforderung, sich zu organisieren und mit anderen, insb. Gewerkschaften, zu verbünden, stellte eine frühe politische Strategie dar, durch Selbstorganisation der Nachbarn und nachbarschaftliche Hilfe und Unterstützung sich selbst zu helfen, Missstände im Stadtteil direkt anzugehen und Hilfen, Einrichtungen und Infrastruktur erforderlichenfalls „von „unten" zu erzwingen. Sie entwickelte damit eine Konzeption Sozialer Arbeit, die als aktiver Widerstand gegen ausschließende soziale Verhältnisse *vor Ort* zu verstehen ist, die Bedeutung sozialer Allianzen („get organized!") betonte und als frühe Perspektive zu begreifen ist, Menschen aktiv zur Mündigkeit zu ermächtigen (vgl. Addams 1902, 1913; Müller/ C. W. 2003).

Auf der Grundlage dieser Erfahrungen ergaben sich zwei Entwicklungslinien der amerikanischen community work, die Eingang in die Lehrpläne der in den USA schon bald akademisch betriebenen Ausbildung der social worker fanden:

- Als community development wurde die seit den 1930er Jahren entwickelte Unterstützung der landwirtschaftlichen Räume des Mittleren Westens der USA durch Formen der gemeinwesenbezogenen Sozialen Arbeit bezeichnet.
- Für die seit Mitte des 20. Jahrhunderts betriebene Soziale Arbeit in den Wohn- und Elendsquartieren der amerikanischen Ostküste setzte sich die fachliche Bezeichnung community organization (CO) durch, das insb. mit der Arbeit von *Saul D. Alinsky* verbunden ist.

Ab 1938 wurde *Alinsky* in benachteiligten Chicagoer Stadtteilen tätig und entwickelte so sein Konzept vom Community Organizing (CO), indem er die Nachbarschaft mobilisierte und mit den Bewohner*innen an Formen arbeitete, sie zur Äußerung ihrer Vorstellungen, Erwartungen und Wünsche zu ermächtigen. Sein Konzept setzte er mit Spenden und kirchlichen Mitteln auch in anderen amerikanischen Städten um, außerdem bildete er weitere Praxisberater*innen für andere Stadtteilprojekte aus, wodurch sich das CO-Konzept in den 1940er und 1950er Jahren in anderen Teilen der USA etablieren konnte (vgl. Bauer/Szynka 2004; Szynka 2005).

Wie *Addams* ging auch *Alinsky* davon aus, dass Armut nicht Resultat individuellen Versagens sei, sondern Ergebnis umfassender sozialer Prozess. Die Wohlhabenden betrachtete er als für die Verelendung der Verarmten verantwortlich. Zugleich setzte er sich von der Settlement-Bewegung ab, deren sozialfürsorglichen Stil der Nachbarschaftsorganisation er als elitär, bevormundend und nichtermächtigend empfand (vgl. Bretherton 2022: 32 f., 40).

In den 1960er Jahren spielten CO-Ansätze in der amerikanischen Civil-Rights-Bewegung und der Vietnam-Friedensbewegung eine Rolle, die zu einer weiteren Politisierung der Ansätze der GWA führten (und dabei auch auf die Sozialarbeit in Deutschland als „Vorbild" wirkten). Als Community Organization, Community Development bzw. Community Work avancierte die GWA neben Casework (Einzelfallhilfe) und Social Groupwork (Soziale Gruppenarbeit) zur dritten Methode der Sozialen Arbeit.

3.2 Herausbildung einer wohlfahrtsstaatlichen GWA in Deutschland

Von den amerikanischen Entwicklungsprozessen der GWA blieb die frühe Soziale Arbeit in Deutschland zunächst weitgehend unbeeinflusst: Nur in der Nachbarschaftsheimbewegung wurden seit Beginn des 20. Jahrhunderts erste Ansätze einer sozialkulturell ausgerichteten Arbeit entwickelt, so z. B. (ab 1901) im Volksheim Hamburg (vgl. von Kietzell 1998, KVV 1991) und in Berlin-Friedrichshain: 1911 wurde dort die Soziale Arbeitsgemeinschaft Berlin-Ost (SAG gegründet), ein Nachbarschaftshilfe- und Siedlungsprojekt in einem der ärmsten Viertel Berlins (vgl. Buck 1982: 134 ff.; Lindner 2018; Götze 2015; Wietschorke 2013; Israel 2006). Dort wurden erste soziokulturelle Bildungsangebote entwickelt, z. B. die „Kaffeeklappe" (ein Kaffeeclub mit Schreibstube, aus der sich eine erste Form aufsuchender Sozialarbeit entwickelte), die „Frauenkolonie" (u. a. mit Mädchenclub, Ernährungs- und Mütterberatung), eine Notschlafstelle, die Jugendpflegerschule, ein Kino (vgl. Weisz 2018) oder der „Knaben-Club" (vgl. Hegner 2018).

Die Gleichschaltungspolitik der Nazis führte nach 1933 rasch zum Ende der frühen GWA-Ansätze in Deutschland. Deren sozialkulturelle Schwerpunktsetzung in der Arbeit der Nachbarschaftshäuser konnte nach 1945 wieder aufgenommen werden (vgl. Binne/Teske 2017; Buck 1982: 143 ff.; May/Stock 2019). Die Rezeption der zwischenzeitlich gesammelten internationalen Erfahrungen führte in den 1950er Jahren zu ersten theoretischen Publikationen zur GWA (z. B.

durch *Hertha Kraus* [1951] und *Herbert Lattke* [1955]), zur Entwicklung wohlfahrtsstaatlich ausgerichteter und integrativer GWA-Konzepte und bald zu einem ersten GWA-Engagement in sog. Obdachlosensiedlungen, um dort „Hilfe zur Selbsthilfe" zu leisten (vgl. Becker 2014: 16). Christliche Kirchengemeinden wurden in den während der 1960er Jahre entstandenen Neubaugebieten tätig, was zu einem Auf- und Ausbau diakonisch geprägter und für alle Bewohner*innen offenen Gemeindearbeit führte. Im evangelischen Burckhardthaus in Gelnhausen wurde ein erstes Bildungsprogramm zum Gemeindeaufbau und zur Gemeinwesenarbeit gestartet (vgl. Müller/C. W. 2009: 218 ff.). Damit standen zwei Konzeptperspektiven, wie GWA zu leisten sei, gegeneinander:

- einerseits eher systemkonforme Konzepte, die Gemeinwesenarbeit als Mittel zur gesellschaftlichen Integration bestimmten,
- andererseits (unter verschiedenen Bezeichnungen firmierende) alternative Konzepte, die GWA als Instrument einer gesellschaftlichen Veränderung betrachteten (→ 3.3).

Im Zentrum der systemkonformen Konzeption der wohlfahrtsstaatlichen Gemeinwesenarbeit stand v. a. die bessere Ausstattung von Stadtteilen mit sozialen Dienstleistungsangeboten, ohne dabei die bestehenden gesellschaftlichen, sozialen und ökonomischen Verhältnisse infrage zu stellen. Auch die integrative Gemeinwesenarbeit stellte auf Verbesserung der Lebenssituation in einer gerechteren Gesellschaft und die Identifikation der Bürger*innen mit dem Gemeinwesen und ihre Beteiligung daran ab. Dabei wurde dieses Engagement nur als ein Aspekt bürgerschaftlicher Teilhabe in einer Gesellschaft verstanden, die durch ihre freiheitliche Ordnung bereits an sich sozial gerecht und daher nicht grundsätzlich veränderungs- oder überwindungsbedürftig sei (vgl. ebd.: 18 ff., 27). Hierzu wurden unterschiedliche Vorschläge entwickelt:

- Von einem Selbstverständnis wissender Expert*innen geprägt war das Konzept des niederländischen *Opbouwwerk*, einem „Sammelbegriff für Aktivitäten und Arbeitsformen, die auf ein besseres Funktionieren der Gesellschaft zum Nutzen des Menschen und auf eine bessere Stellung des Menschen in der Gesellschaft ausgerichtet" (Boer/Utermann 1970: 194) waren. Die Entwicklung von Gemeinwesen wurde dabei als Aufgabe hauptberuflicher Kräfte betrachtet, von denen erwartet wurde, dass sie die Entwicklungsarbeit „auf fachkundige Weise begleiten"; von der Wohnbevölkerung wurde zugleich erwartet, dass „(s)ie an der Arbeit teilnimmt" (ebd.: 196).
- Ganz eindeutig überwog der Anspruch, dass Gemeinwesenarbeit zur Integration von Menschen in die vorhandene Gesellschaft beizutragen habe (vgl. Ross 1968: 58). Es handele sich um „einen Prozess, in dessen Verlauf ein Gemeinwesen seine Bedürfnisse und Ziele feststellt, sie ordnet oder in eine Rangfolge bringt, Vertrauen und den Willen entwickelt, etwas dafür zu tun, innere und

äußere Quellen mobilisiert, um die Bedürfnisse zu befriedigen, dass es also in dieser Richtung aktiv wird und dadurch die Haltungen von Kooperation und Zusammenarbeit und ihr tätiges Produzieren fördert". GWA besteht danach aus Planung und Integration, zwei „untrennbare(n) Aspekte des gleichen Prozesses" (ebd.: 67): Das „Planen von Lösungen für Angelegenheiten, denen von den Menschen eine sehr große Bedeutung beigemessen wird", sei ein ebenso entscheidendes Element, wie die Gemeinwesenintegration, in deren Verlauf es zu einer „vermehrte(n) Identifizierung mit dem Gemeinwesen" komme, sich ein „erhöhtes Interesse und Teilhabe an den gemeinschaftlichen Angelegenheiten" und „gemeinsame Wertvorstellungen und Möglichkeiten, sie zu verwirklichen", entwickeln werden (ebd.: 66). GWA erfolgte in fünf Phasen: 1. Klärung von Bedürfnissen und Zielen, 2. deren Ordnung und Priorisierung, 3. die Arbeit, Menschen anzuregen, selbst ans Werk zu gehen, 4. Suche nach in- und externen Hilfsquellen und 5. Einleitung der Aktion (vgl. ebd.: 114–134; vgl. auch Stövesand 2013b). Die Rolle eines/einer Praxisberater/in sei die „eines hilfreichen Leiters, der eigene Initiative zeigt, aber nichts erzwingt"; er ist „Befähiger", „Sachverständiger" und „Sozialtherapeut" (vgl. Stövesand 2013b: 56).

- In diesem Sinne wurde deshalb von „allgemeinen problemlösenden Tätigkeiten" gesprochen, wenn die Aufgaben von Praxisberater*innen beschrieben wurden: Probleme des Gemeinwesens seien zu untersuchen und zu beschreiben, „Strukturen und organisatorische Einrichtungen" zu schaffen, die u. a. der „Untersuchung, Bearbeitung und Lösung von Problemen" dienten, Entwicklungsziele seien für ein Gemeinwesen zu formulieren und Aktionspläne aufzustellen sowie Ergebnisse und Folgen der GWA zu bilanzieren, „um eventuelle Berichtigungen vorzunehmen und weitere Probleme zu bezeichnen, die einer Lösung bedürfen" (vgl. CGF 1972: 84, zit. ebd.). Praxisberater*innen seien „in erster Linie dafür verantwortlich, daß diese Aufgaben wirklich in Verbindung zueinander gesehen und erfüllt werden" (ebd.: 85). Sie haben „Gelegenheiten zur Äußerung und zum Austausch von Meinungen über Ziele, Vorgehen und Mittel" zu schaffen, die „Ausführbarkeit verschiedener Vorschläge mit maßgebenden Personen" zu prüfen und die „Entscheidungsgremien beim Abwägen und Wählen von Alternativen und der Überwindung von Widerständen" zu unterstützen (ebd.: 87). Es handelte sich im Kern um Überlegungen, GWA expertokratisch zu bestimmen, wonach es sich dabei um die *methodisch-systematische Arbeit eines Sachverständigen* handelt, der die Aufgabe habe, „einen Hilfsprozeß einzuleiten, um ein Gemeinwesen zu befähigen, Bedürfnisse und Wünsche zu erkennen und daraus eine Reihe der Dringlichkeit festzulegen (Selbstdiagnose)" (Müller/W. 1974: 85; Herv. i. O.).

Die Kritik an diesem „Konzept von sozialpädagogisch harmonisierender Gemeinwesenarbeit" (Müller/C. W. 1971: 231) kann als Kritik an der GWA der 1960er Jahre insgesamt gelesen werden: Sie habe „ein doppeltes Ziel (verfolgt): einmal darauf, die Funktionalität des Gemeinwesens zu verbessern und zum anderen auf die Notwendigkeit, die in diesem Gemeinwesen lebenden Menschen zu befähigen, sich zu Selbsthilfe zu organisieren" (vgl. ebd.: 231 ff., zit. S. 231). Es sei dabei nur um eine sozialtechnologische Optimierung wohlfahrtsstaatlicher Leistungen gegangen, nicht aber um eine Stärkung von Menschen, z. B. durch Förderung ihrer politischen Teilhabe (vgl. Galuske 2013: 206); eigentlich handele es sich nur um ein „Werkzeug der Anpassung an bestehende gesellschaftliche Bedingungen" (Karas/Hinte 1978: 33; vgl. Noack 1999: 18).

Gleichwohl „überlebten" einige Ansätze die scharfe Kritik: So wurden neben den sozialintegrativen Konzepten (und diese teilweise ergänzend) in den späten 1960er Jahren, mehr noch aber in den 1970er Jahren, verschiedene Ansätze entwickelt, die auch für die aktuelle Praxis von Bedeutung sind, weil z. B. Aspekte der Nachbarschaftshilfe betont wurden (vgl. z. B. Morris/Hess 1980).

3.3 Die „wilden Jahre" der alternativen Gemeinwesenarbeit

Anfang der 1970er Jahre zeigte sich auch deshalb eine hauptsächlich durch „zwei Spielarten" von GWA gekennzeichnete Praxis: Einerseits hatten von kommunalen Behörden angestellte Praxisberater*innen „in aller Regel die Aufgabe, die sozialen Dienstleistungen der kommunalen Behörden und privaten Wohlfahrtsverbände zu koordinieren und dabei auf ein Minimum von Kooperation zu achten" (weil es sich eher um ein auf die Optimierung der Wohlfahrtsbürokratie gerichtetes Konzept handelte, ohne dass die betroffenen Bewohner*innen daran teilhatten). Andererseits (als reformpädagogisches Konzept) hatten die meist bei Kirchengemeinden oder Nachbarschaftsheim-Vereinen angestellten Praxisberater*innen i. d. R. die Aufgabe, bestimmte Zielgruppen innerhalb von Neubau- oder Sanierungsgebieten für „die Beseitigung kommunaler Mißstände zu organisieren" (vgl. Müller/C. W. 1971: 236, zit. ebd.).

Dabei gilt es, den zeitgeschichtlichen Kontext zu sehen. Westdeutschland kennzeichnete seit den 1950er Jahren ein entwickelter, im Wiederaufbau prosperierender Industriekapitalismus (das sog. „Wirtschaftswunder"), dem eine neue Stadtentwicklung folgte, für die durch Geburtenüberschuss und Zuzug von sog. „Gastarbeitern" gekennzeichnete Gesellschaft neuen und komfortablen Wohnraum zu schaffen (was zur schnellen Errichtung von Neubausiedlungen an den Rändern der Großstädte führte). Die Arbeit der Nachbarschaftsheime verlagerte sich daher in den 1960er Jahren allmählich von den Arbeiterquartieren der inneren Städte in diese Gebiete (vgl. Müller/C. W. 2009: 209). Zugleich zeigten sich in Neubaugebieten (z. B. Stuttgart-Freiberg, Osdorfer Born/Hamburg, Märkisches Viertel/Berlin und Haidhausen/München) „die Mängel der bis dahin gewöhnlich top-down angelegten Stadtplanung ohne Bürgerbeteiligung" (vgl. Becker 2014: 16, zit. ebd.).

Die erste Wirtschaftskrise in Westdeutschland und die Proteste der (studentisch geprägten) außerparlamentarischen Opposition gegen eine auch zur sozialen Umgestaltung und Verbesserung unfähigen und repressiven „formierten Gesellschaft" führten Mitte der 1960er Jahre zur „Entdeckung" der Gemeinwesenarbeit als möglichen Beitrag der Sozialen Arbeit zur Überwindung der gesellschaftlichen Verwerfungen, wobei v. a. die radikale CO-Konzepte aus den USA Pate standen. Es wurde versucht, diese Konzepte (mit dem Ziel der Förderung der Selbstorganisation v. a. durch Marginalisierung Betroffener und den Anspruch, parteilich in ihrem Sinne zu handeln) umzusetzen. Gemeinwesenarbeit bot „die Chance, das System individueller Hilfe zu überwinden und über Lern- und Organisationsprozesse Widerstand ‚von unten' zur Veränderung sozialer und ökonomischer Bedingungen zu entwickeln" (Hinte 2011c: 340; vgl. Müller/C. W. 2009: 198–235).

Zeitgleich begannen soziale Bewegungen (die Frauen-, die Friedens- und die Ökobewegung) mit der Überzeugung aktiv zu werden, dass sich die Lebensbedingungen lokal verändern ließen (vgl. Becker 2014: 18). Damit fanden in den 1970er und 1980er Jahren Überlegungen wachsende Beachtung, ökologische Perspektiven in die GWA zu integrieren (vgl. Boulet/Krauss/Oelschlägel 1980: 59); Berücksichtigung fanden auch Konzepte einer „Sozialpolitik von unten" (vgl. Roth 1991) und Überlegungen zur Demokratisierung der Gesellschaft durch bürgerschaftliches Engagement (vgl. Klein 1991).

Diese alternativen (u. a. als „konfliktorientiert", „katalytisch", „aggressiv", „aktivierend" oder „gesellschaftskritisch" bezeichneten) GWA-Konzepte verstanden sich in radikaler Abgrenzung zu den wohlfahrtsstaatlichen Ansätzen (denen auch vorgeworfen wurde, ein Instrument sozialer Kontrolle zu sein [vgl. AKS Berlin 1974]). Sie waren von dem Selbstverständnis („Fernziel") geprägt, die gesellschaftlichen Verhältnisse und Machtstrukturen insgesamt durch Gemeinwesenarbeit verändern zu können, d. h., „daß etwas ganz Neues entsteht oder zumindest Verbesserungen im Sinne der Betroffenen durch sie selbst herbeigeführt werden": eine „herrschaftsfreie" Gesellschaft ohne Unterdrückung, „in der Solidarität hoch geschätzt wird" (vgl. Karas/Hinte 1978: 47, zit. ebd.). Die eigentliche Konfliktlinie wurde im Gegensatz von besitzender und herrschender Klasse (Kapital) und lohnabhängig beschäftigten Menschen (Arbeit) gesehen (vgl. Hauß 1974: 252) und das „Lokale" als Feld der Konflikte aus diesem Gegensatz und der angestrebten Veränderung der gesellschaftlichen (Macht-)Verhältnisse bestimmt. Dieses Verständnis zeigte sich auch in der Arbeit mit Menschen in Obdachlosen- bzw. Schlichtwohnsiedlungen, Ansätzen einer GWA in den Trabantensiedlungen der großen Städte (z. B. Neu-Perlach in München) und in Forschungsprojekten (z. B. zum Märkischen Viertel in Berlin) zeigte (vgl. Müller/C. W. 1971: 237; Oelschlägel 2013a: 183 ff.). Themen der GWA-Praxis in den 1970er

Jahren waren u. a. der Umgang mit Wohnungsproblemen, der Kampf gegen die Diskriminierung marginalisierter Personengruppen, die Auseinandersetzung mit disziplinierenden Behörden, die Selbstorganisation von Bewohner*innen in Interessengemeinschaften (vgl. Iben u. a. 1981: 60 ff.) und die Arbeit in Bewohner*innen-Initiativen und für die Mietermitbestimmung (vgl. Seippel 1976a: 247–331; Boulet/Krauss/Oelschlägel 1980: 58). Die „strategische Linie" zielte darauf ab, dass sich die Bewohner*innen „gemeinsam um ihre Probleme herum organisieren" (Oelschlägel 2013a: 186) sollten und selbst bestimmen müssten, welche Aktionen oder Projekte für sie vorrangig seien (vgl. Müller/C. W. 1971: 237). Den Praxisberater*innen kam dabei eine zur Aktivität der Bewohner*innen anregende (katalytische) Funktion zu: Nur dies führe zu einer langfristigen Vitalisierung des Gemeinwesens (vgl. Karas/Hinte 1978: 62 f.). Die Konflikte, die die Bewohner*innen dabei in der Auseinandersetzung mit starken Gegner*innen eingehen müssten, könnten durch solidarisches Handeln und die *Ermutigung* und Unterstützung durch die GWA bewältigt werden (vgl. ebd.: 49 ff., 65 ff., 151 ff.).

Auf Grundlage der Menschenrechte als „Wertbasis" (ebd.: 59) zeichnet sie „das Bemühen um eine stärkere politische Partizipationsmöglichkeit der Bürger" aus (ebd.: 45); sie sei damit „sowohl ein Instrument zur Schaffung dieser Möglichkeiten als auch ein Lernfeld für selbstbestimmtes Agieren" (ebd.: 59). Die Solidarität der Betroffenen und ihre gezielte Organisation sollte zur Bildung von Gegenmacht führen, Formen politischer Einmischung und Provokation wurden als Mittel der Interessenartikulation verstanden. Praxisberater*innen kam die Aufgabe zu, die Organisierung der Bewohner*innen zu unterstützen und bei der Auseinandersetzung mit den gegebenen Machtverhältnissen zu beraten (vgl. Alinsky 1972/2010); sie seien in diesem Prozess „Beobachter, Informator, Trainer, Kritiker, Provokateur, Vermittler; je nach Notwendigkeit, wenn gar nichts anderes mehr hilft, muß er sich sogar als Sündenbock anbieten, um etwas zu erreichen" (Karas/ Hinte 1978: 92).

Wenigstens in den 1970er Jahren konnten diese Konzepte für sich in Anspruch nehmen, in der GWA diskussionsleitend zu sein. Zugleich aber stellte sich auch heraus, dass GWA „nicht ,an sich' kritisch ist." Neben den alternativen Konzepten der GWA gab es ebenso Projekte, „die sich der nachbarschaftlichen Hilfe und Selbsthilfe im Stadtteil verschrieben hatten" und die ein „staatstragender, harmonischer bzw. pragmatisch-managerieller Ansatz" (Oelschlägel 2013a: 188 f.) kennzeichnete. Empirische Untersuchungen zu den Wirkungen der GWA zeigten zudem, dass der politische Anspruch in der Praxis nicht eingelöst werden konnte (vgl. Becker 2014: 17). Auch deshalb wurde schon bald das Misslingen der alternativen GWA-Ansätze eingestanden (vgl. Müller, C. W. 2009: 229).

Als Gründe für ihr Scheitern wird u. a. genannt, dass die alternative GWA „letztlich im Fachhochschul- und Alternativmilieu" verblieben sei und sich GWA-Projekte (ohne Verankerung als gesetzliche Pflichtaufgabe) „nur in wenigen Kommunen dauerhaft etablieren" konnten (vgl. Hinte 2010: 665 f., zit. ebd.). Die

Anleihen beim amerikanischen Community Organizing (→ 12.2) dürften verkannt haben, dass es in den USA nicht, wie in Westdeutschland, auf die Soziale Arbeit beschränkt blieb, sondern Teil einer breiten Bürgerbewegung war (vgl. Spitzenberger 2011: 7).

3.4 Vom Arbeitsprinzip eines Arbeitsfeldes zum Quartiers-/Stadtteilmanagement

Die kritische Bilanz der GWA der „wilden Jahre" führte zu ihrer Weiterentwicklung der GWA zu einem Arbeitsprinzip (vgl. Boulet/Krauss/Oelschlägel 1980): Praxisberater*innen sollten sich „nicht mehr am Widerspruch zwischen Kapital und Arbeit ab(arbeiten), sondern an der „Frontlinie Bürger – Staat", was sich in der Entwicklung einer Stadtteilbezogenen Sozialen Arbeit und im Konzept Sozialraumorientierung zeigte (vgl. Oelschlägel 2013a: 190 ff., zit. S. 191; Boulet/ Krauss/Oelschlägel 1980: 281–300).

Merkmale des Arbeitsprinzips sind die Integration wissenschaftlicher Erkenntnisse zur Entstehung und zu den Bedingungen der gesellschaftlichen Entwicklung (Theoriebezug), die Zusammenführung der Methoden der Sozialarbeit, der Sozialforschung und des politischen Handelns, der Bezug auf die Lebenswelt der Bewohner*innen und ihre Aktivierung in ihrer Lebenswelt, um dazu beizutragen, dass sie zu Akteuren des politischen Handelns und Lernens werden (vgl. Oelschlägel 2013a: 191; Becker 2014: 18 f.; Klöck 2004). GWA als Arbeitsprinzip integriert unterschiedliche Verfahren (in Form von Beispielen, Aktionsvorschlägen und Verhaltensregeln), verknüpft verschiedene wissenschaftliche Ansätze und betreibt Netzwerkarbeit. Formuliert wird ein Gültigkeitsanspruch für die gesamte Soziale Arbeit, denn GWA als Arbeitsprinzip soll das professionelle Handeln in unterschiedlichen Handlungsfeldern leiten (vgl. Boulet/Krauss/Oelschlägel 1980; Troxler 2013: 70 ff.).

Trotz dieser Neubestimmung (und der Abkehr vom systemverändernden Anspruch) wurden die Projekte der GWA in den 1980er Jahren – oft durch politische Beschlüsse – Schritt um Schritt in den Hintergrund gedrängt und ihre Finanzierung eingeschränkt oder ganz eingestellt (vgl. Noack 2011). In der Folge wechselten viele Praxisberater*innen aus der GWA in andere Handlungsfelder der Sozialen Arbeit. Eine Weiterentwicklung der GWA-Theorie, die Forschung und Lehre zur GWA fand an den Fachhochschulen kaum noch statt, die (fachlich gebotene) professionelle Vernetzung (z. B. mit der Kinder- und Jugendhilfe) blieb auf Ansätze beschränkt (vgl. Hinte 2010: 665 f.) und die verbliebenen Projekte wurden „zur Nische", in der marginalisierte Bewohner*innen „eine Heimat fanden, sich wohlfühlten und an Unterstützungsnetzen strickten. Sie wollten und konnten nicht politisch aktiv werden" (Oelschlägel 2007: 32 f.; vgl. Seippel 1976b). GWA wurde für sie (und für Politik und Verwaltung) zur Dienstleistungsinstanz, „die selbstbewußt eine definierbare Leistung erbringt und über das, was sie tut und wofür sie bezahlt wird, Rechenschaft ablegt" (Hinte 1994: 84), d. h. es ging nun z. B. um materielle Ressourcen (Räume, Versorgung durch günstige Essensangebote u. a.), personelle Ressourcen (z. B. für Beratung, Qualifizierung, anwaltliche Interessenvertretung), Infrastruktur (z. B. sanktionsfreie Räume), den Aufbau, die Erweiterung und Sicherung von sozialen Netzen im Quartier und Hilfe bei der Problemveröffentlichung (vgl. Oelschlägel 2007: 33).

GWA wurde damit auch als ein Arbeitsfeld *neben* anderen Arbeitsfeldern der Sozialen Arbeit (und nicht mehr als eigenständige Methode) beschrieben (vgl. Hinte 2018a/b); begrifflich firmierte sie überwiegend als Stadtteilarbeit oder gemeinwesenorientierte Sozialarbeit (vgl. Oelschlägel 1989). Seit Anfang der 2000er Jahre wird GWA meist nur als „sozialräumliche Strategie" begriffen, „die sich ganzheitlich auf den Stadtteil und nicht pädagogisch auf einzelne Individuen richtet", mit den Ressourcen des Stadtteils und seiner Bewohner*innen arbeitet, um dessen Defizite aufzuheben und zugleich die Lebensverhältnisse der Bewohner*innen zu verändern. GWA ist damit „ein Unterstützungssystem für die Formulierung von Betroffeneninteressen" und kein Ausführungsorgan der Verwaltung, sondern an der Planung, Entwicklung und Gestaltung von Maßnahmen beteiligt, um sie „transparenter, bürgernäher und effektiver zu gestalten und damit engagierte Auseinandersetzung zu ermöglichen" (Oelschlägel 2001a: 192 f.).

Dieses veränderte Verständnis von GWA bildete sich v. a. in den 2001 veröffentlichten *Leitstandards der GWA* (Lüttringhaus 2001) ab, die seitdem „als state of the art" (Stoik 2013b: 82) zu einer wichtigen Grundlage einer Reihe von Entwicklungen der Sozialen Arbeit im Gemeinwesen geworden sind. „(V)erbindliche Leitstandards sind:

- *Zielgruppenübergreifendes Handeln*: Die Aktivitäten der Gemeinwesenarbeit werden aus einem Bedarf um ein Thema herum organisiert, das in der Regel nicht nur eine Zielgruppe betrifft, sondern oftmals viele unterschiedliche Menschen aus einem Wohnquartier. (...)
- *Orientierung an den Bedürfnissen und Themen der Menschen*: Es geht darum, nach der Motivation der Menschen zu suchen und diese zu fördern, anstatt extrinsisch zu motivieren." Dazu greift die GWA „prinzipiell alle Themen auf, die von den Menschen im Sozialraum für wichtig erachtet werden. (...)
- *Förderung der Selbstorganisation und der Selbsthilfekräfte*: GWA ermutigt die Menschen, ihre Themen selbst anzupacken." GWA begleitet Prozesse, leitet sie aber nicht; was den Bewohner*innen ermöglicht, „neue Kompetenz- und Lernerfahrungen zu machen (...)
- *Nutzung der vorhandenen Ressourcen*: Einerseits werden die vorhandenen Potenziale des Stadtteils genutzt, aktiviert und gefördert, angefangen bei den per-

sönlichen Ressourcen einzelner Menschen über soziale Ressourcen durch Beziehungen zwischen mehreren Menschen bis hin zu materiellen und infrastrukturellen Ressourcen ... Darüber hinaus macht die GWA auch Ressourcen nutzbar, die innerhalb der Institutionen angesiedelt und häufig durch Gesetze vorgegeben sind. Sie verknüpft sie mit den in der Lebenswelt vorhandenen bzw. dort zu entwickelnden Ressourcen.

- *Verbesserung der materiellen Situation und der infrastrukturellen Bedingungen*: Die Aktivitäten der GWA leisten einen Beitrag zu einer aktiven Stadt(teil)entwicklung." Ausgerichtet am Bedarf des Sozialraums geht es um die „Schaffung neuer Ressourcen durch den Ausbau der ökonomischen und baulichen Strukturen", z. B. adäquater Wohnraum, Arbeitsplätze, Verkehrsberuhigung, Spielplätze, günstiges Essen. Dazu klinkt sich GWA in lokale Politikprozesse ein, um „Informationen über Bedarfe aus dem Stadtteil an entsprechende Stellen zu transportieren, Ressourcen zu bündeln und in den Stadtteil zu lenken, KooperationspartnerInnen zu gewinnen, sowie projektbezogen Ideen umzusetzen."

Ressortübergreifendes Handeln (bezogen auf die Bereiche Wohnen, Gesundheit, Arbeit, Freizeit, Stadtentwicklung, Bildung und Kultur), *Vernetzung und Kooperation* (durch Schaffung und Stärkung sozialer Netzwerke der Bewohner*innen und der Professionellen) werden als weitere Leitstandards beschrieben (vgl. Lüttringhaus 2001: 264 ff., zit. ebd.). Ziel ist es, im Gemeinwesen „Menschen an einen Tisch zu bringen, Nachbarschaften zu stärken, lokale Potenziale zu mobilisieren", d. h., es geht um „Kommunikation, Ideenproduktion sowie Organisation von Menschen und Ressourcen." So sollen „politische und Verwaltungsinstanzen kontinuierlich respektvoll, aber deutlich mit den Lebens- und Wohnbedingungen der Bevölkerung" konfrontiert werden (Oelschlägel 2007: 34).

Die damit vollzogene Verabschiedung von der alternativen GWA macht das Konzept der *Sozialraumorientierung* (vgl. Becker 2020b) besonders deutlich. Zu dessen leitenden Prinzipien zählen neben der Orientierung an den geäußerten Interessen der Wohnbevölkerung, der Unterstützung von Selbsthilfe und Eigeninitiative und sozialer Netzwerkarbeit in der Nachbarschaft auch ein bereichsübergreifender Ansatz, d. h. „Adressat" ist der soziale Raum, keine dort lebende Zielgruppe, wodurch die klassischen Grenzen Sozialer Arbeit überschritten werden müssen und viele neue Bereiche – beispielsweise Wohnen (Zusammenarbeit mit örtlichen Wohnungsbauunternehmen u. ä.), Kultur (Kooperation mit dem Stadttheater u. a.) oder Verkehr (z. B. Mitwirkung an der lokalen Verkehrsinfrastrukturplanung) – zu Arbeitsfeldern Sozialer Arbeit werden (vgl. Becker 2014: 163 f.; Herrmann 2019: 124 ff.; Noack 2015: 107–123; Fürst/Hinte 2020; Fehren/Hinte 2013). Seit den 1990er Jahren wird die Sozialraumorientierung als bestimmender Strang des Fachdiskurses in der Sozialen Arbeit eingeschätzt (vgl. z. B. Früchtel/Budde 2011b: 845). Vor allem in der Kinder- und Jugendhilfe hat die

Sozialraumorientierung besondere Bedeutung erlangt (vgl. z. B. Hinte 2011a/b und die Beiträge in Hinte/Treeß 2014), aber auch in der Altenhilfe (vgl. z. B. Schönknecht 2014) oder im bürgerschaftlichen Engagement (vgl. Becker 2014: 19 f.)[5].

Insbesondere in den frühen 1990er Jahren wurden auf der Grundlage solcher sozialräumlicher Überlegungen erste Konturen eines neuen Ansatzes erkennbar, der sich als Quartiers- oder Stadtteilmanagement etablierte: Wohnungsbaugesellschaften griffen gemeinwesenorientierte Verfahren der Sozialen Arbeit (z. B. zur Konfliktschlichtung) auf, um v. a. in solchen Stadtteilen, die allmählich durch (wenig gepflegte) Mehrgeschossbauten in den Neubauvierteln und den Zuzug von ärmeren Bevölkerungsschichten und Familien „mit Migrationshintergrund" auffielen, zu einer Bewältigung der mehr und mehr durch soziale Spannungen gekennzeichneten Situation zu gelangen (vgl. z. B. Hinte 2010; Stoik 2013c). Besonders deutlich wurde dies mit dem 1999 aufgelegten Programm „Stadtteile mit besonderem Entwicklungsbedarf – die Soziale Stadt" (→ 4.3.3), mit dem das Ziel des (wohnungswirtschaftlichen wie sozialen) Umbaus von Stadtteilen mit erhöhtem (sozialen) Entwicklungsbedarf verfolgt und das zum Leitprogramm für eine integrierte soziale Stadtteilentwicklung wurde. Instrumentell sollte dies durch die Herausbildung des Quartiers-/Stadtteilmanagements als konsequenter Fortführung des Arbeitsprinzips GWA und der darauf aufbauenden Stadtteilarbeit (vgl. Hinte 1998: 156) gestützt werden (→ 5.1).

3.5 Anregungen zur Weiterarbeit

» Zur Entwicklung der GWA können drei kurze Texte herangezogen werden: von *Dieter Oelschlägel* (Geschichte der Gemeinwesenarbeit in der Bundesrepublik Deutschland; in: Stövesand, S., Stoik, C., und Troxler, U. [Hg.], Handbuch Gemeinwesenarbeit, Opladen, Berlin und Toronto 2013: 181–202), *Stefan Peil* (Zur Geschichte der Gemeinwesenarbeit; in: Blandow, R., Kanbe, J., und Ottersbach, M. (Hg.), Die Zukunft der Gemeinwesenarbeit

---

5   Gleichwohl wirkt dabei mancher Versuch, zu klären, was sozialraumorientierte Arbeit darstellt, akademisch (d. h. disziplinär) inspiriert und um Abgrenzung (z. B. von den Traditionen der GWA) *bemüht*. Ohnehin ist seit den 1980er Jahren in der Fachliteratur verschiedentlich darüber diskutiert worden, ob Soziale Arbeit nun *im, mit dem, am* oder *für* das Gemeinwesen geleistet wird. Ich halte diesen Streit (insb. zwischen einzelnen akademischen Protagonisten der einen oder anderen Position) für nicht sonderlich bedeutsam und nachzeichnenswert (weshalb ich hier auch auf weitergehende Literaturverweise verzichte). Unzweifelhaft ist GWA als „dritte" Methode – wie die Einzelfallarbeit als erste und die Soziale Gruppenarbeit als zweite Methode ja auch – aus dem angloamerikanischen Raum „importiert" worden und vieles spricht dafür, unbeschadet der geführten Literatur-Diskussionen von einer Methode zu sprechen, doch könnte der Begriff der *Perspektive auf das Gemeinwesen* helfen, den wenig fruchtvollen akademischen Streit zu beenden.

Wiesbaden 2012: 173–182) und *Winfried Noack* (Gemeinwesenarbeit – eine [fast] vergessene Grundform sozialen Handelns; in: Theorie und Praxis der Sozialen Arbeit 4/2011: 278–284).

» Eine Sammlung von Aufsätzen zu nahezu allen Aspekten der Gemeinwesenarbeit enthält der von *Sabine Stövesand, Christoph Stoik und Ueli Troxler* herausgegebene Sammelband (Handbuch Gemeinwesenarbeit Opladen, Berlin und Toronto 2013).

4 Rahmenbedingungen

Bevor näher betrachtet werden kann, wie sich die Soziale Arbeit im Gemeinwesen darstellt, ist zu vergegenwärtigen, welche Rahmenbedingungen die Lebenswelt der Bewohner*innen beeinflussen (woraus sich die Aufgabenstellungen der Sozialen Arbeit ableiten). Verdichtet lässt sich von einem Spannungsverhältnis sprechen, das zwischen dem Anspruch der Bewohner*innen, ein „gutes Leben" (→ 4.1) führen zu können, und den Verhältnissen in ihrem Gemeinwesen besteht. Dieses Spannungsverhältnis wird v. a. durch das politische Regime (→ 4.2) und marginalisierende Bedingungen (→ 4.3) bestimmt.

4.1 „Gutes Leben"

Unter dem Begriff *Wohlfahrtsstaat* wird ein System verstanden, durch das weitreichende Maßnahmen zur Steigerung des sozialen, materiellen und kulturellen Wohlergehens aller Angehörigen einer Gesellschaft gewährleistet werden (sollen). Sozialstaatliches Ziel ist es, Menschen in (v. a. unverschuldeten) Notlagen zu unterstützen, wenn diese aus eigener Kraft nicht mehr zur Selbsthilfe fähig sind, bzw. solchen Notlagen vorzubeugen. Damit wird ein Zustand sozialen Miteinanders angestrebt, in dem es einen angemessenen, unparteilichen und einforderbaren Ausgleich der Interessen und der Verteilung von Gütern und Chancen zwischen den beteiligten Personen oder Gruppen gibt – ein Zustand, der auch als soziale Gerechtigkeit bezeichnet wird. Soziale Gerechtigkeit als Leitvorstellung soll allen eine menschenwürdige Existenz gewährleisten (vgl. Rohwer-Kahlmann 2014: 852) – mit anderen Worten: ihnen ermöglichen, *ein gutes Leben* zu führen.

> **Ein subjektiv „gutes Leben" zu führen beschreibt den Alltag von Menschen, die Verwirklichung selbstbestimmter Ziele anzustreben, die für ihren Alltag und ihre Lebensbewältigung von Bedeutung sind und für die sie ihren persönlichen Einsatz als lohnend betrachten.**

Ein gutes Leben zu führen streben die Bewohner*innen eines Gemeinwesens (im Einklang mit ihrer alltäglichen Lebensbewältigung und in der Gemeinschaft im sozialen Nahraum) an, was sich dort auch im solidarischen Zusammenhalt zeigt. *Solidarität* beschreibt die verbindliche Bezogenheit zwischen Menschen, die auf geteilten Werten und Überzeugungen gründet und nicht alleine von persönlichen Nutzenkalkulationen bestimmt wird (vgl. BBSR 2020: 128), während *sozialer Zu-*

sammenhalt sich als Resultat des Zusammenspiels dreier Kernelemente verstehen lässt: 1. „belastbare soziale Beziehungen" (d. h. soziale Netze über die eigene Familie hinaus sind vorhanden, den Mitmenschen wird vertraut, Vielfalt ist akzeptiert), 2. „positive emotionale Verbundenheit mit dem Gemeinwesen" (d. h. Identifikation mit dem Gemeinwesen, Vertrauen in dessen Institutionen und deren durch Gerechtigkeit geprägtes Handeln) sowie 3. „ausgeprägte Gemeinwohlorientierung", die sich in Solidarität und gegenseitiger Hilfsbereitschaft, der Anerkennung sozialer Regeln und gesellschaftliche Teilhabe zeigt (vgl. Daubner u. a. 2023: 13 f., zit. ebd.). Dadurch kann ein An- und Ausgleich der Interessen erfolgen und so auch das Wohl von (z. B. artikulationsungeübten) Personengruppen berücksichtigt werden (vgl. BBSR 2020: 69 f.). Auf dieses solidarische „Gemeinsame-Sache-Machen" (Lob-Hüdepohl 2013: 97) sind v. a. Bewohner*innen in prekären (z. B. durch Armut gekennzeichneten) Lebensverhältnissen angewiesen.

Insoweit ist *Teilhabe* (→ 1.2.2) auch als Prozess zu verstehen, der die Bewohner*innen eines Gemeinwesens in die Lage versetzt, ihre Interessen solidarisch einzubringen, marginalisierende Verhältnisse zur Sprache zu bringen. Teilhabe erfolgt damit im Spektrum

- einerseits (d. h. *seitens der Gesellschaft*) umfassender Aufmerksamkeit für die Interessen und Belange der Bewohner*innen, z. B. durch eine Soziale Arbeit, die deren Bedürfnisse (er)kennt (und anerkennt), und
- andererseits (d. h. *seitens der Bewohner*innen*) der Wahrnehmung der Möglichkeiten zur Beeinflussung der eigenen Lebenswelt durch Prozesse politischer Mitgestaltung (z. B. in Form von Bürger*innen-Beteiligung in der Gemeinde [→ 10.1, 11.2, 11.3]) und soziale Mitwirkung (z. B. in Form von Selbsthilfe oder -organisation im Gemeinwesen [→ 9]).

4.2 Vorherrschendes politisches Regime

Das vorherrschende politische Regime lässt sich gegenwärtig – im Kern – durch vier Merkmale bestimmen, die für ein Gemeinwesen bedeutsam sind:

1. Ideologisch hat sich eine neoliberale Marktreligion durchgesetzt, deren „Markenkern" es ist, immer wieder zu behaupten, für die gesamte Gesellschaft sei es förderlich, wenn es „der Wirtschaft" gut geht. Deshalb seien z. B. die privatwirtschaftliche Investitionstätigkeit durch Förderprogramme zu fördern und die Unternehmenssteuern zu senken. Der Staat sei zu „verschlanken", z. B. durch Abbau der die freie Unternehmertätigkeit behindernden Bürokratie (sog. „Deregulation"); der Staat habe für wirtschaftsadäquate Infrastruktur (v. a. straßengebundene Verkehrswege) zu sorgen und Forschung und Bildung an wirtschaftlichen Interessen auszurichten (z. B. durch verkürzte

Ausbildungs- und Studienzeiten). Die Arbeitsbedingungen sollen (z. B. durch Verlängerung der wöchentlichen und der Lebensarbeitszeit) „flexibilisiert" werden. Die Teilhabe von Bürger*innen kann überall dort erweitert werden, wo es dem politischen Regime dient (z. B. Entscheidungsprozesse „schlanker" macht und dabei wirtschaftlichen Interessen nutzt).
2. Es erfolgt dabei eine Fokussierung auf Städte bei gleichzeitiger Vernachlässigung des ländlichen Raumes (→ 4.3.2).
3. Sich gegen soziale Risiken abzusichern, sei eine private Angelegenheit (z. B. die Vorsorge gegen Armut im Alter durch private Rentenversicherungen), der Staat habe sich im Bereich der sozialen Sicherheit einzuschränken. Es sollen auch hier die Mechanismen des Marktes (v. a. Wettbewerb, Effizienz und Effektivität) gelten, die in den zurückliegenden 30 Jahren auf nahezu alle Strukturen der Daseinsvorsorge übertragen wurden. Teile der Daseinsvorsorge werden insoweit „privatisiert", als sie entweder selbst finanziert oder durch nicht-staatliche Organisationen (z. B. Wohlfahrtsverbände) erbracht werden sollen. Staatlich werden nur noch unumgehbare (Transfer-)Leistungen gewährt. Deshalb sind die Empfänger*innen solcher Leistungen darin zu fördern (erforderlichenfalls durch Sanktionen auch zu zwingen), sich um die eigene Beschäftigungsfähigkeit („Employability") zu sorgen, die sie unabhängig von Transferleistungen macht (vgl. Schönig 2006: 27; Dahme/Wohlfahrt 2003: 75, 85; Dahme/Wohlfahrt 2005: 15).
4. Soziale Arbeit wird dabei als notwendiges Übel zur Behandlung sozialer Notlagen (z. B. Armut) bzw. marginalisierter Personengruppen (z. B. wohnungslose Menschen) betrachtet, muss dabei aber nachweisen, dass sie die an sie herangetragenen (Wirkungs-)Ziele bei zugleich oft nur prekären Arbeitsgrundlagen (z. B. befristete Projektfinanzierung) erreicht (vgl. Wendt 2021a: 358 ff., 363 ff.).

4.3 Marginalisierung als Grundtatsache der Sozialen Arbeit im Gemeinwesen

Für die Soziale Arbeit ergibt sich daraus eine Reihe von Konsequenzen, von denen drei eine besondere Bedeutung für die Arbeit in Gemeinwesen haben:

4.3.1 Verarmung und Segregation

Armut und Verarmungsprozesse stellen einen Aspekt der Marginalisierung dar, der unmittelbar und besonders nachhaltig in ein Gemeinwesen hineinwirkt, politisch aber weitgehend verdrängt wird (vgl. Shaller 2023).

Materiell (d. h. in Bezug auf die einer Person zur Verfügung stehenden Mittel zur Finanzierung seiner Lebensführung) wird dann von „relativer Armut" gesprochen, wenn Menschen mit weniger als 60 % des Medians des Nettoäquivalenzeinkommens auskommen müssen (vgl. Spannagel u. a. 2017: 8). Seit 2005 veröffentlicht der Deutsche PARITÄTISCHE Wohlfahrtsverband (DPWV) einen jährlichen Armutsbericht, der für den Jahreswechsel 2021/22 eine deutschlandlandweite Armutsquote von 16,9 % auswies[6]. Insgesamt waren 14,1 Millionen Menschen arm (840.000 mehr als vor der Corona-Pandemie), 18.2 % der Rentner*innen, 21,3 % der Kinder und Jugendlichen und 42,3 % der Alleinerziehenden: 42,3 % (vgl. DPWV 2023a/b; zur Kinderarmut vgl. Zandt 2023; Funcke/Menne 2020: 1ff.). Dabei waren v. a. die Stadtstaaten (Hamburg: 17,7 %, Berlin: 20,1 %, Hansestadt Bremen: 28,2 % [DPWV 2023a: 31: 17]) und städtische Räume (z. T. besonders) armutsbetroffen, wie die Armutsquoten aus dem Ruhrgebiet (Durchschnitt Ruhrgebiet: 22,8 %) zeigten, z. B. Bochum 24,3 %, Dortmund 28,1 %, Essen 30,4 %, Gelsenkirchen 38,7 %, Oberhausen 26,4 % oder Hagen 28,2 % (ebd.: 22). Die Tendenz einer wachsenden Verarmung großer Teile der Bevölkerung zeigt sich beispielsweise auch darin, dass

- die Transferleistungen (v. a. Leistungen der Grundsicherung gem. SGB II) von der allgemeinen Wohlstandsentwicklung abgekoppelt werden und der Abstand zur Armutsschwelle (die sog. „Armutslücke") deutlich steigt (vgl. DPWV 2020);
- nach Angaben der EU-Statistikbehörde Eurostat 2022 bereits 11,4 % der Bewohner*innen nicht mehr in der Lage waren, sich jeden zweiten Tag eine vollwertige Mahlzeit (Fisch, Geflügel, Fleisch oder vegetarische Alternativen) zu leisten (vgl. afp 2023), während die in über 1.000 Gemeinden bzw. Gemeinwesen (ehrenamtlich betriebenen) Tafeln an ihre Grenzen gestoßen sind und arme Menschen nicht mehr ausreichend mit Lebensmitteln versorgen können (vgl. Lettgen 2022);
- die Entwicklung auf dem Wohnungsmarkt Prozesse der Verarmung verstärkt. Die Zahl preiswerter Sozialwohnungen hat sich seit Ende der 1980er Jahre von rund 4,0 Millionen Einheiten allein in Westdeutschland bis 2022 auf rund 1,1 Millionen Einheiten im vereinigten Deutschland reduziert (vgl. dpa 2023). In Großstädten werden durchschnittliche Quadratmetermieten zwischen 11 Euro (Berlin) und 19 Euro (München) verlangt, während ein Mietniveau von 6,50 bis 7,50 Euro als „sozialverträglich" gilt (vgl. Kinkartz 2023). Die Folge ist, dass viele Mieter*innen gezwungen sind, ihre nicht mehr bezahlbaren Wohnungen

---

6   Für Single ohne Kinder z. B. bedeutete diese Armutsschwelle ein verfügbares monatliches Einkommen in Höhe von 1.145 Euro, für Alleinerziehende mit einem Kind unter 14 Jahren 1.489 Euro, für Alleinerziehende mit zwei Kindern zwischen 14 und 18 Jahren 2.291 Euro, für ein Paar ohne Kinder 1.718 Euro, ein Paar mit einem Kind unter 14 Jahren 2.062 Euro und Paar mit zwei Kindern zwischen 14 und 18 Jahren 2.864 Euro (vgl. DPWV 2023a: 31, 33).

aufzugeben und sie in schlechter ausgestattete, kleinere und u. U. abgelegene Wohnungen oder bereits in prekäre (z. B. unsanierte, baufällige) Wohnungen umziehen müssen (vgl. BAG W 2023a);
- der Anteil der Bevölkerung mit einem durchschnittlichen Mittelschichtseinkommen kontinuierlich sinkt (vgl. ntv 2023) und zugleich der subjektive Eindruck zunimmt, *von Armut bedroht zu sein* oder bedroht werden zu können (vgl. Zandt 2022);
- die allgemeine Verteuerung der Lebenshaltung (insb. Preissteigerungen für Energie und Lebensmittel) nach dem Beginn des russischen Angriffskrieges gegen die Ukraine 2022 verschärft diese Entwicklungen und treiben Menschen in die Armut.

Solche Verarmungsprozesse werden auch durch die Entwicklung der modernen Stadt unterstützt, weil sie Marginalisierungsprozesse auch in der „räumlichen Konzentration von Personen und Haushalten unterstützt, die in ähnlicher Weise verarmt, diskriminiert und benachteiligt sind" (vgl. Häußermann 2000: 14, zit. ebd.).

Die Idee der modernen (europäischen) Stadt wurde zu Beginn des 20. Jahrhunderts konzipiert: Sie sollte z. B. aufgelockert, licht- und luftdurchflutet sein, ein helles, luftiges, gesundes Wohnen ermöglichen und Arbeit und Wohnen voneinander trennen (vgl. Becker 2014: 43). Solche Vorstellungen wurden vor allem in den 1960er und 1970er Jahren mit unterschiedlichem Erfolg in den sog. „Trabantenstädten" am Rand der großen (alten) Städte verwirklicht (z. B. Neuperlach in München, die Gropiusstadt in Berlin oder die Nordweststadt in Frankfurt/M.). Der Gemeinschaft stiftende und dem Gemeinwohl verpflichtete Anspruch dieser Konzepte ist über die Jahrzehnte freilich (aus unterschiedlichen Gründen) verlorengegangen. Es erfolgte nach Fertigstellung oft eine soziale Polarisierung (*Segregation*), d. h. die Verdrängung der alteingesessenen Bevölkerung aus den ehemaligen, nun der Stadtsanierung überlassenen Stadtkernen in die Neubausiedlungen mit oftmals einheitlichen Mehrgeschossbauten am Stadtrand, wo die ärmere Bevölkerung heimisch zu werden hatte. Die Anonymität dieser Siedlungen führte oft zu Kontaktlosigkeit und Isolation der neuen Bewohner*innen. Die „zunehmende Konzentration der marginalisierten Bevölkerung" führten seit den 1990er Jahren u. a. zu einem zunehmenden Konfliktniveau in den Siedlungen und (zunächst v. a. in den Großstädten) zur „Herausbildung von Quartieren mit einer hohen Problemdichte" (vgl. Häußermann 2011: 270 ff., zit. S. 273) und der Etablierung gegen-/parallelgesellschaftlicher Szenen und Milieus. *Sandra* spricht (die Verhältnisse in dem großstädtischen Gemeinwesen reflektierend, in dem sie arbeitet) z. B. von

„lauter Individuen, die hierherkommen und ums Überleben kämpfen: obdachlos, Hartz IV, Sozialhilfe, Drogen, Strafrecht, jung und schwanger, total überfordert, also Existenzkämpfe sind es hier. Die haben überhaupt keinen Zusammenhalt."

Auch Klein- und Mittelstädte waren hiervon betroffen, die das Konzept der vorgeblich „modernen Stadt" auf ihre Verhältnisse übertragen hatten (vgl. Becker 2014: 93 ff.).

Die Kritik an den anonymen Neubausiedlungen und den zugleich funktional um- und eintönig neugestalteten Stadtzentren führte zu Forderungen, z. B. ältere Gebäude zu sanieren, unterschiedliche Baustile zu bevorzugen, Begegnungsräume bereitzustellen und die Stadtkerne grüner, attraktiver und vielfältiger zu gestalten (vgl. ebd.: 43 f.). Die Entwicklung wurde in diesem Sinne in vielen Städten neu ausgerichtet, was zugleich (nicht zwingend bewusst) Prozesse der *Gentrifizierung* begünstigte.

Unter Gentrifizierung wird die Konkurrenz um bezahlbaren, attraktiven Wohnraum in den Stadtkernen verstanden, wenn sich in der Straße (zunächst unmerklich) die Eigentumsverhältnisse an Wohnungen und Geschäften ändern und neue Menschen in den Stadtteil ziehen, weil sich die dort bislang lebenden Bewohner*innen die steigenden Mieten nicht mehr leisten können (vgl. Kronauer 2017, 2020; Häußermann/Kronauer 2009). Die Gentrifizierung eines Quartiers bildet sich im wachsenden Anteil an Eigentumswohnungen, (luxus-)modernisierter Wohnungen, Verbesserungen in der Infrastruktur (z. B. attraktive Bars und Restaurants) sowie veränderten Haushaltsgrößen, Haushaltseinkommen, Nationalität und Bildungsgrad der Bewohner*innen ab (vgl. Becker 2014: 98). Sie führt im Ergebnis immer zur Verdrängung von Menschen aus ihrem ursprünglichen Wohnumfeld. Die Entwicklung der modernen Stadt oszilliert zwischen experimentell-expressiven Milieus der bürgerlichen Mitte in den gentrifizierten Quartieren und den Bewohner*innen marginalisierter Gemeinwesen. Die Stadt driftet zwischen diesen Polen auseinander, die sich (zugespitzt formuliert) in den unterschiedlichen Alltagspraxen zwischen Bio- und Billigmarkt, Sternekoch-Restaurant und Tafel-Verpflegung, angesagten Boutiquen und Ein-Euro-Shops abbildet; von einem gegenseitigen Verständnis für die jeweils andere Lebenswelt (hier die hippen Akademiker*innen, dort die um die alltägliche Lebensbewältigung bemühten Transferbezieher*innen) kann in dieser polarisierten Gesellschaft nicht ausgegangen werden.

Marginalisierte Gemeinwesen befinden sich in einem Prozess der „kontinuierlichen Abwärtsentwicklung" (Oelschlägel 2013b: 713). Die hier lebenden Bewohner*innen (v. a. erwerbslose Menschen, Alleinerziehende, Flüchtlinge, Kinder) können ihre Interessen und Vorstellungen zwar formulieren, aber nicht mehr verwirklichen. Ihre „schwachen Interessen" (Toens/Benz 2019b: 11) treten in großer Vielfalt und Unterschiedlichkeit auf, unterscheiden sich doch die Lebensverhältnisse erwerbsloser Menschen oder Alleinerziehender von den Lebensverhältnissen der Flüchtlinge oder Kinder. Große Vielfalt aber löst auch Ängste bei den Menschen aus, die sich somit in Konkurrenz zu anderen „schwachen Interessen" sehen (z. B. arbeitslose Menschen vs. Menschen mit

Fluchterfahrung) und überzeugt sind, sich gegen diese einerseits abgrenzen und andererseits durchsetzen zu müssen.

Entscheidend ist in dieser Situation, ob marginalisierte Bewohner*innen ihre „ungesehenen" Interessen zur Geltung bringen und ob sie (und wie) politischen Einfluss für diese Interessen gewinnen können (vgl. Toens/Benz 2019b: 11; Mogge-Grotjahn 2022: 92). Untersuchungen zum Zusammenhang von Marginalisierung (Armut) und (mangelnder) Teilhabe zeigen zugleich, dass diese Bewohner*innen deutlich geringer ehrenamtlich oder politisch engagiert sind und weniger an politischen Wahlen teilnehmen, obwohl sie davon am stärksten profitieren könnten (vgl. Schütte/Günther 2015; Krause/Gagné 2019).

4.3.2 Vernachlässigung ländlicher Räume

2015 wurden fast 70% der Fläche Deutschlands und über 30% der Bevölkerung dem ländlichen Raum zugeordnet (vgl. BBSR 2020), der seit den 1960er Jahren v. a. durch zwei Entwicklungen beeinflusst wird: Einerseits haben sich suburbane Räume mit Siedlungen herausgebildet, in denen Pendler*innen und Menschen im Ruhestand leben, die die Vorzüge des ländlichen Raumes (Natur, Ruhe, Zurückgezogenheit) schätzen, zugleich aber dem (traditionellen) ländlichem Sozialverhalten (und dessen bürgerschaftlichen Strukturen, z. B. in dörflichen Vereinen) distanziert gegenüberstehen (vgl. Schmidt 2019: 10). Zugleich sind andererseits strukturschwache Räume entstanden; sie kennzeichnet, dass

- die dörfliche Bevölkerung abnimmt und v. a. die Jüngeren in die Städte wechseln; die durch dieses demografische Downgrading bedingte sinkende Nachfrage hat Einkaufsmöglichkeiten und die Gastronomie aus vielen Ortschaften verschwinden lassen und dem zivilgesellschaftlichen Engagement in Vereinen, Kirchen u. a. Organisationen fehlt der Nachwuchs („Krise des ländlichen Ehrenamtes");
- mit dem Hinweis auf diese demografische Entwicklung begründete unternehmerische Entscheidungen (z. B. bei Bahn und Post) aufgrund der Schließung von Bahnhöfen und Poststellen zur Ausdünnung der Infrastruktur geführt hat, der ÖPNV zurückgebaut und Lücken im Mobilfunk- und Internetzugang nicht geschlossen wurden;
- bildungspolitische Zielstellungen (Durchsetzung des Konzepts der Ganztagsschule) und die gleichzeitige Kostenbegrenzung bei der Einrichtung solcher Schulen in weiten Teilen des ländlichen Raumes dazu geführt haben, das Angebot an weiterführenden Schulen meist in den Kreis- oder größeren Kleinstädten zu zentralisieren;
- sich in ländlichen Kreisstädten Behörden (Kreisverwaltung, Finanzamt, Polizei) und Dienstleistungen des Sozial- und Gesundheitswesens (Beratungs-

stellen, Krankenhäuser) sowie Schulen und andere Bildungs- oder Freizeiteinrichtungen konzentrieren, die durch den ausgedünnten ÖPNV oft nur schwer zu erreichen sind;
- dezentrale Einrichtungen in den Dörfern als nicht mehr finanzierbar gelten, was zu Einschränkungen der Kultur- und Bildungsangebote und zur Schließung von Einrichtungen der Daseinsvorsoge (Sportanlagen, Kinder- und Jugendarbeit u. a.) geführt hat;
- ländliche Kleinstädte (mit Fachgeschäften, Kommunalverwaltung, medizinischer Versorgung, weiterführenden Schulen, Sparkasse, Bahnhof) ihre spezifische Funktion für den ländlichen Raum als Verbindung zwischen Dorf und der „Welt außerhalb" nach und nach eingebüßt haben; zudem macht das Internet die Kleinstadt als Ort für Einkauf und Wissensbeschaffung entbehrlich (vgl. Knabe u. a. 2021). Es scheint eher so zu sein, „dass viele ländliche Kleinstädte vom Strukturwandel der letzten Jahrzehnte in Verbindung mit der digitalen Revolution eher negativ betroffen sind, während sich für manches Dorf zusätzliche Chancen auftun" (vgl. Schmidt 2019: 11, zit. ebd.). Die Herausforderungen des ländlichen Raums (vgl. BMEL 2022c: 12 ff.), z. B. die wachsende Bedeutung der Digitalisierung für den ländlichen Raum (vgl. z. B. Rumpf 2022; Williger/Wojtech 2018), meistern sie eher;
- die Bewohner*innen ländlicher Gemeinwesen einen „Abbau lokaler Demokratie von oben" erleben: Durch die verschiedenen Wellen, die kommunale Selbstverwaltung durch Zusammenlegung bis dahin selbständiger Gemeinden neu zu ordnen („Gebietsreform"), wurden in mehr als 20.000 Dörfern der Gemeinderat und der/die Bürgermeister/in abgeschafft, wodurch etwa 300.000 Kommunalpolitiker*innen nicht nur ihr Ehrenamt verloren, sondern auch die örtliche Bevölkerung über sie ihre Mitgestaltungsmöglichkeiten einbüßten (Schmidt 2019: 14 f.), was oft als Gängelung und Entmündigung „von oben" erlebt (vgl. z. B. Henkel 2017), als „Entmachtung der Dörfer und Landgemeinden" wahrgenommen und „als systemisch-strukturelle Machtausübung von oben nach unten" bezeichnet wurde (Henkel 2020: 105).
- zur lebensweltlichen Wirklichkeit ländlicher Räume gehört, wenn schon Einrichtungen nicht geschlossen werden, sie oft an andere Orte (u. U. noch günstig zu erreichende Gemeinschaftseinrichtungen für mehrere Dörfer) verlegt bzw. Einrichtungen für junge Menschen oft ohne fachkundiges Personal betrieben werden und Sportvereine sich zur (ungeliebten) Bildung von Spielgemeinschaften mit anderen Vereinen entschließen müssen, da sie selbst keine eigene Mannschaft mehr aufzustellen in der Lage sind.

Insgesamt zeigt sich eine Konzentration der politischen Aufmerksamkeit, der Infrastrukturentscheidungen und der Wirtschaftsleistung auf großstädtische Zentren, während abseits dieser Räume marginalisierte Regionen entstehen, die durch die demografische Entwicklung (Abnahme, Abwanderung und Alterung der Bevölkerung) und durch ökonomische Prozesse (Verlagerung von Betrieben, Ausbildungs- und Arbeitsplätzen) bestimmt werden (und in denen sich z. T. in Verbindung mit Prozessen der Verarmung und Segregation der Bevölkerung eine doppelte Marginalisierung abzeichnet).

4.3.3 Soziale Stadt: Ein Ansatz sozialer Befriedung

Sowohl das dominierende politische Regime als auch die Marginalisierungsprozesse in Gemeinwesen stellen das Konzept des „guten Lebens" für viele Bewohner*innen nachhaltig in Frage. Unter den gegebenen Verhältnissen ist für sie die Verwirklichung selbstbestimmter Ziele, die für ihren Alltag und Lebensbewältigung von Bedeutung sind und für die sie ihren persönlichen Einsatz als lohnend betrachten, nur sehr eingeschränkt möglich.

Die marginalisierenden Verhältnisse führten zudem schon in der Vergangenheit zu einer Konzentration dieser Bevölkerung in „abgehängten Quartieren". Seit den 1980er Jahren zeigte sich, dass die Abwärtsentwicklung dieser Quartiere (die sich schon bald in gegen-/parallelgesellschaftlichen Szenen, Gewalthandlungen u. ä. äußerte) weder aus den Gemeinwesen selbst heraus noch durch die Praxis der noch aktiven Projekte einer wohlfahrtsstaatlichen GWA (→ 3.2) abgewendet werden konnte. Der Rückzug des Bundes aus dem öffentlichen, sozialen Wohnungsbau, das Auslaufen der Mietpreisbindung in vielen Wohngebieten des sozialen Wohnungsbaus, die Privatisierung kommunaler Wohnungsbestände und die Einschränkung der kommunalen Förderung von Sanierungsprojekten trugen zu einer weiteren Verknappung auf dem Wohnungsmarkt bei (vgl. Kronauer 2020: 19). Dies begünstigte die Entstehung – oft stigmatisierter – benachteiligter Quartiere v. a. in Großstädten, in denen infrastrukturelle Defizite (schlechte Anbindung an den ÖPNV, schwach ausgebaute soziale Infrastruktur, geringe Investition in den vorhandenen Wohnungsbestand u. a.) die Lebensbewältigung für die Bewohner*innen zusätzlich erschweren (vgl. die Beiträge in Krummacher u. a. 2003; Franke / Löhr / Sander 2000).

Diese „Krise der sozialen Stadt" (Häußermann 2000, 2004) mit ihren Prozessen der Individualisierung und Entsolidarisierung als „Grundtatsache moderner Gesellschaften" (Oelschlägel 2007: 35) hat zur Herausbildung von Quartieren geführt, in denen sich die „Ausgegrenzten und ‚Überflüssigen'" sammelten, sofern es ihnen nicht möglich war, noch rechtzeitig wegzuziehen (vgl. Oelschlägel 2013b: 713, zit. ebd.). Hier konnten Kulturen entstehen, die sich teilweise von den Normen und Verhaltensweisen der Gesellschaft entfernt hatten, weshalb – unter Würdigung aller Aspekte dieser sog. „Krise der sozialen Stadt" – „eine integrierte Stadtpolitik stabilisierend eingreifen" musste (Oelschlägel 2017: 174).

Die Stadtentwicklung und -erneuerung wurde daher seit den 1980er Jahren „in zunehmendem Maße als eine Verknüpfung städtebaulicher, sozial- und beschäftigungspolitischer, ökologischer, kulturpolitischer und umweltrelevanter Aspekte" (Pfotenhauer 2000: 251) verstanden. Im Rahmen des Bund-Länder-Programms „Soziale Stadt" (ab 2020: „Sozialer Zusammenhalt – Zusammenleben im Quartier gemeinsam gestalten") wurden in Zusammenarbeit mit den betroffenen Gemeinden „Maßnahmen der städtebaulichen, aktivierenden und vernetzenden Stadt-(Teil-)Entwicklung" konzipiert, wobei dem Quartiersmanagement (→ 5.1.2) eine besondere Rolle zufiel (zum Konzept des Programms vgl. Häußermann 2011).

Soziale Stadt „steht für den Politikansatz einer integrierten Stadt(teil)entwicklung, mit dem der wachsenden sozialräumlichen Polarisierung in den Städten begegnet werden soll". Die Verbesserung der Lebensverhältnisse in Quartieren mit sozialen, ökonomischen und städtebaulichen Problemen soll durch „konzertiertes Vorgehen aller Fachressorts erreicht" werden. Hierfür und zur „Mobilisierung aller Ressourcen sollen neue Management- und Informationsstrukturen auf allen Ebenen (Quartier, Kommune, Land) etabliert werden. Dazu werden quartierbezogene Planungs- und Steuerungsverfahren (Quartiersmanagement) sowohl auf Gemeindeebene (Stadtrat, Verwaltung) als auch auf Quartiersebene (Gebietsforen, Trägerverbünde, Verfügungsfonds usw.) geschaffen" (Thies 2011: 813; vgl. Thies 2010: 129). Dazu wurden verschiedene (in der Regel zeitlich befristete) Programme (z. B. „Stadtumbau West", „Lokales Kapital für Soziale Zwecke" [LOS], „Kompetenz & Qualifikation" [K&Q]) entwickelt. Der städtebauliche Schwerpunkt (Um- und/oder Rückbau bzw. Attraktivierung „grauer" Siedlungen, Schaffung von Infrastruktur) wurde mit dem Quartiersmanagement als lokaler Koordinierungsstelle für unterschiedliche Akteure (Kommune, Jobcenter, Schulen, zivilgesellschaftliche Akteure, Einzelpersonen) und weiteren Programmen staatlicher Aktivierungspolitik (z. B. den Jugendhilfeprogrammen „Zweite Chance" und „Kompetenzagenturen") und zivilgesellschaftlichen Aktivierungsansprüchen (stärkere Einbindung bzw. aktivere Beteiligung zivilgesellschaftlicher Akteure in den Stadtteil bzw. Orientierung auf dessen Entwicklungsaufgaben) verknüpft. Sogenannte „Integrierte Entwicklungskonzepte" und „Lokale Aktionspläne" (vgl. z. B. Behn u. a. 2013) sollten diese Konzepte mittel- bis langfristig planerisch absichern und konzeptionell entwickeln helfen.

Das Quartiersmanagement nimmt damit sehr stark planerische, administrative und intermediäre Aufgaben wahr (vgl. Herrmann 2019: 109–132) und ist zudem (aufgrund der Finanzierung in Projektform oder angeschlossen an bundesweite Programme) immer zeitlich befristet. In der Regel handelt es sich um interdisziplinär besetzte Stadtteilbüros, in denen Stadt- bzw. Regionalplaner*innen mit Praxisberater*innen zusammenarbeiten. Als gemeinsames Ziel des Quartiersmanagements gelten „stabile Nachbarschaftsstrukturen, die negative Folgen gesellschaftlicher Benachteiligung abmildern oder zumindest kompensieren" (Mühlberg 2011: 689). Daran entzündet sich durchaus Kritik,

z. B., dass sich damit GWA zur „Technologie neoliberaler Gouvernementalität" entwickle, da die Befriedung der Quartiere im Mittelpunkt stehe, nicht aber die Interessen der Bewohner*innen (vgl. Fehren 2006: 582 ff., zit. S. 582).

Solche Bestrebung zu einer Re-Vitalisierung der Stadt waren dabei immer auch mit Überlegungen zu einer Aktivierung der Bewohner*innen und der Mobilisierung ihrer Ressourcen verbunden, was zugleich „die Forderung und Förderung von mehr Selbstverantwortung der Bürger" (Galuske/Rietzke 2008: 403) zur Folge hatte, verbunden mit der Behauptung, dass der Sozialstaat die Menschen (steuerfinanziert) überversorge, die soziale Sicherung unbezahlbar und bevormundend sei und im Widerspruch zu persönlicher Eigenverantwortung und Selbstorganisation der Gesellschaft stehe (vgl. Dollinger 2006: 11). Stattdessen müsse die Eigenverantwortung der Bürger*innen für ihr Dasein in den Vordergrund gerückt und sie aus den Ketten des Sozialstaates befreit werden (vgl. Dahme/Wohlfahrt 2003: 75, 82; Butterwegge 2010: 60 ff.): der/dem Einzelnen fällt damit die Verantwortung für die Bewältigung sozialer Risiken, z. B. Armut aufgrund von Arbeitslosigkeit, zu.

Solche „affirmativen Strategien", die allenfalls die Milderung der Folgen sozial ungerechter Verhältnisse verfolgen, ohne ihre ökonomischen und politischen Grundlagen in Frage zu stellen, bezeichnen marginalisierte Bewohner*innen als „von Natur aus unzulänglich und unersättlich" (bzw. faul) und von „immer mehr Hilfe" abhängig (vgl. Fraser 2001: 51 ff., zit. S. 52). Diese Hilfe hat zudem einen Zwangscharakter, weil sie von den Bewohner*innen verlangt, sich für die sie marginalisierenden Verhältnisse selbst verantwortlich zu erklären und mit allen Mitteln für deren Bewältigung zu sorgen. Hilfeleistungen werden an Gegenleistungen gekoppelt, d. h. „ein Anspruch auf Hilfe setzt die Erfüllung von Pflichten voraus" (Weyers 2006: 218), auch solchen Pflichten, die sich auf das Gemeinwesen beziehen, z. B. im Rahmen von sog. Arbeitsgelegenheiten als „Grüne Truppe" für die Pflege der Grünanlagen und die Sauberkeit im Stadtteil zu sorgen (was zugleich der „Heranführung an Arbeit" dienen soll). Das Gemeinwesen wird damit zum „Bestandteil der neuen Sozialstaatsarchitektur" (Dahme/Wohlfahrt 2009: 83). Es soll zu einem Ort werden, wo die Bewohner*innen ihre freie Zeit v. a. in (den Sozialstaat entlastenden) Projekten sinnvoll nutzen: „brach liegendes soziales Kapital im Gemeinwesen soll nicht verantwortungslos vor sich hin leben, sondern für gesellschafts- und sozialpolitische Zukunftsinteressen in die Verantwortung genommen werden". Diese Ressourcen sollen „zur Bearbeitung sozialpolitischer Probleme" aktiviert werden, was insbesondere „unter Stichworten wie bürgerschaftliches Engagement, Bürgergesellschaft, Sozialraumorientierung, Kommunalisierung, Community-Care u. v. m. diskutiert" wird (ebd.: 85, Herv. i. O.; vgl. Dahme/Wohlfahrt 2003: 86; Roth 2004: 177 f.).

Diese Absicht führt zu einem Bedeutungszuwachs „unterstützungskompetenter Professionen" (Schönig 2006: 24), allerdings unter besonderen Vorzeichen: Soziale Arbeit wird „mehr und mehr eingeschworen auf die Programmatik des aktivierenden Sozialstaats, der sich nicht an der umfassenden Förderung ‚gelingenderen Alltags' orientiert, sondern nur die Förderung von Arbeitsfähigkeit als Kern von Selbständigkeit im flexiblen Kapitalismus kennt" (Galuske/Rietzke 2008: 405). Es erfolgt so eine „politische Indienstnahme der Sozialen Arbeit" (Wolf 2007: 1167) für Zwecke der Aktivierung, die primär auf Transferbezieher*innen (Arbeitslose u. a.) bezogen ist und die Soziale Arbeit „als ausführendes Organ des aktivierenden Staates in Beschlag" nimmt (Dahme/Wohlfahrt 2003: 90, vgl. ebd.: 94 f. [→ 9.1]).

4.4 Anregungen zur Weiterarbeit

» In die Grundlagen des Aktivierungsstaates führen *Heinz Jürgen Dahme* und *Norbert Wohlfahrt* in einem kurzen Beitrag (Aktivierungspolitik und der Umbau des Sozialstaats; in: Dahme, H.-J., u. a. [Hg,], Soziale Arbeit für den aktivierenden Staat, Opladen 2003, S. 75–100) verdichtet ein.

» Obwohl noch vor der „Reform" des SGB II veröffentlicht, beschreibt die vom *Deutschen PARITÄTISCHEN Wohlfahrtsverband* veröffentlichte Expertise „Arm, abgehängt, ausgegrenzt" (Berlin 2020) sehr anschaulich den Alltag von Verarmung betroffener Menschen (und ist über die Website des Wohlfahrtsverbandes – https://www.der-paritaetische.de – verfügbar); gegen die beschriebenen Prozesse der Verarmung richtet sich die Initiative *Ich bin armutsbetroffen* (https://ichbinarmutsbetroffen.start.page/).

- Die Studie „Soziale Stadt- und Ortsentwicklung in ländlichen Räumen" von *Ludger Baba und Katrin Wilbert* (BBSR-Online-Publikation, Bonn 2022) vermittelt einen datengestützten Einblick in die Entwicklungsprozesse ländlich geprägter Regionen (URL: https://www.bbsr.bund.de/BBSR/DE/veroeffentlichungen/bbsr-online/2022/bbsr-online-02-2022-dl.pdf [13. Aug. 2023]).
- *Vanessa Lange und Jan Üblacker* beschreiben am Beispiel der Gemeinde Gierswalde (bei Berlin) die Risiken der Vernachlässigung des ländlichen Raums durch soziale Konflikte (Ländliche Gentrifizierung und soziale Konflikte; in: e+g/ethik und Gesellschaft 1/2022; URL: https://tobias-journals.uni-tuebingen.de/ojs/index.php/eug/article/view/972 [13. Auf. 2023]).

5 Aktivierung und Management

Die skizzierte Entwicklung der zurückliegenden 50 Jahre (→ 3) läuft auf zwei Perspektiven der Sozialen Arbeit hinaus, im, mit oder für ein Gemeinwesen *professionell* zu arbeiten:

- einerseits mit dem Fokus auf *Teilhabe* (und damit eher auf die Lebenswelt ausgerichtet), d. h. *Gemeinwesenaktivierung* durch Förderung der Teilhabe der Bewohner*innen durch die Aktivierung ihrer Selbstorganisation und -hilfe, der Ermunterung zur politischen Interessenvertretung sowie der Mobilisierung der Unterstützung in der und durch die Nachbarschaft (→ 5.1.1); und
- andererseits mit dem Fokus auf *Entwicklung* (und damit eher auf den Sozialraum orientiert), d. h. *Gemeinwesenmanagement* (v. a. in Form von Quartiers- bzw. Stadtteilmanagement), worunter die Planung und Steuerung der *Gemeinwesenentwicklung* bei Aktivierung der Ressourcen zur weiteren Gestaltung des Gemeinwesens und Beteiligung der Bewohner*innen an politischen Entscheidungsprozessen zu verstehen ist (→ 5.1.2).

Für beide Perspektiven ist die Vernetzungsarbeit (→ 5.3) gleichermaßen bedeutsam.

5.1 Aktivierung durch Gemeinwesenarbeit und Quartiersmanagement

5.1.1 Bewohner*innenorientierte Aktivierung durch Gemeinwesenarbeit

Es fällt auf den ersten Blick nicht leicht, genau zu bestimmen, was gegenwärtig unter GWA zu verstehen ist, wie nur wenige ausgewählte Beschreibungen deutlich werden lassen:

- Gegenstand der GWA ist „die Handlungsfähigkeit der Menschen, die Kollektivierung und Aushandlung von Interessen und die Thematisierung struktureller gesellschaftlicher Bedingungen" (Stoik 2011).
- Die „zentrale Aufgabe von GWA" besteht darin, „einen Prozess zu organisieren, bei dem unterschiedliche Wertvorstellungen und Interessen formuliert, Konfliktlinien öffentlich und transparent gemacht, die Organisationsfähigkeit der an den Rand gedrängten Bevölkerungsgruppen verbessert und die

Aneignung oder Wiederaneignung von sozialen Räumen mit zweckdienlichen Mitteln unterstützt wird" (Hinte 2019b: 399).
- „Ziel ist die Verbesserung von materiellen (z. B. Wohnraum, Existenzsicherung), infrastrukturellen (z. B. Verkehrsanbindung, Einkaufsmöglichkeiten, Grünflächen) und immateriellen (z. B. Qualität sozialer Beziehungen, Partizipation, Kultur) Bedingungen unter maßgeblicher Einbeziehung der Betroffenen" (Stövesand/Stoik 2013: 21). Defizite eines Gemeinwesens sollen beseitigt und die Lebensverhältnisse der Bewohner*innen verbessert werden.
- Ihre „Kernaufgabe" besteht in der Beteiligung und dem Empowerment von Bürger*innen, um die Begegnung und Zusammenarbeit aller Akteure im Gemeinwesen „auf Augenhöhe zu ermöglichen" (BAG SE+GWA 2009: 10; vgl. Riede u. a. 2017: 32).
- Die Aktivitäten der GWA werden aus einem Bedarf abgeleitet oder um ein Thema herum organisiert, das i. d. R. nicht nur eine Zielgruppe, sondern viele Bewohner*innen betrifft. Dabei geht es immer um die Förderung der Selbstorganisation und der Selbsthilfekräfte der Bewohner*innen, die Verbesserung der immateriellen Faktoren des Gemeinwesens, um Vernetzung und Kooperation im Gemeinwesen und darum, die Bewohner*innen dabei zu unterstützen, ein Netzwerk zu entwickeln, „das zu wichtigen Anlässen mobilisiert werden kann. Dieses Ziel wird durch die Bereitstellung einer Infrastruktur unterstützt, die niederschwellige, informelle soziale Alltagskontakte ermöglicht" (vgl. Lüttringhaus 2001: 264 ff., zit. S. 266).
- Es geht um die die Verbesserung von Lebensbedingungen in marginalisierten Gemeinwesen, wobei Praxisberater*innen „respektvoll nach Betroffenheit, Interessen und Ärgernissen der Menschen fragen" und sich „auf das Leben der Menschen ein(lassen), auf ihre Empfindungen, ihre Lebensdefinitionen, ihre Ängste und Handlungsmotive in ihrer ganzen Vielfalt, Brüchigkeit und Widersprüchlichkeit" (Hinte 2019a).
- Und schließlich: Die GWA strebt eine „enge Zusammenarbeit mit Behörden und Institutionen an" mit dem „Ziel, ein das Gemeinwesen durchdringendes Netzwerk zu schaffen" (Noack 1999: 13 f.).

Auch in der beruflichen Praxis ist das Bild zur GWA uneinheitlich. So sagt z. B. *Petra*, GWA bedeute für sie, „dass man bei den Menschen dort andockt, wo deren Lebensraum ist, und auch deren Ideen und Anliegen ein Stück weit mit einbezieht …, sie an der Umsetzung beteiligt und sie somit aktiviert sind, ihr Lebensumfeld selbst zu gestalten." Für *Linda* heißt das, dass GWA auch Lobbyarbeit bedeutet, sie sich zum „Sprachrohr" macht und auch anwaltlich auftritt, wenn sie „eine Vertretung in bestimmten Gremien, in bestimmten Runden, wenn es um Plätze geht, wenn es irgendwie um Teilhabemöglichkeiten geht". Auch *Lea* stellt in den Mittelpunkt, dass GWA die Beteiligung von Menschen gewährleisten müsse; sie betont, es sei wichtig, dass Initiativen „von selbst kommen (müssen). Man lebt zusammen, hat vielleicht die gleichen Bedarfe, die gleichen Ideen, dass die Bürger so von sich aus sagen: Wir brauchen jetzt und wollen jetzt –". Und *Irene* ergänzt, das dies „ja auch immer sehr kommunenabhängig (ist), wo eben diese Brennpunkte, die Schwerpunkte unserer Arbeit dann wirklich liegen."

Die Beispiele zeigen, dass ein sehr offenes Verständnis entwickelt wird, was unter GWA zu verstehen ist, ganz in dem Sinne der schon 1980 formulierten Einschätzung, dass es *die* GWA nicht gibt (vgl. Boulet/Krauss/Oelschlägel 1980: 58). Dennoch lässt sich prinzipiell feststellen, dass GWA dadurch gekennzeichnet ist, ein Gemeinwesen ganzheitlich in den Blick zu nehmen (ohne sich dabei auf einzelne Bewohner*innen zu beziehen) und im Rahmen der ermittelten Interessenlage der Bewohner*innen (z. B. nach bestimmten Dienstleistungen, Unterstützung bei der Lebensbewältigung) anstrebt, auf Nachbarschaften, Stadtteile und (kleinere) Gemeinden Einfluss zu nehmen, dass sich die Lebensbedingungen insgesamt verbessern. Lebensweltorientiert sollen Ressourcen (die sich z. B. in nachbarschaftlichen Netzwerken ausbilden) verfügbar gemacht und die Selbstorganisation (z. B. in Vereinen oder Selbsthilfegruppen) unterstützt werden (→ Kasten). Es können dabei

- zielgruppenspezifische Aktionen der GWA (z. B. für spezielle Bedarfslagen und Zielgruppen wie alleinerziehende Mütter oder arme Familien) erforderlich werden (zielgruppenübergreifender Ansatz) oder
- die Inanspruchnahme sozialer Dienste und der Ressourcen anderer Bereiche der Daseinsvorsorge (z. B. des Gesundheitswesens) durch Vernetzung und Koordination (z. B. in der Nachbarschaftsarbeit [→ 7.1.3]) angebracht sein (bereichsübergreifender Ansatz).

Gemeinwesenarbeit in Hannover

Die Landeshauptstadt Hannover verfolgt mit dem Arbeitsansatz Gemeinwesenarbeit das Ziel, in Sozialräumen mit besonderem Entwicklungsbedarf die Lebensbedingungen und das Zusammenleben aller Bewohnerinnen und Bewohner im Stadtteil zu verbessern und damit das Gemeinwesen nachhaltig zu stärken. Bewohnerinnen und Bewohner aller Altersgruppen werden aktiviert und beteiligt, den eigenen Lebensraum zu gestalten. (…)

Grundsätzlich hat Gemeinwesenarbeit folgende Aufgabenschwerpunkte:

- Aktivierung und Beteiligung von Bewohnerinnen und Bewohner im Stadtteil unter Berücksichtigung unterschiedlicher sozialer, ethnischer und kultureller Hintergründe
- Initiierung, Umsetzung und Begleitung von Projekten im Stadtteil, die die Teilhabechancen der Bevölkerung erhöhen
- Koordination und Förderung von Netzwerken und Gremien im Stadtteil, z. B. Flüchtlingsunterstützerkreise
- Organisation von gemeinsamen Festen und Veranstaltungen wie z. B. Stadtteilfest, Bildungsfest, Hoffest, Themenmärkte

- Kooperation mit dem städtischen Integrationsmanagement
- Kooperation mit dem Quartiersmanagement in Gebieten „Soziale Stadt"
- Anlaufstelle im Stadtteil, qualifizierte Weiterleitung zu anderen (Beratungs-)Stellen
- Förderung des bürgerschaftlichen Engagements im Stadtteil
- Einwerbung von Finanzmitteln/Drittmitteln (Landeshauptstadt Hannover: Jahresbericht 2017 über die Entwicklung der Leistungen und Finanzen im Fachbereich Soziales, Hannover 2018, S. 44 f.).

Dabei wird eine doppelte Aktivierungsperspektive deutlich:

- Einerseits geht es – lebensweltlich – um die Förderung marginalisierter Bewohner*innen, sich stärker an der Entwicklung ihres Gemeinwesens zu beteiligen, d. h., sie dabei zu unterstützen, gemeinsame Interessen zu erkennen, sich zu solidarisieren und gemeinsam und selbstbewusst diese Interessen zu vertreten;
- andererseits geht es – bezogen auf die Akteure – darum, dass sich die lokalen Institutionen und zivilgesellschaftlichen Akteure für realen Anforderungen (und damit die oftmals ungesehenen und nicht-gehörten Interessen von Bewohner*innen öffnen (vgl. Fehren 2013: 276; Riede 2019a: 16 f.).

Wenn also GWA solchen Interessen und Vorstellungen im Gemeinwesen eine Form gibt, die ansonsten kaum wahrgenommen bzw. ignoriert werden, dann stellen sich ihr Aufgaben, zwischen unterschiedlichen Akteuren und deren Interessen zu moderieren: Für *Sandra* bedeutet das z. B., im Gemeinwesen unterwegs (bei den Menschen), zu versuchen, „die Leute zusammenzubringen", ihnen dabei zu helfen, dass sich Bewohnerinitiativen gründen, damit Fußgängerüberwege geschaffen oder Spielplätze gebaut und von den Bewohner*innen mitgestaltet werden, wozu „Runden mit der Stadt, mit der gemeinnützigen Wohnbaugesellschaft" notwendig werden, an denen sie teilnimmt, um solche Vorhaben voranzubringen.

Für *Tim* geht es um „Hinhören und nicht nur Abarbeiten von Problemen", d. h. „Menschen zu(zu)hören, dass wir da ganz dicht an ihren Themen dran sind". *Otto* betont, es „sind die Menschen, die miteinander in Kontakt geraten, die miteinander leben und sich miteinander engagieren"; es geht dabei darum, „Leute an einen Tisch zu bringen, Bedürfnisse herauszufinden und Interessen zu organisieren" (Bullinger/Nowak 1998: 158; vgl. Hinte 1993, 1994). Praxisberater*innen sind deshalb „Vermittler zwischen Menschen" (Bullinger/Nowak 1998: 159), sie müssen „*eine kommunikative Vermittlung zwischen unterschiedlichen Lebenswelten und Akteursebenen*" (auch im Kontakt mit Kommunalpolitik/-verwaltung) gewährleisten, um „Bündnispartner/innen für die Verbesserung der Lebensbedingungen auf allen Ebenen" zu finden (Riede 2019a: 16, 18, zit. ebd., Herv. i. O.). Damit etabliert sich im Gemeinwesen eine „intermediäre Kultur" (Noack 1999: 29), in der Praxisberater*innen zwischen Bewohner*innen und ihren Bedarfslagen und Interessen, Institutionen und zivilgesellschaftlichen Akteuren mit ihren Ressourcen und Ideen vermitteln (vgl. Riede u. a. 2017: 32; Fehren 2006: 576; Riede 2016).

GWA wurzelt damit in der Lebenswelt, was es naheliegend macht, sie als eine bottom-up-Strategie *aus dem Gemeinwesen heraus* in die Organisationen, politischen Prozesse und Konflikte hinein zu bezeichnen. Darin unterscheidet sie sich grundsätzlich von dem struktur-orientierten Ansatz der Aktivierung durch Quartiersmanagement.

5.1.2 Struktur-orientierte Aktivierung durch Quartiersmanagement

Seit den 1980er Jahren wurde im Fachdiskurs der Sozialen Arbeit zunehmend von (am Sozialraum orientierter) „Stadtteilarbeit" (oder „stadtteilbezogener Sozialer Arbeit") und vom „Fachkonzept Stadtteilorientierung" als einem (die Handlungsfelder der Sozialen Arbeit übergreifenden) Konzept gesprochen (→ 3.4), das seit den 1990er Jahren als diskussionsleitend anzusehen ist, wodurch sich neben der GWA ein zweiter Zugang zur Sozialen Arbeit im Gemeinwesen entwickelt hat. Daran anschließend hat das Bund-/Länder-Programm „Soziale Stadt" (→ 4.3.3) seit 1999 die Etablierung von sog. Quartiersmanagements (bzw. Stadtteilmanagements) in den Programmgebieten verlangt.

Sozialraumorientierung wird (neben der *persönlichen Ebene der Menschen* als Lern- und Erfahrungsfeld, sich z. B. in der Nachbarschaft zu orientieren, zurechtzufinden und einzubringen) auf der *fachlichen Ebene* als ein Arbeitsprinzip zur Verbesserung der Angebote der Sozialen Arbeit verstanden (die sich stärker an die Bedarfslagen der Bewohner*innen auszurichten haben). Auf der *administrativen Ebene* werden v. a. Stadtteile mit besonderem Entwicklungsbedarf im Rahmen von „Sozialer Stadt" fokussiert; Sozialraumorientierung stellt dabei auf der *Ebene der Planung* ein „Fachkonzept zur besseren Entwicklung und Steuerung von Angeboten sowie zur Gestaltung von Lebenswelten und Arrangements in Wohngebieten" dar (vgl. Spatscheck/Wolf-Ostermann 2016: 12 f., zit. S. 13; vgl. Spatscheck 2009a: 33 [m. w. N.]).

Sozialraumorientierte Soziale Arbeit geht, wie die GWA auch, davon aus, dass die Bewohner*innen eines Gemeinwesens unter z. T. schwierigsten Lebensbedingungen „versuchen, das ‚Beste' aus ihrem Leben zu machen". Ihre Lebensbedingungen zu verbessern ist, wie in der GWA, Ziel von Quartiersmanagement, doch wird der Ansatz sehr viel deutlicher um den Anspruch ergänzt, dafür auch „neue Ressourcen zu schaffen" (Hinte 2010: 670; vgl. Hinte/Treeß 2007). Quartiersmanagement „organisiert, aktiviert und moderiert" deshalb v. a. dort, wo „weniger artikulationsfähige Menschen" leben (Hinte 2010: 674). Dabei orientiert es sich an deren Selbsthilfekräften, damit sie die Gestaltung des Gemeinwesens und die Lösung ihrer Probleme *selbst* in die Hand nehmen können. Erst dann kann eine professionelle Unterstützung in Betracht kommen, zumal Quartiersmanagement präventiven Charakter hat und „die soziale Desintegration in den Städten aufhalten" (Oelschlägel 2017: 175) und „stabile Nachbarschafsstrukturen" schaffen soll, die „die negative(n) Folgen gesellschaftlicher Benachteiligung abmildern oder zumindest kompensieren" (Mühlberg 2011: 689; vgl. Grimme/Hinte/Litges 2004). Daher bemüht sich Quartiersmanagement „bereits in einem Stadium Unterstützung zu leisten, in dem Menschen noch nicht ‚auffällig' ... geworden sind" (Hinte 2001: 86), z. B. durch die Anregung, den Aufbau und die Stärkung informeller Netzwerke in der Nachbarschaft, Maßnahmen der Wohnumfeldverbesserung (z. B. die Schaffung und Gestaltung von Grünanlagen, Spielplätzen oder Treffpunkten für die Nachbarschaft) oder durch frühzeitige Einmischung in andere Politikbereiche (z. B. Wohnungs- und Beschäftigungspolitik). Die Zugänge zu den Bewohner*innen sind möglichst zielgruppenübergreifend und dienen auch der Verbesserung ihrer materiellen Situation. Die Funktionen des Quartiersmanagements bestehen v. a. in der

- Entwicklung ressortübergreifender Handlungskonzepte und Entwicklungsstrategien zur ganzheitlichen Bewältigung sozialer Schwierigkeiten, z. B. der sozialen Segregation in Form der Herausbildung von „Armutsquartieren" (vgl. Becker 2014: 114 ff.);
- Wahrnehmung einer ämterübergreifenden Regiefunktion, z. B. durch enge Kooperation mit der Stadtplanung, professionelle Vernetzung oder Zusammenarbeit mit Wohnungsgesellschaften und Akteuren aus anderen Branchen, die neue Ressourcen einbringen können (vgl. Thies 2010: 130);
- Entwicklung von Aktionsplattformen für Initiativen aus der Bewohnerschaft und den unterschiedlichen Trägern der Daseinsvorsorge, um gemeinsam an Lösungen für die Problemstellungen, Bedarfslagen und Themen des Quartiers zu arbeiten;
- Beteiligung der Bewohner*innen und der im Quartier tätigen zivilgesellschaftlichen Akteure (→ 9.1) durch geeignete Verfahren (→ 11), um einen Interessenausgleich zu ermöglichen und zugleich zur politischen Mitwirkung anzuregen (vgl. Fehren 2013: 274 f.; Borstel/Fischer 2018: 115–151, insb. S. 126–138).

Das Vorgehen hängt jeweils von den örtlichen Bedingungen ab (→ Kasten); auch hier sind keine „Einheitslösungen" möglich (vgl. Oelschlägel 2013b: 715).

Quartiersmanagement Frankfurt-Nordweststadt

Seit 2005 begleitet das Quartiersmanagement Nordweststadt im Rahmen des „Frankfurter Programms – Aktive Nachbarschaft" die soziale Stadtteilentwicklung in der Frankfurter Nordweststadt (Träger ist der Evangelischer Regionalverband Frankfurt und Offenbach).

Die Nordweststadt ist Mitte der 1960er Jahre als sogenannte Trabantenstadt entstanden. Durch die offene Siedlungsstruktur und einen hohen Grün- und Freiflächenanteil ist sie vor allem bei jungen Familien beliebt. Zurzeit leben hier über 16.000 Menschen. Trotz der enormen Zuwanderung seit den 1980er Jahren hat der Stadtteil mit seinen heute über 50 % Menschen mit Migrationshintergrund (zuzüglich der Ausländer) eine hohe Integrationsleistung vollbracht.

Gemeinsam mit den Bürgerinnen und Bürgern, mit freien Trägern der sozialen Arbeit, Schulen, Kinder- und Jugendeinrichtungen, Vereinen, Wohnungsbaugesellschaften sowie städtischen Ämtern unterstützt und begleitet das Quartiersmanagement Projekte und Ideen, die zur Verbesserung der Lebens- und Wohnsituation beitragen. Soziale und kulturelle Angebote sollen zu einem lebendigen und zukunftsfähigen Stadtteil beitragen.

Die Aktive Nachbarschaft lebt von Ihrer Beteiligung. Machen Sie bei unseren Projekten mit – neue Ideen sind herzlich willkommen. Aktuelle Projekte:

- Nachbarschaftshilfe und -beratung (allgemeine Sozialberatung, Nachbarschaftsstammtisch etc.)
- Nachbarschaftsfeste und Stadtteilveranstaltungen (Open-Air-Festival, Tafel der Vielfalt, Kinder laufen für Kinder etc.)
- Kulturnetz Frankfurt e. V. mit Lesungen, Ausstellungen etc.
- Wohnumfeldverbesserungen
- Unterstützung der Realisierung des Kultur- und Gemeindezentrums GHR 398
- Unterstützung von Vereinen und Stadtteilinitiativen (Evangelischer Regionalverband Frankfurt und Offenbach: Quartiersmanagement Nordweststadt; URL: https://www.diakonie-frankfurt-offenbach.de/ich-suche-hilfe/soziale-stadt/soziale-stadt/nachbarschaftsbuero-nordweststadt/ [23. Juli 2022]).

Zu den Handlungsfeldern des Quartiersmanagements zählen (schon zu Beginn des Programms „Soziale Stadt" formuliert)

- *Bewohnermitwirkung, Stadtteilleben*, d. h. Aktivierung örtlicher Potenziale, Hilfe zur Selbsthilfe, Entwicklung von Bürgerbewusstsein für den Stadtteil, Schaffung selbsttragender Bewohnerorganisationen und stabiler nachbarschaftlicher Netze;
- *Lokale Wirtschaft, Arbeit und Beschäftigung*, d. h. Stärkung der lokalen Wirtschaft, Schaffung und Sicherung von örtlichen Arbeitsplätzen und Beschäftigungsangeboten sowie Qualifizierung der Arbeitsuchenden;
- *Quartierszentren*, d. h. Stärkung der Nahversorgung und Herausbildung der Zentren als Kristallisationspunkte für das städtische Leben;

- *Soziale, kulturelle, bildungs- und freizeitbezogene Infrastruktur*, d. h. Verbesserung des Infrastrukturangebotes im Interesse des sozialen Ausgleichs;
- *Wohnen*, d. h. Verbesserung des Wohnwertes der Wohnungen, Modernisierung, Instandsetzung, Umbau und ergänzender Neubau, Sicherung preiswerten Wohnraums (einschließlich Belegungsrechte für Haushalte, die sich nicht selbst auf dem Wohnungsmarkt versorgen können). Schutz der Bewohner*innen vor Verdrängung. Erhalt (bzw. Wiederherstellung) gemischter Bewohnerstrukturen. Unterstützung aktiver Nachbarschaften und Stärkung der Identifikation der Mieter*innen mit Wohnung und Wohnumfeld; und
- *Wohnumfeld und Ökologie*, Verbesserung des Wohnwertes durch Aufwertung des Wohnumfeldes, bessere Nutzung und bessere Gestaltung von Freiflächen, mehr Sicherheit und Aufenthaltsqualität im öffentlichen Raum und bewusstere Berücksichtigung ökologischer Erfordernisse (vgl. ARGEBAU 2000: 5–11).

Seitdem haben sich z. T. Konkretisierungen ergeben, welche Handlungsansätze mit welchen Angeboten verfolgt werden, z. B.

- zielgruppenspezifische Arbeitsansätze, z. B. sozialräumliche Arbeit mit älteren Menschen (vgl. Deinet/Knopp 2022; Merscheid 2017; Bott 2022);
- die Verbesserung des Zusammenlebens in der Nachbarschaft durch Angebote der Sprachförderung, Straßen- oder Quartiersfeste (vgl. Oelschlägel 2013b: 714 f.);
- die Verbesserung der sozialen, kulturellen und Bildungsinfrastruktur z. B. durch Bildungsangebote der Erwachsenenbildung, Theater und kommunales Kino;
- die Durchführung von Projekten, die der Stiftung von Identität und Kontakt unter den Bewohner*innen dienen und ein positives Image des Quartiers fördern, z. B. (Foto-)Wettbewerbe, Stadtteilfeste/-basare u. ä.; und
- Anregung von wirtschaftlichen Aktivitäten, z. B. lokale Beschäftigungsprojekte und Arbeitsgelegenheiten (vgl. Noack 2015: 91–123), für eine Berufstätigkeit vorbereitende und qualifizierende Maßnahmen, Unterstützung von Existenzgründer*innen oder Projekten aus dem Bereich der Seniorengenossenschaften (vgl. Beyer 2015).

Die unterschiedlichen Akteure, die diese Leistungen erbringen (z. B. örtliche Wohnungsbaugesellschaften, Gesundheitsdienste, Kommunalverwaltung, soziale Dienste), müssen koordiniert werden – eine Aufgabe, die i. d. R. dem Quartiersmanagement zukommt: Es soll sie unter dem einheitlichen „Dach" des Programms „Soziale Stadt" im Programmgebiet vernetzen und die Zusammenarbeit im Rahmen der für das Programmgebiet bestimmten Ziele abstimmen (vgl. Herrmann 2019: 139; Becker 2020a: 7; Becker 2014: 20 ff.; Spatscheck/Wolf-Ostermann 2016: 15 [m. w. N.]; Oelschlägel 2017: 175). Damit wird die in letzter

Konsequenz immer gegebene Ausrichtung des Quartiersmanagements auf Managementaufgaben deutlich: Planung, Vernetzung und Steuerung von Prozessen und Projekten der Gemeinwesenentwicklung sind (neben der Aktivierung der Bewohner*innen, Akteure und Institutionen des Gemeinwesens) die hauptsächlichen Aufgaben des Quartiersmanagements. Es soll dazu beitragen, dass ein „Klima lokaler Kooperation" (Oelschlägel 2013b: 714) entsteht. Wenn sich dabei auch die Umsetzung von Gemeinde zu Gemeinde unterscheidet, bleibt es „immer eine top-down-Strategie" (Oelschlägel 2017: 175).

5.1.3 Kooperation von GWA und Stadtteilmanagement

GWA und Quartiersmanagement bauen gleichermaßen Brücken zwischen den unterschiedlichen Interessen und Bedarfslagen, die sich im Gemeinwesen zeigen, wenn auch mit unterschiedlichen Perspektiven: geht es der GWA vorrangig um die Ermöglichung von Teilhabe und Durchsetzung der Interessen von Bewohner*innen, so ist das Quartiersmanagement primär auf die Steuerung der Prozesse ausgerichtet, die der materiellen Verbesserung der Lebensbedingungen dienen.

Dazu kooperieren GWA und Quartiersmanagement miteinander, auch wenn das Verhältnis zueinander nicht immer eindeutig geklärt ist: Der gemeinsame Auftrag besteht zwar in der der Aktivierung und der Vernetzung vor Ort und beide arbeiten dazu mit den Akteuren und Institutionen im Gemeinwesen zusammen (vgl. Potz 2021: 4), aber GWA verfolgt dabei einen bottom-up-Ansatz, Quartiersmanagement i. d. R. einen top-down-Ansatz. Es muss vor Ort geklärt werden, welcher dieser beiden Ansätze bestimmend ist:

- Einerseits wird behauptet, dass GWA „ein zentrales Arbeitsfeld insbesondere *im kommunalen Quartiersmanagement*" sei (Hinte 2011c: 340; Herv. PUW). GWA kommt, wenn auch als „Kern-Kompetenz" (von Kitzell 2002) des Quartiersmanagements bezeichnet, in diesem Verständnis eine dienende Funktion *für* das Quartiersmanagement zu; ihre Aufgabe ist, das Gemeinwesen unabhängig von konkreten Projekten in Bewegung zu bringen (z. B. Ideen für das Quartier entwickeln zu lassen), um auf der Basis dieser Grundmobilisierung der Bewohner*innen anschließend größere Projekte der Stadtentwicklung beginnen zu können (vgl. Hinte 2019a), die das Quartiersmanagement organisieren wird. GWA wird in diesem Verständnis zum (ausführenden) Instrument des Quartiersmanagements, verbunden mit der Gefahr, dass ihre professionelle Unabhängigkeit eingegrenzt und sie auf fremde politisch-administrative Ziele festgelegt wird (vgl. Dahme/Schütter/Wohlfahrt 2008: 10 ff., 176 ff.).
- Zugleich ist unbestritten, dass durch die Verknüpfung von GWA (mit dem Fokus auf Aktivierung) und Quartiersmanagement (mit dem Fokus auf die städ-

tebauliche Entwicklung) Strukturen der kommunalen Daseinsvorsorge (z. B. Nachbarschaftstreffs) geschaffen werden, was sich für die Handlungsfähigkeit der Bewohner*innen zuträglich auswirkt (vgl. Potz 2021:4; Potz u. a. 2020: 6 ff., 19 ff., 65 ff.) und ihre Lebensqualität verbessert. GWA ist „unverzichtbar, soll wirklich eine Soziale Stadt entstehen" (von Kietzell 2002: 23).

- Schließlich kann bezweifelt werden, dass der top-down-Ansatz des Quartiersmanagements aufgrund der damit unweigerlichen verbundenen steuernd-direktiven Praxis geeignet sein kann, Bewohner*innen zur Selbsttätigkeit und Teilhabe zu motivieren, wenn sie ihr Engagement doch – neoliberal argumentiert – zugleich zwingend als „Ersatz" für sozialstaatliche Leistungen eingeplant ist (vgl. Stoik 2008:1; Dahme/Schütter/Wohlfahrt 2008:162). Quartiersmanagement, das in diesem Sinne „nur manageriell interpretiert wird" (Fehren 2017:188), würde dann zum Element einer neoliberalen Aktivierungspolitik werden (vgl. Maruschke 2014b: 73 ff., 89 ff.).
- Dagegen steht das Selbstverständnis, dass Soziale Arbeit im Gemeinwesen „nicht Ausführungsorgan der Verwaltung" ist, sondern ihr hilft, „die Planung, Entwicklung und Gestaltung von Maßnahmen transparenter, bürgernäher und effektiver zu gestalten und damit engagierte Auseinandersetzung zu ermöglichen" (vgl. Oelschlägel 2001a: 192 f., zit. ebd.; vgl. auch Oelschlägel 2017: 175, und 2007: 30).

In diesem Spannungsfeld haben sich GWA und Quartiersmanagement zu- und miteinander entwickelt; eine eindeutige Entwicklungslinie mit einem erkennbaren Ergebnis kann (noch) nicht nachgezeichnet werden.

5.2 Vernetzen

Sowohl in den Beschreibungen der unterschiedlichen Aktivierungsperspektiven von GWA und Quartiersmanagement wird jeweils deutlich, dass die Vernetzung von Bewohner*innen, zivilgesellschaftlichen Akteuren und Institutionen im Gemeinwesen eine wichtige Aufgabe darstellt (vgl. Zychlinski 2013). Auch *Irene* verweist z. B. darauf, zur GWA gehöre

> „auch immer das Thema Vernetzung, Vernetzung von verschiedenen Akteuren, Austausch mit verschiedenen Akteuren, sonst funktioniert das Ganze nicht. Also es ist wichtig, mit den Leuten in Kommunikation zu treten, sowohl mit den Menschen, mit denen man zusammenarbeitet, als auch mit denen, die man erreichen möchte."

Soziale Arbeit im Gemeinwesen nutzt dazu bereits bestehende Netzwerke oder sie versucht, für die Arbeit im Gemeinwesen angemessene/hilfreiche Netzwerke aufzubauen. In diesem Sinne unterscheidet *Paul* zwei Arten von Netzwerken:

- das *„professionelle Netzwerk"*: Hier ging es ihm darum, „sich bekannt zu machen mit der Schulsozialarbeit, bei Rektoren, bei der Jugendgerichtshilfe, bei der Polizei, bei Beratungsinstitutionen, wie der Caritas, Diakonie, Suchtberatung, Jugendamt, Jobcenter und so weiter, also diese professionellen Bereiche, wo eventuell auch jemand auftaucht, dass ich da auch Bescheid bekomme, dass man dann unterstützend dann auch wirken kann"; und
- das *„Netzwerk der Straße"*: Er hat alle „straßenrelevanten Menschen" aufgesucht, hat die „einschlägigen Kneipen" besucht und mit jedem Tätowierer in der Stadt gesprochen, weil die Tätowierer „was auf der Straße zu sagen haben, bei dem läuft alles durch. Da läuft der Punk, da läuft der Rechte, da läuft der Hells Angels. Die unterhalten sich mit Leuten und mit szenenahen Leuten." Es handelt sich um Schlüsselpersonen, die Szenen erleben, über sie berichten und sie auch einschätzen können

Kennzeichnend ist jedenfalls, so *Fritz*, dass ein Netzwerk davon lebt, dass es „bespielt wird, dass es einen gemeinsamen Auftrag gibt, dass ein Ziel da ist. Wenn ein Netzwerk keinen Auftrag hat, dann versandet es."

Mit Netzwerken zu arbeiten verfolgt dazu verschiedene Perspektiven (vgl. Friedrich 2010; Fischer / Kosellek 2013):

- Subjekt- bzw. fallspezifische Netzwerkarbeit gibt Antwort auf die Frage, was sich in der Lebenswelt der Bewohner*innen entwickeln muss, damit soziale Unterstützung gegeben werden kann. Orientiert am Bedarf des Gemeinwesens zielen die Aktivitäten „auf die Schaffung neuer Ressourcen durch den Ausbau der ökonomischen und baulichen Strukturen: adäquater Wohnraum, Arbeitsplätze, Verkehrsberuhigung, Spielplätze, Räume, günstiges Essen, Trödel, Second-Hand-Kleidung, usw." (Lüttringhaus 2001: 265).
- Ressourcenorientierte Netzwerkarbeit klärt, wie Infrastrukturen (v. a. in der Lebenswelt) ermöglicht, entwickelt, stabilisiert und ggf. modifiziert werden können, die es den Bewohner*innen selbst erlauben, soziale Unterstützung zu gewährleisten: Hierbei geht es um unterstützende Beratung v. a. in den Selbsthilfekontaktstellen, z. B. Informationen zur Gründung neuer Selbsthilfegruppen, die Förderung der Zusammenarbeit der Selbsthilfegruppen untereinander oder die Kooperation mit unterschiedlichen Fachleuten (vgl. Stimmer 2006: 76). Dazu werden die Potenziale des Gemeinwesens „genutzt, aktiviert und gefördert", d. h. die persönlichen Ressourcen einzelner Bewohner*innen, soziale Ressourcen durch Beziehungen unter ihnen bis hin zu ihren materiellen und infrastrukturellen Ressourcen (Arbeitsmittel u. a.). Daneben werden Ressourcen verfügbar gemacht, die gesetzlich bestimmt sind und durch Institutionen zur Verfügung gestellt werden können oder bereitgestellt werden müssen (vgl. Lüttringhaus 2001: 265).
- Fallunspezifische Netzwerkarbeit beantwortet die Frage, welche Netzwerkstrukturen zwischen professionell tätigen Akteuren bzw. Institutionen

entwickelt werden müssen, um eine lebensweltnahe Lebensbewältigung unterstützen zu können. Professionelle Netzwerke (Arbeitskreise/-gruppen u. a.) fungieren als Brückeninstanzen, in denen Praxisberater*innen z. B. Themen des Stadtteils oder einzelner Bewohnergruppen aufgreifen und bearbeiten, sich (ggf. interdisziplinär) gegenseitig beraten, ihre Kenntnis über das (über-)regionale Angebot sozialer Dienstleistungen weitergeben, Lösungswege klären und vereinbaren (oder neue entwickeln), (sich auch gegenseitig) Ressourcen bereitstellen (oder mobilisieren) und Angebote aufeinander abstimmen können (vgl. Früchtel/Budde/Cyprian 2007a: 103 ff.).

- Fachliche Vernetzungsarbeit klärt schließlich die Frage, wie unterschiedliche Hilfen anlassangemessen in einen Zusammenhang gebracht, abgestimmt und koordiniert werden können, um so die „oft undurchschaubare Vielfalt sozialer Dienste, die sich u. a. in Mehrfachbetreuungen, Zergliederungen nach Problemlagen usw. äußert" durch Kooperation und Koordination abzubauen (vgl. Hinte 2001: 85 f., zit. ebd.; vgl. Hinte 2011b: 129; Hinte 2022).

Mit den Worten von *Kurt* heißt das: „Um Bedarf zu erkennen brauche ich diese Netzwerkanbindung. Das ist manchmal auf wenige Personen beschränkt"; es gehe darum, „in dieses System zu schauen, wie ich die Verbindungen zu den Menschen schaffe." Es sei „ganz wichtig im professionellen Bereich, um in der Kommune zu schauen: Wie kriegt man Interessen zusammen?" Und *Irene* berichtet z. B. über ihr Erfahrungen in der Kooperation mit anderen Akteuren und Institutionen; sie spricht von dem „Luxus, in einem Beratungszentrum zu sitzen, das ist einfach eine etablierte Einrichtung, da sitzen der Jugendpfleger, die Integrationsbeauftragte, wir haben Kolleginnen von der Jugendberatung, eine Migrationsberatung", die sie als enge Kooperationspartner*innen erlebt, „mit denen man regelmäßig zusammensitzt und sich gegenseitig austauscht, gemeinsame Aktionen plant, Projektideen austauscht und dann da auch sehr eng zusammenarbeitet."

Neben diesen vorteilhaften Aspekten der Netzwerkarbeit, die Praxisberater*innen in die Lage versetzen, Bedarfslagen und Ressourcen im Gemeinwesen qualifiziert zu beurteilen und in ihr Handeln zu integrieren, sind mit professionellen Netzwerken auch Risiken verbunden, z. B. Gefahren der Instrumentalisierung der Sozialen Arbeit durch fachfremde Interessen. Wenn sie z. B. dem Aufbau und der Pflege politischer Netzwerke dienen soll, dann besteht immer auch die „Gefahr, von kommunalpolitischen Machtverhältnissen eingenommen zu werden" (Bullinger/Nowak 1998: 161). So schätzt z. B. *Georg* Netzwerke als Ressource, auf die er zurückgreifen kann, muss zugleich aber von einer „Gefahr" sprechen, d. h. der „Angst, dass es (das professionelle Netzwerk, PUW) irgendwann nur noch für Aktivitäten der Stadt missbraucht wird" und der verbindende Zusammenhang der Netzwerkakteure, auch einmal kreative Lösungen zu entwickeln, hinter den politischen Interessen der kommunalen Selbstverwaltung (z. B. nur kostengünstige Leistungen zu verlangen) zurückstecken muss.

Konkreter ist das Beispiel, von dem *Uli* spricht, der über eine problematische Kooperation mit der Polizei und unterschiedlichen Auffassungen zum Datenschutz berichtet:

> „Da sagt die Kollegin von der Polizei in großer Gesprächsrunde: Die Familie XY, die ist ja schon wieder voll über die Stränge geschlagen und da muss man doch mal was tun, könnt Ihr da nicht mal hingehen? –."

Er findet das problematisch, denn in der Runde sollte es darum gehen, „offen miteinander (zu) gucken, was gut wäre für den Stadtteil. Man versucht dann, über kurze Wege eine Lösung zu finden – und dann kommt sowas dabei 'raus!" Auch schulische Interessen können instrumentellen Charakter haben; auch hier berichtet er von seinen Erfahrungen:

> „Es gibt diese Erwartungshaltung: Sag uns das! –, auch von der Schule: Klärt das mal für uns! –. Im Stadtteil gibt es Roma-und-Sinti-Familien, die haben am Nachmittag Streit und den Streit tragen die Kinder in die Schule rein. Dann soll das geklärt werden: Kannst Du da nicht mal hin und da ein Projekt machen? –. Das ist aber so einfach nicht, dass am Montag alles wieder läuft in der Schule, wenn wir am Mittwoch darüber gesprochen haben in der Woche davor. Da fehlt manchmal das Verständnis."

Aber darüber müsse im Netzwerk gesprochen werden, um Verständnis dafür hervorzurufen, was die Aufgabe der Sozialen Arbeit sei, „und nicht (darüber), dass die Soziale Arbeit zum Erfüllungsgehilfen von Schule wird in der Kooperation."

Zu den Rahmenbedingungen gelingender Netzwerkarbeit zählt auch, dass nicht jede Kooperation langfristig angelegt sein muss, sondern dass auch punktuelle und projektbezogene Zusammenarbeitsformen entwickelt werden können. Schriftliche Netzwerkvereinbarungen können hilfreich sein, auch wenn die Kooperationsbeziehungen vor allem vom Einsatz der Beteiligten abhängig sind (vgl. Slevogt 2008: 237 f.). Dies deutet die besondere Bedeutung „sozialer Chemie" (wie vertraut und vertrauensvoll professionell tätige Fachkräfte miteinander umgehen) auch in Vernetzungsprozessen an, auf die in der Praxis immer wieder verwiesen wird. Hierfür, so sieht es *Sandra*, sind auch „gemeinsame Interessen" eine wesentliche Voraussetzung:

> „Es braucht Engagement, also das heißt, es braucht die Personen, die das wollen. Es ist absolut personenabhängig. Es braucht Zeit und Raum für einen Beziehungsaufbau, Das ist ganz, ganz wichtig für mich, elementar überhaupt, das Wichtigste in der Sozialen Arbeit: Beziehungsaufbau, Vertrauen. Das gemeinsame Interesse steht am Anfang und dann müssen Personen wollen, sich drauf einlassen wollen, dass da

was passiert, und dann baut man ein Beziehungsgeflecht auf. Das hat Stärke, das hat Power und das bewegt dann was. Es ist dieses Netz, gemeinsam haben wir ein Ziel."

Dennoch ist Vernetzungsarbeit nicht immer einfach, betont *Linda*, denn die Zusammenarbeit mit anderen sozialen Einrichtungen „erfordert häufig auch eine sehr große Frustrationstoleranz, das sind Sachen wie Kommunikation, die völlig unterschiedlich ist, wie man arbeitet, von den Arbeitsansätzen. Das clasht immer ganz schön gegeneinander."

5.3 Anregungen zur Weiterarbeit

» Obwohl schon etwas in die Jahre gekommen, ist die Veröffentlichung von *Hermann Bullinger* und *Jürgen Nowak* (Soziale Netzwerkarbeit, Freiburg/Brsg. 1998) nach wie vor grundlegend zum Verständnis von Netzwerken und Netzwerkarbeit.

» *stadtteilarbeit.de* ist ein praxisorientierter Online-Fachinformationsdienst zur integrierten Stadt(teil)entwicklung und Gemeinwesenarbeit. Der Themenbereich Gemeinwesenarbeit wird von der Sektion Gemeinwesenarbeit der Deutschen Gesellschaft für Soziale Arbeit (DGSA) betreut.

» Das Online-Journal *sozialraum.de* will den fachlichen Austausch zu sozialräumlichen Konzepten und Projekten der Sozialen Arbeit fördern und stärken. Inhalte von sozialraum.de sind u. a. sowohl Grundlagentexte und Theoriebeiträge über Sozialraumorientierung und räumliche Ansätze in der Sozialen Arbeit und den Sozialwissenschaften, die Darstellung von spezifischen Methoden für Sozialraumerkundungen und -analysen als auch Ergebnisse und Beispiele von Sozialraum- und Lebensweltanalysen und die Darstellung von Praxisprojekten und -erfahrungen.

III Praxis

6 Verhältnisse und Bedarfslagen verstehen: Gemeinwesen analysieren

Eine wesentliche Voraussetzung dafür, Soziale Arbeit im Gemeinwesen leisten zu können, ist es, einerseits die Verhältnisse in einem Gemeinwesen (6.2) und andererseits die Bedarfslagen der Bewohner*innen und ihre Vorstellungen für dessen weitere Entwicklung (6.3) zu verstehen. Hierfür ist ein Verständnis erforderlich, wie diese Informationen bei Bewohner*innen und den Akteuren des Gemeinwesens erhoben werden (6.1):

6.1 Wie kann ein Gemeinwesen verstanden werden?

Die v. a. in der Einzelfallarbeit entwickelten *Verfahren der Gesprächsführung* (vgl. Wendt 2021a: 78–113) helfen auch im Gemeinwesen, mit den Bewohner*innen und den dort tätigen Akteuren ins Gespräch zu kommen; es bedarf dazu einer Erkundungshaltung, die sich offen zeigt für die i. d. R. widersprüchliche Wahrnehmung der Verhältnisse, die Bewohner*innen und Akteure (zudem in ihrer unterschiedlichen Sprache und Darstellungsweise) formulieren.

Voraussetzung für das Verstehen der Bedarfs- und Interessenlagen in einem Gemeinwesen ist in jedem Fall die uneingeschränkte Bereitschaft der Praxisberater*innen, eine Haltung des aktiven Zuhörens einzunehmen (vgl. Weinberger/Lindner 2011: 43 ff.; Greving/Hülsmann 2023: 57–80). Aktives Zuhören dient in allen Bereichen der Sozialen Arbeit dazu, andere Menschen als Person kennenzulernen und ihre Situation sowie ihre Beziehungen zur sozialen Umwelt (z. B. zur Nachbarschaft) besser zu verstehen, z. B. durch wertschätzende und empathische Spiegelung des Gesagten oder gezieltes Stellen offener Nachfragen. Die Frage, was genau in der Nachbarschaft geschieht, regt einerseits zu weiteren Schilderungen und Erläuterungen an und hilft andererseits zu verstehen, wie das Geschilderte erlebt wurde. In der Praxisberatung müssen dazu alle Kommunikationskanäle genutzt werden, d. h. Praxisberater*innen müssen auch auf die Körpersprache, Gestik und Mimik bzw. den Tonfall (und nicht nur das Gesagte) achten, Blickkontakt halten und das Gespräch (z. B. durch Kopfnicken, kurze bestätigende Äußerungen) aktiv unterstützen. Intensives Zuhören ist eine zentrale Voraussetzung dafür, verstehen zu können, worum es den Gesprächspartner*innen überhaupt geht (vgl. Wendt 2021a: 92–109). Dazu zählt auch, schon die Umfeldbedingungen des Gesprächs als wesentliche Elemente des Verstehens zu begreifen. Es ist folglich „wichtig, in den Treppenhäusern zu sein, die Aufzüge zu riechen, unterschiedliche Wohnungen zu betreten – das muss schon jeder und jede, die in und mit Nachbarschaften arbeitet, mal gemacht haben. Immer nur außen an den Fassaden entlangzulaufen bringt nichts. Du musst die Lebensrealitäten mit allen Sinnen hautnah erleben" (Richers 2022: 42).

Gemeinwesen verändern sich zudem dynamisch, denn die subjektiven Vorstellungen der hier tätigen Akteure entwickeln sich ständig weiter. Es ist daher erforderlich, durch *regelmäßige Gespräche* sicherzustellen, dass der Überblick über diese Entwicklungen und Veränderungen nicht verloren geht. „Ganz wichtig ist generell: zuhören", betont z. B. *Fred*, der das als einen „ganz elementaren Teil" seiner Arbeit bezeichnet,

> „zuzuhören und zu verstehen, was Leute auch wollen und brauchen und nicht irgendwie hinzugehen und zu sagen: Ich habe jetzt eine Idee, wie ich das Gemeinwesen umbaue –. Ich bin ja ein Akteur, der dort nicht lebt, der dort nicht wohnt, sondern seine Arbeitszeit dort verbringt. Da habe ich natürlich ein Recht, mich dort irgendwie zu beteiligen, aber ich glaube, da gibt's andere Leute (also v. a. die Bewohner*innen, PUW), die mehr Recht dazu haben."

Gemeinwesenanalysen gehen der eigentlichen Arbeit im Gemeinwesen voraus (vgl. Becker 2014: 153–163; Spatscheck 2009a/b). Sie kamen erstmals Ende der 1940er Jahre in den USA zum Einsatz (vgl. Boeltner 2007: 270), in West-Deutschland fanden sie v. a. in den 1970er Jahren Eingang in die professionelle Praxis (vgl. Seippel 1976/2019), z. B. in der Kinder- und Jugendhilfe (vgl. z. B. Krisch 2009a/b; Deinet 2007).

6.2 Verfahren der Gemeinwesenanalyse

Gemeinwesenanalysen sollen helfen, im Gespräch mit Bewohner*innen und Akteuren grundlegende Erkenntnisse über das Gemeinwesen zu gewinnen und damit Aussagen zu den Verhältnissen anleiten zu können, unter denen sich die alltägliche Lebensbewältigung der Bewohner*innen vollzieht (vgl. Becker 2014: 78–108, 153 ff.;). Sie dienen dazu, die Ressourcen, Probleme und Herausforderungen im Gemeinwesen zu identifizieren und die so gewonnenen Erkenntnisse „für die Lösung, Minimierung, Vermeidung und Verhinderung sozialer Probleme" zur Verfügung zu stellen (vgl. Spatscheck/Wolf-Ostermann 2016: 24 ff., zit. S. 26 f.).

Unabhängig von den Sichtweisen, Vorstellungen und Interessen der Bewohner*innen, die gesondert zu ermitteln sind (→ 6.3), geht es v. a. darum,

- das Setting des Gemeinwesens (neben Daten zur Bevölkerungsstruktur, zur Bausubstanz, zur schulischen Situation u. a., die sich aus statistischen Übersichten, Datenbanken u. ä. erschließen lassen) zu verstehen,

- das Erleben des Gemeinwesens durch die verschiedenen Akteure transparent zu machen,
- Schlüsselpersonen zu identifizieren,
- Themen und Formen der Zusammenarbeit zwischen Einrichtungen (Netzwerke, Kooperationsstrukturen und Gremien) zu erkennen und
- Streitpunkte (z. B. Auseinandersetzungen konkurrierender Gruppen um bestimmte Plätze im Gemeinwesen) festzustellen.

Die Aufgabe von Praxisberater*innen ist es, diese Informationen systematisch zu erheben, einzuschätzen und z. B. zu klären, welche Dienstleistungen für einen gelingenden Alltag oder zur Nachbarschaftsbildung benötigt werden (vgl. Oehler u. a. 2017: 209).

Inge berichtet z. B. über Erfahrungen mit der Durchführung einer Gemeinwesenanalyse, die sie mit ihrem Team und Student*innen der Sozialen Arbeit durchgeführt und als fachliche Bereicherung erlebt hat. Aufgrund der dabei erzielten Ergebnisse konnten sie z. B. schlussfolgern, „dass wir intensivere Öffentlichkeitsarbeit betreiben müssen, dass unsere Arbeit zunehmend auf Kooperation und Vernetzung basieren soll, mit anderen Tätigen in dem Arbeitsbereich."

Eine so verstandene Gemeinwesenanalyse führt zur Sensibilisierung der Praxisberater*innen für die Sichtweise der Akteure; sie kann auch der Beratung von Akteuren aus Politik und Verwaltung dienen, wie *Fred* berichtet, was ihm aufgrund einer solchen Analyse leichter fällt. Ihm hat z. B. gefallen, was seine Kollegen im vergangenen Jahr gemacht haben; sie

„haben mit dem Stadtbezirksamtsleiter, mit Leuten der Suchtbeauftragten und aus dem Sozialamt eine Fahrradtour gemacht, sind zu den Adressaten gefahren und haben sie sprechen lassen, was so Themen sind und was denen schwerfällt. Das ist sehr spannend, so eine Perspektive aufzumachen, wenn die Leute, die es betrifft, selber mit den Akteuren sprechen und sagen können, was ihre Themen sind. Ich bin ja nur Sprachrohr, diese Leute aber sind die wirklichen Experten."

Es ist ratsam, eine Gemeinwesenanalyse alle zwei bis drei Jahre zu wiederholen, um Veränderungen im Gemeinwesen in ihrer Tiefe (d. h. nicht allein aus dem beruflichen Kontakt in dieser Zeit) verstehen zu können.

Zur Erfassung der Verhältnisse im Gemeinwesen stehen eine Reihe von Erkundungsverfahren zur Verfügung:

6.2.1 Gemeinwesenbegehung

Eine systematische Gemeinwesenbegehung ermöglicht einen ersten unmittelbaren Einblick in die dort gegebenen Lebensverhältnisse (z. B. Bausubstanz,

Grünflächen, Spielplätze und deren Quantität und Zustand, Orte der Kommunikation im öffentlichen Raum wie Grillimbisse, Parkbankgruppen oder Bushaltestellen) und im nicht-öffentlichen Raum (z. B. Gaststätten, Cafés). Im Gespräch mit Adressat*innen werden lebensweltliche Handlungsräume und Aneignungsformen sichtbar, z. B., wie der öffentliche Raum von den unterschiedlichen Gruppen genutzt wird: Mit einer kleinen Gruppe wird der Stadtteil auf einer von ihnen eingeschlagenen Route begangen; dabei werden ihre Eindrücke und Interpretationen der Qualität eines Gebietes durch Fotos und Sprachaufzeichnung dokumentiert (vgl. Krisch 2005: 157 f.), wobei sich eine anschließende (gemeinsame) Reflexion in einem Workshop anbietet (vgl. Knopp 2009: 157). Insgesamt wird ein äußeres Erscheinungsbild des untersuchten Gemeinwesens und dessen Kommunikations- und Interaktionsstrukturen möglich. Erkennbar werden auch Zwänge (z. B. Ausschließungen durch Nutzungsverbote) bzw. Nutzungsbarrieren (z. B. stark befahrene Straßen ohne Überwege u. ä.), und es können sich Hinweise zur soziökonomischen Situation (z. B. zur Einkommensstruktur) im Stadtteil (z. B. am Verhältnis von Fachgeschäften zu Ein-Euro-Läden) ergeben. Eine Kombination, wie sie *Fred* geschildert hat, ist naheliegend.

Eine Gemeinwesenbegehung sollte an den Anfang einer Gemeinwesenanalyse (u. U. in Kombination mit der Nadelmethode [→ 6.2.2]) gestellt werden. Da in der Regel vormittags andere Bedingungen als am Nachmittag oder am Abend herrschen (wenn z. B. Berufstätige einkaufen gehen), muss die Stadtteilbegehung zu verschiedenen Tageszeiten wiederholt werden (vgl. Stock 2013: 371 f.).

Elemente eines Leitfadens, worauf die Aufmerksamkeit bei einer Gemeinwesenbegehung gelenkt werden sollte, sind z. B.:

- Dinge (z. B.: Welche Graffitis mit welcher Botschaft finden sich an Gebäuden, Haltestellen oder Mauern? Werden Utensilien für den Drogengebrauch gefunden? [Verweist dies auf eine Drogenszene?] Wird Alkohol öffentlich konsumiert – ggf.: wo?);
- Menschen (z. B.: Wer hält sich im öffentlichen Raum auf (Geschlecht, Alter, Migrationshintergrund, Passant*innen, Berufstätige)? Wie gehen sie miteinander um? Wer hält sich dort auch bei Regen oder Kälte im öffentlichen Raum auf? Leben Wohnungs-/Obdachlose im Gemeinwesen? Wie wird mit diesen umgegangen?
- Stimmungen (z. B.: Sprechen die Bewohner*innen miteinander? Wie hilfsbereit gehen sie miteinander um? Haben sie Konflikte untereinander? Wer ist daran beteiligt? Wie werden Konflikte ausgetragen? Welche Gruppen bestimmen das Geschehen auf den öffentlichen Plätzen? Werden rassistische, ausländer*innenfeindliche, sexistische u. ä. Bemerkungen oder Beschimpfungen wahrgenommen?)
- Strukturen (z. B.: Welche Grünflächen können bespielt werden? Gibt es eine Verunreinigung durch Hundekot? Wie viele Spielplätze gibt es für welche Ziel-

gruppe? Wie ist deren Zustand (gepflegt, beschädigt, nicht mehr nutzbar)? Welche Orte, Wege u. ä. meiden die Bewohner*innen? Welche Geschäfte, Lokale u. ä. gibt es? Mit welchen kann u. U. zusammengearbeitet werden? (unter Berücksichtigung der Empfehlungen von Hauschka, zit. n. Spatscheck/Wolf-Ostermann 2016: 47 f.).

Durch die Kombination von Beobachtungsrundgängen und Begehungen und den Kontrast der unterschiedlichen Wahrnehmungen (den Beobachtungen der Praxisberater*innen und den Rückmeldungen der Bewohner*innen) soll eine systematische Erfassung der vielschichtigen Wechselwirkungen sozialräumlicher Zusammenhänge erreicht werden (vgl. Krisch 2005: 344; vgl. Krisch 2009b: 88 ff.; Herrmann 2019: 98 f. [mit Hinweisen zur Raumbeobachtung und zu Begehungen]).

Eine Variante stellt die Strukturierte Gemeinwesenbegehung dar; dabei handelt es sich um ein zweistufiges Verfahren, das zur Kenntnis und zum Verständnis der verschiedenen Wahrnehmungen und Deutungen beitragen kann:

1. Es finden zunächst mehrfach (leitfadengestützte) Beobachtungsrundgänge der Praxisberater*innen auf den stets gleichen Wegen, aber zu verschiedenen Zeitpunkten und ohne Kontakt mit den Adressat*innen bei konsequenter Dokumentation der Beobachtungen (z. B. standardisierten Beobachtungsbögen) statt; und
2. es folgt eine Befragungsphase in Form einer Begehung mit Bewohner*innen, um deren lebens- und alltagsweltlichen Wahrnehmung in Erfahrung zu bringen.

In ländlichen Gemeinwesen kann auch eine Strukturierte Begehung durchgeführt werden, die durch eine Dorfanalyse (→ 9.3) ergänzt wird: Durch spezielle Fragen werden die Spezifika des Dorfes und der dörflichen Gemeinschaft in den Mittelpunkt gerückt, z. B.: Welche Stärken und Schwächen sind hier vorhanden und wie können diese zu Ressourcen werden? Welche ‚Biografie' hat mein Dorf? Wie ist das Dorf zu dem geworden, was es heute ist? Wie kann ich die Menschen im Dorf besser verstehen? (vgl. Eigner-Thiel u. a. 2020).

6.2.2 Nadelmethode

Die Nadelmethode (vgl. Deinet 2017: 205 ff.; Boeltner 2007: 281 f.; Spatscheck/Wolf-Ostermann 2016: 59 ff.) lädt die Bewohner*innen ein, durch verschiedenfarbige Nadeln bestimmte Orte (den Wohnort, Treffpunkte, unbeliebte Orte, den Arbeitsplatz u. a.) auf einer Karte zu markieren. Je umfangreicher die Farbpalette der genutzten Nadeln ist, desto differenziertere Darstellungen (unter Berücksichtigung von Alter und/oder Geschlecht der Befragten) werden möglich.

Ergänzend können auch verschiedenfarbige Bänder u. ä. verwendet werden, um Abhängigkeiten zwischen einzelnen Markierungen (z. B. Wohnort und Arbeitsplatz) oder Vernetzungen (z. B. Treffpunkte und gemiedene Orte) darzustellen (ggf. auch in Kombination mit einer Gemeinwesenbegehung). Die Ergebnisse werden durch eine Fotografie gesichert (vgl. Knopp 2009: 157; Krisch 2005: 343). So lassen sich erste grundlegende Erkenntnisse über die Verhältnisse im noch weitgehend unbekannten Gemeinwesen erlangen (vgl. Krisch 2009b: 80 f.). Dabei ist es wichtig, „immer bei der Pinnwand zu stehen, um gegebenenfalls zu unterstützen, aber auch zu verhindern, dass bereits gepinnte Nadeln wieder umgesteckt werden" (ebd.: 83); außerdem werden so unmittelbare Gespräche zu den Markierungen möglich, was zu weiteren Hinweisen zu den Verhältnissen im Gemeinwesen (z. B. als negativ erlebte Entwicklungen) führen kann.

6.2.3 Subjektive Landkarten

Bewohner*innen werden mit diesem Verfahren angeregt, ihre Lebenswelt (auf einem Bogen Zeichenkarton o. ä.) zu zeichnen. Ausgehend von wichtigen Orten (z. B. der Wohnung, einem Treffpunkt) entsteht ein Bild ihrer Bewegungs- und Aufenthaltsräume, der Wohnumgebung (z. B. auf dem Weg zur Arbeitsstelle) und des lokalen Raumes (z. B. wo sie sich mit anderen treffen können). Persönlich bedeutsame Orte und Räume können markiert und individuelle Bedeutungen und Wahrnehmungen (Hindernisse für die alltägliche Lebensbewältigung u. a.) kenntlich gemacht werden (z. B. Einrichtungen der Daseinsvorsorge, die für ihn/sie wichtig sind und [u. U. auch nicht] genutzt werden [können]). Textliche Erläuterungen und Ergänzungen sind jederzeit möglich. Dadurch entstehen Bilder einzelner Orte im Gemeinwesen, die für die Bewohner*innen wichtig oder mit bestimmten Bedeutungen ausgestattet sind, z. B. Hindernisse, die die Nutzung einer Beratungseinrichtung erschweren und in der Zeichnung als kaum überwindbares Gebirge dargestellt werden (die Zeichnungen bilden nicht die tatsächlichen geografischen Gegebenheiten des Gemeinwesens ab, weshalb sich das subjektive Erleben in unterschiedlichen Größen, Abständen und Formen ausdrücken wird). Daran anschließend wird das Bild durch Nachfragen der Praxisberater*innen um weitere Details ergänzt, wodurch ein Gespräch mit dem/der Bewohner/in zu der sich entwickelnden Zeichnung (und dem subjektiven Erleben des Gemeinwesens) entstehen kann. Abschließend nehmen die Bewohner*innen Einschätzungen zu ihrem Bild vor (z. B. zu den Themen, die sie für das Gemeinwesen insgesamt für wichtig halten) und abschließend ziehen sie und die Praxisberater*innen ein gemeinsames Resümee (vgl. Deinet 2009: 75). Gespräch und Nachfragen führen zu Konkretisierungen der Zeichnung, Details (z. B. Vernetzungen) werden geklärt und mögliche Schlussfolgerungen (z. B. für die Entwicklung des Gemeinwesens) diskutiert (vgl. ebd.: 65–86; Herrmann 2019:

98 f.; Spatscheck / Wolf-Ostermann 2016: 71 ff.; Früchtel / Budde / Cyprian 2007b: 127 ff.).

6.2.4 Gruppenkataster

Durch ein Gruppenkataster (auch als Cliquenkataster bezeichnet) wird auf der Grundlage von Interviews mit einzelnen Adressat*innen (z. B. Jugendliche oder Erwachsene mit besonderen Problemstellungen) selbst oder mit Akteuren aus dem Gemeinwesen sowie entsprechende Beobachtungen der Praxisberater*innen im Rahmen ihrer aufsuchenden Arbeit (→ 8.1, 8.3) versucht, die Aufenthaltsorte von Gruppen in deren Lebenswelt zu erfassen (vgl. Spatscheck / Wolf-Ostermann 2016: 64 ff.). Es entsteht so ein differenzierteres Bild verschiedener Gruppenkulturen (mit ihren Treffpunkten, [Musik- oder Kleidungs-] Stilen, Symbolen u. ä.) und ihren Sichtweisen, Bedürfnissen und Problemstellungen (z. B. erlebten oder selbst praktizierten Formen der Abgrenzung gegenüber anderen). Sichtbar werden auch die Wechselbeziehungen zwischen Gruppen und sozialer Umwelt (z. B. die durch Verbote und Nutzungsbeschränkungen begrenzten Möglichkeiten, sich im öffentlichen Raum zu treffen). Die im Kataster zusammengetragenen Informationen erlauben es, das Auftreten und Handeln der Gruppen im Gemeinwesen besser zu verstehen (vgl. Krisch 2005: 344).

6.2.5 Fremdbilderkundung und Institutionenbefragung

Durch die Befragung gesellschaftlicher Organisationen und Institutionen kann festgestellt werden, welche Auffassungen und Einstellungen dort zu einem bestimmten Thema oder einer bestimmten Personengruppe gegeben sind (Fremdbilderkundung), während durch die Institutionenbefragung Einschätzungen und Wissen von Mitarbeiter*innen im Gemeinwesen tätiger Einrichtungen ermittelt werden (vgl. Krisch 2009b: 71–126):

- Die Fremdbilderkundung kann z. B. in Form einer (mit einem Smartphone o. ä. dokumentierten) Befragung von (zufällig ausgewählten) Passant*innen im öffentlichen Raum durchgeführt werden und stellt damit ein niedrigschwelliges Gesprächsangebot dar, mit dem in einer Stunde bis zu 15 Personen befragt werden können. Der das Gespräch strukturierende Leitfaden bezieht sich v. a. auf die soziale Infrastruktur des Stadtteils, Problemstellungen im Gemeinwesen (z. B. als „störend" beschriebene Personen), die Kenntnisse über bestimmte Zielgruppen (z. B. Heranwachsende, ältere Menschen) und wie diese eingeschätzt werden, z. B. welche Problemstellungen ältere Men-

schen in Bezug auf Verkehr, Konsum und Freizeit haben. Die dabei erzielten Ergebnisse werden anschließend nicht veröffentlicht (vgl. ebd.: 149 ff.)
- Davon zu unterscheiden ist die Institutionenbefragung als Befragung von (in beruflicher oder amtlicher Funktion tätigen) Fachleuten, Expert*innen bzw. offiziellen Vertreter*innen im Gemeinwesen tätige Institutionen. Durch ihre Befragung mittels eines Leitfadens wird versucht, Einschätzungen zu Stärken und Schwächen des Gemeinwesens zu ermitteln, einen tieferen Einblick in die Tätigkeit von Organisationen und Institutionen zu erlangen und auch zu klären, wie (gut) sie sich untereinander kennen, ob und wie sie kooperieren und wie sie die Arbeit der anderen beurteilen (vgl. Krisch 2005: 346, Spatscheck/Wolf-Ostermann 2016: 55 ff., 87 ff., Herrmann 2019: 96 ff.).

Die Befragungen erfolgen gesprächsweise in Form eines offenen teilstrukturierten Interviews (mit z. T. vorformulierten Fragestellungen), wobei Anpassungen in Bezug auf die jeweilige Zielgruppe (z. B. Professionelle oder Freiwillige) und deren jeweilige Ausdrucksweise erforderlich sind (vgl. Stock 2013: 373; Krisch 2009b: 153 [mit Beispiel für einen Leitfaden]). Zu beachten ist auch hier, dass aus der Befragung ein offenes Gespräch werden soll und die Fragen des Leitfadens nur zur Gesprächsstrukturierung und zur Kontrolle dienen, damit nichts vergessen wird, was herausgefunden und wie das Gespräch dazu aufgebaut werden soll (vgl. Hinte/Karas 1989/2019: 48).

Ein weiteres Verfahren, subjektiv erlebte Gemeinwesen zu verstehen, ist die Sozialreportage (vgl. Braun/Elze/Wetzel 2015, 2016). Davon ist die Autofotografie zu unterscheiden, einem v. a. an Kinder und Jugendliche gerichtetes Verfahren, das sie einlädt, selbständig Orte im Gemeinwesen aufzusuchen, mittels Kamera oder Smartphone zu fotografieren und die entstandenen Fotos im anschließenden Gespräch mit den Praxisberater*innen zu interpretieren. Dadurch entsteht eine Sammlung von Eindrücken, was für sie im Gemeinwesen wichtig ist und wie dort einzelne Orte beurteilen (vgl. Krisch 2005: 345 f.; Ritter/Buchner-Fuhs 2017: 134 ff.; Spatscheck/Wolf-Ostermann 2016: 77 ff.). Die Autofotografie kann die Erstellung eines Gruppenkatasters sinnvoll ergänzen.

6.2.6 Sozialfotografie als Medium der Gemeinwesenerkundung

von Karl-Heinz Braun und Matthias Elze[7]

Obwohl die Fotografie das älteste der neuen Medien ist und obwohl die Digitalfotografie zu einer qualitativ neuen Bilderflut geführt hat, wird sie als Erkenntnismedium zur Rekonstruktion und Darstellung sozialer Themen in der Sozialen Arbeit bisher eher selten verwendet. Wir wollen deutlich machen, wie durch einen qualifizierten Einsatz von sozialdokumentarischer Fotografie das methodische Spektrum der Gemeinwesenarbeit ausgeweitet werden kann (vgl. Braun/Elze/Wetzel 2016, Kap.1-4; Braun/Wetzel 2010, Kap.1-5). Um das zu verdeutlichen haben wir beispielhaft den Stadtteil Magdeburg-Reform ausgewählt und stellen uns vor, dass ein/e neue/r Gemeinwesenarbeiter/in sich erstmals mit diesem Sozialraum und seinen Lebenswelten beschäftigt. Wir wollen in neun Regeln erläutern, wie eine solche visuelle Aneignung gestaltet werden kann (wobei die Reihenfolge zeitlich nicht strikt eingehalten werden muss):

- *Sich auf die Felderkundung vorbereiten:* Viele Sozialarbeiter*innen haben die Befürchtung, dass sie Vorurteilen erliegen, wenn sie sich vor einem Erstkontakt mit einem Gemeinwesen über es informieren. Aber das Gegenteil ist richtig: Wer mehr *weiß*, der *sieht* auch mehr, und Analysen sollte man immer kritisch lesen. Wir entnehmen z. B. dem „Integrierten Stadtentwicklungskonzept der Landeshauptstadt Magdeburg 2025", dass der Stadtteil vorrangig aus zwei Bereichen besteht, der 1911 bis 1938 in fünf Bauetappen mit unterschiedlichen Baustilen errichteten Gartenstadt Reform (Foto [F] 1–6) und dem 1972 bis 1975 errichteten „Komplexzentrum" („Platte") mit viel-, meist 10geschossigen Wohnscheiben (Typen P2 und M10) und einer Kleingartenanlage (die ursprünglich sehr dichte und rechtwinklige Bebauung wurde durch Rückbau und Abriss erheblich gelockert; F 7–10). Es leben dort knapp 12.000 Personen in den 4.724 Wohnungen der Mehrfamilienhäuser bzw. den 2.506 Wohnungen in Ein- und Zweifamilienhäusern. Ihnen stehen (vorrangig im „Komplexzentrum") drei Kindertagesstätten, ein Hort, eine Grund- und eine Gemeinschaftsschule, ein Gymnasium, eine Förderschule, ein Kinder- und Jugendhaus, zwei offene Treffs für Senioren, vier Alten- und Pflegeheime, das Nachbarschaftszentrum, das Bürgerbüro, die Stadtteilbibliothek, das Freibad

---

[7] *Karl-Heinz Braun*, Prof. em. Dr. phil. habil, lehrte hauptamtlich 1993 bis 2014 (und seitdem „freiwillig") am Fachbereich Soziale Arbeit, Gesundheit und Medien der Hochschule Magdeburg-Stendal und leitet dort seit 2010 das „Magdeburger Archiv für Sozialfotografie" (MaSoF). *Matthias Elze*, MA Sozial- und Gesundheitsjournalismus, Sozialarbeiter/Therapeut im sächsischen Strafvollzug in Leipzig, war 2010 bis 2014 studentischer und ist seitdem freier Mitarbeiter des „Magdeburger Archivs für Sozialfotografie" und Lehrbeauftragter am Fachbereich Soziale Arbeit, Gesundheit und Medien der Hochschule Magdeburg/Stendal.

Süd, zwei kirchliche/religiöse Einrichtungen, mehrere Supermärkte sowie Straßenbahn- und Busanschluss zur Verfügung. Die Bevölkerung ist überaltert und die soziale Belastungsquote liegt (besonders in Neu-Reform) leicht über dem Magdeburger Durchschnitt. Ergänzend kann man sich auch visuell vorbereiten (z. B. mit dem aktuellen Architekturführer [Stadtplanungsamt der Landeshauptstadt Magdeburg 2001: 249–255] oder durch google-earth© bzw. google-maps©).

- *Markante Orte gezielt aufsuchen:* Mit diesen Vor- und Hintergrundinformationen (angereichert durch Professions- und Alltagswissen) werden dann erstmals die relevanten Straßen, Plätze, Wohnbereiche und Einrichtungen der wohnbezogenen Infrastruktur fokussiert in Augenschein genommen. Dann wird ganz schnell deutlich, dass die diskursiven und visuellen Vorbereitungen in einem deutlichen, aber auch fruchtbaren Spannungsfeld stehen zur eigenen sozialen Wahrnehmung. Oder anders formuliert: Das Fotografieren erfordert stets die leibhaftige *Präsenz* in einem Sozialraum, sie ist die Grundlage der optischen Aneignung und visuellen *Re-Präsentation*. Das erfolgt zunächst gezielt, d. h. man weiß im Wesentlichen, was man sehen und fotografieren will.
- *Ziellos und intuitiv durch das Gemeinwesen schlendern:* Das ist der unerlässliche Gegenpol, um sich behutsam den Sozialräumen und den in ihnen verankerten Lebenswelten anzunähern und ihre soziale Atmosphäre zu spüren (ist sie z. B. kalt-abweisend oder freundlich-aufnehmend, beschützend oder bedrängend, spielerisch-belebt oder leer; z. B. F 2, 4, 9 und 10). Um das zu ausfindig zu machen, bedarf es einer *schwebenden* und *„zerstreuten"* Aufmerksamkeit für die sozialen Vorder- und Hinterbühnen (F 5 und 6), das Vorgezeigte und Verborgene, einer sozialen Sensibilität für das scheinbar Belanglose, in Wirklichkeit aber Charakteristische (z. B. wie werden die Gärten genutzt, wo werden die Autos geparkt, wo sind Spielsachen und Kinderwagen zu sehen; F 4 und 6).
- *Motorische Beziehungen zwischen den verschiedenen Orten herstellen* und so den Sozialraum visuell multiperspektivisch erschließen: Räume entstehen durch die leibliche Verknüpfung von Hier und Dort. Und die Dynamik zwischen Bewegung und Stillstand bringt immer neue Betrachtungsstandorte, Blickwinkel und Perspektiven hervor, die neue Seiten des Gemeinwesens erleb- und erkennbar machen. Auch hier ist die Spannung zwischen gezielten und umherschweifenden Bewegungen wichtig, gerade um Unerwartetes, Überraschendes situativ zu erleben (wohin z. B. die halböffentlichen Wege zwischen den Gärten der Schrebergärten führen). Als Gedächtnisstütze kann man sich dann auch Feldnotizen machen, die man bei der Interpretation der eigenen Fotos mit hinzuzieht (Regel 6).
- *Für Gespräche mit den Bewohner*innen offen sein:* Es ist eine gängige Erfahrung, dass „unbekannte Gestalten", gerade wenn sie auch noch offensichtlich fotografieren, sehr schnell bemerkt und z. T. skeptisch, z. T. neugierig betrach-

tet werden. Das ist häufig ein guter Anlass mit den Einwohner*innen ins Gespräch zu kommen. In ihnen kann man häufig Interessantes über die Aktions- und Stimmungsräume erfahren (z. B. wie lange jemand in der Siedlung wohnt und wie er den Bombenangriff auf Magdeburg im Januar 1945 erlebt und überlebt hat; oder warum sie nun ihren Kindern das Siedlungshaus in der Gartenstadt übergeben haben, weil im Alter die schmalen Stiegen doch zu beschwerlich sind). Und wenn man ganz großes Glück hat, dann darf man sogar in ein Haus oder in eine Wohnung und wenn man noch mehr Glück hat, dann darf man das alles auch fotografieren (aber meist nicht veröffentlichen). Auf diese Weise verknüpft sich einerseits die *visuelle* mit der *narrativen* Erkundung und andererseits die *Beobachterposition* mit der *Teilnehmerperspektive*.

- *Sozialdokumentarische Interpretation der eigenen Fotos*: Wenn das alles ganz gut gelaufen ist, dann ist eine Reflexionspause notwendig, um sich das Erlebte und Fotografierte zu vergegenwärtigen, indem nun eine auf das Gemeinwesen bezogene Verständigung *über* und *durch* Bilder erfolgt. Entgegen der Alltagsgewohnheit, nur flüchtig auf Fotos zu schauen, sollte man sich – wie auch beim Fotografieren! – dafür richtig Zeit nehmen (zumindest genauso viel Zeit, wie für die Lektüre eines ausführlichen Konzeptes zur Gemeinwesenarbeit). Dazu ist es notwendig, die Fotos zumindest auf einem großen Bildschirm zu betrachten (also nicht nur auf dem Display der Kamera bzw. des iPhones), häufig sogar sie auszudrucken. Aus der Vielfalt der Fotos sollten (a) zunächst die ausgewählt werden, die einen besonders ansprechen, von denen man angenehm überrascht ist, weil sie etwas Wichtiges sehr prägnant zeigen. Dann sollte man (b) die einzelnen Fotos zunächst unter dem exemplarisch ausgewählten Realitätsaspekt *inhaltlich-gegenständlich* betrachten, also was auf dem Foto *alles* zu sehen ist. Hier sollte man Quadratzentimeter für Quadratzentimeter von links nach rechts und von oben nach unten durchgehen und man wird sehr überrascht sein, *was* da alles zu sehen ist!
- Dabei wird man auch *unerwartete* Bildinhalte entdecken, weil die Kamera aus physikalischen Gründen mehr sieht als das menschliche Auge (z. B. die verschiedenen Etappen der seriellen Bauweise; F 1 und 4 vs. 8 und 9). Im nächsten Schritt sollte man (c) das Foto auch *formalästhetisch* betrachten, also wie die Linienführung ist, wie die Perspektiven gestaltet sind (das Foto übersetzt ja die *Drei*-Dimensionalität des Raumes in eine *zwei*-dimensionale Darstellung), wo die verschiedenen Bildmittelpunkte liegen (das bestimmende Thema, der Fluchtpunkt der Perspektiven, der geometrische aus den sich kreuzenden Diagonalen) und welchen visuellen Gesamtausdruck das Fotos vermittelt (auf ausgedruckten Fotos kann man das alles auch markieren). Dann ist es (d) sinnvoll, den Rahmen der Einzelinterpretation zu überschreiten und ausgewählte Fotos in verschiedenartige, also multiperspektivische Zusammenhänge stellen. Durch eine solche serielle Fotoanordnung wird es dann möglich, sie situationsübergreifend miteinander zu *vergleichen*, also

(vermutlich) charakteristische *Gemeinsamkeiten* herzustellen (z. B. bezogen auf die Gartenstadt und den „Komplexbau" als wesentlichen Etappen des sozialen Wohnungsbaus), aber auch *Kontraste* herauszuarbeiten (z. B. zwischen beiden Sozialräumen innerhalb des gemeinsamen administrativen Stadtteils; F 1–6 vs. 7–10). Durch die feinfühlig-detaillierte, immer genauere visuelle Analyse und Darstellung wird aus der o. a. dürren administrativen Beschreibung eine aspektreiche dichte soziale Beschreibung des Gemeinwesens mit einem realistischen Wahrheitsanspruch (vgl. Burkhardt/Meyer 2016, Teil I u. IV). Allerdings ist es eine ganz wesentliche Interpretationserfahrung, dass häufig auf den Fotos (immer noch) nicht das ist, was man „eigentlich" fotografieren wollte, d. h. die *sinnlichen Eindrücke* finden sich nicht angemessen in den *fotografischen Ausdrücken* wieder. Es kann nur ein Zwischenschritt zum besseren Foto sein, wenn man das Fehlende durch verbale Zusatzinformationen versucht zu kompensieren. Notwendig ist vielmehr ein weiterer Arbeitsschritt:

Die „Gartenstadt Magdeburg-Reform" und das „Komplexzentrum Magdeburg-Neu-Reform"[8]

---

8   Die Fotos können aus drucktechnischen Gründen lediglich schwarz-weiß präsentiert werden, weshalb die zentrale Bedeutung der Farbgestaltung der Gebäude bloß angedeutet werden kann.

- *Mit erweitertem visuellen Wissen wieder zurück ins Feld.* Im Grundsatz wiederholen sich hier die Regeln/Schritte 2–5; ggf. auch der erste, wenn man sich näher mit älteren oder auch aktuellen Fotos oder auch anderen visuellen Darstellungen (z. B. Filme, Plakate o. ä.) auseinandersetzt. Aber es ist keine platte Wiederholung, sondern eine „auf höherem Niveau", denn nun gibt es schon eine gewisse visuelle Vertrautheit mit der gebauten Umwelt und sozialen Mitwelt des Gemeinwesens und seiner möglichen und wünschenswerten fotografischen Dokumentation (auch wir haben den Stadtteil mehrfach fotografiert). Im Sinne einer hermeneutischen Spirale geht es also darum, immer „tiefer" in die sozialräumlichen und lebensweltlichen Strukturierungen einzudringen (z. B. den überraschenden Mangel an Graffitis zu dokumentieren; F 7) und immer mehr die Besonderheiten dieses Gemeinwesens gegenüber anderen herauszuarbeiten (z. B. den Komplexwohnungsbauten im Norden von Magdeburg, der „Edelwohnanlage" an der Elbe und dem neuen Innenstadtquartier am Dom), also durch *kontrastierende* Darstellung die jeweiligen *gemeinsamen* Eigentümlichkeiten des jeweiligen Gemeinwesen (z. B. zwischen sanierten und nicht sanierten Teilen der Gartenstadt; F1-3 vs. 5 und 6) schrittweise zu erschließen.
- *Fotografische Dokumente anderer Personen einbeziehen:* Zu einer qualitativen Ausweitung der visuellen Erfahrungs- und Darstellungshorizonte und deren Authentizität trägt es bei, wenn es gelingt die „normalen" Bewohner*innen in die fotografische Erkundung einzubeziehen. Das kann z. B. dadurch geschehen, dass man Kinder und Jugendliche bittet, ihre Lieblingsorte oder auch ihre Angsträume zu fotografieren. Oder dass man gerade ältere oder alte Menschen, die schon länger im Feld leben, bittet ihre privaten Fotos zugänglich zu machen (im Glückfall gibt es Familienalben, häufig sind diese Schätze aber auch ungeordnet in Kartons oder alten Koffern zu finden). Damit wird es möglich, die historische Dimension der Sozialräume und den sozialen Wandel der Lebensweisen zu dokumentieren (z. B. das Leben in der „Platte" als bedeutsamer Fortschritt zur Zeit der DDR und als partielle Stigmatisierung heute). Zugleich regen solche Fotobetrachtungen zu vielen biografischen Gesprächen an.
- *Öffentliche Präsentation in einer Fotoausstellung:* Damit wird der generellen Tatsache Rechnung getragen, dass Fotografieren in gewisser Weise immer schon ein sozial-kommunikativer, öffentlicher Akt ist, weil er in die soziokulturellen Prozesse einer Gesamtgesellschaft, einer Region, einer Stadt, eines Gemeinwesens eingebunden ist. Insofern ist es nicht nur legitim, sondern zwingend, wenn Gemeinwesenarbeiter*innen ihre visuellen Erkundungsergebnisse sowie die der Bewohner*innen öffentlich präsentieren, damit zur Diskussion stellen und solche – auch und gerade intergenerativen – Gespräche initiieren und begleiten, um auf diesem Wege im günstigen Fall auch neue visuelle Erkundungsaktivitäten anregen. Das kann traditionell analog oder auch mo-

dern-digital (in Social-Network-Sites wie Facebook oder Instagram und/oder Instant-Messenger-Diensten wie WhatsApp) geschehen und trägt dann auch zur Tradierung und Neuproduktion von *kollektivem lokalspezifischem* Wissen bei, das auch die Identitätsbildung des Gemeinwesens fördert (vgl. Müller/ Soeffner 2018, S. 70-115 u. 210–264).

Man kann unsere Vorschläge dahingehend zusammenfassen, dass wir deutlich machen wollten, dass die sich immer mehr intensivierende aktive Auseinandersetzung mit der sozialdokumentarischen Fotografie einen Beitrag dazu leisten kann, immer intensiver *mit den Augen sozial Denken und Fühlen zu lernen* und so durch die *reflexiv-anschauliche Vertrautheit* mit dem Sozialraum und seinen Lebenswelten zur weiteren methodischen Qualifizierung der Gemeinwesenarbeit anregt.

6.3 Aktivierende Befragung: Bedarfslagen von Bewohner*innen erkennen

Die Interessen und Bedarfslagen von Bewohner*innen ändern sich (oft sind sie den Praxisberater*innen auch unbekannt). Vielleicht hat sie bisher noch niemand danach gefragt oder ermuntert, sich dazu zu äußern. Soziale Arbeit im Gemeinwesen bedeutet, sie einzuladen, sich zu äußern und dabei Zugangshürden (z. B. einen ihnen unbekannten Ort aufsuchen zu müssen, um sich zu äußern) abzubauen (vgl. Herrmann 2019: 100 f.). Für die Erhebung solcher Bedarfslagen (z. B. Wünsche nach mehr Gelegenheiten, sich in der Nachbarschaft zu treffen) ist die Vorstellung maßgeblich, dass sie etwas über sich (z. B. die eigenen Vorstellungen, das eigene Wissen, besondere Fähigkeiten) mitteilen und auch über andere Auskunft geben möchten, die ihrerseits etwas wissen oder können und dazu gezielt angesprochen werden können. Nicht das Nachzeichnen der Verhältnisse im Gemeinwesen steht hier im Fokus, sondern die Formulierung von Vorstellungen, wie sich das Gemeinwesen entwickeln könnte (bzw. wie es sich entwickeln sollte). Dafür stellt die Aktivierende Befragung als systematische Haustürbefragung ein besonders geeignetes Verfahren dar (vgl. Schönig 2020: 154 ff.), ohne dass damit der Anspruch auf Repräsentativität erhoben werden darf (es handelt sich um Momentaufnahmen, die lediglich die subjektiven Konstruktionen der befragten, nicht aber aller Bewohner*innen abbilden).

Eine Aktivierende Befragung (im Community Organizing auch als „doorknocking" bezeichnet) als „offensive Einladungen zu einer lebendigen demokratischen Kultur" (Richers 2019a: 59) richtet sich grundsätzlich an alle Bewohner*innen. Sie dient damit auch dem Beziehungsaufbau zwischen Bewohner*innen und Praxisberater*innen und will diejenigen erreichen, die durch die üblichen „Komm-Angebote" z. B. der Nachbarschaftsarbeit (→ 7.1.3), nicht erreicht werden (vgl. Kühnel-Cebeci 2022: 43, 46). Sie hilft Praxisberater*innen, sich im Gemeinwesen bekannt zu machen und für die Bewohner*innen später auch „auf der Straße" ansprechbar zu sein (vgl. Richers 2019b: 155 ff.; Früchtel / Budde / Cyprian 2007b: 175 ff., 309 ff.).

Die Aktivierende Befragung „erfordert eine glaubwürdige, offene und respektvolle Grundhaltung" (Richers 2019a: 62) der Praxisberater*innen, die ein echtes (zuhörendes) Interesse an den Aussagen und Einschätzungen der Bewohner*innen erkennen lässt. Die Fähigkeiten und Talente der Bewohner*innen aufzudecken, ist eine Aufgabe, die „viel Feingefühl, Menschenkenntnis und eine gute Beobachtungsgabe" erfordert (Müller / K. 2004: 110).

Auch der eigene Beitrag zur Verwirklichung dieser Vorstellungen kann zur Sprache kommen, um zu klären, wer bereit sein *könnte*, sich (ggf. auch erst später) mit seinen/ihren Kenntnissen und Fähigkeiten aktiv(er) ins Gemeinwesen einzubringen. Die so (auch beiläufig) erlangten Informationen über Bewohner*innen und Gemeinwesen werden z. B. in Stadtteilkarten gespeichert (z. B.: „Herr Z, X-Straße 7, 8. OG, 2. Wohnung links: verfügt über ein Auto mit Anhänger und würde helfen"). Es entsteht so ein Netz von Hinweisen, das im Bedarfsfall (z. B. bei der Durchführung eines Nachbarschaftsfestes) aktiviert werden kann. Die Bewohner*innen erfahren zugleich, dass es Praxisberater*innen gibt, an die sie sich wenden können und die sich bei ihnen melden werden, wenn sie gebraucht werden.

Eine Aktivierende Befragung kann nicht „nebenbei" erledigt werden; sie muss Bestandteil eines langfristig angelegten Konzepts der Gemeinwesenaktivierung sein, das durch die Befragung allein nicht „in Schwung" gebracht werden kann, aber „ein gutes Instrument für eine Grundmobilisierung" des Gemeinwesen darstellt (vgl. Lüttringhaus / Richers 2013: 389, zit. ebd.; Lüttringhaus 2019a/b; Lüttringhaus / Richers 2019a: 73 ff.; Stoik 2009, 2017; Spieckermann 2012; zu [großstädtischen] Beispielen und Erfahrungen mit der Aktivierenden Befragung vgl. z. B. Lehnert 2019 [Chemnitz] oder Schäfer 2019 [Freiburg]). Bei der Ausgestaltung der Aktivierenden Befragung gilt es folgende Aspekte zu beachten:

(1) Vorbereitung:
- Zunächst ist zu klären, wie viele Personen in welcher Zeit befragt werden sollen. Der durchschnittliche Zeitaufwand je Gespräch (ca. eine halbe Stunde [vgl. Stoik 2009]), die geplante Zeitdauer der gesamten Befragung (i. d. R. zwischen einer Woche und maximal sechs bis acht Wochen) und die Anzahl der zur Verfügung stehenden Befrager*innen bestimmen den Umfang entscheidend mit. Zu klären ist, mit wem die Aktivierende Befragung durchgeführt werden soll; sind es (neben den Praxisberater*innen) Student*innen, interessierte Bewohner*innen oder Honorarkräfte? Da durch die Gespräche persönliche und für die künftige Arbeit bedeutsame Kontakte entstehen, ist es ratsam, von externen Kräften abzusehen, wann immer das personell möglich

ist. Geklärt werden muss auch, ob im Gemeinwesen tätige Einrichtungen die Befragung unterstützen können (und wollen).
- Der Befragung geht ein Training (z. B. in Rollenspielen) v. a. zu denkbaren Gesprächsinhalten und Gesprächsverläufen voraus. Sinnvoll ist ein Probelauf, um Erfahrungen zu sammeln und auszuwerten, wie die Befragung ankommt, welche Hindernisse auftreten und wie sie bewältigt werden können. Eine Konsequenz, z. B. in Bezug auf den räumlichen Zuschnitt des Quartiers; kann es sein, „zunächst ein Gebiet zu wählen, in dem die Aktivierungsbereitschaft vermutlich nicht allzu brach liegt" (Lüttringhaus / Richers 2013: 387).
- Ein kurzer Infobrief oder Flyer im Briefkasten kündigt die Befragung zu einem eingegrenzten Zeitpunkt (z. B. „am Mittwoch zwischen 15.00 und 19.30 Uhr") an. Sie muss in kurzer Zeit (bis zu zwei Wochen) nach ihrer Ankündigung durchgeführt werden, weil sonst in Vergessenheit gerät, dass sie stattfindet (vgl. Lüttringhaus / Richers 2013: 386 f.; Kühnel-Cebeci 2022: 43, 47; Hinte / Karas 1989/2019: 49; Schönig 2020: 159 [mit Beispiel für einen kurz gehaltenen Fragebogen]).

(2) Durchführung:
- Ziel ist es, so viele Gespräche, wie möglich, zu führen. Die Person, die die Haustür öffnet, wird befragt. Befragungen werden an der Wohnungstür und in den Wohnungen durchgeführt, wobei eine Anpassung an die lebensweltlichen Eigenheiten naheliegend ist, z. B. Befragungszeiten, die der „Verfügbarkeit" der unterschiedlichen Bewohner*innen (z. B. Berufstätige, Rentner*innen) Rechnung tragen (vgl. Stoik 2009). Als Regel kann gelten: Wer auf Klingeln nicht öffnet, wird nicht noch einmal aufgesucht (vgl. Hinte / Karas 1989/2019: 49).
- Zunächst stellen sich die Befrager*innen vor; sie erklären, wer sie sind und dass es darum geht, herauszubekommen, was im Stadtteil verbessert werden kann.
- Es empfiehlt sich, mit einem „Mundöffner" zu beginnen, d. h., einer einfach zu beantwortenden offenen Frage zu beginnen (z. B. nach der Wohndauer, Themenbereiche wie Kinder, Freizeit, Verkehr u. ä.), damit ein Gespräch in Gang kommt: Diese Frage „muss möglichst offen sein, weil bei einer zu konkreten Fragestellung die Leute nur Dinge sagen, von denen sie glauben, dass man sie hören möchte" (Hinte / Karas 1989/2019: 46 ff), z. B.: „Was würden Sie mir zeigen, wenn sie mit mir eine Führung durch den Stadtteil machen würden?" (Boeltner 2007: 288).
- Im Mittelpunkt stehen wenige, offene Leitfragen (die Antworten werden protokolliert oder aufgezeichnet), z. B.: „Wie gefällt es Ihnen hier im Stadtteil? Was ist hier gut, was ärgert Sie?", „Welche Ideen, Ansatzpunkte, Lösungsmöglichkeiten sehen Sie?"), damit die Gesprächspartner*innen sich selbst äußern können und nicht die Annahmen der Praxisberater*innen das Gespräch len-

ken (erst gegen Ende oder wenn das Gespräch stockt, sollten solche Themen, die im Leitfaden vermerkt sind, angesprochen werden).
- Die Befrager*innen müssen sensibel dafür sein, ob die besuchten Bewohner*innen „sich über die unangemeldete Unterbrechung freuen oder ob sie sich gestört fühlen." Sie sollten spüren, dass sie frei sind, ob sie ins Gespräch kommen wollen, (Gegen- oder Nach-)Fragen stellen oder eine Meinung äußern wollen. Deutlich muss werden, dass die Befrager*innen es jederzeit respektieren, wenn sie jetzt nicht (mehr) mit ihnen reden möchten und ein Gespräch abbrechen (vgl. Richers 2019b: 155 ff., zit. S. 156).
- Die Befrager*innen verhalten sich zurückhaltend und lassen die Bewohner*innen „viel reden und damit den Gesprächsverlauf bestimmen. Dadurch, dass sie zum ersten Mal intensiver über ihre Situation reden, sehen die Betroffenen oft neue Möglichkeiten, die Lage zu ändern" (Hinte/Karas 1989/2019: 48).
- Von Missständen im Gemeinwesen betroffene Bewohner*innen werden sich deren voller Tragweite bewusst, denn wenn sie dazu befragt werden, dann „gehen ihnen die Ursachen der Lage auf und kommen ihnen Ideen, was man tun könnte" (Hinte/Karas 1989/2019: 48). *Otto* nennt dies ein „Betroffenheitsthema", d. h. „eine Sache, hinter der viele stehen, wenn man wirklich ein gemeinsames Thema hat, ist das absolut begünstigend". Ein solches Thema sind auch die „Punkte der Entrüstung", die Bewohner*innen äußern; dabei ist die Aufmerksamkeit der Befrager*innen besonders gefordert, um zu erkennen, worüber sich die Bewohner*innen vor allem aufregen. Es mag z. B. sein, dass sich die Praxisberater*innen darin einig sind, dass es im Quartier zu wenig Spielplätze gibt, sich die Bewohner*innen aber über fehlende Kneipen aufregen: „Hier gilt es, dort anzusetzen, wo die Leute stehen: also bei dem Kneipenmangel, über den sich die Leute stark entrüsten. Denn hier fühlen sie sich betroffen, und Betroffenheit und Entrüstung sind wichtige Aktivierungsfaktoren" (Hinte/Karas 1989/2019: 43).
- Sich dabei auf die Lebenswirklichkeit der Bewohner*innen einzulassen, bedeutet, davon abzusehen, ein geordnetes Gesprächssetting schaffen zu wollen, sondern auch chaotische Situationen zu akzeptieren, weshalb auch der Zeitbedarf nur schwer einzuschätzen ist.
- Ergänzend sind auch Gruppeninterviews aufschlussreich, z. B. dann, wenn mehrere Personen, die gerade im Hausflur sind, in ein Gespräch verwickelt werden können. Auch ein örtlicher Verein kann aufgesucht werden, um dessen Mitglieder bei einer Veranstaltung zu befragen (Hinte/Karas 1989/2019: 49). Bei den *„One-to-Ones"* handelt es sich um planvoll angelegte und systematisch ausgewertete Face-to-Face-Gespräche, die mit Menschen z. B. in einem Stadtteil bei jeder sich bietenden Gelegenheit (etwa bei einem Straßenfest, einer Veranstaltung) geführt werden können (und insofern als eine praktizierte Variante der Aktivierenden Befragung angesehen werden [vgl. z. B. Szyn-

ka 2019]). Ziel ist es auch hier, die Bewohner*innen in ihrer Vielschichtigkeit kennenzulernen, „die Antriebskräfte des alltäglichen Handelns zu erkennen und eine öffentlich-persönliche Beziehung aufzubauen" (Maier/Penta/Richter 2022a: 294).

- Es empfiehlt sich, das Gehörte bei sich bietender Gelegenheit in eigenen Worten wiederzugeben und sich bestätigen zu lassen, es tatsächlich richtig verstanden zu haben. Bei Verständnisproblemen muss nachgefragt werden (Kühnel-Cebeci 2022: 51) und das so Verstandene ebenfalls bestätigt werden, um anschließend über solide Informationen zu verfügen.
- Bei eher abstrakten Beschreibungen sollte nachgefragt werden (z. B. was es heißt, wenn von einem „langweiligen Freizeitangebot" gesprochen wird), ebenso dann, wenn Unzufriedenheit geäußert wird (dann wird nach Wünschen und Ideen zur Veränderung gefragt, z. B.: „Wie würde es aussehen, wenn Sie zufrieden wären?").
- Es führt zu nichts, nach dem Motto zu verfahren: „Wenn Sie unzufrieden sind, dann müssen Sie doch auch gewillt sein, selbst aktiv zu werden!" Eher sollte danach gefragt werden, ob in der Vergangenheit schon (von wem?) Lösungsmöglichkeiten ausprobiert wurden und wer nach Auffassung des/der Befragten aktiv werden könnte.
- Die Gefahr sollte mitgedacht werden, dass „die Befragten auf Grund der Befragung glauben, Professionelle würden nun allein dafür sorgen, dass die ausgesprochenen Veränderungswünsche verwirklicht werden"; hier sei es „wichtig, den Aufgabenbereich und den Handlungsspielraum der Professionellen im Gespräch transparent und nachvollziehbar darzustellen und die Funktion der Fachkraft zu klären" (vgl. Lüttringhaus/Streich 2004: 105 f.; Lüttringhaus/Richers 2019b: 153 f.; Früchtel/Budde/Cyprian 2007b; 147 ff.).
- Werden Ansichten und Auffassungen ausgedrückt, mit denen die Befrager*innen nicht übereinstimmen (z. B. zu den angeblich regelmäßigen Ruhestörungen Jugendlicher), dann hören sie zu und sehen von einer Diskussion ab.
- Parallel zu den Befragungen ist es sinnvoll, sich im Team über die Gespräche und die dabei gesammelten Erfahrungen auszutauschen, um ggf. entscheiden zu können, was geändert oder angepasst werden muss (vgl. Kühnel-Cebeci 2022: 47).

(3) Auswertung:
- Die Ergebnisse der Befragung „gehören zuallererst den Befragten und nicht dem Auftraggeber, der Stadtverwaltung oder sonstigen Institutionen!" Deshalb ist es wichtig, mitzuteilen, wer z. B. zu den Ergebnissen Zugang hat oder darüber informiert wird (vgl. Richers 2019a: 64, zit. ebd.). Sie können z. B. im Rahmen eines Stadtteilforums (→ 11.2.7) vorgestellt werden (wozu nochmals durch Infobriefe oder Flyer eingeladen wird). Es handelt sich dabei um „ein

wichtiges Forum für Solidarisierungs- und Organisationsprozesse unter den betroffenen Bürgern. Viele Leute würden als Einzelne ablehnen, bei einer Aktion mitzuarbeiten, weil sie nicht wissen, wer noch mitarbeitet und wer vielleicht noch dahintersteckt. Auf der Versammlung sind sie oft erstaunt, welche und wie viele Leute sich für das Problem interessieren und wer noch ihre eigene Meinung teilt" (Hinte/Karas 1989/2019: 50). Hier können gemeinsam die weiteren Schritte beraten werden, wobei die Bewohner*innen selbst entscheiden können, wie sie die Ergebnisse bewerten, welche Konsequenzen sie ziehen wollen und welche Relevanz einzelne Aspekte haben (vgl. Lüttringhaus/ Richers 2013: 387; Richers 2019a: 64). Dabei kann auch die Bildung von Arbeitsgruppen angeregt werden, die zu den einzelnen (von den Bewohner*innen präferierten) Themen arbeiten.
- Wichtig ist jedenfalls, dass die Praxisberater*innen diese Beratung nicht dominieren, sondern die Bewohner*innen (z. B. durch Gesprächsmoderation) dabei unterstützen, selbst die Ergebnisse zu interpretieren. Sie stellen auch die Begleitung der ggf. entstandenen Gruppen sicher und unterstützen sie, dass „eher kleine, überschaubare und auch Erfolg versprechende Ziele entwickelt werden, und dazu beizutragen, „dass möglichst bald deutlich wird: Hier geschieht etwas ... Gemeinsame Beschwerdebriefe, Einladungen an zentrale Personen aus Politik und Verwaltung, Ortstermine mit behördlichen VertreterInnen sind mögliche erste konkrete Aktionen, die zeigen, dass hier ‚nicht nur geredet wird'" (vgl. Lüttringhaus/Richers 2013: 288 f., zit. S. 389; vgl. Stoik 2009).

Eine Aktivierende Befragung ist (wie eine Gemeinwesenanalyse auch) keine einmalige Angelegenheit. Sie muss regelmäßig (in einem Abstand von wenigen Jahren) durchgeführt werden, um die Veränderungen, die sich im Gemeinwesen ergeben, abbilden zu können.

6.4 Praxisberatung bedeutet: Akzeptierend verstehen

Durch eine Gemeinwesenanalyse und Aktivierende Befragungen (u. U. begleitet durch One-to-Ones und Gruppeninterviews) wird die Soziale Arbeit im Gemeinwesen vorbereitet. Praxisberater*innen werden dabei auch mit höchst unterschiedlichen Vorstellungen konfrontiert, wie die Bewohner*innen ihr Gemeinwesen sehen, welche Probleme sie dort wahrnehmen und welche Vorstellungen sie haben, wie es sich entwickeln und welches „gute Leben" es ihnen ermöglichen soll. Diese Vorstellungen werden – in Teilen, vielleicht auch vollkommen – im Widerspruch zu ihren eigenen Überlegungen stehen, wie sie selbst sich die Entwicklung des Gemeinwesens vorstellen.

Die Bewohner*innen in ihrer alltäglichen Lebensbewältigung zu unterstützen, bedeutet, „eine den Menschen etwas zutrauende, grundsätzlich unterstützende und bestärkende Grundhaltung" einzunehmen. Sie sind weder „Klienten", die Fürsorge und Kontrolle brauchen, noch „Kunden", denen Dienstleistungen angeboten werden, sondern es geht um eine partnerschaftliche Haltung zu und mit ihnen (vgl. Oelschlägel 2001a: 190 ff., zit. S. 191 f.). Professionell ist in der Praxisberatung zu *akzeptieren*, dass Bewohner*innen ihre ganz eigen-sinnigen Vorstellungen vom eigenen „guten Leben" auch leben können, sofern nicht die Rechte anderer verletzt werden; Praxisberater*innen müssen diese andere Idee, wie gelebt werden kann, nicht teilen, aber sie müssen diese Idee *verstehen* und respektieren. An Bewohner*innen herangetragene Ideen, wie ihr Leben gelingen *soll* (d. h.: ein fremdbestimmtes Verständnis von einem „guten Leben"), stellen eine Bevormundung dar (die die Autonomie des Subjekts und professionelle Subjektorientierung ausschließt). Gelegentlich führt das zum Widerspruch zwischen den eigenen Ansprüchen an eine fachlich gute Praxis, wie sie Praxisberater*innen für sich bestimmen, und den Interessen und der Handlungsweise von Bewohner*innen spürbar wird, die – selbst marginalisiert, ungesehen und übergangen – durchaus auch Andere (Fremde) ausgrenzen, übersehen und übergehen können. Hier auf der Grundlage der die Menschenrechte betonenden Ethik der Sozialen Arbeit Grenzen zu bestimmen, stellt sicherlich keine Einschränkung der Autonomie der Bewohner*innen dar; solche Grenzen sind wichtig für die Bestimmung einer durch Nähe und Distanz gekennzeichneten (Arbeits-)Beziehung.

Uli z. B. bestimmt in diesem Sinne das Verhältnis zwischen Bewohner*innen und Praxisberater*innen „mit bestimmten Eckpunkten": Es ist das eine, eine Beziehung aufzubauen und zu entwickeln, das

> „andere ist eben der emanzipatorische Anspruch, der hinter der Arbeit steckt. Wir sagen nicht: Wir wissen, was für euch gut ist, du brauchst dies und jenes, und so weiter –, sondern, ganz ernst gemeint, da gucken wir mit denen zusammen, was sie brauchen, wo sie Hilfe haben und wo die Schwierigkeiten sind. Das nehmen wir sehr ernst".

Sandra weist darauf hin, dass zunächst immer gesagt wird:

> „Wir können dich unterstützen, aber der Auftrag kommt von dir –. Da ist die tiefe Überzeugung, dass nur jeder sich selber ändern kann und ich niemanden ändern muss – das ist jetzt eher allgemein gesprochen, aber auf das Gemeinwesen (bezogen): dieser offene, vorurteilsfreie Blick und das Interesse."

Praxisberater*innen sind gegenüber Bewohner*innen grundsätzlich in einer überlegenen Position, da sie über Fachwissen verfügen (z. B. eine gute Kenntnis gesetzlicher Rahmenbedingungen und Möglichkeiten), mit „vergleichbaren Fällen" („Vorerfahrungen") argumentieren können und dies im Gespräch (durchaus auch manipulativ) zur Geltung bringen können, womit in kaum wahrnehmbarer Form die Eigen-Sinnigkeit anderer Menschen „ausgehebelt" wird (vgl. Herwig-Lempp 2009: 36 f.). Wenn sie ihre eigenen Vorstellungen von einem Leben (wie „man" also zu leben hat) den Bewohner*innen aufzudrängen versuchen, dann stellen sie zugleich deren Status als autonome Subjekte in Frage.

Wertschätzung (als bedingungsfreie, vollständige Akzeptanz und Aufmerksamkeit) bedeutet, dass Praxisberater*innen die Bewohner*innen eines Gemeinwesens in ihrem „So-Sein" akzeptieren. Der Respekt vor diesem Eigen-Sinn bedeutet, sich damit kritisch (aber eben nicht bevormundend) auseinanderzusetzen, d. h., eine reflektierte Parteilichkeit zu entwickeln, die nicht alles gut finden muss, weil es Bewohner*innen sagen (was z. B. bei rassistischen, sexistischen oder demokratiefeindlichen Auffassungen deutlich wird, die aus dem ethischen Selbstverständnis Sozialer Arbeit immer abgelehnt werden müssen). Aber es geht darum, „sie ernst zu nehmen, ihnen zu glauben und in Konfliktfällen reflektiert auf ihrer Seite zu sehen" (Oelschlägel 2007: 36).

6.5 Anregungen zur Weiterarbeit

» Eine ergänzende Übersicht über Verfahren zur Analyse eines Gemeinwesens stellt *Martin Becker* (Soziale Stadtentwicklung und Gemeinwesenarbeit in der Sozialen Arbeit, Stuttgart 2014: 183–187) zur Verfügung.

» Eine ausführliche Checkliste zur Stadtteilbeschreibung durch Subjektive Landkarten findet sich bei *Frank Früchtel, Wolfgang Budde* und *Gudrun Cyprian* (Sozialer Raum und Soziale Arbeit. Fieldbook: Methoden und Techniken, Wiesbaden 2007: 131 ff.).

» Das von *Maria Lüttringhaus* und *Hille Richers* herausgegebene „Handbuch Aktivierende Befragung" (4. Aufl. Bonn 2019) zeigt in einer Reihe praxisnaher Beiträge, wie die Aktivierende Befragung vorbereitet, durchgeführt und ausgewertet wird und enthält einen Ablaufplan und eine Checkliste für die Anwendung des Verfahrens.

» Einen „Erfahrungsbericht" zur Aktivierenden Befragung stellt *Hille Richers* (in: Kühnel-Cebeci, K.: 44 Ideen für gute Nachbarschaft, Bonn 2022: 42–45) zur Verfügung.

» Nach Abschluss eines (zu einem anderen Thema geführten) Beratungsgespräches kann u. U. die noch gegebene Zeit genutzt werden, auf Themen zu sprechen zu kommen, die das Gemeinwesen betreffen; dieses Verfahren („Zehn Minuten nach dem Beratungsgespräch") stellen *Maria Lüttringhaus* und *Angelika Streich* (in: Lüttringhaus, M., und Richers, H. [Hg.], Handbuch Aktivierende Befragung, 4. Aufl. Bonn 2019, S. 150–154) vor.

7 Auf Bedarfslagen eingehen: mit Zielgruppen arbeiten

Wenn es darum geht, frühzeitig und umfassend herauszufinden, mit welchen Themen sich die Bewohner*innen befassen, was ihre „Aufreger" sind, wo sie Probleme in ihrem Umfeld sehen oder Konflikte erleben, dann geht es zugleich immer auch darum, die spezifische Sichtweise abgrenzbarer Zielgruppen bzw. „Adressat*innen" der Sozialen in den Blick zu nehmen.

7.1 Mit welchen Zielgruppen hat Soziale Arbeit im Gemeinwesen zu tun?

In Bezug auf einzelne Gruppen von Adressat*innen lassen sich ein *thematischer* Zugang, der Bewohner*innen in den Phasen des Lebenslaufs, d. h. Kinder und Jugendliche (z. B. die Selbstorganisation Jugendlicher [→ 7.1.1]), des mittleren Alters (z. B. dem Alltag armer Familien) und im (nachberuflichen) Alter (→ 7.1.3), in den Blick nimmt, und ein *struktureller* Zugang, der alle Bewohner*innen über ihren Status betrachtet (z. B. als Mieter*innen, als Angehörige einer Nachbarschaft [→ 7.1.2], als ethnische Gruppe), unterscheiden. Daran anschließend haben sich jeweils eigenständige Handlungsansätze ergeben, z. B. mit Menschen mit Fluchterfahrung (vgl. Riede u. a. 2017: 34 f.; Lummitsch / Geißler 2017) oder von Menschen mit Behinderung, Handicap oder Beeinträchtigung (vgl. Theunissen 2021: 76 ff., 85–124, 267 ff.; Bradl / Küppers-Stumpe 2018).

7.1.1 Gemeinwesenbezogene Arbeit mit jungen Menschen

Die Förderung der Teilhabe von jungen Menschen gilt als ein „Schlüsselthema" der Sozialen Arbeit im Gemeinwesen (vgl. Maykus 2018. 206 ff.; Eylert-Schwarz 2014), das u. a. als Beitrag zur Heranführung an demokratische Prozesse (und damit als Demokratiebildung) betrachtet wird (vgl. BJK 2017). Seit den späten 1960er Jahren hat sich diese ein Handlungsfeld entwickelt, das umfassende Erfahrungen in der Förderung von Teilhabe sammeln konnte. Dabei spielt auch die Etablierung selbstorganisierter Jugendtreffs(-räume oder -clubs) eine Rolle: Pädagogisches Ziel und Konzeption ist es, Jugendlichen einen Raum zu überlassen, den sie weitgehend frei von der Begleitung und Beaufsichtigung Erwachsener (und auch pädagogischer Fachkräfte) in eigener Regie betreiben können. Leitende Überlegung einer „Pädagogik des Jugendraumes" (Böhnisch / Münchmeier

1993) ist es, ihnen eine selbstbestimmte Gestaltung des Raumes und dessen Alltagsorganisation (insb. die Öffnung und Schließung, den [im Rahmen des Jugendschutzgesetzes] rechtlich zulässigen und verantwortungsbewussten Konsum von Alkohol, Rechnungsführung bei Einnahmen und Ausgaben, Reinigung u. a.) zu ermöglichen. Dies soll der Verselbständigung der Jugendlichen dienen und sie zu einem gleichberechtigten Akteur im Gemeinwesen werden lassen (vgl. Wendt 2005: 18 ff., 107 ff.).

In den 1970er Jahren zeigte sich schnell, dass es dabei auch um die Frage gehen würde, inwieweit durch die soziale Umwelt (Nachbarschaft, politische und andere Akteure) die Selbstorganisationsversuche Jugendlicher unterstützt oder begrenzt würden. Teilhabe zeigte sich dann in dem Selbstbewusstsein der jugendlichen Akteure, ihre Freizeit auch ohne Einflussnahme (und Bevormundung) Erwachsener gestalten zu können. In den alltäglichen Auseinandersetzungen hier ging es oft darum, ob ein solcher Jugendraum überhaupt zugelassen (bzw. gefördert) werden könne. Dabei spielte meist das Argument einer Rolle, Jugendliche würden nicht in der Lage sein, den Betrieb strukturierende Regeln (z. B. zu den verbindlichen Öffnungs- und Schließungszeiten) einzuhalten, was zwingend (v. a. wegen erwarteter Ruhestörungen) zu Konflikten mit der Nachbarschaft führen müsse. Gelegentlich wird dabei auch auf Erfahrungen verwiesen, die mit als störend erlebten Cliquen im öffentlichen Raum gesammelt wurden (→ 8.1).

Die in zahlreichen Projekten seitdem gesammelten Erfahrungen zeigen, dass eine erfolgreiche Teilhabe in Form eines selbstorganisierten Jugendraumes ohne Prozesse

- des Erkämpfens (z. B. gegen die Vorbehalte von Erwachsenen, ein solcher Jugendraum werde erstens nur Probleme machen, denn die Beeinträchtigung der Nachbarschaft sei naheliegend, und junge Menschen sollten zweitens mit der Verantwortung für den Raum nicht überfordert werden) und
- des Bewahrens (wenn der Jugendraum eingerichtet wurde und es zu Problemen im Alltagsbetrieb kam, z. B. dann, wenn der Jugendraum außerhalb der vereinbarten Öffnungszeiten genutzt wurde)

nicht auskommt. Erkämpfen und Bewahren durch die Jugendlichen selbst sind als Ausdruck ihrer Teilhabe im Gemeinwesen zu verstehen. Dieses Gemeinwesen gestaltet sich *immer* als Feld von Konflikten zwischen Jugendlichen und Erwachsenen (z. B. den lokal relevanten politischen Akteuren in Rat und Kommunalverwaltung) um den Grad der Selbstorganisation des Treffs: Wenn die ihn nutzenden Jugendlichen als störend (weil dort als [zu] laut) erlebt werden, dann liegt es nahe, dass die davon betroffenen Nachbar*innen eine Einschränkung der Spielräume des Jugendraums (z. B. eine Schließung des Jugendraums am Abend) verlangen und Kommunalpolitiker*innen bzw. die/den Bürgermeister/in auffordern, für diese „Abhilfe" zu sorgen. Damit wird ein Konflikt sichtbar, dem sich die Jugendlichen stellen müssen: sie können sich den Erwartungen Erwachsener (und den Forderungen der Kommunalpolitik als Sprachrohr dieser Interessen) unterwerfen (d. h. sie müssen uneingeschränkt für Ruhe sorgen, weil bei einem weiteren Verstoß die Schließung ihres Treffs als Sanktion angedroht wird) oder auf eine gemeinsam zu erarbeitende Alternativ- oder Kompromisslösung bestehen, die sie gleichberechtigt im Gemeinwesen teilhaben lässt.

Bei der erfolgreichen Bewältigung solcher (Teilhabe-)Konflikte kommen unterschiedlichen Formen einer (die lokale Öffentlichkeit beeinflussenden) informellen Kommunikation erhebliche Bedeutung zu: Schlüsselpersonen (es kann sich z. B. um den Rektor einer örtlichen Schule, eine Erzieherin aus der örtlichen Kindertagesstätte, den örtlichen Kontaktbeamten der Polizei oder einen Pfarrer bzw. eine Pastorin handeln) können sich als vertrauenswürdige Erwachsene, deren Meinung im Gemeinwesen Bedeutung hat, in den Konflikt einschalten. Durch ihr Votum können sie dazu beitragen, dass ein Gespräch zwischen den Konfliktparteien möglich wird, und sie können einen Kompromiss nahelegen oder ihre Hilfe bei künftigen Konflikten anbieten. Vielfältige Erfahrungen aus dieser zielgruppenspezifischen Arbeit mit Jugendlichen zeigen, dass ihre Teilhabe im Gemeinwesen *ohne* Konflikt im (und auch mit dem) Gemeinwesen nur selten erfolgreich ist – der Konflikt (im Beispielfall um den selbstorganisierten Jugendtreff) wird so zum Motor der Teilhabe (vgl. Wendt 2017).

Praxisberater*innen kann hierbei z. B. die Rolle als „Übersetzer" zukommen, von der *Otto* spricht, der durch seinen Beitrag versucht, sicherzustellen, „dass Kinder und Jugendliche auf Augenhöhe betrachtet werden": Er beobachtet die Entwicklung im Gemeinwesen und muss dabei „immer gucken, dass das Zusammenwirken noch erhalten bleibt", Jugendliche und ihr soziales Umfeld im Gespräch miteinander bleiben und dabei die gegensätzlichen Interessen transparent und mögliche Kompromisse ausgelotet werden, ohne dass eine der beteiligten Seiten verlieren muss. Er versteht sich als „Diplomat, immer mit dem Hintergrund, dass man versucht, für Kinder und Jugendliche das Beste herauszuschlagen." Ähnlich argumentiert *Dieter*: Wenn er an die Berücksichtigung der Interessen und Bedarfslagen junger Menschen denkt, dann geht es immer auch darum, die „Befindlichkeiten, Sichtweisen und Einstellungen der Politiker, das politische System im Rathaus zu verstehen"; es geht auch darum, zu verstehen, warum ein/e Bürgermeister/in „nicht anders handeln kann, welche Aufgaben die Verwaltung hat", dass sie an Recht und Gesetz gebunden ist und das bei der Einrichtung und dem Betrieb eines Jugendraums nicht außer Acht lassen darf. Er versteht sich dabei als „Vermittler zwischen den beiden Welten", der den Ansatz verfolgt, Jugendliche und Politik in Verbindung zu bringen. Er will die Jugendlichen „befähigen, für sich selber einzutreten, ohne dass sie einen Vermittler im großen Sinne brauchen, dass sie selber formulieren: Was will ich? –, und dass sie selbst erkennen: Was kann ich, was geht nicht? –".

Zwar werde aus der Mitte der Kommunalpolitik oft ins Feld geführt, junge Menschen gerne beteiligen zu wollen, „aber immer wieder zeigt sich mir, dass die Jugend absolut unbeteiligt ist, absolut keine Sprache hat, absolut nicht gehört wird." Er sieht seine Aufgaben in der Praxisberatung darin, diese Sprachlosigkeit durch seine intermediäre Position überwinden zu helfen, d. h., die Jugendlichen zu begleiten, ihre Interesse selbstbewusst zu formulieren, und die soziale Umwelt, v. a. die kommunale Politik und Verwaltung, zu ermuntern, sich auf die Bedarfslagen junger Menschen einzulassen.

7.1.2 Soziale Arbeit mit der Nachbarschaft

Im Gemeinwesen zu wohnen, bedeutet, sich als Nachbar*innen zwangsläufig zu begegnen und deshalb ein Verhältnis zu den anderen bestimmen zu müssen: Nachbarschaft als Art und Weise, zusammenleben zu wollen oder zu sollen, ist mit unterschiedlichsten Wertvorstellungen verknüpft, z. B., dass hier Solidarität und Unterstützung gelebt wird und an positiven Beispielen voneinander gelernt werden kann. Zwar beruht nachbarschaftliche Unterstützung auf dem „Prinzip der Gegenseitigkeit, also eines Gebens und Nehmens sowie einer potentiellen Verfügbarkeit", doch wird sie eher selten in Anspruch genommen, auch, weil das Zusammenleben in räumlicher Nähe mit dem Bedürfnis verbunden ist, Distanz aufrechtzuerhalten und die eigene Privatsphäre zu schützen. Das kann dazu führen, dass Bewohner*innen sich nicht trauen, ihre Nachbar*innen um Hilfe zu bitten, oder Angst haben, abgewiesen zu werden (vgl. Drilling/Oehler 2021a/c).

Begegnungsorte entstehen dagegen leichter und meist dann, wenn Nachbar*innen sich Räume im Gemeinwesen (z. B. der breite Gehweg, der nachmittags zum Kinderspielplatz wird) informell aneignen. So entstehen Orte, die ihnen vertraut sind und einschätzbar macht, z. B., ob sie sicher sind und nicht gemieden werden müssen. Auch spontan initiierte oder regelmäßige Veranstaltungen (z. B. ein Straßenfest) schaffen solche Begegnungsorte (vgl. Tappert 2021).

Nachbarschaftsarbeit in diesem Sinne geht damit über die in der Weimarer Republik und die in den 1950er und 1960er Jahren entwickelten Formen sozialkultureller Nachbarschaftsarbeit hinaus (→ 3.1, 3.2) und hat sich seit den 1970er Jahren in Westdeutschland zu einer Form tätiger Unterstützung bei der Lebensbewältigung entwickelt, wobei amerikanische Konzepte der *Nachbarschaft als Solidargemeinschaft* Einfluss ausübten (vgl. Morris/Hess 1980): Soziale Arbeit v. a. in den Neubausiedlungen der Großstädte wurde als eine Form der Nachbarschaftsarbeit verstanden, die die Arbeit mit Menschen in Armutsquartieren, Notunterkünften und bei drohender Obdachlosigkeit als „Siedlungskampf" und „Kampf gegen die Resignation" (vgl. Iben u. a. 1981: 41 ff.; Angele 1994) begriff und die Entwicklung solidarischer Formen von Nachbarschaft ins Zentrum der Arbeit im Gemeinwesen rückte (vgl. z. B. Graf/Raiser/Zalfen 1974; Janssen 1977; Kriesten 1982).

Nachbarschaftshäuser, -treffs oder -büros (bzw. Stadtteil-, Quartiers- oder Familienzentren, Bürgerhäuser) sind dezentrale Einrichtungen in einem Gemeinwesen nahe an den Bewohner*innen; sie bieten ihnen Gelegenheiten für selbstorganisierte Aktivitäten und ein Engagement in überschaubaren Räumen. Ihr programmatischer Anspruch ist es, die Entwicklung einer demokratischen, solidarischen und vielfältigen Gesellschaft zu unterstützen (vgl. Zinner 2015; Runge 2017; Scholich 2017; Stövesand 2017 [Beispiel Hamburg-St. Pauli]). Die Entwicklung eines Gemeinwesens durch Nachbarschaftsarbeit stellt somit ein „soziales Lernfeld" (Lüttringhaus 2004: 157) dar, das fünf Funktionen kennzeichnet:

- *Sozialkulturelle Funktion*: Zur Nachbarschaftsarbeit zählen neben sozialkulturellen Programmen mit Theater, Musik, Kino, Lesungen, Festivals mit Bewohner*innen u. ä. (vgl. Oelschlägel 2001c; Noack 2011: 281 ff.; Clausen/Hahn 2012) oder Erzählcafés (vgl. Kühnel-Cebeci 2022: 110 ff.) z. B. auch Ansätze einer inklusiven Nachbarschaftsarbeit (vgl. z. B. Wansing 2016; Röh/Meins 2021: 53 ff., 140 ff., 187 ff.; Beiträge in Beck 2016), die Arbeit von (als Integrationslots*innen fungierenden) „Stadtteilmüttern" und „mütterlichen Kiezen" (vgl. z. B. Jähn/Sülzle 2019; Gieschler 2009) oder Nachbarschafts-/Gemeinschaftsgärten bzw. „urban gardening" (vgl. z. B. Habermann 2010 [Beispiel Leipzig-Lindenau]). Auch Angebote, gemeinsam Sport zu treiben, sind Formen dieser Nachbarschaftsarbeit. Von Effekten eines sozialkulturellen Projekts berichtet z. B. *Fred*, der eine 14tägige Ferienaktion mit durchgeführt hat, „eine große Graffitiaktion im Gemeinwesen. Die war natürlich vor allem an junge Menschen adressiert, aber mit dem Hintergrund, dass auch Senioren dazugekommen sind und Familien: Wir haben abends gemeinsam gekocht und gegessen, und da saßen dann Rentner mit den Jugendlichen (zusammen) und haben über Graffiti diskutiert. Das war so ein richtig schönes Event. Wir haben an dem einen Wochenende ein Fußballturnier gemacht und an dem anderen ein Hip-Hop-Event, da war halt im Stadtteil was los." Eingeleitet wurde die Aktion mit der Verteilung von Flyern und einer kurzen „Bürgerinformation". Die Bewohner*innen fanden die Aktion „total super, dass hier mal was los ist und es bunt wird und dass junge Menschen agieren. Es kamen Familien mit ihren Kleinkindern, die dann dazwischen saßen, und die Oma hat mit ihrem Enkel an der Wand ein Graffiti gesprüht. Das ist Gemeinwesenaktion in und auf der Straße".
- *Infrastrukturfunktion*: Die Nachbarschaftsküche, die unter dem Motto „Zusammen is(s)t man weniger allein" Bewohner*innen einlädt, gemeinsam Essen zuzubereiten und gemeinsam zu essen, das „Sperrmüllfest" (das eine Gelegenheit darstellt, nicht mehr gebrauchte Wohnungsausstattung in einem Straßenfest weiterzugeben und dabei neue Nachbar*innen kennenzulernen, oder ein Stadtteilbüffet als weitere informelle Gelegenheit, sich mit anderen bekannt zu machen (vgl. Kühnel-Cebeci 2022: 77 f.) sind Formen der Nachbarschaft, die vordergründig der Kommunikation unter Bewohner*innen

diesen; hintergründig aber stellen sie auch Infrastruktur bereit, die sich die Bewohner*innen nicht selbst beschaffen müssen und die sie entlastet. Auch gemeinnützige (nicht-kommerzielle) Gebrauchtwarenhäuser, Kinderkleiderbörsen, Secondhand-Läden von Wohlfahrtsverbänden u. ä. sind dazuzurechnen.

- *Informationsfunktion*: Zu den Aufgaben der Nachbarschaftstreffs zählt, z. B. über Prozesse der Gemeinwesenentwicklung (Stadtplanung und -entwicklung) zu unterrichten, die Bewohner*innen zu vernetzen (um eine wirksame Teilhabe an solchen Prozessen zu ermöglichen) und Qualifizierungsangebote (z. B. Fortbildungen zu Beteiligungsverfahren) anzubieten. Hierbei kommt auch digitalen Medien (z. B. Social-Media-Plattformen) eine (wachsende) Bedeutung zu, wenn durch sie z. B. Möglichkeiten zum Engagement mit Bezug zur Nachbarschaft sichtbar und leichter zugänglich gemacht werden (vgl. Schreiber u. a. 2017). Sie fungieren zudem v. a. für Neu-Zugezogene als „digitaler Ankunftsort" (sich im neuen Umfeld zu orientieren) und sind für Bewohner*innen mit einer Behinderung, mit Betreuungs- oder Pflegebedarf eine Gelegenheit, „am nachbarschaftlichen Zusammenleben teilzuhaben. Digitale Plattformen werden für den Austausch über lokale Angebote, Veranstaltungen, gegenseitige Hilfsleistungen sowie für Verkaufs- und Tauschgeschäfte verwendet" (Becker/Schnur 2021).
- *Beschwerdefunktion*: Das Gemeinwesen ist „eben auch der Lebensraum der Bürger, die sich Gedanken machen", berichtet *Richard*: Wenn sein Team davon Kenntnis erlangt, dass „ein Bürger eine wütende E-Mail schreibt an den Bürgermeister", dann versuchen sie, Kontakt aufzubauen und „gehen ins Gespräch, wo Lösungsansätze aus deren Sicht sind, und hinterfragen dann, ob die praktikabel sind, ob sie relevant sind, ob sie lösungsorientiert sind oder ob erst mal der Bürger, die Bürgerin den Kopf leeren möchte, ihre Wut zum Ausdruck bringen möchte, dass die Kinder eben nicht mehr ungestört auf dem Spielplatz spielen können, weil da immer diese Glasscherben sind". Anwohnerstammtische (vgl. Kühnel-Cebeci 2022: 70 f.) stellen Formen dar, das persönliche Unbehagen über die allgemeine Entwicklung im Stadtteil (es werde immer gefährlicher, sich im Stadtteil zu bewegen u. ä.) oder die Unzufriedenheit mit konkreten Sachverhalten zum Ausdruck zu bringen (die Grünanlagen werden nicht mehr gepflegt u. ä.) und im Gespräch gemeinsam über konstruktive Wege nachzudenken, wie die angesprochenen Probleme bearbeitet werden könnten. Es handelt sich um eine Form der „Bildungsarbeit, durch die sie politisch aktives Lernen und Handeln ermöglicht" (Noack 1999: 14), denn die Beschwerden greifen ein reales Erleben auf und bieten so Gelegenheit, unter Moderation durch die Praxisberater*innen zu besprechen, wie und mit wem (z. B. durch die Kommunalpolitik) Veränderungen herbeigeführt werden können.

- *Integrationsfunktion*: Die Nachbarschaft ist auch für die Akteure des Gemeinwesens relevant, z. B. für Fachkräfte aus der Stadtplanung oder Wohnungsunternehmen, die in der Nachbarschaft „nach Kooperation, Engagement, Mitwirkung und Partizipation, Akzeptanz oder Zustimmung (suchen), um ihre Ziele zu verwirklichen" (Drilling/Oehler 2021b; vgl. Schütte 2004). So werden Bewohner*innen im Rahmen förmlicher Teilhabeprozesse (→ 11) in die weitere Entwicklung des Gemeinwesen einbezogen.

Zu den Nachbar*innen zählen auch Bewohner*innen, die entweder nicht oder in besonderer Art und Weise (oft anstoßerregend) Teile der Nachbarschaft sind, z. B. wohnungslose Menschen: Nach Angaben des Statistischen Bundesamtes waren am 31. Januar 2023 insg. 372.000 wohnungslose Personen statistisch erfasst (vgl. Destatis 2023), wobei diejenigen nicht als wohnungslos gezählt wurden, die vorübergehend bei Bekannten, Freund*innen oder Verwandten wohnen, ohne über eine eigene Wohnung zu verfügen (und damit im Gemeinwesen in ihrer besonderen Lebenssituation kaum sichtbar werden). Nicht erfasst werden auch die Personen, die bereits auf der Straße leben (und damit in der Nachbarschaft sichtbar sind). Nicht gezählt werden auch Menschen, die in unzumutbaren (z. B. feuchten, ungeheizten) Wohnungen verbleiben müssen oder in Häusern wohnen, die zu Spekulationsobjekten geworden sind und systematisch „entmietet" werden (das undichte Dach z. B. wird nicht repariert, womöglich ist der Schaden vorsätzlich herbeigeführt worden), wo also das Haus (in seinem womöglich bereits erkennbar baufälligen Zustand) sichtbar wird (vgl. BAG W 2023a/b). Womöglich bilden fachlich begründete Schätzungen die in den Gemeinwesen gegebenen Verhältnisse wirklichkeitsnäher ab. Für 2022 wurde z. B. davon ausgegangen, dass in Deutschland im Laufe des Jahres rund 607.000 Menschen ohne Wohnung leben mussten, darunter ca. 50.000 Menschen ohne Unterkunft auf der Straße. Mitte 2022 waren 58 % der Wohnungslosen männlich, 36 % lebten in Einpersonenhaushalten und 26 % waren Kinder und Jugendliche (vgl. BAG W 2023c). Es besteht also Unklarheit über die tatsächliche Quantität der Problemstellung (das Netzwerk Wohnungslosenhilfe München verwies z. B. auf seinem Instagram-Kanal darauf, dass allein in bayerischen Landeshauptstadt im August 2023 mehr als 9.000 „Alleinstehende, Familien, Arbeitslose, Rentnerinnen und Rentner, Geringverdienende, Vollerwerbstätige, Deutsche, Menschen mit Migrationshintergrund und anerkannte Flüchtlinge" akut wohnungslos waren).

Es wird deutlich, dass (im umfassenderen Sinne bestimmte) wohnungslose Menschen Teil des Gemeinwesens und der Nachbarschaft sind. Sie sind von Marginalisierung mehrdimensional betroffen: Sie geraten in eine menschenunwürdige Notlage, verlieren den Zugang zu menschenwürdigen Wohnungen, haben große Barrieren bei der Gesundheitsversorgung zu überwinden und sind zudem in besonderer Weise gefährdet, Opfer von Gewalt zu werden.

Auf das Gemeinwesen bezogene Soziale Arbeit mit Wohnungslosen (vgl. Gillich 2004) sucht sie in ihrer Lebenswelt (z. B. an ihren Schlafplätzen) auf, leistet ambulante Hilfen (z. B. ärztliche Grundversorgung) oder stellt Aufenthaltsorte (z. B. Tagestreffs mit Verpflegung, Waschgelegenheiten, Zugang zu Kommunikationsmitteln und Medien) zur Verfügung (vgl. Lutz/Sartorius/Simon 2021: 114–131) und wird durch housing-first Angebote ergänzt, um zunächst die Wohnungslosigkeit durch Bereitstellung geeigneten Wohnraums zu beenden und daran anschließend die oft gegebenen „Multiproblemlagen" (z. B. fehlender Zugang zum Arbeitsmarkt, Verschuldung, Suchterkrankung) zu bearbeiten (vgl. Busch-Geertsema 2013).

Nachbarschaften finden im Umgang mit „auffälligen" Personen und Szenen (weil sie auf der Straße leben, in der Öffentlichkeit Alkohol konsumieren, sich als Clique Jugendlicher demonstrativ am zentralen Platz zeigen und durch laute Musik begleitet skateboarden u. a.) oft keinen Weg, mit ihnen umzugehen; i. d. R. dienen sie als Abgrenzungsfolie, um darauf zu verweisen, dass sie ein abzulehnendes Verhalten an den Tag legen oder um sich selbst deutlich zu machen, dass es Menschen gibt, denen es noch schlechter geht. Solche Marginalisierungsprozesse *aus dem Gemeinwesen* heraus zeigen sich auch darin, dass es nicht gelingt, alle Bewohner*innen, also auch die Angehörigen spezieller Szenen, einzubeziehen, z. B. die in der Öffentlichkeit exzessiv und lautstark Alkohol konsumierenden Männer einer örtlichen „Trinkerszene". Auch hier bilden sich Konflikte ab, die den Auseinandersetzungen Jugendlicher in ihrem selbstorganisierten Jugendraum vergleichbar sind: die Nachbarschaft des Treffpunkts der Männer verlangt Abhilfe, erwartet, dass sie verdrängt, jedenfalls aber zur Ruhe gebracht werden. Kommt es zur Behandlung des Konflikts aufgrund der Beschwerden aus der Nachbarschaft (die die politischen Akteure aufgefordert hat, das Thema in einer Bürgerversammlung zu behandeln), dann können die Beschwerdeführer*innen dort eine Gelegenheit sehen, bei der sie „ihre Problematisierungen aufführen und Sanktionen einfordern können", während die „problematisierte Gruppe" um ihr Recht kämpft, im öffentlichen Raum zu verbleiben (vgl. Pigorsch 2022: 452–456, zit. S. 456).

Praxisberater*innen haben es mit einer Konfliktsituation zu tun, in der sie einerseits das Gespräch zwischen den Konfliktparteien moderieren; andererseits muss ihre Aufgabe auch darin bestehen, für Prozesse sozialer Marginalisierung aus dem Gemeinwesen heraus zu sensibilisieren und bei der konfliktentschärfenden Entwicklung von Alternativen zu unterstützen. Darin zeigt sich in der Nachbarschaftsarbeit eine (sechste)

- *deeskalierende Funktion*: Die auch friedensstiftende Wirkung der Nachbarschaftsarbeit beschreibt z. B. *Otto*, der davon spricht, in die Rolle eines Mediators zu kommen, v. a. „wenn es um das intergenerative Gleichgewicht geht. Ganz viel ist einfach bloß ein Übersetzungsproblem. Erwachsene wollen eigentlich dasselbe wie die Jugendlichen, die kommen aber nicht zueinander, weil sie nicht miteinander reden. Dann sind wir diejenigen, die dazwischen vermitteln, und wenn es Konflikte gibt, dann erst recht." D. h.: „Wenn Kommunikation und Miteinander in der Nachbarschaft und im Quartier gelingen, ist ein Grundstein für Problemlösung, Krisenbewältigung und Kompromissfindung auch auf anderen Gebieten gelegt, Sozialverhalten und Demokratiefähigkeit werden gestärkt" (BNN 2021). Das kann begleitet werden, indem mehr Öffentlichkeit gesucht wird: Beim jährlichen Stadtteilfest können sich z. B. Initiativen der Wohnungslosenhilfe vorstellen oder die skateboardenden Jugendlichen ins Programm einbringen. In „Nachbarschaftszirkeln", die der Konfliktlösung unter Nachbar*innen dienen (vgl. Kühnel-Cebeci 2022: 90 ff.), können solche Probleme frühzeitig angesprochen, transparent gemacht und Lösungen öffentlich beraten werden.

Die Überlegungen zur Nachbarschaft beziehen sich uneingeschränkt auf alle Altersgruppen. Allerdings gilt es, wie bei jungen Menschen, auch die besonderen Bedarfslagen älterer Bewohner*innen zu sehen. *Josefine Heusinger*[9] beschreibt in ihrem Gastbeitrag exemplarisch, welche Schlussfolgerungen sich daraus für die Soziale Arbeit im Gemeinwesen zwischen den Polen menschenwürdige Gestaltung der letzten Lebensphase einerseits und aktiver Teilhabe durch Engagement andererseits ergeben:

7.1.3 Soziale Arbeit mit Älteren im Gemeinwesen

von Josefine Heusinger

Gemeinwesenarbeit (GWA) bezieht sich zumeist auf ein bestimmtes Territorium, z. B. ein Quartier oder Dorf, und die dort lebenden verschiedenen Menschen, sowie die dort angesiedelten Einrichtungen und Akteure. Die zielgruppenübergreifende Arbeit ist kennzeichnend. Dennoch werden in diesem Beitrag alte Menschen fokussiert – wobei noch zu klären sein wird, was „alt" überhaupt ist – und die Ressourcen und Bedarfe, die ihr Verhältnis zu ihrem Stadtteil, Quartier oder Dorf und damit zur GWA prägen. Für die Soziale Altenarbeit ist der Bezug auf einen Sozialraum in fast allen Handlungsfeldern zentral, weil sich der Alltag im Alter typischerweise zunehmend auf die Wohnumgebung konzentriert, besonders

---

9   *Josefine Heusinger*, Dr. phil., Krankenschwester, Professorin für Grundlagen und Handlungstheorien Sozialer Arbeit mit Schwerpunkt Generationenbeziehungen an der Hochschule Magdeburg-Stendal. Arbeitsschwerpunkte: Soziale Gerontologie, Soziale Ungleichheit im Alter, Versorgungsforschung, Altersgerechte Stadtentwicklung. Kontakt: josefine.heusinger@h2.de.

bei sozial benachteiligten Älteren. In der GWA wiederum werden die Alten noch wenig als Zielgruppe beachtet.

Alte Menschen als Zielgruppe der GWA
Im Folgenden ist das Ziel, die Potenziale und besonderen Herausforderungen zu verdeutlichen, die für die GWA, die die alten Menschen im Sozialraum einbezieht, relevant sind. Vielerorts sind die Alten schon wegen ihrer schieren Anzahl wichtig: Ihr Anteil – hier verstanden als über 65-Jährige – liegt in fast allen Gemeinden in der Bundesrepublik über 20 %. Prognosen zufolge wächst dieser Anteil bis ca. 2040 weiter, bevor er wieder abnimmt[10]. Obwohl sie zahlenmäßig schon jetzt bedeutsamer als die Kinder und Jugendlichen (unter 20-Jährige) sind, erfahren die Alten in der Sozialen Arbeit eher wenig Aufmerksamkeit (vgl. DGSA-FG 2022). Das liegt unter anderem daran, dass gerade diejenigen alten Menschen, deren Lebenslagen eine besondere Verletzlichkeit mit sich bringen, oft eher unsichtbar sind und, anders als „auffällige" Jugendliche, im Gemeinwesen kaum auf sich aufmerksam machen. Armut, Einsamkeit, Krankheit und Behinderung einerseits, physische und soziale Barrieren sowie fehlende Angebote andererseits führen dazu, dass alte Menschen im öffentlichen Raum weniger präsent sind. In der Folge werden ihre Bedarfe leicht übersehen.

Die eher unverbindlich gehaltene Rechtsgrundlage für die Finanzierung der Arbeit mit alten Menschen in der Kommune ist eine weitere Ursache. Denn die sog. offene Altenhilfe ist zwar gemäß § 71 SGB XII eine Aufgabe der Kommunen, jedoch nur als wenig konkret gefasste Soll-Aufgabe. In der Folge fallen entsprechende Angebote und Projekte oft Einsparungen zum Opfer. Auch die Zuständigkeiten in den Kommunen und Wohlfahrtsverbänden sind oft eher diffus, sobald es nicht nur um Pflege und den dafür etablierten Pflegemarkt geht. Selbst pflegebezogene Akteursnetzwerke oder Pflegekonferenzen gibt es keineswegs überall.

Unter einem anderen Vorzeichen erfahren Ältere allerdings seit einigen Jahren mehr Beachtung: Als Menschen mit Zeit und Kompetenzen, die sie als freiwillig Engagierte einbringen können, sind sie eine willkommene Ressource, auch und gerade im sozialen Bereich (vgl. BMFSFJ 2005).

Was heißt eigentlich „alt"? Wer sind die Alten?
Wir alle haben eine Vorstellung, woran eine ältere Person zu erkennen ist: Sie hat Falten und graue Haare, ist Rentner*in, hat Enkelkinder, ist über 65 Jahre alt, ist gelassener und lebenserfahren („Altersweisheit"), ist weniger flexibel („Altersstarrsinn"), um nur einige Beispiele zu nennen. Diese Altersstereotype entsprechen einerseits unserer Alltagserfahrung. Andererseits zeigt die nähere Betrachtung, wie oberflächlich und individuell unzutreffend sie sind. Das Aussehen kann

---

10 Vgl. Destatis 2021.

heute bspw. nicht nur kosmetisch beeinflusst werden, sondern die biologische Alterung hat sich mit medizinischem Fortschritt und gesünderen Lebensbedingungen nach hinten verschoben. Ältere fühlen sich überwiegend um Jahre jünger als sie sind; viele gehen Aktivitäten nach, die früher Jüngeren vorbehalten waren. Das Alter ist also – obwohl der biologische Alterungsprozess alle betrifft – keine natürliche Eigenschaft, die eindeutig am Körper oder der sozialen Position in Erwerbsleben oder Familie ablesbar und mit spezifischen Eigenschaften verbunden wäre. Dennoch beeinflusst unsere Einschätzung des Alters einer Person (überwiegend unbewusst) unsere Reaktionen auf sie und unseren Umgang mit ihr, ähnlich wie das binäre Geschlechterverständnis uns ein Gegenüber stets als Mann oder Frau wahrnehmen und entsprechend reagieren lässt („Doing Gender"). Das Alter ist eine Differenzkategorie, die ähnlich wie Gender soziale Interaktionen prägt und in diesen (re-)produziert wird (Richter 2016, 2020). Vor diesem Hintergrund wird auch von „Doing Age" gesprochen. Insofern kann das Alter mit guten Argumenten als soziale Konstruktion bezeichnet werden. Deshalb ist es auch in der Sozialen Arbeit mit Älteren wichtig zu reflektieren, ob und wenn wie das Alter in einem gegebenen Zusammenhang relevant ist, und ob mit den jeweiligen Alterszuschreibungen möglicherweise unbedacht (diskriminierende) Stereotype reproduziert werden. Bei aller Vielfalt von oft auch gegensätzlichen Altersbildern (BMFSFJ 2010) sind jedoch zwei Pole deutlich zu erkennen, weshalb auch von der Dichotomisierung des Alters gesprochen wird: Die aktiven, dynamischen, sog. „jungen" Alten auf der einen Seite, die gebrechlichen, hilfe- und pflegebedürftigen Alten auf der anderen.

Im Alter ist die Diversität der Menschen besonders groß, denn die Menschen sind dann geprägt von ihren langjährigen Biografien, die sie unter unterschiedlichen Lebensbedingungen gelebt haben. Entsprechend differenziert sind die Lebenslagen und Einstellungen älterer Frauen und Männer mit und ohne Familie, Migrationshintergrund, Behinderungen, Religionszugehörigkeiten u. v. m., und ihre Wünsche und Ansprüche an ein Alter(n) in guter Lebensqualität. Lebenslange Benachteiligungen wie Armut und Unsicherheit hinterlassen ihre Spuren genauso wie ungesunde Arbeitsbedingungen und wenig Entscheidungsfreiheiten in einem von Anpassung an die Notwendigkeiten geprägten Alltag.

Erfreulicherweise geht es den meisten Alten heute wirtschaftlich gut. Mit den seit dem Jahr 2000 veränderten Rentengesetzen verzeichnen die Rentner*innen jedoch inzwischen die mit Abstand stärkste Zunahme des Armutsrisikos, „seit 2006 um 66 Prozent. Aus einer eher geringen wurde mit 17,1 Prozent eine deutlich überdurchschnittliche Armutsquote" (Pieper u. a. 2020: 4).

Wer arm ist, wird durchschnittlich früher und schwerer krank und stirbt deutlich früher (vgl. Lampert/Kroll 2014). 65-Jährige haben heute durchschnittlich noch ungefähr zwanzig Jahre vor sich, die weitaus meisten davon ohne große körperliche Einschränkungen. Erst im Alter ab 80 nimmt die Wahrscheinlichkeit für krankheitsbedingte Einschränkungen zu, die dauerhafte Veränderungen im Alltag erzwingen und immer wieder Abschiede von lieben Gewohnheiten bedeuten (Amrhein u. a. 2018). Wenn immer mehr Hilfe und Pflege nötig werden, gilt es zu lernen, diese anzunehmen, ohne zu verzweifeln – keine leichte Aufgabe; ebenso wenig, wie die nötige Hilfe und Pflege zu leisten, wenn Angehörige betroffen sind. Ein Gemeinwesen, das Pflegenden und Pflegeempfänger*innen Unterstützung und Teilhabemöglichkeiten bietet, kann sehr viel zur Lebensqualität in dieser Lebensphase beitragen, denn die meisten Alten wünschen sich, bis zuletzt in ihrem angestammten sozialen und räumlichen Umfeld eingebunden zu bleiben.

Im Laufe des Alters stehen typischerweise bestimmte Übergänge an; die Wahrscheinlichkeit für einige kritische Lebensereignisse[11] nimmt zu. Dazu gehören das Ende der Familienphase und Kindererziehung, der Übergang in den Ruhestand, zunehmende Belastungen durch (chronische) Krankheiten und/oder die Pflege Angehöriger sowie der Verlust von Freund*innen, Angehörigen und der (Ehe-)Partnerin durch Krankheit und Tod. Wie belastend diese erlebt werden, hängt von den jeweiligen Umständen ab und ist zumindest teilweise präventiv beeinflussbar (Franke u. a. 2017). Wie in anderen Lebensphasen kommt es dafür besonders auf Ressourcen an, also Geld, hilfreiche soziale Beziehungen und leicht zugängliche Informationen über Rechte und Hilfen.

Aufgaben und Herausforderungen für die GWA für und mit alten Menschen
Aus den geschilderten Risiken ergeben sich die Aufgaben: Es gilt die Bedingungen im Stadtteil oder Dorf so zu gestalten, dass negativen Wirkungen bei der Bewältigung der Übergänge und kritischen Lebensereignissen vorgebeugt wird, Benachteiligungen nach Möglichkeit kompensiert werden, die Gesundheit gestärkt und Teilhabe ermöglicht wird. Dafür sind Kommunen bzw. Stadtteile und Dörfer aus Sicht der Sozialen Arbeit die entscheidenden Orte. Dort findet nach Ende der Erwerbsarbeit der Alltag im Alter statt; vor allem dort wird über Integration und Ausgrenzung entschieden. Dies gilt sowohl für diejenigen alten Einwohner*innen, die ohne nennenswerte gesundheitliche Beeinträchtigungen mit vergleichsweise viel freier Zeit, Erfahrungen und ihrem Wissen die GWA bereichern können, als auch für die gebrechlicheren. Denn wenn Mobilitätsbeeinträchtigungen und zunehmender Hilfebedarf auftreten, verringert sich der Radius fast aller Älteren bis hin zur Verengung auf die Wohnung noch einmal stärker. Das gilt besonders, wenn es an Geld für bezahlte Hilfen, Umbauten, Taxifahrten usw. mangelt und das soziale Netzwerk selbst gealtert und nicht sehr groß ist. Die Chance

---

11 Kritische Lebensereignisse sind dadurch definiert, dass sie zumindest zunächst das Gefühl auslösen, mit den verfügbaren Mitteln das Ereignis und seine Folgen nicht bewältigen zu können, wodurch sie eine Krise auslösen (Filipp/Aymanns 2018).

auf eine selbständige[12] Alltagsgestaltung hängt im gebrechlichen Alter stark von der Beschaffenheit von Wohnung und Wohnumgebung ab (Falk/Wolter 2018). Die Altersgerechtigkeit eines Quartiers oder Dorfes ist daher ein wichtiges Thema für die GWA mit Älteren.

Neben den bekannten Methoden gibt es einige Leitfäden und Instrumente für die Sozialraumanalysen mit Älteren, die gut zusammen mit diesen vor Ort genutzt werden können, um Defizite und Ressourcen im Hinblick auf die Altersgerechtigkeit eines Stadtteils oder Dorfes sichtbar zu machen (z. B. Gädker u. a. o. J. – 2014; Mehnert/Kremer-Preis 2014). Dabei geht es keineswegs nur um Barrierefreiheit, Beleuchtung, genügend Sitzgelegenheiten sowie Toiletten, sondern auch um Angebote für kulturelle und politische Teilhabe, zur Gesundheitsförderung, zur Unterstützung der Mobilität, zur ärztlichen und pflegerischen Versorgung u. v. m. (WHO 2007). Die Auseinandersetzung mit der Alters- oder auch Generationengerechtigkeit von Gemeinwesen bietet zahllose Möglichkeiten der Partizipation, Selbstorganisation und für gruppenspezifische sowie generationenübergreifende Arbeit.

Generationenübergreifende Kontakte und Projekte werden oft besonders gefördert und gewünscht, sind jedoch keineswegs Selbstläufer (Lechtenfeld u. a. 2017). Eine wichtige Voraussetzung für deren Gelingen sind gemeinsame Interessen der Beteiligten. Wenn es z. B. um Klima und Natur oder Projekte der Willkommenskultur für zugewanderte Menschen geht, arbeiten Jung und Alt oft sehr gut zusammen. Auch der Wissenstransfer in Patenschaftsprojekten für Jugendliche auf Ausbildungsplatzsuche oder in Handykursen für Ältere hat sich bewährt. Erzählcafés und Ausstellungen zur Geschichte eines Gemeinwesens können je nach Schwerpunktsetzung genauso wie Zukunftswerkstätten zur Veränderung von Missständen ebenfalls Menschen verschiedenen Alters ansprechen. Je nach Rahmenbedingungen eines Quartiers und Interessen der Einwohner*innen kann die GWA mal mehr, mal weniger altersspezifische Problematiken aufgreifen: Während sich im ländlichen Raum die Mobilitätsinteressen all derjenigen überschneiden, die auf den öffentlichen Nahverkehr angewiesen sind, können die Wünsche von Alten, Jugendlichen und Kindern bspw. an die Neugestaltung eines städtischen Parks gegensätzlich sein. In einem von Gentrifizierung betroffenen großstädtischen Quartier fühlen sich einige der „übriggebliebenen" Alten mit den langjährigen, günstigen Mietverträgen vielleicht plötzlich fremd zwischen all der hippen „Jugend" und ihren coolen, teuren Geschäften, während andere Ältere sich freuen, dass etwas gegen die Vernachlässigung geschieht und leerstehende Ladenflächen wieder genutzt werden.

Eine weitere Herausforderung für die GWA liegt darin, die Älteren in all ihrer Unterschiedlichkeit für die Zusammenarbeit zu gewinnen. Wenn sie als Zuge-

---

12 Etwas nicht mehr *selbständig* tun zu können, bspw. sich anzuziehen, muss allerdings keineswegs heißen, nicht mehr *selbstbestimmt* entscheiden zu können, wer mir wann, wo und was anzieht.

wanderte viele Ausgrenzungserfahrungen gemacht haben oder als alleinstehende alte Frau kaum mit dem Geld über die Runden kommen, fällt es den meisten alten Menschen schwer, selbstbewusst aufzutreten und sich einzubringen. Deshalb besteht die Gefahr, dass sich die Sozialarbeiter*innen in der praktischen Zusammenarbeit angesichts der immer knappen Ressourcen an Zeit und Geld auf eher gesunde, mobile, gut gebildete und finanziell abgesicherte Ältere konzentrieren. Diese stellen zweifellos eine wichtige Ressource für die GWA dar und sollten bei ihren Projekten im freiwilligen Engagement Begleitung und Förderung erfahren; die anderen, die oft von selbst weniger präsent sind, dürfen jedoch nicht aus dem Blick geraten, wenn die GWA allen zugutekommen soll. Dazu ist es wie so oft in der Sozialen Arbeit entscheidend, gerade diejenigen einzubeziehen, die nicht bei der ersten Einladung zur Bewohnerversammlung oder zum Kaffeetrinken erscheinen. Das erfordert Kreativität bei der Suche nach Zugängen, Wissen um die Problemlagen im Alter, Einfühlungsvermögen und Sensibilität auch für teils verborgene Wünsche. Ältere Männer, die sich mit einem Bier in der Hand vor der Kaufhalle treffen, kommen z. B. vermutlich genauso wenig von sich aus in das Büro der Gemeinwesenarbeit wie die alten Frauen mit dem Kopftuch, die zusammen auf einer Parkbank sitzen. Wenn die Gemeinwesenarbeiterin im Vorbeigehen jedoch genauer hinschaut, sich Zeit für Gespräche nimmt und zuhört, erfährt sie vielleicht, was sie besorgt und was sie brauchen, ob sie sich andere Orte für Begegnung oder Aktivitäten wünschen, und kann sie zum Mitmachen ermutigen. Niedrigschwelligkeit kann auch heißen, gebrechliche Ältere abzuholen und in ihrer Mobilität zu unterstützen, oder daran zu denken, Treffen rechtzeitig vor der Dunkelheit zu beenden, damit sie (weiter) mitmachen können. Bewährt hat es sich, Peers für den Zugang zu anderen zu gewinnen, z. B. wenn es um die Interessen von Älteren mit Migrationshintergrund oder die Unterstützung des Heimbeirates im örtlichen Pflegeheim geht.

Für längerfristiges Mittun sind Erfolgserlebnisse wichtig. Sie lassen sich manchmal mit vergleichsweise kleinen Verbesserungen erreichen: Die zusätzliche Bank auf dem Weg zum Supermarkt oder die neue Beleuchtung einer düsteren Durchfahrt zeigen, dass sich kollektives Engagement lohnt und machen allen Beteiligten Mut für größere Projekte wie z. B. eine Senioren-Beratungsstelle oder eine bessere Behandlung beim Jobcenter oder Sozialamt.[13] Viele ältere Einwohner*innen haben Kompetenzen, die sie vielleicht gerne in die vielfältigen Facetten der GWA einbringen, vom Kuchen Backen und Kochen Lehren über ein Reparaturcafé oder eine Fahrradwerkstatt bis zum Tanzprojekt und zur Hausaufgabenhilfe. Nicht zu vergessen ihre Lebenserfahrungen, die Manches in einem anderen Licht erscheinen lassen, und ihre andere Wirkung bei Auftritten

---

13 In Berlin hat sich z. B. 2008 die Bürgerplattform Wedding/Moabit gegründet, die solche Anliegen erfolgreich vertreten hat und der auch die Seniorenvertretung angehört (vgl. Stiftung Mitarbeit 2021).

im Stadtrat oder bei öffentlichen Aktionen. Ein ermutigendes Beispiel gibt eine Gruppe von Senior*innen, der es gelang die aus finanziellen Gründen geplante Schließung ihrer Begegnungsstätte zu verhindern: Sie besetzten das Haus im Jahr 2012 für 112 (!!) Tage, womit sie sehr große Aufmerksamkeit für ihr Anliegen in den Medien erreichten[14], weil eine Besetzung älteren Menschen eben nicht ohne Weiteres zugetraut wird. Ältere zu unterstützen und sie zu ermutigen und zu befähigen, für ihre Interessen und die der anderen Bewohner*innen im Stadtteil einzutreten, kann sehr lohnend sein!

Mit dem Thema Alter geraten bei der GWA zusätzliche Akteure und Institutionen mit ihren Interessen und Ressourcen in den Blick, bspw. Seniorenvertretungen, Volkshochschulen, Seniorensportanbieter, Mobilitätshilfedienste, Pflegeeinrichtungen u.v.m. Gerade Pflegeeinrichtungen können zu wichtigen Akteuren im Quartier werden, wenn Wege gefunden werden, die Pflegeheimbewohner*innen zu beteiligen, die ja auch Bürger*innen im Gemeinwesen sind, und die Einrichtungen ihre Räumlichkeiten, Außenbereiche, Cafés usw. für andere öffnen (Bleck u. a. 2018). Der Aufbau von lokalen Netzwerken ist im Bereich der Altenhilfe jedoch durch scharfe betriebswirtschaftliche Konkurrenzen und fehlende Anreize für Kooperationen erschwert. Zusätzlich dominiert im Bereich der Pflege vielfach noch eine paternalistische Haltung gegenüber gebrechlichen Älteren. Aufgabe der GWA ist es demgegenüber, auch den Menschen mit Hilfe- und Pflegebedarfen oder mit Demenz in lokalen Allianzen Gehör zu verschaffen, damit ihre Interessen nicht untergehen. So kann es gelingen, z. B. zusammen mit Menschen mit Demenz und ihren Angehörigen im Stadtteil dafür zu sorgen, dass das Wissen und das Verständnis für Demenz verbessert wird und die Angebote entstehen, die nötig sind, damit Betroffene möglichst lang und selbständig teilhaben können.

Wie in den meisten Handlungsfeldern der Sozialen Arbeit richten sich auch in der GWA mit Älteren unterschiedliche und teils widersprüchliche Erwartungen an die Soziale Arbeit, die viele Parallelen mit der oben beschriebenen Dichotomie der Altersbilder aufweisen: Z. B. geht es bei der Engagementförderung meist weniger um die Befähigung zur (kommunal-)politischen Einmischung von Älteren, sondern vor allem darum, sie für Angebote im Bereich Bildung und Soziales zu rekrutieren (Alisch 2020). Aus berufsethischer und professioneller Sicht ist es jedoch Aufgabe der GWA, alte Menschen zu ermutigen, ihre Interessen zu artikulieren. Deshalb gilt es, sich als Professionelle weder dafür instrumentalisieren zu lassen, ältere Menschen auszunutzen, z. B. indem ihnen angeboten wird, als Freiwillige mit sog. Übungsleiterpauschalen oder Aufwandsentschädigungen ihre schmale Rente aufzubessern, noch dafür, notwendige professionelle Aufgaben wie Sprach-/Leseförderung oder Hausaufgabenhilfe durch wohlmeinende, aber letztlich eben nicht umfassend qualifizierte Freiwillige erledigen zu lassen. Ge-

---

14 Bilder, Berichte und Filme dazu siehe https://stillestrasse.de (4. Jan. 2021).

rade im Rahmen der GWA birgt dies Risiken, weil dadurch Benachteiligungen in benachteiligten Quartieren weiter kumulieren können: In der örtlichen Grundschule haben vielleicht viele Kinder Förderbedarf, im Quartier gibt es aber im Vergleich zu gutbürgerlichen Stadtteilen weniger gut gebildete Freiwillige, die Lesepatenschaften oder Hausaufgabenhilfe anbieten. Wenn Lesen lernen und Schulerfolg zunehmend durch Freiwillige gesichert werden, werden den Kindern im benachteiligten Quartier einmal mehr Chancen verwehrt. Neben den vielen Möglichkeiten für Ältere, durch freiwilliges Engagement wirksam und beteiligt zu sein und Anerkennung zu erleben, müssen solche „Nebenwirkungen" der staatlich gewünschten Engagementförderung kritisch reflektiert werden.

Zusammenfassung: Wie sieht gute GWA mit älteren Menschen aus?
Menschen, die von sich selbst und/oder anderen als alt wahrgenommen werden, werden in fast allen Gemeinwesen der Bundesrepublik immer mehr. Viele Beispiele zeigen, wie sich Ältere für eigene Interessen und die anderer Generationen engagieren. Mit ihrer freien Zeit, ihren Erfahrungen, Ideen und Kompetenzen können sie die GWA sehr bereichern. Neben den unterschiedlichen sozialen Problemen, die Menschen jeden Alters betreffen können, sehen sich Ältere zusätzlich mit besonderen Risiken konfrontiert. Besonders Armut und gesundheitlich bedingte Einschränkungen sind im Alter nur noch schwer zu kompensieren. Sozial benachteiligte und gesundheitlich beeinträchtige Ältere sind außerdem ganz besonders auf ihre Wohnumgebung angewiesen. Ihre Bedarfe im Hinblick auf Infrastruktur, Teilhabe und Partizipation im Dorf und Quartier sollten deshalb beachtet werden.

Ältere für die GWA zu begeistern erfordert bei den Professionellen der Sozialen Arbeit Wissen über deren vielfältige Lebenslagen und Kreativität im Erschließen von Zugängen. Besondere Institutionen, Akteure und Multiplikator*innen sind dafür relevant, müssen für Kooperationen und Vernetzung gewonnen werden. Wissen über die gesellschaftlichen Bedingungen von Alter(n) ist dafür ebenso nötig wie Kenntnisse der sozialrechtlichen Ansprüche und der zuständigen Beratungsstellen und Institutionen. Neben all den professionellen Kompetenzen, die für die GWA wichtig sind, erleichtern Interesse an den Lebensgeschichten und Erfahrungen der Älteren, Neugier auf ihre Sichtweisen und Meinungen sowie Geduld für Manches, das eben ein bisschen länger dauert, den persönlichen Umgang.

Soziale Arbeit sieht sich auch in der GWA mit Älteren mit widersprüchlichen Aufträgen konfrontiert: Einerseits soll im Gemeinwesen die Versorgung hilfe- und pflegebedürftiger Menschen gesichert werden, um die großen Potenziale für eine menschenwürdige Gestaltung der letzten Lebensphase auszuschöpfen, die sich hier bieten, aber auch um Kosten zu sparen. Andererseits ist es Auftrag, Ältere als Freiwillige zu gewinnen, die (soziale) Aufgaben im Gemeinwesen übernehmen sollen, die staatlicherseits nicht mehr gewährleistet werden, bspw.

in Kleiderkammern bei sog. Tafeln und in der Hausaufgabenhilfe. Diese Widersprüche mit den professionellen und berufsethischen Grundsätzen der Sozialen Arbeit gilt es zu reflektieren und mit den Alten gemeinsam an der Verwirklichung ihrer Interessen – und der der anderen Menschen im Sozialraum – zu arbeiten.

7.2 Praxisberatung bedeutet: Begleitung anbieten

Das für die Soziale Arbeit insgesamt grundlegende Verständnis von Subjektorientierung, Forderung der Emanzipation und Empowerment bildet die Grundlage für die professionellen Arbeitsverhältnisse, die die Praxisberater*innen mit den Bewohner*innen eingehen. Damit wird ein personales (individuelles) Verhältnis zwischen ihnen begründet, das allgemein als Beziehung (und die professionelle Arbeit an der Beziehung als Beziehungsarbeit) beschrieben wird (vgl. Wendt 2022a: 162 ff.), In Beziehungen als „Medium" ihrer Arbeit (von Spiegel 2013: 247) bringen Praxisberater*innen ihr gesamtes Wissen, Können und ihre beruflichen Haltungen (vgl. ebd.: 252 f.) ein:

- *Wissen* bedeutet die reflektierte Kenntnis wissenschaftlich begründeten Fachwissens der Sozialen Arbeit, d. h. in Bezug auf die eigenen Grundlagen (Theorien der Sozialen Arbeit), die Handlungsfelder (z. B. Kinder- und Jugendhilfe, Altenhilfe, Behindertenhilfe), die Integration der Erkenntnisse der Referenzwissenschaften (ins. Soziologie, Pädagogik und Psychologie) und ihre Methoden bzw. Verfahren.
- *Können* meint den anlassgerechten Einsatz von Wissen und Kenntnissen im Prozess der Gestaltung einer Beziehung und bei der Unterstützung, den Alltag zu bewältigen, z. B. zuhören, differenziert wahrnehmen und urteilen zu können (→ 6.4) sowie belastbar und flexibel, neugierig und respektvoll zu sein.
- Von *Haltung* ist die Rede, wenn von der inneren Einstellung einer Person gesprochen wird, die nicht ohne Weiteres beobachtbar ist, sich aber im Handeln zeigt, das durch Werte und Normen begründet wird (vgl. ebd.: 250). Eine grundlegende Haltung der Anerkennung (als Solidarität mit Menschen und deren Ressourcen), der Achtsamkeit (für die besonderen Bedingungen der Lebenswelt und des Alltags) und die durch eine von Empowerment bestimmte Bereitschaft, Menschen *auf Augenhöhe* wertschätzend wahrzunehmen, gelten hierfür als kennzeichnend.

In diese besondere Beziehung bringen auch die Bewohner*innen Unterschiedliches ein, z. B.

- vielfältige konkurrierende, widersprüchliche, konkrete oder nicht-konkrete Vorstellungen, Wünsche, Hoffnungen, was die Praxisberater*innen zu tun und zu lassen haben (*Erwartungsinflation*), oder

- eine erkennbare Verschlossenheit, mit ihnen überhaupt intensiver in Kontakt kommen zu wollen, weil sie bereits Erfahrungen der Vernachlässigung und Missachtung erfahren haben und ihre negativen Erfahrungen auch auf Praxisberater*innen übertragen, die sie (durchaus mit guten Absichten) unterstützen wollen (*Beziehungszurückhaltung*).

Auch Praxisberater*innen sind nicht frei von (durchaus vergleichbaren) Gefühlen, die sie in die professionelle Beziehung einbringen: Angefangen von Gefühlen des ersten Augenblicks, wie sie die noch fremden Bewohner*innen (ihr Erscheinungsbild, ihr Auftreten, ihre Sprache u. a.) wahrnehmen bis hin zu Aspekten der Helferpersönlichkeit (die in die Beziehung i. d. R. unbewusste Erwartungen, z. B. des Dankes und der Anerkennung, hineinlegt) sind eine Reihe von Aspekten möglich, die die Beziehung beeinflussen, wenn Praxisberater*innen dies nicht professionell (z. B. im Rahmen einer kollegialen Beratung oder Supervision) reflektieren.

Beziehungen sind auszuhandeln. Dieser Aushandlungsbedarf zwingt beide Seiten, Grenzen der gegenseitigen Erwartungen zu markieren. Für Praxisberater*innen heißt dies, dicht an den Bewohner*innen zu sein (Nähe) und zugleich auch zur (erforderlichenfalls robusten) Abgrenzung (Distanz) fähig zu sein, wenn sich z. B. Versuche einer Instrumentalisierung (für Interessen und Zwecke einzelner Bewohner*innen) zeigen. Für die Bewohner*innen heißt das zugleich, durch die Praxisberater*innen ermuntert zu werden, ihrerseits zu formulieren, wo sie Nähe und Distanz erwarten.

Womöglich ist der Begriff der „Begleitung" am besten geeignet, den Kern der Arbeitsbeziehung zu beschreiben: Bewohner*innen werden begleitet, sich im Gemeinwesen zurechtzufinden, Möglichkeiten zu sehen und zu nutzen, die die alltägliche Lebensbewältigung unterstützen und erleichtern oder zu erfahren, wie Interesse und Bedarfslagen eingebracht, mit wem verhandelt und wie durchgesetzt werden. Begleitung aus der Perspektive von Praxisberater*innen bedeutet dabei auch, sich auf diesen Alltag im Verhältnis von Nähe und Distanz einzulassen, z. B. Orte der Bewohner*innen (die Kneipen, Stammtische, Parkbanktreffen) aufzusuchen und in der Nachbarschaft dabei zu sein (mit den Bewohner*innen am Kiosk stehen, die Schlange an der Kasse des örtlichen Supermarkts zum Gespräch nutzen u. a.), d. h. genau hinzuhören statt sicher zu sein, schon Bescheid zu wissen. Diese Nähe äußert sich auch in der „Volkstümlichkeit" in der Sprache, die bewusst unakademisch sein muss und sich ggf. auch der Unterstützung anderer bedient, um verständlich zu sein. *Karl* z. B. berichtet von einer Frau im Bundesfreiwilligendienst, die aus dem Viertel stammt, in dem er arbeitet, die ihm – damit als Schlüsselperson – „den Transfer ermöglicht in das Viertel rein. Meine Anliegen werden in ihrer Sprache ins Viertel transferiert, das ist der unschlagbare Vorteil. Sie ist vierfache Mutter, aber ist nie im Arbeitsleben angekommen. Sie ist Goldstaub: Ich komme an meine Grenzen in Sprache und Wissen und sie hat ein Expertinnenwissen, das sie mit einbringt, und eine geduldige Art, dies den Bürger*innen zu vermitteln. Sie transferiert das in einer Form leichter Sprache. Diese Übersetzungsleistung leistet sie mir mit einer Engelsgeduld, das ist unbezahlbar."

7.3 Anregungen zur Weiterarbeit

» Eine ausführliche *Übersicht zu Handlungsfeldern der Sozialen Arbeit im Gemeinwesen*, z. B. in Bezug auf GWA und Stadtteilarbeit, die Arbeit mit bestimmten Zielgruppen oder die Kommunale Sozialpolitik, hat *Werner Schönig* (Sozialraumorientierung, 3. Aufl. Frankfurt/M. 2020, S. 138–270) erstellt.

» Die von *Katharina Kühnel-Cebeci* für die Stifting Mitarbeit verfassten (jeweils kurz dargestellten) „44 Ideen für gute Nachbarschaft" (Bonn 2022) verstehen sich als ein „Werkzeugkoffer für alle, die Nachbarschaften aktiv mitgestalten wollen".

» Empfehlungen zur Durchführung von Projekten der Jugendbeteiligung hat die *Stiftung Mitarbeit* vorgelegt (Jugendbeteiligung vor Ort, Bonn 2021), Vorschläge zur digitalen Jugendbeteiligung machen *Martin Nestler und andere* (Praxis digitale Jugendbeteiligung, Berlin 2017; URL: https://www.dkjs.de/fileadmin/Redaktion/Dokumente/programme/jbj-Curriculum_Praxis_digitale_Jugendbeteiligung.pdf [23. Juni 2023]).

» Der *Bundesverband Wohnen und Stadtentwicklung* hat ein „Factsheet Nachbarschaft" herausgebracht, das die Bedeutung der Nachbarschaft für ein Gemeinwesen aus verschiedenen Perspektiven (z. B. Nachbarschaftshilfe, die demokratiefördernde Wirkung von Nachbarschaften, digitale Nachbarschaft) darstellt (und über die Webseite der vhw bezogen werden kann: https://www.vhw.de).

8 Maximal flexibel sein: Die Lebenswelt unterstützen

Bereits bei der Erörterung der teilhabefördernden Aufgabenstellung, die Selbstorganisation Jugendlicher durch Soziale Arbeit zu unterstützen (→ 7.1.1), hat sich die Frage gestellt, inwieweit dies durch aufsuchende Arbeit begleitet werden kann. Aufsuchende Arbeit im Gemeinwesen zu leisten, heißt zweierlei: „auf der Straße arbeiten" (wie es *Paul* formuliert) und sich zugleich als „advocate of the looser" zu verstehen (wie es *Richard* nennt).

8.1 Was ist Aufsuchende Arbeit?

Im Unterschied zur Sozialen Arbeit in Einrichtungen, die i. d. R. durch (öffentlich erkennbare) Räume, Sprechzeiten mit Terminvereinbarungen (und auch Wartezeiten) gekennzeichnet ist und den Besuch der Zielgruppen zur Voraussetzung hat, ohne die Beratung und Unterstützung ausgeschlossen sind (sog. Komm-Struktur), handelt es sich bei der aufsuchenden Arbeit um niedrigschwellige Formen der Sozialen Arbeit, durch die Adressat*innen in ihrer Lebenswelt *aufgesucht* werden und Beratung und Unterstützung vor Ort möglich wird (sog. *Geh-Strukturen*).

Einen wesentlichen Ausgangspunkt für die Entwicklung der aufsuchenden Arbeit waren in den 1970er Jahren in Westdeutschland an die Soziale Arbeit gerichtete Forderungen, abweichendem Verhalten entgegenzuwirken bzw. Polizei und Justiz „pädagogisch" dabei zu unterstützen, Gruppen (Cliquen) aus dem Blickfeld öffentlicher Wahrnehmung zu nehmen, sie nach Möglichkeit entweder zu zerschlagen oder doch wenigstens unter Kontrolle zu halten. Meist (kommunal-)politisch gefordert sollte sie „dazu dienlich sein, Plätze zu befrieden, Konflikte zu lösen, störende Jugendliche von bestimmten Plätzen fernzuhalten und an anderen Plätzen ‚anzusiedeln'" (Dölker 2009: 110 f.; vgl. Fregin 2021). Das als „auffällig" beschriebene Verhalten, das junge Menschen im Gemeinwesen zeigten (und deshalb z. B. als „gewalttätige Ruhestörer" beschrieben wurden) stand im Fokus, nicht aber die persönlichen Schwierigkeiten, die die die jungen Menschen hatten (z. B. Arbeitslosigkeit, Drogenkonsum, persönliche Sinnkrisen, Wohnungslosigkeit) und zu dem beanstandeten Verhalten führten.

Die Kritik sowohl an der Zurückhaltung der in den 1970er Jahren entwickelten Jugendarbeit, sich mit Cliquen befassen zu wollen, einerseits als auch die Anerkennung für die Art und Weise, wie Jugendliche im öffentlichen Raum dennoch (über-)lebten und sich auch gegenüber den Versuchen der Vertreibung zu behaupten verstanden, andererseits führte zu Konzepten einer neuen, eigenständigen Jugendarbeit, die als *mobil* (vgl. z. B. Specht 1977; Miltner/Specht 1977), als *aufsuchend* (vgl. z. B. Schröder 1994) bzw. als *(cliquen-akzeptierend* (vgl. z. B. Krafeld 1992) bezeichnet wurde. Gemeinsamer Ansatz war (und ist es), „nicht am Verhalten der Jugendlichen (anzuknüpfen), sondern am Strukturproblem ihrer sozialen Verdrängung und Ausgrenzung aus öffentlichen und halb-öffentlichen Räumen" (Keppeler 1993: 168; vgl. Krafeld 1998). Es entwickelten sich gemeinwesenorientierte Angebote, die ausdrücklich (und positiv formuliert) an „Randgruppen" (Specht 1987) gerichtet waren; Adressat*innen wurden Menschen, „die durch Verhalten und Lebensweisen besonders leicht und intensiv Anstoß" erregten (Krafeld 2012: 294). Aufsuchende Arbeit richtet sich seitdem „an Menschen, für die der öffentliche und halböffentliche Raum einen bedeutsamen Bestandteil ihrer Lebenswelt darstellt, speziell an diejenigen, die von einrichtungsbezogenen Angeboten nicht erreicht werden, diese ablehnen bzw. sie nicht erreichen können" (BAG SW.MJA 2018: 2 f.; vgl. Berndt 2019; Dölker 2009).

Die aufsuchende Arbeit (auch als Straßensozialarbeit bzw. *Streetwork* bezeichnet) hat sich seitdem in unterschiedlichen Praxisfeldern etabliert, z. B. in der Arbeit mit Sex-Arbeiter*innen, Drogenkonsument*innen und Menschen, die von Wohnungslosigkeit bedroht sind. *Auf der Straße* zu arbeiten schließt alle (halb-)öffentlichen und privaten Lebensräume der Adressat*innen und die begleitende Tätigkeit in Einrichtungen der Sozialen Arbeit (z. B. Beratungsstellen) und in Institutionen ein, die von ihnen nicht freiwillig aufgesucht werden (z. B. Kliniken), wobei jeweils zielgruppenspezifische Arbeitsansätze verfolgt werden.

In der Arbeit mit jungen Menschen ist z. B. zu berücksichtigen, dass sie immer weniger unbesetzten und unverregelten *öffentlichen Raum* (Freiflächen, Nischen, Brachen u. a.) vorfinden. Früher noch zugängliche Räume werden für andere Nutzungszwecke okkupiert (z. B. als Verkehrsfläche, Parkplatz, Landschaftsschutzgebiet, Gartenlandschaft) oder sozial reguliert (z. B. als Jugendhaus mit verbindlichen Strukturen und Regeln). Öffentlicher Raum in einem Gemeinwesen ist nicht als bloßer Ort zu begreifen, an dem sich (z. B. junge) Menschen treffen und aufhalten; er ist kein statisches „Gebilde" (das sich nicht ändert), sondern als Ausdruck (Konstruktion) der Wahrnehmung und Sichtweisen Einzelner zu verstehen, was sie z. B. im Kontext sozialer Gruppen als öffentlichen Raum jeweils subjektiv erleben. „Den" öffentlichen Raum gibt es also nicht, sondern nur die Erwartungen an z. B. öffentliche Plätze, eine Ecke im Park, das Buswartehäuschen, eine Sitzgruppe im Einkaufszentrum u. a. Dabei spielen Privatisierung, Inbesitznahme und Kontrolle dieser öffentlichen Räume (wie sie genutzt werden, genutzt werden können und genutzt werden dürfen) ebenso eine Rolle wie Ver- und Abdrängung, d. h., wer von der Nutzung des je gegebenen Raumes (und wie) ausgeschlossen wird (vgl. Klose 2021). Öffentlicher Raum kann zum Streitfall und -feld unterschiedlicher Interessen und Erwartungen werden, wer dort „den Ton angibt" (also bestimmen kann, wie sich Menschen dort aufzuhalten haben). Jugendliche

Peers können schnell an diese Barrieren stoßen, die Erwachsene (oder konkurrierende Peergruppen) bestimmt haben, wenn sie nach ihren eigenen Vorstellungen (meist abweichend von den Vorgaben Erwachsener) diesen öffentlichen Raum für sich nutzen (in Besitz nehmen).

Es geht deshalb in erster Linie darum, Jugendlichen zu helfen, sich öffentliche Räume zu erobern, an denen sie sich ungefährdet und ungestört aufhalten und ausleben können, ohne Anstoß zu erregen, Ausgrenzung befürchten zu müssen oder betreut zu werden, wo sie soziale Kontakte und Aktivitäten nach ihren Vorstellungen gestalten können. Das gilt umso mehr, weil gerade Jugendliche sich den öffentlichen Raum für ihre Zwecke (sich treffen, sich zeigen, sich abgrenzen, sich auseinandersetzen) nutzbar machen wollen (Raumaneignung) und die damit verbundene Auseinandersetzung mit der sozialen Umwelt (Erwachsene, Passant*innen, Polizei u. a.) eine spezifische Bedeutung hat: sich gleichberechtigt zu behaupten und teilzuhaben (vgl. Krafeld 1995; Steckelberg/Homann 2011). Damit kann die aufsuchende Arbeit eine friedensstiftende Wirkung im Gemeinwesen entfalten (vgl. Puhm 2020). Ihre Ziele bestehen in der Unterstützung und Begleitung der jungen Menschen „bei der Entwicklung und Umsetzung ihrer Lebensperspektiven", und der Stärkung und Erweiterung ihrer Selbsthilfepotenziale und Handlungsmöglichkeiten durch das Erschließen und Zurverfügungstellen von (vorhandenen und neuen) Ressourcen (vgl. BAG SW.MJA 2018, Nr. 2, zit. ebd.).

Die darauf abgestimmten Angebote sollen sich an den Schwierigkeiten junger Menschen ausrichten, den Alltag zu bewältigen. Gemeinsam mit denen, die das wünschen, sollen durch eine parteiliche Unterstützung sowie geeignete Beratungs- und Unterstützungsangebote Alternativen entwickelt werden, die z. B. ein weniger gefährdendes Zurechtkommen im öffentlichen Raum ermöglichen sollten (vgl. Specht 1987: 86; Specht 1979).

Aufsuchende Jugendarbeit betont das Recht junger Menschen auf pädagogisch unbesetzten Raum und versucht, Cliquen Angebote für Räume zur selbstverantworteten Nutzung zu erschließen (vgl. z. B. Krafeld 1995; auch in der aufsuchenden Arbeit mit anderen Adressat*innen wird deren Recht auf Aufenthalt im öffentlichen Raum betont, auch wenn dies als „störend" oder als „Belästigung" empfunden wird). Praxisberater*innen müssen deshalb verstehen (lernen), dass solche Räume durch die jungen Menschen selbst erobert und angemessen verteidigt werden müssen (es also nicht darum gehen kann, dies stellvertretend für sie zu tun, also Raum für sie bereitzustellen). Aufgabe in der Praxisberatung ist es, sie dabei aktiv zu unterstützen (z. B. durch Moderation bei Konflikten mit der Nachbarschaft) und sich dabei (z. B. durch Lobbyarbeit gegenüber der Kommunalpolitik, Einbindung von Schlüsselpersonen, Öffentlichkeitsarbeit) aktiv gegen Aufträge zur Wehr zu setzen, junge Menschen aus dem öffentlichen Raum verdrängen zu sollen. Zu den *Arbeitsprinzipien* aufsuchender Arbeit mit jungen Menschen zählen z. B.

- *Niedrigschwelligkeit:* Ihre Angebote müssen so gestaltet sein, dass sie den Bedürfnissen und den Möglichkeiten marginalisierter junger Menschen entsprechend zeitlich und räumlich einfach zu erreichen sind und ohne Vorbedingungen in Anspruch genommen werden können (vgl. BAG SW/ MJA 2018: 7). Dabei haben digitale Kommunikationswege (Social Media) eine wachsende Bedeutung erlangt, was zu Ansätzen einer hybriden aufsuchenden Arbeit geführt hat (vgl. Brock 2017).
- *Bedürfnis- und Lebensweltorientierung:* Die Adressat*innen sollen mit ihren Stärken und Schwierigkeiten im Kontext ihrer Lebenswelten und sozialen Bezüge wahrgenommen werden; Praxisberater*innen fungieren dabei als Ansprechpartner*innen für die gesamte Breite dort auftretender Fragen.
- *Freiwilligkeit:* Kontaktaufnahme, Dauer und Intensität des Kontaktes werden durch die jungen Menschen bestimmt (können also auch abgebrochen werden). In begründeten Einzelfällen kann der Kontakt auch durch die/den Praxisberater/in beendet werden (vgl. BAG SW / MJA 2018: 5 ff.).

(„Pädagogisch" gemeinte) *Aktivitäten* stehen in der aufsuchenden Arbeit dagegen weitgehend im Hintergrund; das (auch zeitliche) Hauptaugenmerk liegt auf der Entwicklung von Beziehungen zu den Adressat*innen. Aufsuchend arbeitende Praxisberater*innen lassen ihnen ihre eigene Dramaturgie und akzeptieren, dass z. B. Jugendliche gerade am Anfang der Arbeit v. a. unter sich etwas machen. Sie müssen auf die Vorgabe pädagogischer Arrangements verzichten und abwarten können, bis z. B. Wünsche nach Erlebnis formuliert werden, sei es in Form von Musik, Jugendkultur, Erlebnispädagogik oder Sport.

Aufsuchend arbeitende Praxisberater*innen leisten vielmehr eine einmischende Lobbyarbeit, indem sie die Bedürfnisse und Themen der Bewohner*innen „an die entsprechenden Stellen transportieren, Ressourcen erschließen und nutzbar machen", um das Gemeinwesen mit ihnen zu gestalten. Dazu arbeiten sie mit den Institutionen und anderen Akteuren im Gemeinwesen zusammen. „Die Arbeit im Gemeinwesen initiiert und stärkt auch soziale Netzwerke zwischen Bürger*innen und Professionellen. Vernetzung ist dabei nicht als Ziel, sondern als Mittel zu betrachten, um in Kooperation Lösungen zu entwickeln" (BAG SW.MJA 2018, Nr. 7.2). Für *Richard* ist die aufsuchende Arbeit deshalb auch „anwaltschaftlich unterwegs, den Menschen eine Stimme zu geben, die sich sonst nicht so engagieren und die politischen Gremien nicht nutzen", und er sagt

> „immer salopp: Wir sind oft auch ‚Lobbyist der Loser' –, das heißt Menschen, die sich schlecht ausdrücken können, die keine Tischvorlage schreiben können für den Gemeinderat, denen helfen wir dabei. Wir hören rein, wo der Schuh drückt …, dann sind wir als Unterstützer da, um das bei den entsprechenden Gremien mit zu formulieren, mit zu planen und dann auch umzusetzen".

Aufsuchende Arbeit bringt die Interessen ihrer Adressat*innen zum Ausdruck, ohne dabei deren Ansichten und Überzeugungen teilen zu müssen. Diese Parteilichkeit heißt deshalb z. B., gegenüber Nachbarschaft, Politik und Verwaltung, Polizei und Justiz sowie örtlichen Medien für ein (größeres) Verstehen der Andersartigkeit der Lebensentwürfe Jugendlicher einzutreten (diese zu erläutern, Hintergründe darzustellen) und für Spielräume, diese Entwürfe auch realisieren zu können, zu werben (vgl. BAG SW/MJA 2018: 3, 10).

Dabei, so formuliert es *Richard*, ist es wichtig, dass es in Bezug auf dieses Selbstverständnis der aufsuchenden Arbeit „keine Missverständnisse gibt: Sie ist „nicht ordnungspolitisch unterwegs, wir kümmern uns um die Probleme, die Jugendliche haben, und nicht um die, die sie machen". Es könnte solche Missverständnisse auch bei den Adressat*innen geben: „Welche Rolle habt ihr jetzt, seid ihr jetzt da, um uns zu unterstützen, und habt ihr Schweigepflicht? Oder seid ihr da, um für Ordnung zu sorgen und uns vielleicht bestenfalls mit guten Worten einfach zu verdrängen –. Das ist einfach ein wichtiger Punkt. Das müssen wir beachten"; dafür „braucht es gute Absprachen". Auch *Linda* spricht davon,

> „dass wir immer wieder unsere Arbeitsprinzipien transparent machen müssen, dass wir akzeptierend arbeiten, dass wir die Gäste an den Plätzen der Jugendlichen sind und nicht die Leute, die irgendwie sagen: Jetzt ist hier aber Ruhe –, dann können wir uns ja sofort abschreiben, da redet kein Mensch mehr mit uns".

Ulf z. B. findet es wohl auch deshalb „extrem schwierig, dass hier so viel unterschiedliche Polizei unterwegs ist". Er hat es mit Bereitschafts-, Streifen- und auch Kriminalpolizei in Zivil zu tun. Mit ihnen muss er

> „unterschiedlich sprechen. Mit unser'm zuständigen Revier haben wir Absprachen. Wenn Streifenpolizisten in den Wohnwagen rein wollten, dann kann ich sagen: Hey, wir haben die und die Absprache, bitte kurz Rücksprache halten mit den Revierleiter, ihr könnt hier nicht rein! –. Das kann ich zu den Bereitschaftspolizisten nicht sagen. Das interessiert die überhaupt nicht. Und die Kripo, das ist immer schwierig, da kommt's drauf an, was für ein Druck dahinter ist."

Diese intermediäre Arbeit „zwischen den Lagern" macht, wie *Christian*, der in der Arbeit mit Fußballfans tätig ist, betont,

> „sehr viel Fingerspitzengefühl erforderlich. Es ist eine sensible Arbeit. Einwirken kann ich auf beide Seiten, also sowohl auf die ausführenden Organe, Polizei und so weiter, als auf die Fans auf der anderen Seite, versuchen, verschiedene Mittelwege transparent zu halten, damit auch jeder das nachvollziehen kann und so ein Miteinander zu schaffen."

Oft sei es erforderlich, zu erklären, was man eigentlich macht,

„dass da keiner so richtig weiß, was man eigentlich für eine Rolle hat, und die Rolle einfach nochmal neu erklären muss. Das ist für uns ein bisschen anstrengend oft, aber gehört wohl auch zu unserer Tätigkeit dazu, dass man uns eben als Puffer einfach dazwischenschieben kann".

Aufsuchende Arbeit verlangt damit die persönliche Bereitschaft, sich auf ungewöhnliche Lebenseinstellungen und -bewältigungspraxen einzulassen, sich als Person (in Nähe wie Distanz) einzubringen, Kontakt aufzubauen und auch zu halten (insb. dann, wenn der Kontakt lose und bruchvoll ist, häufig unterbrochen und zeitweise abgebrochen wird) und sich dabei zugleich als *Gast* in der Lebenswelt anderer (→ 8.3) zu verstehen. Hierfür gilt Einfühlungsvermögen gegenüber Einzelnen und Gruppen als zentrale Kompetenz. Die Adressat*innen werden als Personen ohne Wertungen und möglichst vorurteilsfrei angenommen. Für Praxisberater*innen, die sich auf ihre Lebensrealität und Alltagsprobleme einlassen, aus deren Verarbeitung Aggressionen und gewaltförmiges Verhalten folgen können, sind sozial akzeptierte Formen der Interessenartikulation, Problembestimmung und Konfliktlösung nicht Bedingung für die Arbeit, sondern deren Ziel. Dieses Ziel lässt sich nur prozessual durch Nähe, Offenheit, Vertrautheit und Akzeptanz erreichen (vgl. BAG SW/MJA 2018: 6f.) und es sind Konflikte mit (z. T. sehr mächtigen) entgegengesetzten Interessen notwendig, in die sich Praxisberater*innen parteilich, empowernd und dadurch teilhabefördernd hineinbegeben müssen.

Florian Nägele[15] gibt in seinem folgenden Gastbeitrag Hinweise zu Versuchen, Soziale Arbeit für (sozial- und/oder ordnungs-)politische Interessen, Erwartungen und Ziel „einzuspannen", und er verweist auf die „ungewöhnliche(n) Lebenseinstellung und -bewältigungspraxen", mit denen sich die aufsuchende Arbeit immer wieder auseinandersetzen muss:

8.2 Die Straße von „diesen Jugendlichen" freiräumen!

von Florian Nägele

Seit nun zwölf Jahren sind wir im Auftrag der Stadt Friedrichshafen auf ihren Schattenseiten und in ihrem Grauzonenbereich aufsuchend sozialarbeiterisch tätig. Hass, Gewalt, Bedrohung, Körperverletzung und versuchter Totschlag,

---

15 *Florian Nägele* ist Sozialarbeiter und seit 2008 Streetworker in der Stadt Friedrichshafen. Er ist Leiter der Aufsuchenden Sozialarbeit/Streetwork/Wohnungslosenhilfe des Arkade e. V. in der Region Bodensee/Oberschwaben; Auftraggeber sind aktuell die Städte Friedrichshafen und Ravensburg.

all dies sind für mich keine leeren Worthülsen mehr, sondern sie sind in den letzten Jahren unter Anderem zu meiner beruflichen Realität geworden. Mein erster Auftrag startete in der aufsuchenden und akzeptierenden Arbeit mit einer Gruppe von 30 jungen Männern, die sich der rechtsextremen regionalen Skinheadszene zugehörig fühlten, mit dem Ziel Handlungsperspektiven für den Einzelnen aufzuzeigen und damit einen Ausstieg zu forcieren und vor allem das Wachstum der Szene zu verhindern.

2005 gründete die JN (Junge Nationale/Jugendorganisation der nazistischen NPD) in Friedrichshafen den Stützpunkt Bodensee mit dem klar umschriebenen Ziel, das gesamte „braune Spektrum" am Bodensee zu vereinen und gemeinsam aufzutreten, um eine „regionale rechtspolitische Zukunft" zu forcieren. In den Jahren 2007 und 2008 traten über 100 Personen aus der Region mit rechtsextremem Hintergrund strafrechtlich im gesamten Bodenseekreis in Erscheinung. In diesen Jahren fanden auch die ersten rechten Demonstrationen statt, bei der ca. 400 rechtsextreme Personen aus dem süddeutschen Raum und der angrenzenden Schweiz und Österreich die Stadt Friedrichshafen in Aufregung versetzten. Im Jahr 2007 wurde dies durch eine, für die Stadt nie da gewesene, Polizeipräsenz begleitet und kontrolliert.

Durch den medialen Druck, mit dem sich die Stadt auseinandersetzen musste, und durch Überlegungen seitens der Polizei und dem damaligen Oberbürgermeister wurden gemeinsam Strategien entwickelt, um dieses Problem anzugehen. Eine Lösungsmöglichkeit sahen die damals Verantwortlichen mit der Schaffung einer sozialpädagogischen Stelle (Streetwork), die sich um die rechte Skinheadszene kümmern sollte. Diese regionale rechtsextreme Gruppierung hatte sich mehr oder weniger von unserer Gesellschaft abgewandt und bis auf die strafrechtliche Verfolgung durch die Polizei und der Justiz hatte damals in der Stadt Friedrichshafen keine Hilfsinstitution einen Zugang zu ihr. Mit der, durch den Gemeinderat geschaffenen, neuen Stelle erhielten wir im Jahr 2008 den Zuschlag aufsuchend in diesem Bereich tätig zu werden.

Zugang in die rechtsextreme Szene
Am Anfang standen dabei für mich als Sozialarbeiter viel mehr Fragezeichen als Antworten: Wie soll ich meine Profession gegenüber meiner ganz persönlichen Meinung über diese „braunen Vollidioten" stellen? Ist es mir möglich einen Menschen mit einer solchen Ideologie wertzuschätzen? Wie kann ich gerade in diesem Bereich akzeptierend arbeiten? In einer Welt, die mir so fremd erschien?

Zum Zeitpunkt des Projektstarts war ich 35 Jahre alt und hatte bereits viel Erfahrung im Umgang mit delinquenten und „gefallenen" Jugendlichen gesammelt. Für mich war damals schon klar, dass jeder Mensch gemocht werden will, und diese Annahme hat sich über die Jahre durchweg in meinem beruflichen Alltag bestätigt. Diese Perspektive wirkt wie ein Schlüssel im Umgang mit Menschen, die sich am Rande unserer Gesellschaft bewegen.

Seit Beginn meiner Tätigkeit als Streetworker folge ich diesem Leitsatz und biete ein bedingungsloses Beziehungsangebot mit einem gelebten niederschwelligen Zugang an. Das heißt nicht, dass ich jegliche Ideologie akzeptiere und alle Verhaltensformen billige. Jedoch akzeptiere ich jede Person als Mensch und bringe dadurch jedem Menschen eine Wertschätzung und einen respektvollen Umgang entgegen.

Als ich 2008 meine neue Tätigkeit startete war mir nicht klar, dass alle Vorüberlegungen, all meine bisherigen Vorerfahrungen in der Straßensozialarbeit auf den Prüfstand kommen sollten.

Streetwork sollte meiner Meinung nach sehr gut in die Trägerstruktur eingebunden sein, wenn man versucht, „Parallelgesellschaften" aufzusuchen, und dort seine Unterstützung anbietet und teilweise Grauzonen und deren Welt betritt. Für unbedingt notwendig halte ich deshalb einen fachlichen Hintergrund und vertrauensvolle Zusammenarbeit innerhalb der Struktur des Arbeitgebers, der voll und ganz die „Straße" durchdrungen hat und weiß, welche Form der Unterstützung seine Mitarbeiter in diesem Bereich benötigen. Dies war und ist bei meinem Arbeitgeber der Fall.

Wenn man allein auf der Straße tätig ist, läuft man zum einen ständig Gefahr sich zu verlieren und zum anderem steht man einer gefühlten und realen Gefahr gegenüber. So hatte ich in meiner beruflichen Laufbahn z. B. eine Waffe am Kopf und ein Messer am Hals, war also mehrmals einer lebensbedrohlichen Gefahr ausgesetzt. Bis heute empfinde ich den professionellen Umgang mit dem Thema Gewalt belastend. Besonders hilfreich für diese schwierige Anforderung (Streetwork mit der rechtsextremen Skinheadszene) war die durchweg positive Wertschätzung seitens des Auftraggebers und der Polizei.

Für beide Institutionen war zum damaligen Zeitpunkt klar, dass der Streetworker kein Informant sein kann, sondern unabhängig agieren muss und dies halte ich für die Grundvoraussetzung (entscheidende Rahmenbedingung), dass Streetwork wirken kann.

Trotzdem waren der Wunsch und Auftrag vorhanden, die Straße gerade von „diesen Jugendlichen" freizuräumen. Doch wie schafft man es, überhaupt Kontakt zu einer Gruppe zu bekommen, die sich so klar gegen die Gesellschaft stellt und jegliche Hilfsangebote ignoriert?

Ich habe auf der Straße nur eine Chance, wenn ich authentisch bin („also ich selber als Mensch auf der Straße fungiere") und darüber hinaus über ein großes Fachwissen und zusätzlich über ein funktionierendes Netzwerk verfüge. Ich brauche ein attraktiveres Angebot, welches die Straße den Jugendlichen bietet. Ich muss mich in deren Lebenswelt aufmachen ohne Teil von dieser zu werden. Ich benötige ein privates Umfeld, um wieder „Kraft tanken" zu können, um dadurch die Bereitschaft zu haben jeden Tag aufs Neue auf die Straße zu gehen und mich deren Gefahren zu stellen.

Mit meiner beruflichen langjährigen Erfahrung sage ich heute, als Streetworker benötigt man zwei funktionierende Netzwerke. Ein Netzwerk bestehend aus professionellen Strukturen und Institutionen (wie z. B. Schulsozialarbeit, Jugendgerichtshilfe, Bewährungshilfe, Jugendtreffs, Polizei, Beratungsstellen, etc.) und ein sogenanntes „Netzwerk der Straße". Darunter verstehe ich als Streetworker in allen szenerelevanten Orten und mit allen szenerelevanten Personen (wie z. B. Drogendealer, Rocker, Tätowierer, Kneipier) in Kontakt zu treten und Vertrauen zu generieren.

Tätowierer bezeichne ich zum Beispiel gerne als „Rockstars der Straße", sie pflegen in der Regel Kontakte zu unterschiedlichen Gruppierungen (z. B. Punks, Rechte, Rocker, Zuhälter) und bei längeren Tattoo- Sitzungen werden sie meist über ihre Kunden bestens über relevante Themen der Straße informiert. Auch einschlägige Kneipen und deren Gastronomen wissen in der Regel sehr viel über Szenegänger und deren Hintergründe. Wenn man zum Beispiel eine Kneipe betritt und persönlich vom Wirt begrüßt wird, erhält man die Legitimation, mit allen Gästen zu sprechen.

Strom der „Straße"
Also habe ich 2008 angefangen, mir beide Netzwerke in der Stadt aufzubauen. Mich erstaunte vor allem das Unverständnis, welches mir damals von anderen Kollegen entgegengebracht wurde: „Wie kann man nur mit dieser rechtsradikalen Szene arbeiten wollen? Wie kann man eine akzeptierende Haltung gegenüber rechtsextremen Personen entwickeln?" Dabei versuchte ich gerade am Anfang, eine akzeptierende Haltung gegenüber dem Menschen und nicht seiner Ideologie bzw. seiner rechtsradikalen Gesinnung aufzubauen. Trotzdem gelang es mir sehr schnell, mich bei allen Institutionen, die evtl. Berührungspunkte zu den Klienten hatten, vorzustellen, unseren Ansatz zu erklären und zu vertreten und dadurch auch Überzeugungsarbeit für eine akzeptierende Haltung zu leisten.

Der viel steinigere Weg war, mich als Person in den einschlägigen Kneipen und szenerelevanten Treffpunkten bekannt zu machen. Am Anfang agierte ich inkognito, also ohne Bekanntgabe meiner Profession. Ich wollte einfach ein Gefühl für die Straße entwickeln und begab mich in deren „Strom". Hierbei liegt einer der größten Gefahren im Streetwork, sich in dieser Parallelwelt zu verlieren.

Ich wollte mich auf jeden Fall nicht anbiedern, jedoch auch auf keinen Fall den Einstieg in die Szene verpassen. Also war ich in jeder einschlägigen Kneipe, an jedem Ort wo ich als Privatperson sofort „einen Bogen" darum gemacht hätte. Ich sank in eine mir unbekannte Welt ein.

Parallel begann ich Recherche zu betreiben und mich zu einem respektablen Experten der rechten Szene zu entwickeln, bevor ich mich mit irgendeinem rechten Skinhead überhaupt unterhalten hatte. Nach Monaten der Vorarbeit gelang mir innerhalb weniger Wochen der Einstieg in die Szene. Beide Netzwerke gingen auf und ermöglichten mir den persönlichen Kontakt zu den Menschen der regionalen rechtsextremen Skinheadszene im Bodenseekreis. Entscheidend dabei war, dass ich mich nicht auf den Schwächsten der Szene fokussierte, sondern wartete, bis ich Kontakt zu den „Führungsleuten" aufbaute und mir damit auch die Legitimation zu holen, um als Sozialarbeiter tätig werden zu können.

Am Anfang standen da ganz klar die Unterstützung in der Einzelfallhilfe und der Profit den der einzelne durch meine Arbeit erlangte. War es zum Beispiel die erfolgreiche Wohnungssuche, die Vermittlung eines Rechtsbeistandes, der Lehrstellenerhalt, oder einfach eine gespendete „Runde" Bier in der Kneipe, all dies machte mich in kürzester Zeit zu einer Vertrauensperson der Szene und zu Jemandem, den man für seine Bedürfnisse nutzen konnte. Entscheidend hierbei war es, nicht „auszurutschen" und trotzdem ein akzeptierter Fremdkörper (Sozialarbeiter) für die Szene zu bleiben. Ein junger Mann begrüßte mich immer mit den Worten „Heil Hitler", ich entgegnete ihm jeweils mit den Worten „Friede sei mit dir".

Sozialarbeiterische Grenzen
Der entscheidende Moment meiner Arbeit als Streetworker ereignete sich im Juni 2009. Ich erhielt einen Anruf von einem 20-jährigen rechten Skinhead, der mich um ein sofortiges Treffen bat. Als er eine Stunde später bei mir im Auto saß, erzählte er mir folgende Geschichte: Am letzten Samstag habe er sich mit vier Freunden und zwei Freundinnen abends getroffen, um gemeinsam zu feiern. Irgendwann sind ihnen die alkoholischen Getränke ausgegangen und es stand auch kein Geld für Nachschub zur Verfügung. Gemeinsam haben sie sich entschlossen Geld zu besorgen, ein Einbruch in eine städtische Notunterkunft sei gescheitert. Also habe man sich bewaffnet und ist in einen städtischen Park gegangen, um einen geplanten Raubüberfall zu begehen. Die Freundinnen waren über das Vorhaben der Männer nicht informiert worden. Eher durch Zufall hat ein Mann ihren Weg gekreuzt. Der Erste rief „Opfer auf halb 12" und sprang unmittelbar auf den Mann zu. Mit einem Faustschlag streckte er ihn nieder, der Mann rappelte sich hoch und versuchte zu fliehen. Die nächsten Zwei waren jedoch schon an ihm dran und brachten ihn erneut zu Boden. Einer der Gruppe sprang ihm mit seinen Springerstiefeln ins Kreuz, schrie dabei „Skinhead, Skinhead" und trat mehrmals auf den am Boden liegend Mann ein. Als der Mann regungslos auf dem Boden lag, flohen sie zu einem vorher vereinbarten Treffpunkt. Dort angekommen betrachteten sie die von dem Mann mitgenommenen Sachen und außer einem kaputten Handy und einem leeren Rucksack hatten sie nichts erbeutet. Sie vereinbarten über die Tat Stillschweigen und gingen getrennt voneinander nach Hause.

Der 20-Jährige erzählte mir unter Tränen, dass er nicht wissen würde, ob der Mann überlebt hatte. Ich versuchte ihn davon zu überzeugen, gemeinsam mit mir zur Polizei zu gehen und diese furchtbare Tat zu gestehen. Darauf ließ er sich nicht ein, da ihm bewusst war, dass dann eine mehrjährige Haftstrafe auf ihn und die anderen zukommen würde. Bei aller vorher erfolgreichen Arbeit war ich jetzt in der Realität und der Arbeit mit Tätern auf der Straße angekommen. Am Nächsten Tag erschien ein Phantombild und Zeugenaufruf in der lokalen Presse. Im Artikel war zu lesen, dass der Mann ohne bleibende körperliche Folgeschäden überlebt hatte. In der Zwischenzeit war bei der Szene schon durchgesickert, dass der 20-Jährige mir gegenüber die Straftat gestanden hatte.

In den nächsten Tagen hatte ich Kontakt zu allen Tatbeteiligten und bot jedem einzelnen an mit ihm oder ihr gemeinsam zur Polizei zu gehen und diese Tat zu gestehen. Keiner von ihnen befolgte meinen Rat. Ich erhielt zudem einen Anruf von der Polizei mit der Information, dass sie gegen diese Gruppe ermitteln würde. Die Täter erzählten und brüsteten sich mit der Straftat in ihrem Freundeskreis und gefühlt wusste die ganze „Straße" wer diese furchtbare Tat begangen hatte. Also war es nur noch eine Frage der der Zeit, bis irgendjemand anfangen würde zu reden und die Justiz zuschlagen konnte. Nach ein paar Wochen wurden die Männer dem Haftrichter vorgeführt und erstmal wegen möglicher Verdunklungsgefahr in fünf verschiedenen Justizvollzugsanstalten untergebracht. Ich hielt in dieser Zeit Kontakt zu allen und zu deren Familien und Freunden, d. h. ich kümmerte mich. So erlangte ich in der gesamten Szene den Respekt und die Anerkennung, als Sozialarbeiter zu unterstützen. In dieser Zeit schafften einige mit meiner Hilfe den Ausstieg aus der rechtsextremen Szene.

Bis zur Verhandlung am Landgericht Ravensburg vergingen neun Monate. Es waren sieben Verhandlungstage angesetzt. Der Gerichtsaal war voller Menschen und ich denke, ich war der Einzige, der alle in diesem Saal befindlichen Personen kannte. Da waren die Angeklagten, der Richter, der beisitzende Richter, der Staatsanwalt, die Verteidiger, die Jugendgerichtshilfe, die Szene, Freunde und Familienangehörige der Angeklagten. Zu allen hatte ich bereits mehrfach Kontakt gehabt, der Einzige, den ich nicht kannte, war das Opfer.

Als dieser Mann zu seiner Zeugenaussage den Gerichtssaal betrat, war jedem im Saal klar: Diese 54-jährige und nur 1,65 m große und sehr schmale Erscheinung hatte keine Chance gehabt. Ein Satz, der mir bis heute in Erinnerung blieb, stammte von einem Bruder eines Angeklagten. Er sprang auf und unter Tränen stellte er nur eine Frage: „Was habt ihr getan?". Danach verließ er sofort den Gerichtssaal.

Alle Angeklagten erhielten eine mehrjährige Haftstrafe und schafften danach ihren Ausstieg. Nach diesem extremen Vorfall löste sich die komplette Szene innerhalb von zwei Jahren auf. Seit 2010 kam es in Friedrichshafen zu keiner rechten Demonstration. Bis heute gibt es in Friedrichshafen keine regionale rechtsextreme Skinheadszene.

8.3 Praxisberatung bedeutet: Gast sein

Vor dem Hintergrund ihrer Arbeitsprinzipien dient aufsuchende Arbeit dem Aufbau tragfähiger Beziehungen). Dazu müssen Handlungsweisen junger Menschen in ihrer Peergroup verstanden und z. B. herkunftsbedingte Unterschiede in Einstellungen und Verhalten berücksichtigt werden können (vgl. Krafeld 1999; Dölker 2006). Zurückhaltend bringen sich Praxisberater*innen als ganze Person in die Beziehung zur Peergroup ein. Jugendliche sind an ihrer Reaktion auf Provokationen interessiert. Die setzt voraus, sich situativ offen und flexibel auf andere einzulassen und damit Zugang zur Peergroup finden zu können (vgl. BAG SW.MJA 2018: 6). Aufsuchende Arbeit kann als Herangehensweise in drei Phasen beschrieben werden:

1. In der *Kennenlernphase* geht es darum, die Rolle als Praxisberater/in zu erläutern und den Auftrag der aufsuchenden Arbeit zu klären, die Verhältnisse der Adressat*innen und Interessen zu identifizieren und Bedarfslagen zu ermitteln.
2. In der Phase der *Kontaktintensivierung* und beim *Beziehungsaufbau* heißt es, als Praxisberater/in vor Ort (bei den Adressat*innen) zu sein und sich ihnen gegenüber als verlässlich zu erweisen (z. B. Absprachen einzuhalten, gegebene Zusagen umzusetzen, verschwiegen zu sein, auf Bedürfnisse eingehen), Austausch zu ermöglichen (sofern dies gewünscht wird) und (ggf.) Angebote bereitzuhalten, die freilich nur dann zum Einsatz kommen, wenn das in der Situation angemessen ist und die Adressat*innen dies wünschen.
3. Erst in der *Vertrauensphase* können die Themen behandelt werden, die die Lebensbewältigung der Adressat*innen betreffen (sofern sie von ihnen angesprochen werden), und erst dann bieten sich Beratung und Begleitung an (z. B. auf andere Dienste aufmerksam zu machen und ggf. zu verabreden, wie der Weg dorthin geöffnet werden kann) und auch erst jetzt können sie an Prozesse der Gemeinwesengestaltung herangeführt und beteiligt werden (vgl. Berndt/Fritz 2013: 46 → 10.2, 11).

Sam berichtet z. B., dass sein Team zu den Orten fährt, die ihnen aus dem Gemeinwesen heraus genannt wurden; wir „treffen dann dort möglicherweise eine Jugendgruppe und versuchen, mit ihr in Kontakt zu treten. Wir erzählen, was wir machen und was wir für Angebote haben", was das Gespräch „attraktiv (macht). Es gibt Jugendgruppen, die sagen: Da haben wir Bock drauf, das finden wir spannend –. Manchmal dauert das auch, dass das alle gleich gut finden. Das dauert dann, wir kommen immer wieder an diesen Ort und sind halt dann dort." Über die Zeit entwickelt sich eine Arbeitsbeziehung,

> „dieses In-Beziehungen-Kommen, in Austausch kommen mit Jugendlichen, mit ihnen über ihre Ansichten sprechen, über politische Ideen, was sie gerne machen wol-

len, über ihre Zukunftsängste, Probleme, die sie im Alltag haben, sie dort abzuholen, zu begleiten und mit ihnen zusammen zu schauen, dass sie ihre schwierigen Lebensphase bewältigen."

Wenn Jugendliche dazu kein Interesse zeigen, sagt er, dann sei das kein Problem, weil

„es freiwillig ist. Wir arbeiten mit den Jugendlichen auf einer freiwilligen Basis. Wenn eine Clique uns ablehnt und sagt: Nö, wir haben keinen Bock, wir wollen hier Party machen –, oder: Ist uns scheißegal was du hier redest –, dann ist das in Ordnung. Dann gehen wir zwar häufig wieder hin und versuchen es auf eine nette Art (noch einmal), aber wenn sie uns halt nicht haben wollen, dann ist das in Ordnung."

Um in diesem Sinne angemessen handeln zu können, müssen aufsuchend arbeitende Praxisberater*innen in der Lage sein, situationsangemessen zuhören zu können (→ 6.1): Einfach Da-Sein, ohne damit schon die Erwartung zu verbinden, einbezogen oder in spezifischer Weise gefordert zu werden. Dieses einfache Da-Sein macht Praxisberater*innen zu kompetenten Bezugspersonen: Sie

- haben Zeit, sich auf das Gespräch (über Alltägliches wie über persönliche Sichtweisen und Probleme) einzulassen;
- vermitteln z. B. in Konflikten und leben dabei andere soziale Aktionsformen vor, z. B. gewaltfreie Kommunikation (vgl. Wendt 2021a: 89 ff.);
- stehen „als Universalansprechpartner zur Verfügung", z. B. durch Hilfe in Notlagen und Krisensituationen, bei der Durchsetzung von Rechtsansprüchen (etwa Unterstützung bei der Existenzsicherung), Schul-, Berufs-, Wohnungsproblemen;
- vermitteln, wo nötig, an andere Institutionen und helfen, Schwellenängste (gegenüber Institutionen und Behörden) abzubauen und die Akzeptanz von anderen Hilfsangeboten zu steigern;
- sind damit alltagsrelevante Vorbilder, ohne Expert*innen zu sein; sie bieten immer nur dort Unterstützung an, wo junge Menschen dies wünschen und diese Unterstützung auch selbst nutzen wollen (vgl. BAG SW.MJA 2018: 9; Steffan 2017: 1003 f.).

Dieses Da-Sein stellt sich somit als ein doppelter Balanceakt dar: einerseits zwischen Zurückhaltung (die Clique so zu akzeptieren, wie sie ist) und Interaktion (wenn möglich, Unterstützung anzubieten, zu beraten u. ä.), andererseits zwischen der/dem Einzelnen (als Einzelfall) und der Gruppe (als Kollektiv, das sich Raum aneignet).

In der Clique haben Praxisberater*innen deshalb auch nur einen *Gaststatus*, den *Hilde* wie folgt bestimmt: „Ich arbeite aufsuchend, ich gehe dahin, wo die

Menschen, mit denen ich arbeiten möchte, sind und bin dort Gast", weil sie ihren Raum (z. B. eine Parkbank „oder was auch immer, wo die Menschen sich aufhalten") aufsucht und akzeptiert, dass dort z. B. Regeln gelten, die sich die Cliquen gegeben haben, „die wahrscheinlich durchaus sinnvoll sind, weil sie sich dort aufhalten und (es) für sie sinnvoll ist, dort zu sein" (auch wenn sie diese Regeln auf den ersten Blick nicht verstehen oder hinterfragen mag, ob sie sinnvoll sind).

Gerry spricht deshalb von der „positiv besetzte(n) Gastrolle", dass er „diese ‚Mit dir kann man arbeiten'-Perspektive auch zugeschrieben bekommt. (...) Wenn das dann eröffnet ist und sie Themen anbringen, kommt danach zwangsläufig irgendwie vielleicht eine Moderatoren-Rolle oder nur die Unterstützungsrolle, das ist dann immer noch mal unterschiedlich." Erst dann können auch Praxisberater*innen ansprechen, was sie in der Gruppe erleben, wie sie die Gruppe wahrnehmen. Erst dann, wenn eine Schwelle des Vertrauens und der Vertrautheit überschritten ist, werden die Peers „nicht gleich sagen: Ach geh doch weg! –, sondern, weil man diesen anerkannten Status hat, ernsthaft darüber (anfangen), nachzudenken." Als „guter Gast" wird *Hilde* mit der Zeit „die Gelegenheit haben, in verschiedenen Themen und auch in verschiedenen Konstellationen, wo es notwendig ist, so eine Leitungsrolle übernehmen zu dürfen, weil dann würden sie mir das gestatten, dass ich das machen kann"; dies ist „die Kunst, das so zu machen". Sie findet es „richtig toll, diesen Gaststatus haben zu dürfen, weil ich nämlich nicht von Anfang an die Person bin, die alle Fäden in der Hand haben muss, weil ich die Leitung bin." Sie ist erst einmal nur Gast, und das gibt ihr die Möglichkeit, die Gruppe zu beobachten und zu analysieren, also zu verstehen, wie die Gruppe „tickt", wie sie miteinander arbeitet, welche Rollen sich herausgebildet und welche Prozesse typisch sind. Erst das erlaubt es Praxisberater*innen, mit Cliquen zu arbeiten.

Zwingend ist daher, dass sie auf Verhaltensweisen verzichten, die Jugendliche aus langjährigen (Ausgrenzungs-)Erfahrungen gut abzuwehren gelernt haben (v. a. Bewertungen und Belehrungen). Es geht darum, an die vorgefundenen Verhaltens- und Kommunikationsmuster anzuknüpfen, selbst aber auf die Initiierung von Gesprächen oder Aktivitäten zu verzichten, z. B. an der bestehenden Situation des Nichtstuns teilzuhaben und abwarten zu können, ob und wie die Clique sie ganz allmählich überhaupt einbeziehen wollen. Womöglich müssen sie mit Provokationen umgehen, bevor die Clique erste Akzeptanzsignale aussendet oder im positiven Sinne nachfragt, ob sie/er wiederkommen wird. Die Anfangsphase ist durch Distanz, Austesten und allmähliches Warmwerden gekennzeichnet. Pädagogische Inszenierungen werden dagegen eher als Versuche einer Einengung ihrer Selbstentfaltung wahrgenommen. Es spricht sich also (v. a. in den Social-Media-Kanälen von Messenger-Diensten) sehr schnell herum, ob Praxisberater*innen den Ansprüchen einer Clique entsprechen, ob sie eine Unterstützung sind und ob ihnen vertraut und mit ihnen weitergearbeitet werden kann – oder nicht (vgl. Willms 2006).

Die Akzeptanz des in der Clique gepflegten Lebensstils und Verhaltens trägt dazu bei, dass sich eine Clique öffnet. Wo Zugang zu ihr gefunden und ihre gruppendynamischen Prozesse miterlebt werden können, dort wächst auch die Chance zielgerichteter Aktivitäten, wobei entscheidend ist, dass Ideen aus der Clique aufgegriffen und unterstützt werden. Es geht darum, den inneren Zusammenhalt der Clique zu fördern und sie lernen zu lassen, mit äußerem Druck (Vertreibungen, Stigmatisierungen) umzugehen.

Aufsuchende Arbeit stellt ein „Sprachrohr für die Probleme junger Menschen" dar, wobei sich Praxisberater*innen als „Artikulationshilfe" zur Verfügung stellen (vgl. Wolfer 2009: 325). *Hilde* nennt dies das „anwaltschaftliche Vertreten der Gruppe", dann, „wenn Einflüsse von außen kommen, die stören, für den Moment, für das, was die Gruppe gerade hat." Manchmal gibt es Anforderungen (z. B. des Dorfbürgermeisters, der erwartet, dass sich eine Clique an der Organisation des Dorffestes beteiligt), die die Gruppe aber gerade nicht erfüllen kann. Dann ist es ihre Aufgabe, „das nach außen hin zu erklären, warum jetzt diese Gruppe genau das noch nicht leisten kann oder auch nie leisten wird. Vielleicht ist es gar nicht ihr Ding, das zu machen. Das ist so eine Funktion, die da plötzlich dazukommt, die man nach außen hineinnimmt und die oft viel herausfordernder ist, als mit der Gruppe zu arbeiten."

Grundsätzlich gilt auch hier die Bewertungsfreiheit (wie sie schon aus der Jugendarbeit bekannt ist). Das schließt auch jede isolierende Einzelfallorientierung aus (die mit der Bewertung eines besonderen Bedarfs oder gar eines gegebenen Defizits verbunden wäre), die die Gruppe durch Zuwendung zu Einzelnen und deren allmähliche Herauslösung aus der Gruppe schwächen würde.

Dass es sich damit um einen Balanceakt handelt (nämlich zugleich auch durch geeignete Interventionen Grenzen zu betonen), haben v. a. die Erfahrungen in der aufsuchenden Arbeit mit rechten Jugendcliquen deutlich werden lassen (vgl. Klare/Sturm 2011; Borrmann 2006, 2016): Manches im Verhalten der Jugendlichen kann ihren Maßstäben grundlegend widersprechen (z. B. Sexismus, Drogenkonsum, geschlechtsspezifische Überheblichkeit, Nazisymbole, Gewaltverherrlichung). Immer wieder stellt sich daher die Frage, wo dabei die Grenze gesetzt werden soll, jenseits derer nicht mehr angehört, zugesehen und hingenommen werden kann: Grenzen müssen jeweils für die Clique soweit gezogen werden, wie dies eben möglich und für die Sozialen subjektiv noch erträglich ist. Sie dürfen nicht so eng gefasst sein, dass sie wesentliche Verhaltensweisen, Symbole oder Rituale der Cliquen ausgrenzen. Grenzziehungen dürfen i. d. R. nicht durch eine Clique hindurch verlaufen; wer zur Clique gehört, definieren die Jugendlichen allein, und Praxisberater*innen haben sich für oder gegen die Arbeit mit einer Clique als Ganzes zu entscheiden.

8.4 Anregungen zur Weiterarbeit

» Einen breiten Einblick in den Alltag und die Praxis der mobilen Jugendarbeit erlauben die Beiträge in dem von der Landesarbeitsgemeinschaft Mobile Jugendarbeit/Streetwork Baden-Württemberg herausgegebenen Praxishandbuch Mobile Jugendarbeit (Berlin 2020), insb. *Simon Fregin und Lars Schoppe* (Aufsuchende Arbeit im (halb-)öffentlichen Raum, S. 405–416) und *Christiane Bollig* (Streetwork und aufsuchende Arbeit zwischen Lust und Frust, S. 107–121).

» Großstädtische Beispiele aufsuchender (Jugend-)Arbeit sind z. B. „*Momo" aus Hamburg* (Clark, Z., und Momo Hamburg: Straßensozialarbeit; in Sozialmagazin 7–8/2019: 90–96), „*spot" aus Bremen* (Verein Akzeptierende Jugendarbeit/VAJA: spot. Streetwork. Prävention. Orientierung. Teilhabe; URL: https://vaja-bremen.de/teams/spot/ [7. Juli 2023]), und die *Mobile Arbeit im Stuttgarter Europaviertel* (Rahn, S., und Meyer, T.: Das Projekt „Freizeitort Europaviertel" – Mobile Jugendarbeit in (halb-)öffentlichen Räumen; in: Deinet, U. (Hg.), Jugendliche und die „Räume" der Shopping Malls, Opladen, Berlin und Toronto 2018: 157–187).

» Zwei Veröffentlichungen illustrieren die Arbeit der Straßensozialarbeit in Berlin: „Down Town Berlin. Geschichten aus der Unterstadt – 20 Jahre Straßensozialarbeit in Berlin" (Berlin 2010) enthält Kurzbeiträge aus der Praxis aufsuchender Sozialer Arbeit, und „ZwischenWelten. Herkunft – Ankunft – Hinter Gittern – Zukunft?" (hg. von *Elvira Berndt* und *Birgit Lang*, Berlin 2021) versammelt Beobachtungen und Ergebnisse des gleichnamigen Projekts, das niedrigschwellig gegen Gewalt- und Radikalisierung bei jungen Männern mit Flucht- bzw. Migrationserfahrung wirken will.

9 Zurückhaltend unterstützen: Engagement fördern

Soziale Arbeit im Gemeinwesen wird neben den beruflich ausgeübten Formen auch in nicht-professioneller Art und Weise geleistet, die als zivilgesellschaftliches (bzw. bürgerschaftliches) Engagement bezeichnet werden, das durch Praxisbegleitung unterstützt werden kann (hier wird nur von zivilgesellschaftlichem Engagement gesprochen, um schon durch die Begriffswahl den Eindruck zu vermeiden, es könne an den Status als [Staats-] Bürger/in gebunden sein).

9.1 Was kennzeichnet freiwilliges und ehrenamtliches Engagement?

Nicht bezahlte und gemeinwohlorientierte Tätigkeiten werden als Engagement bezeichnet, das z. B. in Vereinen, Bürgerinitiativen, Religionsgemeinschaften oder politischen Parteien entweder *ehrenamtlich* aufgrund einer Wahl (z. B. in einen Vereinsvorstand) oder *freiwillig* in einem Projekt (z. B. der Ausrichtung eines Straßenfestes) erfolgt. Dieses Engagement spielt in der Sozialen Arbeit v. a. dort eine große Rolle, wo beruflich ausgeübte Soziale Arbeit programmatisch nicht angebracht ist (z. B. in den selbstorganisierten Jugendverbänden) oder nicht ausreichend finanziert wird (was sie zwingt, auf nicht-beruflich ausgeübtes Engagement zurückzugreifen). Deshalb spricht z. B. *Inge* davon, sie habe mit vielen Ehrenamtlichen zu tun, denn „ohne diese Ehrenamtskräfte könnten wir im ländlichen Raum die Arbeit oft gar nicht so fortführen, da sind wir wirklich auf das Ehrenamt auch angewiesen."

Solche freiwilligen oder ehrenamtlichen, unter Verzicht auf materiellen Gewinn und am Gemeinwohl orientierten Tätigkeiten werden als zivilgesellschaftliches (bzw. bürgerschaftliches) Engagement bezeichnet (vgl. Hartnuß/Klein 2011: 144; BBSR 2020: 156). Neben der Wahrnehmung eines durch Wahl erlangten Ehrenamtes widmet es sich v. a. speziellen Themen (z. B. der Integration von Menschen mit Fluchterfahrung) und findet meist in Form von (zeitlich befristeten) Projekten statt (z. B. die Innenstadtgestaltung durch ein Bürgerbegehren zu beeinflussen [→ 10.1]), insbesondere in Form

- des sozialen Engagements (z. B. in Wohlfahrtsverbänden),
- der Elternvertretung (z. B. in Kindertagesstätten),
- der gemeinschaftlich organisierten Eigenarbeit (z. B. in Tauschringen),

- der politischen Beteiligung (z. B. Mitarbeit in politischen Parteien, Wählergemeinschaften oder in informellen Gemeinschaften [„Stammtische" u. ä.] bis hin zur Wahrnehmung eines Wahlamtes in der kommunalen Selbstverwaltung [→ 10.1]),
- der solidarischen Interessenvertretung (in Gewerkschaften und Berufsverbänden),
- der Mitwirkung in Religionsgemeinschaften (z. B. im Kirchenvorstand, in der Laienpredigt),
- der Wahrnehmung öffentlicher Aufgaben (z. B. als ehrenamtliche/r Richter/in [Schöffe, Schöffin], als Wahlhelfer/in) oder
- der Mitarbeit in Gemeinschaften zur Förderung der lokalen Wirtschaft (vgl. Roth 2000).

Eine besondere Form zivilgesellschaftlichen Engagements stellt die Selbsthilfe dar, die individuelle Schwierigkeiten der Lebensbewältigung und die damit verbundene persönliche Betroffenheit in den Mittelpunkt stellt (z. B. die Co-Abhängigkeit bei suchterkrankten Familienangehörigen). Sie zeichnet die Überzeugung aus, dass Menschen befähigt sind, sich selbst zu helfen und dabei die Unterstützung der Gemeinschaft Gleichbetroffener zu nutzen.

Es handelt sich um ein Engagement, das (organisatorisch selbstbestimmt und ohne beruflich ausgeübte Leitung) bestehende Angebote ergänzt (z. B. Elternläden zur Betreuung von Kindern in Kleinstgruppen), neue Leistungen (z. B. zur Bewältigung chronischer Erkrankungen) und Organisationsformen (z. B. die Vernetzung isolierter Gesprächskreise) hervorbringt oder eigenverantwortlich ein gemeinsames Thema (z. B. die unzureichende Berücksichtigung der Interessen von Menschen mit Behinderung) bearbeitet (vgl. Northoff 2012: 135, Mielenz 2013: 745).

Das zivilgesellschaftliche Engagement hat sich seit den 1970er Jahren um Bürgerinitiativen (z. B. für die Einrichtung eines nicht-kommerziellen Stadtteilcafés), (neue) soziale Bewegungen (zunächst die Ökologie- und die Frauenbewegung, nun z. B. das globalisierungskritische Netzwerk attac) und NGOs (z. B. Greenpeace, amnesty international) erweitert und ergänzt (vgl. Olk 2013: 195). Diese neuen Organisations- und Aktionsformen verstanden sich zunächst als Gegenbewegungen zu den als bevormundend empfundenen staatlichen Formen der „Beteiligung" (die sich in der regelmäßigen Teilnahme an Wahlen erschöpfen sollte) und den in Regelwerken und Sitzungsroutinen erstarrten Vereinen, die als innovationsfeindlich wahrgenommen wurden. Sie kritisierten auch die Träger der Sozialen Arbeit, v. a. die Wohlfahrtsverbände, als zu starr, langsam und wenig an den Themen interessiert, die sie selbst zum Gegenstand ihrer Arbeit machten. Der Sozialen Arbeit wurde der Vorwurf gemacht, zu expertenhaft zu agieren.

Der 5. Freiwilligensurvey (2019) zeigte, dass in Deutschland etwa zwei von fünf Menschen ab 14 Jahren zivilgesellschaftlich engagiert waren, darunter z. B. im Bereich Sport und Bewegung zu 13,5 %, im Sozialsektor zu 8,3 % (→ Kasten), für Schulen und Kindertagesstätten zu 8,2 %. und für Geflüchtete oder Asylsuchende zu weiteren 8 %. Damit hat das ehrenamtliche Engagement in den zurückliegenden 20 Jahren (seit dem 1. Freiwilligensurvey 1999) kontinuierlich zugenommen. 60 % der so Engagierten brachten durchschnittlich zwei Stunden in der Woche für ihr Engagement ein, 17,1 % mehr als sechs Stunden pro Woche (vgl. BMFSFJ 2021).

Ehrenamtliche Arbeit in der Kinder- und Jugendarbeit

Aus einem Interview mit Torsten Kluge, Dipl.-Sozialarbeiter/-pädagoge, der seit 20 Jahren in der sozialräumlichen Jugendarbeit, beim Netzwerk für Kinder- und Jugendarbeit e.V. angestellt und im Regionalteam Westlausitz (Kreis Bautzen) beruflich tätig ist:

Wo begegnet Dir konkret freiwilliges und ehrenamtliches Engagement in Deiner Arbeit?
„Quasi ‚an jeder Ecke'. Besonders auffällig ist zurzeit aber die sehr positive und anhaltende Engagement-Wirkung bei Jugendlichen, welche aus ihren eigenen Projektideen heraus auf ein unterstützendes Umfeld treffen. Bemerkenswert ist außerdem das zunehmende Aktivwerden von Eltern, die Angebote für ihre Kinder im lokalen Raum (in Ermangelung von Möglichkeiten der offenen Freizeitgestaltung und ohne bindende Mitgliedschaften) selbst auf die Beine stellen. Es sind also Initiativen, welche gerade dem klassischen Vereinswesen gegenüberstehen – basierend auf einem Betroffenheitsthema" (Kluge, T.: Selbstverwaltete Jugendtreffs als besondere Form von Engagement; in: corax. Zeitschrift für Jugendarbeit 4/2022: 13).

Der Hintergrund des zivilgesellschaftlichen Engagements „lässt sich zunächst mit den Stichworten Motivation, Ressourcen und Kompetenzen beschreiben. Unabdingbar ist ein Interesse an den öffentlichen Dingen, wozu sich prosoziale Werte gesellen, die eine Person dazu motivieren, sich freiwillig zu engagieren" (Olk/Gensicke 2014: 18). Dies beschreibt z. B. *Erich* wie folgt:

„Wir haben eine WhatsApp-Gruppe, da werden die Ideen reingestellt, manchmal kommt dann auch: Ja, das kann ich übernehmen –, aber das ist eher selten. Häufig ist es so, dass ich dann nochmal auf den ein oder anderen direkt zugehe und sage: Mensch, zu der Idee, die der und der jetzt gerade geäußert hat, da bin ich natürlich dabei, aber könntest du mich da unterstützen, das ist doch gerade dein Bereich, da könnten wir gut deine Unterstützung brauchen. Wärst du dabei? –. Dann kommt in 80 % der Fälle tatsächlich: Jawoll, das geht. Wann wollen wir uns treffen? –."

Darin bildet sich auch der *Strukturwandel des Engagements* ab, wonach im Verhältnis zu den traditionellen Formen Ehrenamt und Selbsthilfe weniger verbindlich organisierte und zeitlich begrenzte Formen des Engagements an Bedeutung gewonnen haben (vgl. Becker 2014: 163 ff., 174 ff.).

Solches Engagement erfordert Kompetenzen, v. a. Ideenreichreichtum, Organisationstalent, und i. d. R. auch aufgabenbezogenes Fachwissen. Im politischen Raum zwingt es z. B. dazu, „öffentlich mit guten Argumenten für die eigenen Interessen und Anliegen einzutreten. Wer sich in Bürgerinitiativen oder sozialen Bewegungen engagiert, muss sich mit den Standpunkten von Opponenten auseinandersetzen und Unterstützer gewinnen, Kenntnisse über politische Entscheidungswege und Verwaltungsverfahren erwerben und Öffentlichkeitsarbeit betreiben, um erfolgreich zu sein" (Roth 2011: 297).

Das durch Freiwilligkeit, Eigentätigkeit, (Selbst-)Aktivierung und Selbstorganisation gekennzeichnete Engagement muss sich seit den 2000er Jahren auch mit den Forderungen auseinandersetzen, dafür in Anspruch genommen zu werden, professionell ausgeübte (i. d. R. Soziale) Arbeit zu ersetzen, um so ein (kostensparendes) Engagement auch in marginalisierten Gemeinwesen zu mobilisieren (vgl. Schönig 2020: 167 ff.; Matthies / Kauer 2004: 84; Stock 2003: 235).

Die nachstehenden Ausführungen von *Ellen Reck-Neumann* und *Ulf Neumann*[16] verweisen auch auf das gegebene Spannungsverhältnis von freiwilligem Engagement und der u. U. erforderlichen beruflich ausgeübten Praxisberatung: was ist durch den Einsatz Freiwilliger möglich (leistbar) und wo beginnt die professionell ausgeübte Soziale Arbeit? Sie berichten über das zivilgesellschaftliche Engagement eines Vereins zur Unterstützung des Gemeinwesens in der ländlich geprägten Gemeinde Meinersen im niedersächsischen Landkreis Gifhorn. Meinersen hat ca. 8.200 Einwohner*innen in elf Ortsteilen; im Kernort Meinersen wohnen ca. 4.000 Menschen.

9.2 Machen! Über Flüchtlingshilfe und Verbesserung sozialer Infrastruktur im ländlichen Raum

von Ulf Neumann und Ellen Reck-Neumann

Zu Beginn der enormen Fluchtbewegung nach Deutschland (sog. „Flüchtlingskrise" im Herbst 2015) war die Gemeinschaftsunterkunft in Meinersen die zentrale Einrichtung des Landkreises für Asylbewerber mit ca. 80 Plätzen. 2016 entstanden

---

16 *Ulf Neumann*, Dipl.-Sozialpädagoge, Sozialmanager, Mediator. Über 20 Jahre leitend in der Jugendhilfe in Hildesheim und Gifhorn sowie über zehn Jahre hauptamtlich in der Erwachsenenbildung (KVHS Gifhorn) tätig. Herausgeber von Fachbüchern, Veröffentlichungen zu Gewaltprävention und Jugendarbeit/-politik. Vorstand des gemeinnützigen Vereins „Aktiv für Menschen – Verein für Bildung und Soziales e. V." (www.aktivfuermenschen.de). *Ellen Reck-Neumann*, Lehrerin an einer Hauptschule, Seminarleiterin Deutsch am Studieninstitut für Lehramtsanwärter Braunschweig und Lehrbeauftragte an der Technischen Universität Braunschweig.

im Landkreis weitere Unterkünfte für Geflüchtete. Seit Herbst 2016 kamen vorwiegend junge Männer aus der Côte d'Ivoire (Elfenbeinküste), Afghanistan und dem Sudan in die Einrichtung. Im Laufe der Zeit gab es einen Wechsel in der Bewohnerstruktur: zunächst viele Eltern mit Kindern vom Balkan, dann sehr wenige Kinder und viele junge Männer vom afrikanischen Kontinent.

Nun kann man einer gesellschaftlichen Herausforderung wie dieser unterschiedlich begegnen: Man verschließt die Augen und hofft, dass alles bald vorbei ist. Oder man macht Stimmung gegen das Hiersein dieser Menschen. Oder man packt an, um ein gutes, friedliches und vor allem humanitäres Miteinander mitzugestalten. Wir haben uns für Letzteres entschieden. Zur Untermauerung dessen entstand die Idee zur Schaffung eines Hilfsvereins, der sich um die Thematik kümmern sollte. Im April 2016 erfolgte die Gründung der „Flüchtlingshilfe Samtgemeinde Meinersen e. V.".

Ohne ausreichende Sprachkenntnisse ist Integration nicht möglich. Der Spracherwerb ist deshalb die entscheidende Hürde die genommen werden muss um in eine neue Gesellschaft hineinzuwachsen. Seit 2006 wurde in der o. g. Einrichtung ehrenamtlich „Alltagssprach-Unterricht" von der Deutschlehrerin Ellen Reck-Neumann durchgeführt. Der Verein stellte sich seit seiner Gründung dieser Aufgabe. Durch Angebote von Spiel, Sport, Musik und Kreativität kann auch, en passant, Deutsch gelernt werden. Schaffung von Begegnungsmöglichkeiten zwischen Geflüchteten und Einheimischen, wie Sommer- und Winterfeste, Kunstprojekt-Wochen, Ausflüge oder Musikveranstaltungen war ein weiterer Weg zum Sprachlernen und Bekanntschaften schließen. Bei den meisten Veranstaltungen kooperierte der Verein mit anderen Institutionen. Alle waren offen und hilfsbereit! Die Nutzung von Kompetenzen und Kontakten der Vereinsmitglieder stellt sich immer wieder als überaus nützlich heraus.

Dringende Abhilfe war angesagt bei den üppigen Kleidungsspenden der Bevölkerung. So wurden zentrale Räumlichkeiten im Ort gesucht. Die Verwaltung war dankenswerterweise bereit (2016), eine ehemalige Obdachlosenunterkunft zu diesem Zweck kostenfrei bis 2019 zur Verfügung zu stellen. Das Angebot wurde während der Öffnungszeiten von Bedürftigen, Geflüchteten *und* Einheimischen rege genutzt. 2018 musste neue Räume gesucht werden.

Der Landkreis schloss im Sommer 2018 die Gemeinschaftsunterkunft aufgrund zu teurer Modernisierungsmaßnahmen und angesichts von „Überkapazitäten" im Kreisgebiet. Somit wurde dem Verein quasi die Basis entzogen.

Persönlichen Erfahrungen in der Flüchtlingsarbeit
von Ellen Reck-Neumann

2016/17 kamen in die Gemeinschaftsunterkunft viele Geflüchtete aus der Elfenbeinküste, dem Sudan und Afghanistan. Dies stellte mich vor neue Aufgaben. Für die Bewohner der Unterkunft begann ich Deutschkurse zu geben. Da ein Wechsel in der Heimleitung der Unterkunft stattfand, wurde mir sogar ein Raum freigeräumt. Mithilfe von Spenden konnte ich einen Schulraum einrichten und es fanden dort Sprachunterricht, Hilfe bei Anträgen und andere Projekt statt. Auch eine Kinderstunde wurde ins Leben gerufen. Mitstreiter waren schnell gefunden, die meisten Personen waren sich der Verantwortung jedoch nicht bewusst, und so blieben nur eine Handvoll Unterstützer übrig.

Es soll nicht unerwähnt bleiben, dass es unter den Unterstützungsgruppen große Kompetenzstreitigkeiten gab. Jeder meinte, er könne es besser, und zum Teil wurden die „Geflüchteten missbraucht", um die eigene vermeintliche Stärke zeigen zu können. Ein Beispiel: Als Projekt war ein Schwimmevent im nahegelegenen Hallen-Freibad geplant. Die Kostenübernahme war geklärt und der Bus gemietet und los ging es. Vor dem Einlass wurde mehrfach darauf hingewiesen und auch übersetzt, dass Fotos gemacht würden, die in einer Ausstellung zum Thema „Ankommen in Deutschland" verwendet würden. Alle Teilnehmer waren damit einverstanden. Es wurde ein schöner Nachmittag und es entstanden sehr schöne Bilder. Diese Bilder fanden ihren Platz in der Ausstellung und schon bekam der Fotograf Post vom Rechtsanwalt, er hätte die Persönlichkeitsrechte eines Geflüchteten verletzt, und er hätte die Bilder nicht ausstellen dürfen, da er sein Einverständnis nicht gegeben hätte. Kurzum, ich versicherte, dass jeder darauf hingewiesen worden ist, dass Fotos zur Veröffentlichung gemacht würden und alle Teilnehmer damit einverstanden gewesen seien. Der Rechtsstreit wurde eingestellt und ich blockierte diesen „vermeintlichen Drahtzieher". Im Nachhinein kam heraus, dass andere Flüchtlingshelfer neidisch darauf waren, dass mir so viel Vertrauen entgegengebracht wurde.

Hier traf ich auch auf einen 24-jährigen Mann, der der deutschen Sprache mächtig war, da er in der Elfenbeinküste schon zwei Jahre Deutsch studiert hat. Wir verstanden uns auf den zweiten Blick sofort wunderbar und wurden per Du. Alle anderen Geflüchteten wurden von mir immer höflich gesiezt und mit Nachnamen angesprochen. Falls ich einmal fliehen muss, möchte ich auch mit Würde behandelt werden und nicht in die Gosse treten müssen.

Die Steilvorlage ist „die Gosse". Ich verbrachte viel Zeit mit dem jungen Mann und so kannte man uns im Dorf ziemlich schnell. Als wir wieder einmal unterwegs waren und gemeinsam auf dem Gehweg gingen, um zum Einkaufen zu gehen, kamen uns alteingesessen Bürger des Dorfes entgegen. Hintereinander weg hätten alle Platz auf dem Bürgersteig gehabt, jedoch wollte man uns deutlich zeigen, dass wir in dieser Kombination nicht erwünscht waren, und ließ uns in die Gosse treten. Mit hocherhobenem Kopf tat ich das, das Herz sah anders aus und noch heute kommen mir die Tränen in die Augen, wenn ich an diese Demütigung denke. Leider war das kein Einzelfall. So ließ die Verkäuferin im Supermarkt absichtlich das Wechselgeld fallen, damit wir uns bücken mussten.

In der Kirche sprach man mich an, als mich einmal kein Geflüchteter begleitete, wo die denn alle seien. Sie Arbeiten in der Gastronomie und in der Pflege, antwortete ich. O-Ton: „Da wird das Dorf ja wieder heller". Erst als in der Kirche die Mitmenschlichkeit, Hilfsangebote für Geflüchtete und der Verein besonders angesprochen wurde, wandelte sich das Blatt schlagartig. Zwei Erkenntnisse für mich:

- Niemals aufgeben, auch wenn es noch so schwer ist, wenn man selber von der Sache überzeugt ist.
- Den heimlichen Nazis keine Chance geben und Flagge zeigen.

Der junge Mann hat seine Ausbildung zum Koch bestanden und lebt noch in Deutschland. Der Kontakt besteht immer noch und ich freue mich immer, mit ihm durchs Dorf zu gehen. Es gibt auch die anderen Mitmenschen, die sehr wertschätzend uns gegenüber sind.

Ein 40-jähriger Mann aus Afghanistan wendete sich vertrauensvoll an mich und er erzählte mir seinen Leidensweg. Der Vorteil an diesem Kontakt war die englische Sprache. Dieser Mann hatte in seinem Land für die NATO gedolmetscht und wurde, als die NATO abberufen wurde, „vergessen". Nun wurde er von den Taliban entsprechend bedroht. Im Zuge der Gespräche brachte er mir eines Tages einen kleinen Stick mit, mit der Bitte, ich möchte alles ausdrucken, er bräuchte diese Unterlagen für seine Anhörung. Ich hatte das Leben des Mannes in der Hand und war gerührt über sein Vertrauen. Der Herr ist immer noch in Deutschland und er durfte seine Familie nach Deutschland holen, was ihm trotz Corona-Zeiten auch gelungen ist.

Abschließend möchte ich aus vollem Herzen schreiben: Wenn ich wieder vor der Entscheidung stehen würde zu helfen, würde ich nicht mehr so blauäugig sein, es aber ohne Wenn und Aber wieder machen. Es ist eine Bereicherung meines Lebens gewesen, über den Tellerrand zu schauen.

Schließen möchte ich mit den Worten eines Mannes aus der Elfenbeinküste, der seine Ausbildung zum Tischler ebenfalls bestanden hat und in unsere Staatskassen einzahlt, wie viele andere auch. Er war auf dem Spielplatz und begleitete ein Nachbarkind. Die Kinder sehen keine farblichen Unterschiede und wenn ja, dann fragen sie einfach. So auch hier: „Warum bist Du eigentlich so schwarz?" – Antwort: „Das kommt davon, wenn man zu viel Schokolade isst und Cola trinkt." Oder ein anderes Beispiel: Als ich mit dem jungen Mann nach Braunschweig fuhr, fragte er mich, warum die Deutschen denn die Bäume putzen würden? Es handelte sich um die Straßenrandreinigungsarbeiten! Oder – und damit dann auch das Ende des kleinen Einblickes – die Nachfrage: „Wer im Kreisverkehr die Priorität hätte?". Da er im Besitz eines Führerscheins ist, ist ihm dieses jetzt bewusst. Ich freue mich nur über die Ausdrucksfähigkeit. Humor haben sie alle und zusammen haben wir viel gelacht, Irrtümer aufgeklärt und die eine oder andere nicht schöne Erfahrung mit unseren Mitmenschen machen müssen. Das Lachen aber hat gesiegt!

Wandel in den Zielgruppen des Vereins
Aufgrund der Erfahrungen aus der Arbeit des Bekleidungsangebots wussten wir, dass Einheimische und deren Kinder verstärkt dieses niederschwellige Angebot nutzten. Gibt es etwa ein Armutsproblem in der Gemeinde? Zwei Vortragsabende mit dem Sozialplaner des Landkreises bestätigten diese Frage ausdrücklich. Insbesondere war die Kinderarmut signifikant höher als in anderen Kommunen des Landkreises. Und Kinderarmut heißt immer Familienarmut!

Inzwischen wurde uns ein Haus im Ortskern für das Bekleidungsangebot angeboten. Es entstand ein Drei-Säulen-Konzept, welches das Notwendige (z. B. Kleidung) mit einem Alleinstellungsmerkmal (Repair Café) und gesellschaftlich Wichtigem (z. B. Bildung) verknüpfte. Oder anders ausgedrückt: Das Hauptprojekt „Haus" unterteilte sich in drei unterschiedliche „Einzelprojekte". Zielgruppen wurden nun Alleinerziehende und deren Kinder, Erwerbslose, Menschen mit Migrationshintergrund (z. B. Geflüchtete) und Rentner, also sozial und kulturell Benachteiligte. Der Verein erhielt eine passende Satzung und den neuen Namen „Aktiv für Menschen – Verein für Bildung und Soziales".

Eine Anschubfinanzierung durch die Gemeindepolitik wurde beantragt und nach sieben Monaten Beratung auch letztendlich, mit unüberhörbaren Vorbehalten aus der Politik, positiv entschieden. Die Vorbehalte haben sich inzwischen ins Gegenteil entwickelt[17]. Ein Mietvertrag über drei Jahre wurde im Mai 2019 für das Haus geschlossen. Wir wissen, dass im ländlichen Raum Neuerungen mit Skepsis betrachtet werden und eine Etablierung seine Zeit dauert.

In der Tat zeigten die Zahlen zwischen Mai 2019 und Februar 2020 (Corona-Pandemie) eine, wenn auch langsame, aber kontinuierliche Steigerung der Nutzer des Bekleidungsangebots und Veranstaltungsbesucher z. B. zu Begegnungscafés, Kochkursen oder Vorträgen. Anhand einer anonymen Besucherumfrage wurde deutlich, die meisten der o. g. Zielgruppen werden erreicht.

Es ist bekannt, dass viele Menschen aus Scham, Nichtwissen, keine Unterstützung u. a. Hemmnissen solche Angebote nicht oder nur sehr zögerlich annehmen. Als „Leuchtturm" entwickelte sich ganz schnell das Repair Café. Es ist das erste und zurzeit einzige im Landkreis mit einem sehr großen Einzugsgebiet über die Kreisgrenzen hinaus.

Das politische Engagement wurde intensiviert. Zu dem Versagen der EU und der humanitären Katastrophe der Migranten im Mittelmeer brauchen wir nichts mehr zu sagen. 2019 entstand die „Initiative Sicherer Hafen Landkreis Gifhorn". Ziel war und ist es, diesem schlimmen Zustand ein politisches Zeichen und Haltung entgegenzusetzen.

---

17 Die Gemeinde ehrte den Verein 2022 aufgrund „seiner innovativen Hilfe und Unterstützung sowohl für Geflüchtete als auch für Einwohner der Gemeinde Meinersen" mit einer Urkunde und Plakette.

Vereine/Verbände, Kirchen, einige Parteien und Einzelpersonen schlossen sich zu der Initiative zusammen. Der Kreistag Gifhorn hat einen entsprechenden Antrag, den Landkreis zum „Sicheren Hafen" zu erklären und dadurch die Bereitschaft, zusätzlich gerettete Flüchtlinge aufzunehmen, zweimal mehrheitlich abgelehnt. Inzwischen haben sich mehrere Mitgliedskommunen des Landkreises zum „Sicheren Hafen" erklärt. Unter dem Label „FairAnkern" zeichnet die Initiative Kommunen, Vereine/Verbände, Betriebe und Kirchengemeinden aus, die eine offene Tür für Geflüchtete und sich dadurch verdient gemacht haben.

Und dann kam Corona ...
mit einem fast drei Monate dauernden Shutdown des Vereinshauses. Erst im Frühsommer 2020 konnten die Angebote sukzessive wieder hochgefahren werden, mit Mund-Nase-Bedeckung, Abstand, Hygienemaßnahmen und vorsichtigem, ja ängstlichem Verhalten der Menschen.

Die Folgen für den Verein sind dramatisch: laufende Kosten ohne Einnahmen, kaum Kontakte zu den Zielgruppen, Wegfall jeglicher Begegnungs- und Bildungsangebote. Der erneute Shutdown 2020/21 hat diese negative Dramatik weiter potenziert. Im Dezember 2020 folgte der nächste Shutdown, der erst im Juni 2021 endete. Erneutes Hochfahren der Angebote Bekleidung und Reparaturinitiative. Der Bereich Bildung war aufgrund der Corona-Hygienebedingungen im Haus komplett weggefallen. Er wird zurzeit wieder aufgebaut.

Die Corona-Krise zeigte uns deutlich, was in unserer Gesellschaft von Bedeutung ist – „Systemrelevanz" besitzt. Ein gemeinnützig anerkannter Verein im ländlichen Raum und die dort tätigen Freiwilligen waren es jedenfalls nicht. Für solche Vereine existierten keine Rettungsschirme oder andere staatliche Hilfsmittel. Weder vom Bund noch vom Land, geschweige denn von der Kommune. Hilfen als Darlehen, die ja später zurückgezahlt werden müssen, wie es der Bund vorsah, kamen für uns nicht in Betracht. Also was bleibt solchen Organisationen?

Der Vereinsvorstand schrieb Ende März 2020 einen offenen Brief und machte auf diese Problematik aufmerksam. Resultat war – Schweigen durch die adressierten Politiker und Verwaltungen in Kommune und Landkreis. Diese Sprachlosigkeit verdeutlicht explizit die Schwierigkeit, wie mit solch einer „Naturkatastrophe" umzugehen ist. Also kein Vorwurf – Katastrophen sind nun mal nicht exakt planbar und diese erst recht nicht! Auch für den Verein hieß es in dieser Situation, gesellschaftlich solidarisch zu sein und, wann immer es ging, die einzelnen Angebote auf Anfrage oder sofort wieder, unter den gegebenen rechtlichen Bedingungen, für die Zielgruppen zu öffnen.

Und dennoch galt es, nicht den Kopf in den Sand zu stecken! Es war vor der Krise schon deutlich, dass es offensichtlich ein Ehrenamt erster und eines der zweiten Klasse gibt. Gefühlt gibt es inzwischen wohl auch eines der dritten Klasse. Wir sind gespannt, ob die „politischen Sonntagsreden" der Politik zum Ehrenamt weiterhin so holzschnittartig ausfallen werden. Wohl gemerkt, wir reden hier nicht über die Sozialunternehmen oder die großen vorwiegend ehrenamtlichen Trägerorganisationen, sondern über die vielen kleineren und lokal tätigen Institutionen wie wir es sind. Ob diese „Sozialirrelevanz" in Deutschland Folgen für das Ehrenamt haben werden?

Die Pandemie machte uns bis Anfang 2023 immer noch Sorgen, dennoch wurde ein neues Angebot zur Verbesserung der sozialen Infrastruktur in der Gemeinde vorbereitet und installiert: Wir retten Lebensmittel! Als vierte konzeptionelle Säule wurde in Kooperation mit der bundesweit agierenden Initiative „foodsharing" eine Abgabestelle (fairSpeisen) von geretteten Lebensmitteln in unserer Einrichtung aufgebaut – für alle Menschen. Dadurch werden die bereits existierenden foodsaver der Initiative im Gemeinwesen durch weitere Menschen unseres Vereins unterstützt. „Patinnen und Paten" kümmern sich zurzeit um ca. 150 bedürftige Menschen engagieren. Start war im September 2022. Eine Lokalzeitung (Leservoting) zeichnete die Initiatoren dieses Projekt Ende 2022 zu „Gifhorner des Jahres" aus.

Mit diesen nun vier konzeptionellen Säulen im Verein sind wir an unsere personellen und strukturellen Grenzen gekommen. Mehr geht nicht ...! Und doch: Am 24. Februar 2022 hat Russland die Ukraine mit einem in Europa nicht mehr für möglich gehaltenen Angriffskrieg überfallen. Die Folgen sind verheerend, was Menschenleben, Verletzungen, Leid, Zerstörung und Flucht angeht. Millionen Geflüchtete im Binnenland und in die Nachbarländer. Ca. eine Millionen Ukrainer zog es nach Deutschland. Ein Ende der Misanthropie ist derzeit nicht in Sicht. Für uns schließt sich der Kreis. Die 2018 geschlossene Gemeinschaftsunterkunft wurde wieder reaktiviert. Der Verein engagiert sich weiterhin für Geflüchtete und nun darüber hinaus auch noch in der Initiative „Ukrainehilfe Aller-Oker", eine Kooperation zwischen engagierten Privatpersonen, Kirchen und dem Verein. Was mit Menschen aus dem arabischen, asiatischen und afrikanischen Kulturkreis begann, wird nun durch Geflüchtete aus unserer europäischen Nachbarschaft fortgesetzt.

Beachtenswerte Aspekte
Bei der Planung eines Projekts im ländlichen Raum sind aus unserer Sicht folgende acht hybride Blickwinkel zu beachten:

1. *Ehrenamt im Gemeinwesen* kann das professionelle Handeln zuständiger Stellen nicht ersetzen, jedoch ergänzen. Die Organisationsform eines gemeinnützigen Vereins zur gewollten Unterstützung professioneller Arbeit kann z. B. in finanzieller Hinsicht (Spenden, spezielle Förderungen für diese Institutionen) und mehr menschlicher Unterstützung zur Umsetzung von Projekten u. a. in einer Kommune von hohem Nutzen sein. Dies funktioniert jedoch erst, wenn es beiderseitig gewollt ist und auf Augenhöhe praktiziert wird.

2. Das *Networking* für Kooperation, Unterstützung und Finanzierung ist von immenser Bedeutung. Gibt es keins, muss es vor Projektbeginn aufgebaut werden (auf Konkurrenzen unbedingt achten). D. h. die ursprüngliche Idee, der offensichtliche Hilfs- und Unterstützungsbedarf (Zahlen und Expertise) muss überzeugend kommuniziert werden, um Partner zu gewinnen. Partner müssen gepflegt werden.
3. Ein/e *Projektkonzept/-begründung* für das Vorhaben muss erarbeitet werden. Hier bietet sich die Kooperation mit dem Netzwerk bereits explizit an. Die Expertise von Fachstellen (Kommune, Land, Verbände, Hochschulen u. a.) sollte hierfür eingeholt werden. Der Blick in einschlägige Fachliteratur und Websites sollte selbstverständlich sein.
4. Die *Finanzierung* für den Projektzeitraum muss gesichert sein. Ein Mix zwischen öffentlichen Mitteln (Kommune, Landkreis, Land), Spenden/Förderungen etc. (z. B. Banken, Wirtschaft, Einzelpersonen) und Eigenfinanzierung bietet sich dafür an. Sollten öffentliche Mittel eingeworben werden, ist von einer längeren Antrags-, Beratungs- und Entscheidungsphase auszugehen. Fristen und Form sind zu beachten. Es ist damit zu rechnen, Überzeugungsarbeit leisten zu müssen. Erst die Verwaltung, dann die Politik, und zwar in dieser Reihenfolge. Die Verwaltung berät die Politik im Vorfeld der Entscheidungen und fertigt die Vorlagen für die Gremien an. Insbesondere bei neuen Projekten kann nicht von einer simplen Innovations- und Umsetzungswilligkeit von Verwaltung und Politik ausgegangen werden. I. d. R. ist damit zu rechnen, dass Politik weitestgehend fachunkundig sein wird. Es gilt die alte buddhistische Weisheit: Erwarte nichts und Du wirst nicht enttäuscht!
5. *Evaluation/Monitoring* des Projekts sollte regelmäßig mit geeigneten Methoden (Statistik, Umfrage, Rückmeldungen, Interviews etc.) umgesetzt werden. Die erhobenen Zahlen, Fakten sowie Wünsche, Bedarfe sollten dann aber auch zur Umsteuerung bzw. Weiterentwicklung des Projekts führen. Innovationen unbedingt erwünscht. „Heilige Kühe" darf es (eigentlich) nicht geben!
6. *Medienarbeit* über Tagespresse, Flyer, Websites, Apps, Soziale Netzwerke, lokale Radio- und/oder TV-Sender, kommunale Mitteilungsblätter usw. sind wichtige Mittel, um das Projekt zu etablieren und die Reichweite der Informationen deutlich zu erhöhen.
7. *Pflege und Neugewinnung von Projekt-Mitarbeiter*innen:* Menschen sind heute nicht mehr wie früher gewillt, sich längerfristig zu engagieren und zu binden. Vor Ort ist deshalb auszuloten, welche individuellen Zeiträume möglich und interessant sind. Dies kann nur flexibel gehandhabt werden, weil die Menschen unterschiedliche Ressourcen besitzen. Je intensiver die individuelle Begleitung gestaltet werden kann, welche unterstützend und vor allem wertschätzend (trotzdem keine Angst vor Konflikten) sein muss, desto eher sind die Personen bereit, dabeizubleiben. So spricht sich die gute Atmosphäre im Projekt herum und neue Interessierte kommen hinzu. Gleichwohl füh-

ren i. d. R. neue und interessante Angebote im Projekt zu mehr engagierten Menschen.
8. *Grundsätzlich – aber nicht planbar*: Stets eingeplant werden sollte Unvorhergesehenes, seien es inhaltliche, finanzielle oder politische Überraschungen! Diese Erfahrung haben nicht nur wir mit unserer Arbeit machen müssen.

9.3 Selbstorganisiertes Arbeiten im dörflichen Gemeinwesen

Bis zur Jahrtausendwende ging es im ländlichen Raum vorwiegend darum, die örtliche Infrastruktur zu stabilisieren bzw. auszubauen, z. B. neue Baugebiete auszuweisen (um den Zuzug von Neu-Bürger*innen zu unterstützen), für ansiedlungsinteressierte Betriebe Gewerbegebiete zu erschließen, die Wasser- und Abwasserversorgung zu verbessern und das kommunale Wegenetz zu optimieren. Seitdem (forciert durch den demografischen Wandel und den Weggang vor allem jüngerer Bewohner*innen in die Städte) steht die Bekämpfung und Steuerung von Schrumpfungsprozessen im Vordergrund. Ein Dorfladen (→ Kasten) erhält damit die gleiche Bedeutung wie die Kanalisation; vor allem soziale Einrichtungen (die Kindertagesstätte, die Schule, die Arztpraxis, die Pflege und Betreuung der Älteren, Einkaufsgelegenheiten, Gastronomie, Kultur- und Freizeitangebote) wurden, sofern vorhanden, zu einem Standortvorteil im Wettbewerb der Gemeinden. Diese Entwicklung hat auch zur Gründung zahlreicher Bürgervereine (z. B. „Ollarzried aktiv", „Bürgernetzwerk Dedinhausen", „Interessengemeinschaft Golzheim" oder „Aufschwung Etteln") geführt, die das gesamte Gemeinwesen betreffende Aufgaben übernehmen und sich mit Fragestellungen befassen, die von den bestehenden Vereinen nicht behandelt oder vernachlässigt wurden, sich z. B. mit der weiteren Entwicklung des Dorfes zu befassen (vgl. Henkel 2020: 97 ff.; vgl. Henkel 2016).

Dorfladen

„Ein sehr häufiges Aufgabenfeld von Bürgervereinen ist die Wiedereinrichtung des letzten verlorenen Dorfladens. Hier wird als Beispiel das 900-Einwohner-Dorf Harthausen aus Bayern genannt, wo das ehemalige, leerstehende Feuerwehrhaus zu einem Dorfladen umgebaut wurde. Neben den neuen Bürgervereinen sind es auch neue Bürgergenossenschaften oder Dorfstiftungen, die sich eine Reaktivierung von Dorfläden oder Gasthöfen vornehmen. Das für die Basisfinanzierung notwendige Grundkapital wird durch ‚Dorfladenaktien' von durchschnittlich 200 bis 500 Euro aufgebaut. Für die Zeichner der Anteile gibt es in der Regel keine Rendite, doch weiß man, wofür man es tut: ‚Unsere Dividende heißt: Lebensqualität', sagt kurz und bündig der Vorsitzende des Dorfladens Otersen in Niedersachsen, der ein bundesweites ‚Dorfladen-Netz-werk' mit aufgebaut hat" (Henkel 2020: 97 f.).

Um die dörfliche Selbstorganisation zu stärken, kann es neben den durch Bund und Ländern geförderten Vorhaben sozialer Dorfentwicklung, z. B. das Programm „Dorf macht Zukunft" (vgl. Senft/Tober 2021) und anderen Projekten (vgl. BMEL 2022a/b),

> „hilfreich sein, Anregungen zu geben und Beispiele zu kommunizieren, an denen sich die Akteure orientieren und anhand derer sie passende (übertragbare) Lösungen aussuchen können. Während die inhaltliche Gestaltung der Projekte eine hohe Flexibilität erfordert, kann bei der Gestaltung der Prozesse eine stärkere Struktur hilfreich sein. In der Praxis haben sich feste Arbeitsstrukturen wie thematische Arbeitskreise, die Formulierung von klaren Zielen und die Festlegung von überschaubaren Meilensteinen, also schnell sichtbaren Erfolgen, als hilfreich erwiesen. Darüber hinaus ist es wichtig, von Beginn an auf die Verstetigung der Ansätze zu achten" (BMEL 2022a: 25).

Zu diesen Ansätzen zählt die freiwillig ausgeübte *Dorfmoderation*, die dazu dient, Bewohner*innen mit Ideen für Entwicklung eines dörflichen Gemeinwesens zu unterstützen. *Daniel*, selbst Dorfmoderator, beschreibt sie als Art und Weise, „wie man Gruppenprozesse anstößt". Dorfmoderator*innen sind nicht diejenigen, die ihre Ideen umsetzen wollen, sondern sie versuchen, einen Prozess anzustoßen, in dem die Bewohner*innen

> „bereit sind, sich für etwas einzusetzen, was dem Dorf in irgendeiner Form zugutekommen kann. Dazu darf man durchaus auch mal eine eigene Idee haben, ... aber es geht nicht darum, selbst derjenige zu sein, der irgendetwas tun muss."

Die Dorfmoderation ist ein offenes Verfahren: Da die Voraussetzungen für eine positive Veränderung (angesichts der Geschichte des Dorfes, des Stellenwerts von Landwirtschaft, Kirche und Vereinen u. ä.) in jedem Dorf unterschiedlich sind, kann es ein „Schema" nicht geben, wie sich eine Dorfmoderation entwickeln wird (vgl. Eigner-Thiel u. a. 2020: 5). *Daniel* betont, dass es der/die Dorfmoderator/in ist, die/der

> „koordiniert und der moderiert. Und das tut er eigentlich aus eigenem Antrieb, ohne dass er in irgendeiner Form einen politischen Impuls braucht. Trotzdem tut er gut daran, sich möglichst frühzeitig mit den kommunalpolitischen Gremien, also insbesondere dem Ortsbürgermeister, Ortsbürgermeisterin oder dem Ortsrat in irgendeiner Form ins Benehmen zu setzen. Jede Form von Futterneid, von Parallelproblematik: Wieso die, das ist doch eigentlich unsere Aufgabe? –",

muss vermieden werden. Es darf sich nur um „Projekte aus der Mitte des Dorfes heraus" handeln, nur dann,

„wenn du so wahrgenommen wirst, dann kannst du Erfolg haben. Die aktiv Gestaltenden, das sind die anderen, diejenigen, die mit einem ganz konkreten Ziel und einem ganz konkreten Inhalt einen Verein führen ... Da kannst du jetzt nicht hinkommen und sagen: Ich kann das alles besser als ihr –, nee, sondern: Was habt ihr denn sonst noch für Themen, die ihr nicht unterbringt in eurem Verein? –."

Eine Dorfmoderation als selbstorganisiertes Verfahren besteht aus vier Elementen:

1. *Beteiligung* beginnt mit den Initiator*innen des Prozesses, wohin es gehen soll (offener Prozess oder konkretes Projekt?), was sie motiviert und die Dorfentwicklung unterstützt, welche Vorannahmen und welche Offenheit sie selbst haben und welche Schlüsselpersonen des Dorfes einzubinden sind, um zu klären, was mit dem Dorfgespräch erreicht werden könnte (vgl. Wenzel/Boeser-Schnebel 2019: 36). *Daniel* z. B. hat sich mit drei weiteren Dorfmoderator*innen „Gedanken darüber gemacht: Wie starten wir denn jetzt? –. Wir hatten vorher nie irgendetwas miteinander zu tun gehabt, mit Ausnahme eines freundlichen ‚Guten Morgen!', wenn man sich beim Bäcker traf." Die Gruppe hat nach einem intensiven persönlichen Kennenlernen „eine Art Masterplan gemacht, angefangen mit einer Mindmap, und gesagt, dass jeder Gedanke festgehalten wird und wir mal gucken müssen, wie wir das miteinander vernetzen und verbinden. Das Kernergebnis war: Was wissen wir eigentlich über unser Dorf, mit dem wir uns jetzt hier alle beschäftigen? –." Weil sie alle nicht aus dem Dorf stammten, haben sie sich „ein bisschen mit der Historie auseinandergesetzt, aber höchstens so 20 %. Viel entscheidender war das Thema Gegenwart."
2. Um weitere Bewohner*innen zu motivieren, mitzuwirken, ist es wichtig, in der Öffentlichkeit zu arbeiten, z. B. können Aussagen („testimonials") ganz unterschiedlicher Bewohner*innen auf einem Flyer oder in einem Film die Neugier dafür wecken, was künftig erreicht werden könnte (vgl. Wenzel/Boeser-Schnebel 2019: 37). *Daniel* schildert z. B., wie seine Gruppe versucht hat, den Bewohner*innen die Dorfmoderation nahezubringen:

„Wir können nicht 1.200 Einwohnern erklären, was Dorfmoderation ist, aber wir sollten es all' denen erklären, die möglicherweise irgendwas tun im Dorf, im Ortsrat und auch die, die uns irgendwie als Wettbewerber wahrnehmen, da wir wie eine Art neuer Verein aufgetreten sind. (...) Deshalb haben wir zuallererst erst mal alle Vereinsvorstände eingeladen",

die sie als Schlüsselpersonen identifizierten, d. h. als Personen, die „im Dorf eigentlich die Meinungsträger sind, also all' diejenigen, die in irgendeiner Form was zu sagen haben". Damit hat sich die Gruppe „sehr lange aufgehalten, weil wir gesagt haben, dass wir ein Problem haben, wenn wir den Falschen vergessen." Es wurden alle eingeladen, ihnen vermittelt, was Dorfmoderation ist, und vor allem betont,

„wir wollen weder euer Geld, noch möchten wir in irgendeiner Form eine Mitgliedschaft, noch wollen wir, dass ihr in irgendeiner Form hier heute rausgeht und eine Arbeit übernehmt, das alles wollen wir alles nicht. Das Einzige was wir wollen ist, wir wollen euer Wohlwollen –. Wenn jemand gesagt hätte, welche Sau da wieder durchs Dorf getragen wird, dann wollten wir, dass sie sagen: Das ist was Gutes –, mehr nicht."

3. Im *Dialog* werden weitere Bewohner*innen erreicht, z. B. durch Gesprächsabende, um sich – entsprechend extern moderiert – über die Themen des dörflichen Gemeinwesens auszutauschen; auch ein „Speed Dating" (vgl. Wenzel/Boeser-Schnebel 2019: 73) oder ein „Dorfstammtisch" (vgl. Ragg 2022: 65 ff.) kann dafür einen geeigneten Rahmen schaffen. Erst nach einem solchen Austausch werden Projekte der Dorfentwicklung besprochen, verabredet und begonnen (vgl. Wenzel/Boeser-Schnebel 2019: 37). *Daniel* berichtet von einer Dorfbegehung, die dazu durchgeführt wurde, geleitet von dem Motto:

„Wir möchten mit euch allen durch das Dorf gehen und ihr sollte die gleiche Erfahrung machen, die wir gemacht haben, als wir unseren Dorfrundgang gemacht haben –. Wir haben drei Strecken ausgewählt als Erkenntnis unseres eigenen Dorfrundganges und haben gesagt: Ihr könnt euch eine Strecke aussuchen und dabei nehmt bitte im Gespräch mit anderen wahr, was ihr seht! –."

Die Begehung wurde auf der Grundlage eines Erhebungsbogens durchgeführt, um eine Vergleichbarkeit der Ergebnisse zu erzielen:

„Unsere Annahme war, dass wir das in einem Tag schaffen, aber das hat sich dann als Trugschluss herausgestellt. Wir haben dann drei oder vier Tage das Dorf in unterschiedlichen Bereichen kennengelernt und uns angeguckt, haben uns die Häuser angeguckt, die Vorgärten, die leeren Grundstücke und den Straßenzustand und alles, was einem so auffällt, wenn man versucht sein Dorf auch mal mit anderen Augen zu sehen. Wir haben uns wechselseitig erzählt, was wir sehen. Das hat dazu geführt, dass wir einen bestimmten Blick auf die Dinge bekommen haben, über das hinaus, was man immer sieht, wenn man immer die gleiche Strecke durch das Dorf fährt, um von A nach B zu kommen, und dabei einige Dinge vielleicht vernachlässigt oder überhaupt noch nie zur Kenntnis genommen hatte."

4. Mit der *Verstetigung* sollen die nächsten Schritte der Umsetzung auf den Weg gebracht werden, z. B. in Form einer „Dorfwerkstatt", die v. a. der Auswertung der bei der Begehung erzielten Ergebnisse dient, (bildlich) dokumentiert wird

und so die Weiterarbeit entstandener Projektgruppen erleichtert (vgl. Wenzel/Boeser-Schnebel 2019: 37, zit. ebd.). Es geht dabei auch darum, sich als Dorfmoderator/in entbehrlich zu machen und „Platz (zu) machen für andere. Wenn man diese Lücke lässt, kann es sein, dass da jemand reingeht. Wenn man diese Lücke selber füllt, geht da garantiert keiner rein. Macht ja schon einer, dem will das auch niemand wegnehmen. Also: Anschieben und unterstützen ist gut, aber nicht dauernd immer alles selber machen!" (Schubert/Hubert 2021: 163). *Daniel* berichtet über die „Dorfwerkstatt",

> „in der wir das Ergebnis dieses Dorfrundganges geschildert haben. Wir hatten zunächst etwas zu berichten, was nicht unsers war, sondern was die Wahrnehmung der Bürger aus dem Dorf war. Und dann haben wir in einem nächsten Schritt gesagt: Ihr findet auf eurem Platz einen Zettel und einen Kugelschreiber. Schreibt bitte auf den Zettel Euren Namen und welches Thema im Dorf Euch ganz besonders wichtig ist",

wodurch sechs Themen verdichtet, auf Metaplanwänden zugeordnet, wieder gestrichen, verändert und verbessert werden konnten. So entstand eine Liste von wenigen, verdichteten Interessen. Anschließend wurden „Stehtische ausgegeben, mit einem Schild mit dem jeweiligen Thema, und haben gesagt: Jetzt stellt Euch hier mal zusammen und unterhaltet euch über dieses Thema! – Wir vier Dorfmoderatoren sind von einem Tisch zum anderen gegangen und haben zugehört."

Dazu bestand jeweils 20 Minuten Zeit, die Bewohner*innen durften – ähnlich einem World Café (→ 11.2.4) – zwischen den Thementischen wechseln. Empfohlen wird auch: „Lange und große runde Tische sind die besten Orte, um Ideen und Gemeinschaft zu entwickeln, und nur mit der Muße, auch gemeinsam zu tafeln, zu essen und zu trinken, können Initiativen auf Dauer gelingen" (Schubert/Hubert 2021: 6; vgl. dazu die Beispiele Wartenberg/Sachsen-Anhalt [ebd.: 21–37] und die Bollertdörfer/Niedersachsen [ebd.: 115–161]).

Für *Daniel* zeigte sich, dass schon im Laufe des ersten Gespräches deutlich wurde,

> „wer da den Hut aufhat, beim zweiten Mal hat sich das verdichtet und den haben wir dann angesprochen: Seid ihr zu einem Thema gekommen, interessiert euch das, wollt ihr weitermachen? – Ja! Dann habe ich zu ihm, zu ihr gesagt: Würdest du dich darum kümmern, mal die Namen aufzuschreiben und dann die Gruppe mal irgendwann einzuladen und so? –. Und dann haben wir ihm (ihr) erklärt, wie man Gruppenarbeit macht und wie wir gedenken, weiterzumachen."

Entstanden sind sechs Projektgruppen (zur medizinischen Versorgung, zur Bereitstellung von „Mitfahrbänken", zur Nachbarschaftshilfe, zum Leerstand im Dorf und zur Frage, wie leerstehende Baugrundstücke als Blühwiese genutzt werden können). Nur das Thema Blühwiese konnte nicht weiterverfolgt und musste bis auf Weiteres zurückgestellt werden, weil einer der Initiatoren verstorben und ein weiterer verzogen war. Tatsächlich entstanden sind die Mitfahrbänke; zwar konnte der Arzt nicht ins Dorf geholt, aber ein Defibrillator zugänglich im Dorf aufgehängt werden. Mit Mitteln aus dem LEADER-Programm (→ Kasten), kommunalen und Stiftungsmitteln konnte ein leerstehendes Gebäude erworben, abgerissen und dort ein Bouleplatz geschaffen werden, der von den Vereinen genutzt wird.

> **LEADER-Programm**
>
> LEADER steht für „Liaison Entre Actions de Développement de l'Économie Rurale", d. h. die Verbindung von Aktionen zur Entwicklung der ländlichen Wirtschaft, und ist ein Förderprogramm der Europäischen Union zur Regionalentwicklung: Der Ansatz ermöglicht Menschen in ländlichen Räumen, ihre Region gemeinsam weiterzuentwickeln. Eine LEADER-Region ist ländlich geprägt und umfasst ein klar begrenztes Gebiet. Zu Beginn einer EU-Förderperiode wird eine Lokale Entwicklungsstrategie für diese Region erarbeitet und die Bevölkerung dabei einbezogen. Sie definiert Handlungsfelder und Ziele der Region und dient als Grundlage für die Auswahl von Projekten. Unter europaweit knapp 3.000 gab es 2014 bis 2022 in Deutschland 321 und in der Förderperiode von 2023 bis 2027 rund 370 LEADER-Regionen. (Weitere Informationen: https://www.netzwerk-laendlicher-raum.de/dorf-region/leader/).

Und eineinhalb Jahre später wurde durch das Team Nachbarschaftshilfe, wie *Daniel* abschließend berichtet,

> „für 150 Euro warm die frühere Post angemietet. Die Post gab es nicht mehr im Dorf, die Räumlichkeiten waren leer, die wurden mit Eigenmitteln saniert. Da ist jetzt ein barrierefreies Bad drin und eine Küche und ein großer Raum, in dem Altennachmittage, Vereinsvorstandssitzungen, Dorfmoderationstreffen, Projektsitzungen und alles Mögliche durchgeführt werden, in denen Vorträge gehalten werden für ältere Herrschaften oder Kaffee und Kuchen gebacken wird. Es ist ein Ort, den es im Dorf vorher nicht gab."

Solche Formen der Kommunikation sind nicht selbstverständlich. *Olga* stellt z. B. fest: „Jeder Ort ist ein Einzelstück und auch nicht unbedingt verbunden mit dem Nachbarort, sondern vielleicht mit dem Ort von um drei Ecken weiter." Es sei dort erforderlich, zu betrachten, welche Strukturen gegeben seien: „Wer kann mit wem? Wer verbündet sich mit wem?" Diese Einschätzung ergänzt *Nina*: Ganz auffällig sei, „dass sie nicht miteinander können", dass sich „die wirklich kleinen Dörfchen, die keine tausend Einwohner haben, mit ihren Nachbardörfchen spinnefeind" sind, und sie deshalb auch verstehen lernen muss: „Woher kommt das?

Wie kann man das vielleicht irgendwie auch aufbrechen? –. Denn zusammen könnte für die wirklich viel mehr rausgeholt werden."[18]

9.4 Praxisberatung bedeutet: Bewohner*innen coachen

In diesem Spannungsfeld zwischen (subjektorientierter) Freiwilligkeit und (politisch) gewünschter Aktivierung verändert sich auch die berufliche Rolle in der Praxisberatung (auch wenn die Flüchtlingshilfe in Meinersen und die Dorfmoderation darauf verweisen, dass eine professionelle Unterstützung durch eine Praxisberatung nicht erforderlich war):

- Mehr und mehr steht eine Form fachlicher wie politischer Beratung und Vermittlung zwischen zivilgesellschaftlichen Gruppen und Institutionen im Mittelpunkt, die sie als intermediäre Akteure wahrnehmen.
- Sie stellen Vernetzungen her, d. h. thematisch (z. B. durch die Vermittlung von Expert*innen für ein spezielles Thema), strukturell (z. B. bei der Organisation von öffentlichkeitswirksamen Aktionen) sowie politisch (z. B. durch Interessenvertretung/Lobbying) und stellen die Zusammenarbeit mit Kommunalpolitik und -verwaltung sicher (vgl. Oelschlägel 2001a: 191 f.; Olk 2011; Hill u. a. 2013).
- Praxisberater*innen erbringen eine Übersetzungsleistung zwischen den Bewohner*innen (in ihrer Lebenswelt und mit ihren Organisationen) und lokalem System (Politik, Verwaltung und Wirtschaft) und treten für die Wahrnehmung und Akzeptanz der Interessen der Bewohner*innen ein, indem sie den Klärungsprozess zwischen beiden organisieren und die dabei erforderlichen Verstehens- und Verständigungsprozesse moderieren (vgl. Hinte 2010: 673; Bullinger/Nowak 1998: 158 f.).

Solche Aufgaben und Tätigkeiten beschreiben das Coaching der Bewohner*innen, das Praxisberater*innen wahrnehmen. Dazu sind professionelle Grundkompetenzen erforderlich, v. a. die Fähigkeit, Gespräche anlassangemessen zu führen, die Kenntnis gruppendynamischer Prozesse und der Mittel, das Setting zu ana-

---

18 Tendenzen einer Romantisierung dörflichen Engagements sollten nicht übersehen werden: „Wir sind Dorf!", die durchaus sehenswerte Dokumentation des Norddeutschen Rundfunks (2023), schildert z. B. beeindruckende Beispiele dörflichen Engagements. Die dabei gezeigte intrinsische Motivation Einzelner kann allerdings weder als typisch noch als Muster für andere gelten. Den Regelfall der dörflichen Lebenswelt kennzeichnen eher Marginalisierungen durch ökonomisch bzw. politisch bestimmte Rahmenbedingungen und Vorgaben, mit denen sich Bewohner*innen in ländlichen Gemeinwesen alltäglich auseinandersetzen müssen (z. B. Zusammenlegung von Gemeinden und Schaffung größerer Verwaltungseinheiten, die z. T. aber weit entfernt liegen und, z. B. aufgrund der Einschränkung des ÖPNV, nur schwer zu erreichen sind).

lysieren, in dem zivilgesellschaftliche Akteure tätig sind, sowie das Wissen, wie Netzwerkarbeit zu leisten ist.

Diesen professionellen Kompetenzen steht eine Art „fachlicher Naivität" zivilgesellschaftlich tätiger Bewohner*innen gegenüber (die oft „nur" eine Betroffenheit oder ein Interesse spüren, einem Thema nachzugehen). Der „Zeitreichtum" der Praxisberater*innen steht im Kontrast zu ihrer eigenen Zeitknappheit, stellt das Engagement doch eine zusätzliche Inanspruchnahme ihrer Zeit neben ihrer alltäglichen Lebensbewältigung dar.

Die Tätigkeit der Praxisberater*innen muss daher entlastend und unterstützend sein. Sie vermitteln zivilgesellschaftlich engagierten Bewohner*innen – auch im Rahmen von Qualifizierungsangeboten – Wissen z. B.

- zur Kooperation und Vernetzung bürgerschaftlichen Engagements, z. B. den digitalen Dorfplatz *crossiety* (→ 9.5),
- zum Projektmanagement (→ 13.5),
- zum alternativen Finanzierungswissen in Form von (Sozial-)Marketing und Fundraising (vgl. Wendt 2021a: 361 ff.), z. B. der Akquise von Stiftungs- oder Lotto-Toto-Mitteln,
- zur Arbeitsweise und Finanzierungsmöglichkeiten von *(Bürger-)Stiftungen* und *Genossenschaften* (→ Kasten),
- zur Kooperation mit wirtschaftlichen Akteuren, z. B. *startsocial* (→ 9.5), um Netzwerke mit der lokalen Wirtschaft zu entwickeln, sowie
- zu Möglichkeiten der Fortbildung fachlichen Weiterentwicklung, z. B. durch die *Stiftung Mitarbeit* (→ 9.5).

(Bürger-)Stiftung – (Bürger-)Genossenschaft

Das Prinzip einer *(Bürger-)Stiftung* ist einfach: Ein/e Stifter/in hat die Absicht, sich für einen gemeinnützigen Zweck zu engagieren und bringt dazu ihr/sein Vermögen in eine Stiftung ein, deren Zweck er/sie selbst bestimmt, wenn er/sie die Stiftung errichtet (gründet). Der Zweck ist festgeschrieben und darf nicht wesentlich verändert werden. 92 % der Stiftungen verfolgen in Deutschland ausschließlich gemeinnützige Zwecke. Stiftungen sind vor allem im Bereich der Förderung sozialer Zwecke (z. B. der Entwicklung neuer Wohnformen für alte Menschen), und in den Bereichen Kultur, Bildung und Erziehung tätig, wobei mehrheitlich Personen und/oder Organisationen gefördert werden, während eine deutlich kleinere Zahl auch eigene Projekte realisiert.

Deutschlandweit sind seit den späten 1990er Jahren dazu über 420 sog. Bürgerstiftungen entstanden, in die viele Menschen, nicht einzelne Stifter*innen, Geld einbringen, um vor allem lokale Zwecke zu unterstützen (das gemeinsame Stiftungskapital aller deutschen Bürgerstiftungen beträgt inzwischen mehr als eine halbe Milliarde Euro). Bürgerstiftungen werden dabei von vielen unterschiedlichen Menschen und Akteuren getragen. Neben den Stifterinnen und Stiftern sind die zahlreichen Ehrenamtlichen eine wichtige

Säule der Arbeit, über 27.000 Menschen engagieren sich in Bürgerstiftungen vor Ort (vgl. Springer 2022: 531).

(Bürger-)"Genossenschaften sind eine Rechts- und Organisationsform, die der Förderung ihrer Mitglieder und nicht dem Gewinn verpflichtet ist. Sie ist demokratisch organisiert, denn alle Mitglieder haben eine Stimme, unabhängig davon, wie viele Genossenschaftsanteile sie zeichnen. Das Besondere ist, dass die Mitglieder gleichzeitig Eigentümer:innen und Nutzer:innen der Genossenschaft sind und mit dem gemeinschaftlichen Geschäftsbetrieb eine Leistung für sich bzw. Dritte erbringen" (Bayer 2021: 25).

Ein individuelles Coaching kann so dazu beitragen, einer Überforderung entgegenzuwirken und das Engagement langfristig zu sichern, wie die Erfahrungen aus dem ländlichen Raum zeigen (vgl. BMEL 2022a: 16). Im Rahmen von Praxisberatung organisierte Begegnungsorte, die Engagierte zum Austausch, zur Ideen- und Projektentwicklung einladen, und auch finanzielle Unterstützungsmöglichkeiten (angefangen von der Ausgabe steuermindernder Bescheinigungen [der sog. „Übungsleiter-" und der „Ehrenamtspauschale"] gemäß Einkommensteuerrecht bis hin zu Aufwandsentschädigungen) stellen weitere Gelegenheiten der Förderung des Engagements dar.

Auch hierfür ist die Ausgestaltung der *Beziehung* in der Zusammenarbeit mit zivilgesellschaftlich engagierten Bewohner*innen bedeutsam: Sie brauchen in dem/der Praxisberater/in ein Gegenüber, das zum Aufbau einer tragfähigen Beratungsbeziehung fähig ist (und sie z. B. in schwierigen Situationen berät und in Krisen zur Problembewältigung ermächtigt), und zugleich ein Gegenüber, das von Aufgaben entlastet, die thematisch und/oder zeitlich zu komplex oder anspruchsvoll sind. Praxisberater*innen nehmen auch hier eine zurückgenommene professionelle Haltung ein, die unterstützt und auf Vorgaben verzichtet.

9.5 Anregungen zur Weiterarbeit

» *Crossiety*, der „Digitale Dorfplatz", ist eine lokale Kommunikationsplattform für Vereine, Gewerbetreibende und Kommunen. Auf der interaktiven Plattform können sich eingeschriebene Nutzer*innen vernetzen, organisieren, informieren, engagieren und miteinander kommunizieren. Mehr als 130 sog. Dorfplätze erreichten 9800 Gruppen mit 600.000 Einwohner*innen in der Schweiz und in Deutschland (Stand: April 2023).

Die Digitalisierung hat die Welt vernetzt. Was aber vor der eigenen Haustür geschieht, wird nach Ansicht der Plattformbetreiber*innen immer seltener wahrgenommen, Einsamkeit und Anonymität sind direkte Folgen. Mit dem Digitalen Dorfplatz bieten sie eine niederschwellige Gelegenheit, das Wir-Gefühl zu fördern und die Resilienz innerhalb der lokalen Gesellschaft zu stärken. (https://www.crossiety.ch/)

» Die 1963 gegründete parteiunabhängige *Stiftung Mitarbeit* will mit ihrer Arbeit die Demokratieentwicklung von unten unterstützen und die politische Teilhabe von allen Menschen, die in Deutschland leben, stärken. Ziel ist es, gesellschaftliches Engagement und Beteiligung umfassend zu ermöglichen und dazu beizutragen, eine alltagstaugliche Beteiligungskultur in allen gesellschaftlichen Bereichen zu etablieren. Menschen sollen ermutigt werden, Eigeninitiative zu entwickeln und sich an der Lösung von Gemeinschaftsaufgaben zu beteiligen.

Die Stiftung fördert das Engagement und die politische Teilhabe auch derjenigen Gruppen, die sich aufgrund ihrer Lebenssituation, ihrer Bildung und gesellschaftlichen Stellung nicht oder nur in geringem Maße artikulieren können. Sie unterstützt das Engagement und die Beteiligung von Bürger*innen durch Publikationen und Öffentlichkeitsarbeit, Fachtagungen und Methodenseminare, Projekte und Modellvorhaben, Konzeption und Realisierung von Beteiligungsangeboten, Beratungsangebote für Initiativen und politische Organisationen, das Internetportal „Wegweiser Bürgergesellschaft", bundesweite Förderung von Vernetzungs- und Kooperationsprojekten (z. B. das „Netzwerk Bürgerbeteiligung") und Starthilfezuschüsse an neue Initiativen, Projekte und Gruppen. Über die aktuelle Arbeit informiert der vierteljährliche Newsletter „mitarbeiten". (https://www.mitarbeit.de/)

» *startsocial* „verbindet Menschen, die einen Beitrag zum Miteinander in unserem Land und darüber hinaus leisten möchten, indem sie sich ehrenamtlich engagieren. Die konkrete Unterstützung einzelner Initiativen durch startsocial ist in den vergangenen zwanzig Jahren zur Keimzelle für gesellschaftlichen Wandel geworden." Dazu „braucht es ein starkes und verlässliches Netzwerk. startsocial bringt Menschen aus der Wirtschaft und der Zivilgesellschaft zusammen, um ehrenamtliches Engagement durch Beratung, Sichtbarkeit und Wertschätzung zu stärken und die Wirkung zu erhöhen." startsocial wird von großen Unternehmen (z. B. der Allianz-Versicherung, amazon oder der Deutschen Bank) gefördert. (https://startsocial.de/)

» Die *Ideenwerkstatt Dorfzukunft* ist eine Zukunftsgestaltungs-Plattform engagierter Bürger*innen der drei Dörfer Flegessen, Hasperde und Klein Süntel (Stadt Bad Münder, Niedersachsen), deren übergeordnetes Ziel es ist, „diese drei Dörfer zukunftsfähig(er) zu machen. Dabei möchten wir den Beweis antreten, dass sich auch die breite Mitte der Gesellschaft auf den Weg zur Gestaltung der eigenen Zukunft machen kann.

Dazu soll die Gemeinschaft in unseren Orten weiter gestärkt, die Identifikation mit den Orten vergrößert, ein ,nachhaltiger Zuzug' gesichert und eine weitestgehende Unabhängigkeit sowie eine möglichst große Widerstandsfähigkeit (Resilienz) gegenüber externen Einflüssen erreicht werden. Zudem möchten wir im Rahmen unserer Möglichkeiten einen Beitrag zur Bewältigung globaler ökologischer Herausforderungen (Klimawandel, Artensterben, Ressourcenschwinden, etc.) leisten.

Hierzu werden alle Bewohner/Innen unserer Dörfer in regelmäßigen Abständen zur ‚Ideenwerkstatt Dorfzukunft' eingeladen. In Seminar- bzw. Workshop-Formen wird dort über Projektideen zur weiteren Steigerung der Zukunftsfähigkeit unserer Dörfer diskutiert. Die Zusammenkünfte sind methodisch und thematisch so ausgelegt, dass sie die

Beteiligung möglichst aller Gäste fördern, bestehende Projektideen inhaltlich und zeitlich der Umsetzung näherbringen, und gleichzeitig Raum für die Entstehung und Entfaltung neuer Ideen zulassen" (https://www.ideenwerkstatt-dorfzukunft.de/).

Ein Dorfanalyseschema (Swantje Eigner-Thiel u. a.: Dorfmoderation Niedersachsen 4: Dorfanalyseschema, Göttingen 2020) ist im Rahmen einer vertiefenden Qualifizierung für Dorfmoderator*innen entwickelt worden, bei der es um die Besonderheiten eines Dorfes geht. Das Dorfanalyseschema ist in drei Teile gegliedert: So werden 1. die Vergangenheit (*"Das Gestern, das bis heute wirkt"*), 2. die Gegenwart (*"Unser Dorf heute mit seinen Potenzialen und Problemen"*) und 3. die Zukunft (*"Für ein gelingendes Morgen – Dorfzukunft gestalten"*) Dorfes im Sinne einer „Dorfbiografie" beleuchtet, um einerseits die Wurzeln des Dorflebens aufzugreifen, sich andererseits der heutigen Potenziale und Herausforderungen bewusst zu werden und damit letztlich zukünftige Entwicklungen im Dorf partizipativ gestalten zu lernen. Bei der Betrachtung der Vergangenheit (1.) wird z. B. die Dynamik des Wandels betrachtet (Was hat sich gewandelt im Dorf? War es jeweils ein plötzlicher Bruch oder ein allmählicher Wandel?) und die Frage reflektiert, welche der zurückliegenden Entwicklungen dem Dorf gutgetan haben. In der Gegenwart (2.) spielen z. B. Fähigkeiten, Fertigkeiten und Besonderheiten der Menschen im Dorf eine Rolle; es wird analysiert, welche Einzelpersonen oder Gruppen bereits besonders aktiv sind im Dorf, um an deren Engagement oder Aktivitäten ggf. für weitere Entwicklungen anknüpfen zu können. Und im Blick auf die Zukunft (3.) steht z. B. die angemessene Kommunikation und Öffentlichkeitsarbeit für das Dorf im Fokus, welche Zielgruppen angesprochen werden sollen, um Veränderungsprozesse zu gestalten, welche Medien dafür genutzt werden können und wie Multiplikator*innen eingebunden werden können.

10 Strukturen verstehen und nutzen: Im kommunalen Setting handeln

Ein Großteil der in Gemeinwesen relevanten Themen bündelt sich in politischen Entscheidungsprozessen, die auf kommunaler Ebene durch gewählte Politiker*innen getroffen werden. Diese Prozesse beeinflussen nachhaltig die Lebensqualität im Gemeinwesen und auch die Rahmenbedingungen Sozialer Arbeit auf örtlicher Ebene. In der Praxisberatung müssen solche Prozesse verstanden sein, um versuchen zu können, darauf Einfluss zu nehmen (vgl. Borstel/Fischer 2018: 28 ff.; Schönig 2020: 232–255).

10.1 Worin bestehen die Grundlagen kommunaler Politik und Verwaltung?

Unter einer Gemeinde (bzw. Kommune) wird eine Gebietskörperschaft verstanden, „die durch ihre demokratisch gewählten Organe in einem räumlich umgrenzten Gebiet eines Bundeslandes für die dort lebenden Menschen in weitgehender Eigenverantwortung Aufgaben leistender, ordnender und planender Art wahrnimmt" (Bieker 2020a: Definition). Dieses Recht wird in Art. 28 Abs.2 Satz1 Grundgesetz begründet, wonach Gemeinden (→ 2.1.4) und ihre Verbünde (die [Land-] Kreise) frei sein sollen, „sich ohne staatliche Bevormundung und Einmischung mit ihren Angelegenheiten vor Ort in eigener Entscheidungshoheit zu befassen" (Bieker 2020b: 2.). Sie leisten damit einen (wesentlichen) Beitrag zur Daseinsvorsorge. Dieses Recht der *kommunalen Selbstverwaltung* wird durch Gesetze der Bundesländer (sog. Kommunalverfassungen/-ordnungen) präzisiert (vgl. Knemeyer 2006), wodurch sichergestellt werden soll, dass die Aufgabendurchführung nach einheitlichen Regeln erfolgt (vgl. Bieker 2020b: 4.3; Borstel/Fischer 2018: 28 ff.; Schönig 2014; Bogumil/Holtkamp 2013).

Die grundsätzliche Zuständigkeit für alle Aufgaben der Daseinsvorsorge, die das Gemeindegebiet betreffen (örtliche Allzuständigkeit), wird durch Bundes- oder Landesgesetze eingeschränkt (z. B. sind die Landesverteidigung oder die Medienordnung durch Bestimmungen des Grundgesetzes allein dem Bund oder den Ländern übertragen; hier haben die Gemeinde keinerlei Zuständigkeit). Ansonsten haben die Gemeinden die

- *Satzungshoheit* als Recht, für die Gemeinde eigene Rechtsvorschriften (sog. Satzungen) zu erlassen;

- *Planungshoheit* als Recht, die Wahrnehmung der eigenen Aufgaben z. B. durch eine Haushalts-, Stadtentwicklungs- oder Jugendhilfeplanung vorzubereiten;
- *Finanzhoheit* als Recht, einen eigenen Haushalt in Einnahmen und Ausgaben zu bewirtschaften und dazu im Rahmen des Rechts z. B. kommunale Steuern zu erheben;
- *Organisationshoheit*, d. h. die Organisationsstruktur zu regeln, wie die Aufgaben erledigt werden (z. B. Ämter zu schaffen);
- *Personalhoheit* als Recht, eigenes Personal zur Aufgabenerledigung einzustellen und zu entlassen; und
- *Gebiets- und Verwaltungshoheit* als Befugnis im Zuständigkeitgebiet öffentliche Gewalt auszuüben (vgl. Dahme/Schütter/Wohlfahrt 2008: 18 f.)

Die Gemeinden können sich der Erledigung der damit verbundenen Aufgaben nicht entziehen. Hierbei werden zwei Aufgabenarten unterschieden:

- *Selbstverwaltungsaufgaben*, worunter freiwillige und Pflichtaufgaben zu verstehen sind (freiwillig sind sie dann, wenn die Kommune die Entscheidung selbst treffen darf, ob und wie eine Aufgabe erledigt wird; Pflichtaufgaben werden durch Gesetz bestimmt, d. h. die Kommune muss eine Aufgabe, z. B. im Bereich der Sozialhilfe, erledigen, entscheidet aber darüber, wie sie dies macht); und
- *Aufgaben im übertragenen Wirkungskreis*; sie bestehen aus Weisungsaufgaben (die den Gemeinden z. B. durch das Land übertragen werden können) oder Auftragsangelegenheiten (deren Erledigung zweckmäßigerweise den Gemeinden übertragen wird, wie z. B. die Durchführung von Bundes- und Landtagswahlen; vgl. ebd.: 22 f.).

Daneben tragen besondere Rechtsvorschriften zur Ausgestaltung der kommunalen Selbstverwaltung bei: Im Kinder- und Jugendhilfegesetz (SGB VIII) werden (für alle Städte, sofern sie Träger der öffentlichen Kinder- und Jugendhilfe sind, und die Kreise) bestimmte Planungen und Entscheidungen im Bereich der Kinder- und Jugendhilfe in die Zuständigkeit des Jugendhilfeausschusses und der von ihm bestimmten Jugendhilfeplanung (§§ 71, 80 SGB VIII) gelegt (vgl. Chassé/Lindner 2014: 163 ff.).

Die kommunale Selbstverwaltung stellt die untere Stufe der demokratischen Ordnung in Deutschland dar. Ihre Organe – die kommunale Vertretung und die/der Bürgermeister/in – werden durch die wahlberechtigte Bevölkerung der Gemeinde bestimmt. Dabei gilt es *Bürger*schaft und *Bewohner*schaft auseinanderzuhalten:

- Die Zugehörigkeit zur Bürgerschaft (als Bürger/in) ist ein politischer Status aufgrund der deutschen Staatsangehörigkeit (bzw. des Status' als EU-Bürger*in) und führt zu formalen Beteiligungsrechten, insb. der Teilnahme an

Wahlen (was Menschen ohne deutsche Staatsbürgerschaft oder EU-Status verwehrt ist).
- Bewohner*innen sind dagegen alle Menschen im Gemeinwesen (die Staatsangehörigkeit bzw. der EU-Status spielen keine Rolle), und es ist Aufgabe der Praxisberater*innen, auch Menschen ohne deutsche Staatsbürgerschaft oder EU-Status Teilhabemöglichkeiten zu eröffnen bzw. sie in Teilhabeprozesse einzuschließen.

Die Architektur des kommunalen Politikfeldes wird zunächst durch zwei Elemente gekennzeichnet:

1. Der von den Bürger*innen in allgemeiner, gleicher, freier und geheimer Wahl gewählte Gemeinde- oder Stadtrat (je nach Kommunalverfassung auch Gemeinde- oder Stadtvertretung oder -versammlung bezeichnet, hier kurz: „Rat" genannt) ist das für alle wesentlichen Entscheidungen in der Gemeinde zuständige („Haupt"-)Organ. Im Rat bilden sich Fraktionen, die sich i. d. R. aus den in den Rat gewählten Mitgliedern einer politischen Partei (z. B. CDU, SPD, Die Linke) oder örtlichen Wählergemeinschaft zusammensetzen. Entscheidungen des Rates werden in Ausschüssen mit speziellen Aufgabenstellungen (z. B. Kultur-, Bau- oder Finanzausschuss) vorbereitet (wobei sich der Sozialausschuss mit den auf örtlicher Ebene zu klärenden Fragen der sozialen Sicherheit befasst). Für das „Gemeinwohl in der Kommune" und „die solidarische Förderung des Wohls bedürftiger Menschen" zu sorgen ist die Hauptaufgabe des Rates: „Wie Gemeinwohl im Einzelnen konkret definiert wird und wo eventuelle Solidaritätsdefizite zu schließen sind, ist eine politische Frage, die im Rat entscheiden wird und deren Beantwortung je nach politischer Konstellation variieren kann" (Zühlke 2011: 44). Der Rat ist auch der kollektive Dienstvorgesetzte des Bürgermeisters/der Bürgermeisterin.
2. Der/Die Bürgermeister/in (der/die sog. „Hauptverwaltungsbeamte") ist neben dem Rat das zweite Organ der kommunalen Selbstverwaltung; er/sie leitet die Verwaltung alleine (soweit die Kommunalordnung, z. B. in Hessen, nichts anderes vorsieht) und bereitet v. a. die Ratsbeschlüsse vor und führt sie anschließend aus (der Kompetenz- bzw. Machtbereich der Bürgermeister*innen im Verhältnis zum Rat wird in den Kommunalordnungen durchaus unterschiedlich ausgestaltet). Die/Der Bürgermeister/in hat für eine zweckmäßige Aufgabenerledigung zu sorgen, die er/sie durch eine aufgabengerechte Verwaltungsorganisation sicherstellen muss (vgl. Machura 2006; Zinell 2023).

Der/die Bürgermeister/in ist (durch die direkte Wahl aus der Mitte der Bürgerschaft legitimiert) das organisierende Zentrum der kommunalen Selbstverwaltung: An ihm/ihr geht nur wenig vorbei, und selbst dann, wenn ihm/ihr im Rat eine andere politische Mehrheit gegenübersteht, verfügt er/sie über genügend (Macht-)Mittel, seine/ihre Vorstellungen öffentlich (z. B. in den lokalen Medien) zur Geltung zu bringen und (v. a. in und mit der Kommunalverwaltung) durchzusetzen, deren Organisation legt er/sie weitgehend in eigener Zuständigkeit fest: Es handelt sich um die

- *Leistungsverwaltung*, die die sozialrechtlich bestimmte Leistungsgewährung, aber auch Versorgungs- und Entsorgungsaufgaben (z. B. Wasserver- und Abwasserentsorgung) umfasst;
- *Lenkungsverwaltung*, insb. in Form vorausschauender Planungen (z. B. Verkehrsplanung) oder Förderung von Aktivitäten durch Subventionen;
- *Ordnungsverwaltung* als Verwaltungsbereiche zur Aufrechterhaltung von Sicherheit und Ordnung und der Abwehr drohender Gefahren;
- *Gewährleistungsverwaltung*, im Fall z. B. von Privatisierung, um sicherzustellen, dass eigentlich durch die Gemeinde zu erbringende Leistungen durch private Anbieter erbracht werden;
- *Abgabenverwaltung* durch die Beschaffung von Geldmitteln (kommunale Steuern, Gebühren und Beiträge); und
- *Bedarfsverwaltung*, d. h. Personal, Sachmittel (vgl. Dahme / Schütter / Wohlfahrt 2008: 22 f.).

Zusammengehörige Aufgaben werden in Ämtern zusammengeführt (vgl. Hoffmann 2006), die seit einiger Zeit auch als Fachbereiche oder -dienste, Fach- oder Sachgebiete bezeichnet werden. Wie die Aufgabenerledigung zu erfolgen hat, wird durch verbindliche Vorgaben für den Dienstbetrieb einer Kommunalverwaltung geregelt, die die/der Bürgermeister/in in Dienst- und Geschäftsanweisungen vorgibt. Solche Anweisungen bestimmen z. B. die Zuständigkeit und Aufgabenverteilung einzelner Verwaltungsbereiche, klären Aufgaben, Rechte und Pflichten von Vorgesetzen und enthalten Regelungen zur allgemeinen Bearbeitung von Anträgen, gegenseitige Informationspflichten der Mitarbeiter*innen bis hin zur Dokumentation der Arbeitsprozesse und der Aktenführung. Bürgermeister*innen sind daher als Schlüsselpersonen anzusehen, wie *Otto* sagt,

„an denen geht nichts vorbei, die haben eine Rolle, mehr als nur Oberhaupt einer Verwaltung zu sein, die haben ja nicht umsonst auch ihre Stimme im Kommunalparlament. Schlüsselpersonen können positiv und negativ wirken, sie können im Wege stehen. Ich habe das aktuell mit dem Oberbürgermeister, wo es einfach nicht weitergehen kann, weil er einfach sagt: Alles, was nicht aus meiner Denke kommt, das lasse ich nicht zu –. Die können das sehr hierarchisch auch durchsetzen, von daher merkt man auch, was Schlüsselpersonen ausmacht. Die können viel befördern: Da reichen manchmal so zwei, drei Treffen und man hat dann ein Projekt sehr erfolgreich durchgezogen, einfach, weil die sich und das Ganze geöffnet haben, und es gibt welche, die das dann auch verhindern. Der Bürgermeister ist ganz wichtig, dann hängts ein Stück weit davon ab, welche Rolle er spielt."

In der Praxisberatung gilt es daher, „ein Verhältnis" zum/zur Bürgermeister/in zu finden und (wie zu den Bewohner*innen eines Gemeinwesens) eine *Arbeitsbeziehung* zu entwickeln.

Otto berichtet aber auch davon, dass Bürgermeister*innen nach seiner Wahrnehmung oft „einfach die Zeit fehlt", um sich der Vielfalt der kommunalen Aufgaben zu widmen, die sie als „koordinierende Menschen brauchen. Das ist ganz wichtig, dass es solche Menschen mit Zeit und mit Erfahrungswissen gibt." Daher fällt einzelnen Mitarbeiter*innen in der Kommunalverwaltung die Rolle als Ansprechpartner/in für Praxisberater*innen zu. *Mike* weiß, was es heißt, die Ansprechpartner*innen nicht zu haben. Obwohl schon über zehn Jahre in der Verwaltung einer Kleinstadt beschäftigt, erlebt er sich dort als „relativ alleine". Ihm fehlt „die Möglichkeit, sich auszutauschen innerhalb der Verwaltung"; er bekommt „kein Feedback inhaltlich in der Verwaltung", was seine Arbeit „halt sehr schwierig" macht.

Ähnlich sieht das auch *Kurt*, der auf die Rolle von Vorgesetzten (z. B. Amtsleiter*innen) und ihre Einflussmöglichkeiten zu sprechen kommt, mit denen „es dann halt schwieriger wird, wo es einfach ausgebremst wird im Vorfeld, dass man in den politischen Diskurs überhaupt nicht reinkommt"; d. h.: Praxisberater*innen, die in einer Kommunalverwaltung angestellt sind, können es mit Akteuren zu tun haben, die ihre Machtposition nutzen, um bestimmte Entwicklungen ohne ihre Zustimmung keinen Schritt vorankommen zu lassen. Diese Praxis aufzubrechen streben auch die Verfahren an, Entscheidungen (teilweise) in die Hände der Bevölkerung durch Stärkung der Mitspracherechte zurückzuverlagern. Es gilt:

> „Gute und gefestigte Demokratien zeichnen sich durch eine Vielfalt demokratisch geprägter und demokratieförderlicher Institutionen und Prozesse in allen gesellschaftlichen Bereichen aus. Ihre Grundlage ist die möglichst intensive Beteiligung der Bürgerinnen und Bürger an allen öffentlichen Angelegenheiten" (Roth 2011: 265).

Die Kommunalverfassungen der Bundesländer sehen dazu unterschiedliche Rechte der Bürger*innen vor, an der kommunalen Selbstverwaltung direkt mitzuwirken, z. B. durch Bürgeranträge Themen zum Gegenstand der politischen Beratung im Rat zu machen oder Bürgerentscheide (→ Kasten) herbeizuführen (vgl. Bieker 2020b, 7./9.). Solche Möglichkeiten wurden in der Vergangenheit wiederholt aus verschiedenen Perspektiven beleuchtet (vgl. z. B. Kaase 1982; Hesse 1986; Knemeyer 1997) und haben in den 2000er Jahren einen erheblichen Bedeutungszuwachs erfahren (vgl. Roß/Roth 2021b: 2.1.3). Die Einladung zu einem (umfassenderen) Mitentscheiden bildet sich z. B. in der Idee der Bürgerkommune ab; sie

> „lebt von der Wiederentdeckung und Aufwertung einer aktiven Bürgerschaft. Es geht um ein bürgerschaftliches Engagement, das nicht nur Versorgungslücken schließen und Bürgerpflichten erfüllen soll, sondern die lokale Gesellschaft durch die eigenen

Aktivitäten mitgestaltet. Freiwilliges Engagement bildet auch die maßgebliche Ressource für eine funktionierende und vielfältige Zivilgesellschaft aus Initiativen, Vereinen und Verbänden"; hier werden „wichtige innovative und korrigierende Impulse" entwickelt (Roß/Roth 2021a: 3.3).

Dies liegt nahe, denn in der Nachbarschaft kommen die Themen, die die Bewohner*innen betreffen, zur Sprache und es entstehen dort (durch Einzelpersonen, Nachbarschaftsvereine oder lose organisierte Gruppen) auch demokratische Initiativen „von unten" (vgl. Oehler/Schnur 2021). Solche „bottum up"-Initiativen werden durch verschiedene Organisationen unterstützt, z. B. *Mehr Demokratie e. V.* oder das *Netzwerk Bürgerbeteiligung* (→ 10.4).

Zum Engagement bereite Bürger*innen werden nun „als wichtige Ressource einer zivilgesellschaftlichen Verwaltungskultur im lokalen Raum angesehen" (Bieker 2020b: 9; vgl. Borstel/Fischer 2018: 115 ff.; Schröpel 2021) und Gemeinden sind immer öfter bestrebt, Bürger*innen bzw. Bürger*innen-Organisationen bei der Beratung aktueller Fragestellungen der örtlichen Gemeinschaft, z. B. durch Runde Tische (→ 11.2.7) u. ä., einzubinden.

Bürgerantrag – Bürgerentscheid

In den Kommunalverfassungen ist geregelt, ob und wie sich Bürger*innen durch einen *Bürgerantrag* oder ein *Bürgerbegehren* an der Entwicklung der eigenen Gemeinde beteiligen können; solche Anträge müssen von einer bestimmten Zahl an Bürger*innen unterstützt werden, führen allerdings oft nur dazu, dass sich der Rat mit dem im Antrag oder Begehren genannten Thema auseinandersetzen, nicht aber einen bestimmten Beschluss fassen muss. Anders ist das beim *Bürgerentscheid*, mit dem durch die Bürger*innen, wie bei einer Wahl, eine kommunalpolitische Sachfrage entschieden wird, an die der Rat gebunden ist. Einem Bürgerentscheid geht ein Bürgerantrag bzw. -begehren voraus, mit dem zunächst über die Durchführung des Bürgerentscheids abgestimmt wird.

Die Gemeinden können in eigener Zuständigkeit auch regeln, dass Bürger*innen in der öffentlichen Sitzung des Rates Fragen an den/die Bürgermeister/in (und damit an die Kommunalverwaltung) richten können, die noch in der Sitzung öffentlich beantwortet werden müssen (sog. Bürgerfragestunde). Einige Kommunalverfassungen sehen vor, dass dieses Fragerecht auch in den Ausschüssen besteht, die sich mit Fachfragen befassen (z. B. der Sozial- oder der Jugendausschuss). Durch das Fragen wird Öffentlichkeit für ein Thema hergestellt, das sonst u. U. nicht angesprochen werden würde. Geregelt kann auch sein, dass Bürger*innen in Form von Anhörungen zu bestimmten Themen zu Wort kommen und sich zu einem Fachthema mit konkreten Anregungen äußern können.

In nahezu allen Kommunalverfassungen ist darüber hinaus auch bestimmt, dass Kinder und Jugendliche an den sie betreffenden Entscheidungen zu beteiligen sind (→ 7.1.1); allerdings ist damit nicht verbunden, dass die Vorstellungen junger Menschen tatsächlich umgesetzt werden; auch hier bleiben Rat und Kommunalverwaltung frei, anders zu entscheiden. Dies liegt auch daran, dass diese durch Teilhabeprozesse hervorgerufenen (und noch immer ungewohnten) Prozesse in der kommunalen Selbstverwaltung nicht immer als Gewinn erlebt werden. Die „Wahrscheinlichkeit, dabei auf politisch unerwünschte Themen, Anliegen und Argumente zu stoßen, ist groß. Die paternalistische Haltung einer fürsorglichen Entmündigung nach dem Grundsatz ‚Wir wissen schon, was gut und richtig für die Leute ist' ist tief in der politischen Kultur vieler Städte verankert" (Boettner/Schweitzer 2019: 390). In solchen Haltungen von Kommunalpolitiker*innen, Bürgermeister*innen und Mitarbeiter*innen einer Kommunalverwaltung kommt ein (über eine lange Zeit entwickeltes) Verständnis einer „fürsorglichen Verwaltungf" zum Ausdruck, mit dem Praxisberater*innen immer wieder zu tun haben und mit dem sie einen (produktiven, verändernden) Umgang finden müssen.

Im nachstehenden Gastbeitrag verweist *Winfried Pletzer*[19] implizit auf den Umgang mit solchen paternalistischen Haltungen und erläutert explizit (und appellativ) die Notwendigkeit eines grundlegenden Verständnisses, wie kommunalpolitische Entscheidungen vorbereitet und durchgesetzt werden und welche Möglichkeiten der Beeinflussung dieser politischen Prozesse im Rahmen von Praxisberatung bestehen:

10.2 „Einmischen!?" – Kommunalpolitik als Handlungsfeld

von Winfried Pletzer

Kommunale Zuständigkeit: Konsequenzen für eine politische Strategie der Sozialen Arbeit

Soziale Arbeit wird vor Ort – in den Kommunen – gemacht und durch die Kommunen politisch entschieden! Genau in diesen kommunalpolitischen Ebenen leisten die Sozialarbeiterinnen und Sozialarbeiter ihre praktische Arbeit. Die gesamtverantwortlichen Zuständigkeiten für die Rahmenbedingungen der Sozialen Arbeit liegen nicht im undurchschaubaren Nebel von landes- oder bundespolitischen Zuständigkeiten, sie verflüchtigen sich auch nicht in vermeintlich diffusen Lobbystrukturen des Wohlfahrtsstaates – sie liegen stattdessen in unmittelbarer

---

19 *Winfried Pletzer*, Politologe und Sozialpädagoge, langjähriger Referent für Kommunale Jugendpolitik beim Bayerischen Jugendring, Politikberater mit Schwerpunkten Kommunale Jugendpolitik, Jugendhilfe und Soziale Arbeit, Fachberatung, Organisations- Personal- und Qualitätsentwicklung (pletzer.winfried@gmail.com).

Handlungs- und Einflussnähe der Praxis Sozialer Arbeit. Es sind somit vor allem die Kommunen, „die im Rahmen der ihnen zukommenden *Gesamtverantwortung* für die Organisation und Bereitstellung familienbezogener, -ergänzender und -ersetzender sozialer Dienste zuständig sind und im Rahmen der kommunalen Selbstverantwortung finanzieren müssen" (Dahme/Schütter/Wohlfahrt 2013: 37) [20]: „Die kommunale Ebene (ist) für den Großteil der Handlungsfelder Sozialer Arbeit von besonderer Bedeutung. Vor Ort werden die sozialen Probleme und sozialpolitischen Reformen manifest, hier zeigt sich der soziale Wandel unmittelbar und hier kann man beobachten, wie Soziale Arbeit wirkt. Auf kommunaler Ebene ist die viel beschworene Interaktion von Sozialer Arbeit und Sozialpolitik lebensweltlich zu beobachten" (Schönig 2014: 43).

Die erfolgreiche sozialpolitische Realisierung Sozialer Arbeit ist somit wesentlich an kompetent fördernde, gestaltende und unterstützende kommunalpolitische Entscheidungsstrukturen, -personen und -prozesse in ihren Städten und Gemeinden bzw. in ihren Landkreisen gebunden. Somit ist es für eine erfolgreiche politische Strategie der Sozialen Arbeit unumgänglich, dass sich ihre Praktiker*innen in diesen kommunalpolitischen Strategien organisieren. Eine politisch erfolgreiche Strategie Sozialer Arbeit verortet sich damit primär im kommunalpolitischen Raum.

Was bedeutet das für Sie als Sozialarbeiter*in?
Um als Sozialarbeiter*in erfolgreich in diesen kommunalpolitischen Bezügen zu agieren, benötigen Sie ein Minimum an „kommunaler Kompetenz", ein „Feeling für kommunalpolitische Möglichkeiten", Sie sollten in Grundzügen verstehen, „wie Kommunalpolitik tickt." Denn nur ausgestattet mit einer kommunalpolitischen Grundsensorik sind Sie als Sozialarbeiter*in im kommunalpolitischen Sinn erfolgreich gesprächs- und handlungsfähig. Somit

1. verstehen Sie die wesentlichen Grundzüge der kommunalpolitischen Ordnungen und der kommunalen Selbstverwaltung;
2. machen Sie sich mit den allgemeinen Aufgaben ihrer Gemeinde, ihrer Stadt und ihres Landkreises vertraut, eignen Sie sich das Grundwissen zu den – in ihrem Bundesland – relevanten Kommunalverfassungen an, lernen Sie z. B., kommunale Pflichtaufgaben von sog. freiwilligen Leistungen zu unterscheiden;
3. befassen Sie sich mit den Grundzügen der Kommunalfinanzen, verschaffen Sie sich Überblick über die Haushaltssituation der Kommune in der Sie arbeiten, beurteilen Sie die Einnahmesituation der Kommune, verstehen Sie, welche finanziellen Spielräume der Kommune zur Verfügung stehen;

---

20 Eine leicht zugängliche Information zum Begriff „Gesamtverantwortung" bietet Kunkel 2021.

4. analysieren Sie die gesetzlichen Zuständigkeiten der kommunalen Ebenen, befassen Sie sich dazu mit den, für Ihren Arbeitsbereich relevanten gesetzlichen Grundlagen, insbesondere mit den Kapiteln zu „Zuständigkeiten, Gesamtverantwortung, Subsidiarität, Zusammenarbeit (mit freien Trägern)"; beachten Sie die relevanten Ausführungsgesetze ihres Bundeslandes;
5. identifizieren Sie ihre wichtigsten Ansprechpartner*innen in den jeweiligen Ämtern der Kommunalverwaltungen, beachten Sie dabei den Aufbau der Kommunalverwaltungen und die Entscheidungshierarchien; knüpfen Sie langfristig tragfähige Kontakte in diesen Netzwerken;
6. lernen Sie die Zuständigkeiten der politischen Organe in ihrer Gemeinde und in ihrem Landkreis kennen, identifizieren Sie die, für ihren Arbeitsbereich relevanten (Fach-)Ausschüsse und Arbeitsgremien, bauen Sie langfristig wirkende Kontakte zu den Mitgliedern und Personen im Umfeld auf;
7. durchschauen Sie die Ablaufprozesse von politischen Entscheidungen auf kommunalen Ebenen, identifizieren Sie Fraktionen, Koalitionen, politische Mehrheiten und Minderheiten;
8. sind Sie all dort nachhaltig mit einer kompetenten Öffentlichkeitsarbeit Ihrer Sozialen Arbeit präsent. So werden – und bleiben Sie mit Ihrer Sozialen Arbeit Teil der kommunalen Netzwerke.

Soziale Arbeit zwischen Politik und Praxis: „Einmischen? oder ... was sonst?"
Wie weit, wie offensiv und mit welcher Strategie soll sich Soziale Arbeit nun „einmischen" in kommunalpolitische Entscheidungsstrukturen, um die Rahmenbedingungen ihrer Arbeit weiterzuentwickeln? Wie opportun ist eine offensive politische Einflussnahme der Sozialen Arbeit auf politische Meinungsbildung in den kommunalpolitischen Entscheidungsgremien zugunsten der Rahmenbedingungen ihrer Arbeit?

Die Beantwortung der Frage zielt nach dem politischen Selbstverständnis der Sozialen Arbeit, letztendlich auch nach der Frage, ob und inwieweit Soziale Arbeit selbst ein eigenständiges (kommunal-)politisches Mandat haben kann. Ein kritisch diskutiertes Anliegen, denn mit dem Thema „...politisches Mandat ist unverändert das grundlegende Selbstverständnis Sozialer Arbeit berührt und damit die professionelle Identität der in ihr Tätigen" (Merten 2001a: 9)[21].

Ohne Zweifel definiert der von *Ingrid Mielenz*[22] formulierte „Einmischungsauftrag" einen Pol dieser Diskussion (vgl. Mielenz 1981b: 57 ff.). „Im Kern geht es dabei um die Erkenntnis, dass Jugendhilfe sich nicht nur auf ihren engeren Leis-

---

21 Das politische Selbstverständnis der Sozialen Arbeit wird von verschiedenen Autoren mit verschiedenen Positionen in dem Sammelband von *Roland Merten* (2001b) differenziert diskutiert: eine empfehlenswerte Grundlage zur persönlichen Orientierung und Positionierung!
22 *Ingrid Mielenz* war 1987 bis 2004 Sozialreferentin der Stadt Nürnberg. In dieser Funktion prägte sie in den 1980er Jahren den Begriff der „Einmischungsstrategie" der Sozialen Arbeit.

tungsbereich beschränken kann, sondern auch Einfluss auf die gesellschaftlichen und politischen Faktoren nehmen muss, durch den die Lebensbedingungen junger Menschen und Familien gestaltet werden" (DPWV 2021).

(Nicht nur) der Jugendhilfe, als Teil der Sozialen Arbeit, wird damit ein Auftrag zugesprochen, der weit über ihre innere Aufgabenbeschreibung hinausgeht und eine offensive Einmischung in die politische und gesellschaftliche Debatte als konstitutives Moment (moderner) Jugendhilfe und damit auch der Sozialen Arbeit sieht. Quasi: Soziale Arbeit als Politik auf kommunaler Ebene. Soziale Arbeit hätte demnach eine doppelte Aufgabenstellung: eine Veränderung des Klientensystems *und* eine Veränderung der politischen Steuerungssysteme (vgl. Rieger 2014: 329).

Eine gegenpolige Logik reflektiert der Ansatz, dass eine grundlegende Voraussetzung für die Politikfähigkeit der Sozialen Arbeit gerade ihre Entkoppelung von der Politik sei. Als intermediäre Instanz zwischen System und Lebenswelt habe Soziale Arbeit aber kein sozialpolitisches Mandat im Sinne von Vertretungsvollmachten (vgl. Müller 2001: 145). Nicht zuletzt aufgrund der unterschiedlichen Handlungslogiken von Kommunalpolitik und Sozialer Arbeit, sei Soziale Arbeit nur politikfähig durch ihre Distanz zur Politik *und* durch ihre eigenständige und fachlich wie ethisch begründete Deutungskompetenz. Gleichwohl sei Soziale Arbeit auch ohne ein politisches Mandat politikfähig und besitzt die Fähigkeit, Politik durch ihre fachliche Expertise zu beeinflussen. Soziale Arbeit müsse dabei ihr privilegiertes professionelles Fachwissen und ihre Fachexpertise nutzen und in geeigneter Weise in die Politik vermitteln. Ihr komme daher die Aufgabe zu, defizitäre Lebenslagen und soziale Probleme vor Ort zu erfassen, aufzugreifen und in den kommunalpolitischen Aushandlungs- und Umsetzungsprozess von Maßnahmen und Programmen einzubringen (ebd.: 146). Soziale Arbeit habe demnach ein professionelles, kein politisches Mandat (vgl. Merten 2001b: 160).

Was bedeutet dies für Sie als Sozialarbeiter*in?
Als Sozialarbeiter*in handeln Sie als politischer Mensch im (kommunal-)politischen Raum. Sie vertreten Anliegen ihrer Klientel, ihres Anstellungsträgers, ihrer Arbeitsstrukturen und auch immer (ob bewusst oder nicht) ihre persönlichen Interessen. Somit:

1. Reflektieren Sie ihren politischen Zugang, ihren politischen Bezug und ihr politisches Selbstverständnis, mit der Sie als Sozialarbeiter*in handeln (wollen).
2. In welcher grundsätzlichen politischen Rolle definieren Sie sich? anwaltschaftlich, parteilich, einmischend, vertretend, als Lobbyist*in, als Beauftragte*r, als Berater*in, …?
3. Analysieren Sie ihr „Politikfeld" innerhalb ihres Arbeitsgeflechts; und füllen Sie dieses kompetent aus.
4. Ordnen Sie ihre politische Strategie und Taktik: „niemals einfach drauflos!"

5. Qualifizieren Sie ihr Wissen um die Methoden der Professionspolitik und der kommunalpolitischen Gestaltung (z. B. Sozialberichterstattung, Sozialraumanalyse, Soziale Stadtentwicklungspolitik, Community Organizing, Beteiligungspolitik, Empowerment, Soziallobbying, Politikberatung, Politikfeldanalyse).
6. Bewerten Sie ihr politisches „Standing" immer realistisch. Überdehnen Sie nicht ihre Möglichkeiten und Fähigkeiten.
7. Rennen Sie nicht blind gegen kommunalpolitische Hemmnisse und Blockaden an. Erkennen Sie nüchtern, wenn für Ihr Anliegen keine politischen Mehrheiten zu erzielen sind. Immer wieder gibt es in der (Kommunal-)Politik bremsend-hinderliche oder positiv-günstige politische Konstellationen zur Umsetzung und Verwirklichung einer Weiterentwicklung ihrer Sozialen Arbeit. Somit: Rennen Sie nicht gegen Wände, erkennen Sie aber rechtzeitig politisch günstige Fensterzeiten für ihr Projekt.
8. Bleiben Sie in ihrem sozialarbeiterischen Auftrag kommunalpolitisch unaufgeregt, unaufdringlich, aber immer beharrlich „am Ball". Kommunalpolitik ist immer gut für kurzfristige Enttäuschungen, aber auch für langfristige positive Erfolge.
9. Sie sind qualifizierte Fachkraft der Sozialen Arbeit! Dies genau ist es, was Sie im kommunalpolitischen Raum besonders qualifiziert. In ihrem Praxisfeld macht ihnen kein Kommunalpolitiker etwas vor. Nutzen Sie ihre professionelle Kompetenz mit Geschick und Selbstbewusstsein. Ihre Fachlichkeit ist zwar kein Garant für Politikfähigkeit, sie ist aber die wichtigste Voraussetzung!

Politikberatung: Das andere Lobbying

Wenn auch im Rahmen disziplinärer Debatten umstritten ist, „...ob und wie ein politischer Auftrag Sozialer Arbeit zu rechtfertigen ist bzw. welchen Umfang er gegebenenfalls hat ...", erkennen auch die Mandatsgegner die Politikberatung als Teil des Arbeitsauftrags einer „normalisierten" Profession an (vgl. Merten 2001b: 159 f.).

Politikberatung ist als politischer Beitrag von Profession und Disziplin Sozialer Arbeit unumstritten. „Der Auftrag zur Politikberatung entspringt hier dem selbstverständlichen Anspruch einer Profession, Politik aufgrund ihrer bevorzugten, herausragenden Expertise in einem bestimmten Feld zu beraten" (Rieger 2014: 332).

1. *Der Bedarf an Beratung in den Kommunen:* Mit Blick auf die Kommunen und deren kommunalpolitischen Entscheidungsträger muss für die Felder der Sozialen Arbeit von einem sehr hohen Bedarf an praxisorientierter Politikberatung ausgegangen werden. Insbesondere für mittlere und kleinere Kommunen gilt, dass viele Aufgaben der Sozialen Arbeit zwar zu den kommunalen Pflichtaufgaben zählen, dass dazugehöriges Expertenwissen innerhalb vieler Kommunalverwaltungen und innerhalb der Kommunalpolitik aber nicht immer im gewünschten Maß vorhanden ist. Eine in den Kommunen oftmals stattfindende subsidiäre Übertragung von sozialen Leistungen auf freie Trä-

ger „outsourced" in den Kommunalverwaltungen ebenso die Fachkompetenz. Auch sind kommunale Mandatsträger in ihrer ehrenamtlichen Funktion (in einem „Feierabendparlament") gezwungen, in Fragen der Sozialen Arbeit als nicht-fachliche Generalisten zu agieren.

Spätestens aber dann, wenn (kritisch diskutierte) Entscheidungen anstehen, will Kommunalverwaltung und Kommunalpolitik die „Faktenlage" kennen: „Diese Faktenlage ist – besonders wenn es ums Soziale geht – oft unübersichtlich, komplex und widersprüchlich. Prioritäten und Präferenzen sind oft neblig, die Folgen des Handelns sind nie voll berechenbar, es fehlt an Informationen darüber, wie genau und wann welche Maßnahmen wirken würden. Eine verwirrende Vielzahl von Rationalitätswünschen prägt die Diskussionen" (Althaus 2017: 254).

Kommunalverwaltung und Kommunalpolitik fragt in dieser Situation nach Rat und Beratung. Gelangen sie dabei an die richtige Adresse, dann erhalten die Kommunen (im besten Fall) eine fachlich professionelle Beratung mit ortsbezogen profunder sozialarbeiterischer Fachexpertise.

2. *Ihr professionelles Angebot als Fachkraft: (Politik-)Beratung Sozialer Arbeit*

Kommunalpolitik hat ebenso wie andere Politikebenen ein vitales Interesse an der Rationalität, Fachlichkeit und Praxistauglichkeit ihrer politischen Entscheidungen. Politikberatung dient der Information, Erklärung, Aufklärung durch (vermeintlich) besser informierte gesellschaftliche Personen und Gruppen:

„Stets geht es darum, politische Akteure und Institutionen mit wissenschaftsgestützten und/oder praxisrelevanten Informationen und Erkenntnissen zu versorgen, über die das politische System nicht oder nur unzureichend verfügt" (Rieger 2014: 333). Diese Beratung „ist dann nützlich und legitim, wenn sie politischen Entscheidungsträgern beim politischen Entscheiden hilft" (Althaus 2017: 253).

Genau diese Hilfe, genau diese passgenaue und praxisrelevante Beratung kann lokal agierende Soziale Arbeit der lokalen Kommunalpolitik als Entscheidungshilfe bieten. Denn auf Ihrem Feld und insbesondere vor Ort ist sie originärer Kompetenzträger.

Damit sind Sie angefragt!

Denn als Fachkraft in der Sozialen Arbeit sind Sie fachlich qualifizierte/r Experte*in vor Ort! Sie haben das Feld studiert! Sie besitzen Praxiswissen! Sie haben gelernt faktenbasiert zu entscheiden! Sie arbeiten methodisch sauber! Sie sind in der Lage fachlich korrekt zu argumentieren! Sie verfolgen einen wissenschaftlich abgesicherten Ansatz! Sie kommunizieren verständlich! Sie handeln authentisch!

> Damit sind Sie in Ihrer Kommune und für Ihre Kommune der/die ideale (Politik-)Berater*in in Fragen der Sozialen Arbeit. Orientieren Sie danach Ihre politische Strategie.

Sie fühlen sich in Ihrer subjektiven Rolle als Sozialarbeiter*in nicht zur Politikberatung in den Fragen Sozialer Arbeit berufen? Sie sollten diesbezüglich keine zu großen Bedenken haben! Da Kommunalpolitik – als die „kleine Politik vor der Haustüre" – persönlicher, anschaulicher, nachbarschaftlicher geprägt ist als die „große Politik" (vgl. Althaus 2017: 263), hat es lokale Politikberatung leicht, einen direkten – auch persönlichen – Zugang zu den kommunalen Mandats- und Entscheidungsträgern zu finden. Politiker*innen haben vielfach auch kein Problem damit, dass die kommunale Politikberatung durch lokale Berater*innen nicht ausschließlich neutral, sondern zwangsläufig auch interessegeleitet stattfindet. „Berater dürfen Interessen haben. Aber sie müssen transparent sein und zumindest für die Politik teilkompatibel" (ebd.: 257). In solcherart offener Kommunikation zwischen Sozialer Arbeit und Kommunalpolitik ist Beratung (auch in der Form methodischen Lobbyings) als beidseitig akzeptiertes Tauschgeschäft angelegt. „Vereinfacht gesprochen, benötigt die Politik Informationen, Rat und Rückhalt (Legitimation) und bietet dafür Einfluss. Neben ihrer Bedeutung in der Ausführung bietet Soziale Arbeit in dieser Tauschbeziehung vor allem Politikberatung" (Rieger 2013: 66). Das ist kein Widerspruch, sondern eine natürliche Kopplung (vgl. Althaus 2017: 268). Eine Win-win-Situation, die eine im kommunalen Raum politisch gut vernetzte Soziale Arbeit erfordert.

Die Soziale Arbeit sollte deshalb ihre Möglichkeiten im kommunalen Raum nutzen, um ihre Profession, ihre fachlichen Beratungsangebote, ihre fachlich-politischen Dienstleistungen in Richtung Kommunalpolitik weiter zu qualifizieren und zu profilieren. Damit existiert für wirkorientierte Soziale Arbeit im kommunalen Raum neben ihrem, nach innen gerichteten, dem Klientel zugewandten Arbeitsbereich mindestens ein weiterer Arbeitsschwerpunkt: die Information und Beratung „ihrer" Kommunalpolitik und Kommunalverwaltung. Ebenso selbstverständlich, wie Wohlfahrtsverbände, Selbsthilfevereinigungen und Einrichtungen auf Landes-, Bundes- und Europaebene politisch agieren, sollte die Politikberatung als Teil der Sozialarbeitspolitik auch vor der Haustüre – auf kommunaler Ebene – als integraler Teil des Arbeitsauftrags Sozialer Arbeit im kommunalpolitischen Raum definiert sein.

Ihre Aufgabe:
„Politisches Handeln ist Teil des fachlichen Auftrags Sozialer Arbeit" (Althaus 2017: 348).

Die Stakeholder der Sozialen Arbeit sollten somit im kommunalpolitischen Raum „ihr Spiel machen" und ihre Chancen in einem nahen und durchaus überschaubaren Raum der Kommunen offensiv und kompetent nutzen.

„Politischen Einfluss muss man sich nehmen, verschenkt wird er nicht. Er ist weder Wissenschaft noch Kunst, sondern Ergebnis eines soliden Handwerks" (ebd.: 253).

Keine Zeit und kein Platz somit für lähmende, selbstbemitleidende Minderwertigkeits- und Krisenszenarien bei Mitarbeiter*innen der Sozialen Arbeit: Erfolgreiche Sozialarbeitspolitik wird nicht als Fertigpaket von den Wohlfahrtsverbänden verschenkt, sondern wird in den über 11.000 Kommunen in Deutschland politisch erarbeitet. So sei allen (werdenden) Sozialarbeiter*innen mit sozialpolitischen Anliegen nahegelegt: Genau dies erfolgreich zu tun, sollte zu Ihrem professionellen Handwerk zählen! (vgl. Pletzer 2017: 107 f.).

10.3 Praxisberatung ist: Politisch agieren

Durch Praxisberatung kann dazu beigetragen werden, dass sich die Bewohner*innen eines Gemeinwesens die durch Winfried Pletzer dargestellten Möglichkeiten der Einflussnahme bewusst machen, was sie motivieren kann, die Instrumente der Bürgerbeteiligung zu nutzen. In der Praxisberatung spielen dabei zwei Aspekte eine besondere Rolle:

- das grundlegende Verständnis des (sozial-)politischen Systems, wie es sich in den Gemeinden darstellt (→ 10.3.1), und
- die konkrete Analyse der politischen Prozesse zu den Themenstellungen, die für das Gemeinwesen relevant sind (→ 10.3.2).

Der Betrachtung der für ein Gemeinwesen bedeutsamen politischen Prozesse in konkreten Politikfeldern – die sog. *Politikfeldanalyse* (vgl. Mayntz/Scharpf 1995; Lange/Braun 2000; Saalbach 2009 sowie die Beiträge in Schubert/Bandelow 2008) – kommt damit eine besondere Bedeutung zu (*Winfried Pletzer* nennt dies die „kommunalpolitische Grundsensorik"). Dabei sind drei Dimensionen politischer Prozesse zu unterscheiden:

- Die Dimension *Polity* befasst sich mit den „Institutionen und Gremien, in denen die Entscheidungen getroffen und umgesetzt werden, also Parlamente,

Regierungen, Verwaltungen sowie die darin vorgeschriebenen Regeln und Abläufe", während
- die Dimension *Policy* „die Inhalte der Politik zum Gegenstand (hat), z. B. die Programme der Parteien, die Koalitionsverträge, Regierungserklärungen und die Beschlüsse der parlamentarischen Gremien, Diskussionen zu Problemstellungen und Lösungsvorschläge";
- die Dimension *Politics* beschreibt die Prozesse, „die zur Durchsetzung von Interessen und Forderungen durchlaufen werden müssen". Zu beachten ist, „wer welche Interessen verfolgt, auf welchem Wege eine Einigung erzielt werden kann oder wie sich verdichtende Konflikte lösen lassen." Dabei spielt auch eine wichtige Rolle, „welche Werte und Überzeugungen, welche Haltungen und Konflikterfahrungen vorliegen" (vgl. Borstel/Fischer 2018: 15 f., zit. ebd.).

10.3.1 Sozialpolitisches System der Gemeinde

Das Politikfeld (bzw. politische System) einer Gemeinde (*polity*) wird zwar allgemein durch die Strukturen bestimmt, die die Kommunalverfassung vorgibt (→ 10.1). Ein Politikfeld ist aber auch ein politischer Ort, in dem weitere Akteure tätig sind, die politische Entscheidungen zu den gemeindlichen Themen z. B. der kommunalen Wirtschafts-, Umwelt- und Sozialpolitik treffen oder auf diese Entscheidungen Einfluss nehmen. Akteure im Politikfeld sind neben den Angehörigen der Kommunalen Selbstverwaltung (die dem Rat angehören oder die Kommunalverwaltung vertreten)

- Personen aus zivilgesellschaftlichen Organisationen und der lokalen Wirtschaft,
- Bewohner*innen (z. T. als *potenzielle* Akteure, die sich z. T. ihres Akteursstatus' aufgrund der Praxisberatung erst noch bewusst werden müssen) sowie
- u. U. Einzelpersonen (z. B. Abgeordnete des Landtages oder des Bundestages, Landrat bzw. Landrätin, sofern er/sie in der Gemeinde leben).

Im Politikfeld können u. U. auch Mitglieder karitativ ausgerichteter Organisationen (z. B. Zonta- oder Lionsclubs, Rotarier oder Freimaurer-Logen) tätig sein, die lokal in der Unterstützung sozialer Projekte engagiert sind und in denen oft Personen mitarbeiten, die z. T. in der lokalen Wirtschaft Bedeutung haben und (auch deshalb) erheblichen Einfluss auf politische Entscheidungen ausüben (können).

Für die Praxisberatung ist die kommunale Sozialpolitik als zentrales Politikfeld insbesondere deshalb von Bedeutung, weil hier die Themen der (kommunalen) Daseinsvorsorge be- und verhandelt werden (wobei sondergesetzlichen Vorschriften v. a. des Sozialgesetzbuches dieses Politikfeld konkretisieren):

Sozialpolitischer Rahmen

Sozialpolitik als kommunales Politik- und Handlungsfeld meint im Sinne der sozialpolitischen Zielstellung (das Gemeinwohl zu gewährleisten und Teilhabe zu fördern → 4.2) sowohl spezifische politische Inhalte (*policy*) als auch die darauf bezogenen politischen Prozesse (*politics*). Es handelt sich um ein „ebenso bedeutsames wie differenziertes und unübersichtliches Politikfeld" (Rieger 2021: 846), das durch einen z. T. erheblichen Aushandlungs- und Konkretisierungsbedarf gekennzeichnet ist.

Den grundlegenden Auftrag dazu formuliert dazu das Sozialgesetzbuch: §1 Abs. 1 SGB I bringt zum Ausdruck, dass das Recht des Sozialgesetzbuches (und die dort im Einzelnen näher beschriebenen Aufgaben der Sozialen Arbeit) „zur Verwirklichung sozialer Gerechtigkeit und sozialer Sicherheit Sozialleistungen einschließlich sozialer und erzieherischer Hilfen gestalten" und dazu beitragen soll, „ein menschenwürdiges Dasein zu sichern, gleiche Voraussetzungen für die freie Entfaltung der Persönlichkeit, insbesondere auch für junge Menschen, zu schaffen, die Familie zu schützen und zu fördern, den Erwerb des Lebensunterhalts durch eine frei gewählte Tätigkeit zu ermöglichen und besondere Belastungen des Lebens, auch durch Hilfe zur Selbsthilfe, abzuwenden oder auszugleichen".

Die Kommunen nehmen in diesem Rahmen ein sozialpolitisches Mandat wahr, diese Aufgaben aufgrund eigener Zuständigkeit oder als übertragene Pflichtaufgaben zugeschnitten auf die örtlichen Verhältnisse und die Bedürfnisse und Bedarfslagen ihrer Zielgruppen auszugestalten. Kommunale Sozialpolitik reflektiert als kommunales Politikfeld also sämtliche Rahmungen, die sich aus gesetzgeberischem Handeln (auf Bundes- oder Landesebene) objektivieren oder als Reflex gesellschaftlicher Prozesse ergeben und die damit (un-)mittelbar die Sozialen Dienste betreffen und sukzessive verändern.

Hierbei gilt das Subsidiaritätsprinzip (von dem auch Winfried Pletzer spricht) als zentraler Wert und Bezugspunkt der sozialstaatlichen Organisation, um die Selbstverantwortung von Menschen und ihren Organisationen im Rahmen der individuellen Leistungsfähigkeit und gegenseitiger Hilfe zu unterstützen. Subsidiarität ist als demokratisches Prinzip zu verstehen, das „auf die eigene Initiative und Verantwortung der Bürger, auf ihre freiwillige gegenseitige Hilfe baut, was ihnen nicht durch staatliche Institutionen entzogen werden darf. Staatliches Handeln ist in diesem Verständnis auf Ausnahmesituationen und darauf beschränkt, dass die eigenen Kräfte der Einzelnen oder deren gegenseitige Hilfe nicht ausreichen, um Not zu lindern, abzuwenden oder zu verhindern" (Girke 2021: 237 f.).

Diese sozialpolitischen Ansprüche stehen mittlerweile in deutlichem Gegensatz zur neoliberalen Transformation des Sozialen: Sozialpolitisch relevante Entwicklungen, wie sie sich auch in Deutschland seit den 1980er Jahren vollzogen haben, folgen der generellen gesellschaftlichen Umstrukturierung nach den Prinzipien des Marktes, wonach gilt, das marktwirtschaftliches Handeln effizienter und effektiver sei, als staatliches Engagement. Dieser Prozess hat zu einer Neubewertung der ursprünglichen Verhältnisbestimmung von Wohlfahrtsstaat, Sozialstaat und kommunaler Sozialpolitik geführt. Spätestens seit den 1990er Jahren ist es nun das mehr oder minder deutlich formulierte Ziel (das sich in politischen Willenserklärungen und gesetzlichen Reformen des Sozialgesetzbuches – v. a. des SGB II – äußert), ein System zu entwickeln, das dem eigenen Anspruch nach leistungsfähiger und bürger*innennäher sein sowie weniger kosten soll und von der Idee des „New Public Management" bzw. der sog. „Neuen Steuerung" (bzw. „Verwaltungsmodernisierung") geleitet ist (vgl. Dahme/Wohlfahrt 2009: 82 ff.):

> „Ziel der Verwaltungsmodernisierung ist es, Verwaltungsprozesse zu straffen und zu straffen und medienbruchfreie Serviceleistungen für alle Bürger/innen und Unternehmen zu schaffen." Das bedeutet, „die Qualität der Verwaltungsdienstleistungen zu verbessern und an sich ändernde Gegebenheiten anzupassen. Wichtige Ziele sind die Steigerung der Effektivität und der Effizienz sowie die Verbesserung von Kunden- und Bürgerfreundlichkeit und die Erweiterung der Gestaltungsspielräume für Kommunen und Wirtschaft" (Reiss 2022: 971).

Hierdurch ist es zu einem für die (kommunale) Sozialpolitik bedeutsamen Gestaltungsprinzip geworden, dass sich auch die Erbringer sozialer Leistungen miteinander im Wettbewerb befinden und dabei als konkurrenzfest (d. h. kostengünstiger als andere Leistungsanbieter) erweisen müssen (was dem Subsidiaritätsprinzip widerspricht). Kommunale Sozialpolitik ist insofern immer auch ein Entscheidungsprozess über knappe oder vorsätzlich durch politische Entscheidungen verknappte Mittel (wenn z. B. andere Politikfelder bevorzugt werden). Dazu trägt auch bei, dass die Leistungsfähigkeit der kommunalen Selbstverwaltung durch Bundes- oder Landesgesetze eingeschränkt wird, die neue Aufgaben übertragen, ohne ausreichende finanzielle Mittel für deren Finanzierung vorzusehen (z. B. wurden die kommunalen Eigenanteile am Bund-Länder-Programm „Soziale Stadt" erhöht bzw. die weiteren Fördermöglichkeiten zur Finanzierung einzelner Maßnahmen und Projekte eingeschränkt, weshalb die Gemeinden die dadurch entstandenen Finanzierungslücken aus eigenen Mitteln schließen mussten).

Handlungsfeld kommunale Daseinsvorsorge

Für die Soziale Arbeit im Gemeinwesen ist v. a. die kommunale Daseinsvorsorge (→ 2.1.4, 10.1) und damit die *kommunale Sozialpolitik* mit Maßnahmen und Programmen bedeutsam, die v. a. der Bereitstellung von Hilfen für marginalisierte Bewohner*innen und dem Ausgleich sozialer Nachteile dienen; sie befasst sich mit der langfristigen Entwicklung der sozialen Situation in der Kommune, z. B. durch die Beobachtung negativer Entwicklungen und Entwicklung von Ansätzen, diesen Entwicklungen gegenzusteuern (vgl. Dahme/Schütter/Wohlfahrt 2008:

25; Dahme/Wohlfahrt 2009; Reiß/Seeleib-Kaiser 2022). Dazu zählt auch die die kommunale *Kinder- und Jugendhilfe und -politik* (vgl. Chassé/Lindner 2014), wobei – neben der Sicherstellung der öffentlichen Erziehung in Kindertagesstätten und der Gewährleistung erzieherischer Hilfen – v. a. die Beteiligung junger Menschen an den sie betreffenden gemeindlichen Angelegenheiten von wachsender Bedeutung ist (→ 7.1.1). Zwei Politikbereiche spielen für die kommunale Daseinsvorsorge eine besondere Rolle:

- *Kommunale Sorgepolitik* ist als (kommunal-)politisches Handeln zu verstehen, diese sozialpolitischen Ziele lokal und den dort je unterschiedlichen gegebenen Bedingungen, Bedürfnissen und Bedarfslagen angepasst umzusetzen. Sie wird dabei durch die Problemwahrnehmung lokaler Akteure in Politik (v. a. gewählte Mitglieder der Räte) und Verwaltung (insb. [Ober-]Bürgermeister*innen), durch den Fokus auf solche Probleme (Handeln im Sinne der Prävention) und die Vorstellungen in Bezug auf Priorisierung der Probleme (Klärung von Vor- und Nachrang) und mögliche Lösungen bzw. Lösungswege (Handeln in Sinne von Empowerment oder Aktivierung) für diese Probleme bestimmt.
- *Kommunale Ressourcenpolitik* bezeichnet die insb. durch die Verfügbarkeit von eingenommenen Geldmitteln (v. a. aus Steuern, Gebühren, Beiträgen und Zuweisungen) eröffneten oder (bei fehlenden Mitteln) eingeschränkten Möglichkeiten, im Bereich der Leistungserbringung Pflichtaufgaben (z. B. Hilfen zur Erziehung gem. §§ 27 ff. SGB VIII) zu erfüllen und sog. „freiwillige Aufgaben" (z. B. Leistungen der Familienbildung) zu übernehmen, Personal zu gewinnen, Sachmittel (v. a. Fachpersonal, Sach- und Betriebsmittel für die Gestaltung angemessener Arbeitsbedingungen) zu beschaffen, Investitionen (Gebäude/Einrichtungen, Infrastrukturen u. a.) zu tätigen oder Zuwendungen (z. B. an freie Träger zur Durchführung von Projekten u. ä.) zu leisten. Grundsätzlich stehen alle kommunalen Leistungen immer unter einem Finanzierungsvorbehalt: sind die Ausgaben höher als die Einnahmen (insb. aus Steuern), dann muss der Fehlbetrag durch Kredite finanziert werden und eine Güterabwägung erfolgen, für welche Leistungen die Aufnahme von Krediten erforderlich ist. Die Mittel für sozialstaatliche Leistungen werden dabei (v. a. bei knapper Geldmittelverfügbarkeit) durch die im politischen Prozess als vorrangig bezeichneten Bedarfslagen anderer Politikfelder begrenzt (zu denen Wirtschaftsförderung, Baumaßnahmen, Ordnung und Sicherheit, Aufgaben des Umweltschutzes zählen) oder die neoliberale Transformation des Sozialen (→ 4.3) nahelegt, diese als nicht erforderlich anzusehen.

Sozialpolitischer Handlungsraum
Soziale Dienste versuchen, „im eigenen wie advokatorischen Interesse" die Gestaltung dieser Leistungen zu beeinflussen (Rieger 2021: 848), z. B. dann,

wenn sie im politischen Prozess begrenzt werden könnten. Der Sozialpolitische Handlungsraum bezeichnet diesen „Ort", wo allgemeine (aufgrund z. B. bundes- und/oder landesgesetzlicher Vorgaben bestimmte) sozialpolitische Ziel- und Aufgabenstellungen im Rahmen der lokalen Problemwahrnehmung (Sorge) und der kommunalen Gestaltungsmittel (Ressourcen) verhandelt und in Bezug auf konkrete Leistungen, Angebote, Dienste, Settings und Verwirklichungsbedingungen (Förderbedingungen, Auftragsvergaben, Leistungsvereinbarungen, Arbeitsbedingungen u. v. m.) bestimmt werden (politische Handlungsräume entstehen in allen kommunalen Politikfeldern, bestimmt von den leitenden politischen Zielvorstellungen des Politikfeldes, der Ressourcenpolitik und dem Themenfeld, das der Sorge in der Sozialpolitik entspricht). Beim sozialpolitischen Handlungsraum handelt sich einerseits um den Ort des sozialpolitischen Diskurses über unterschiedliche Problemwahrnehmungen oder streitige Lösungswege und andererseits um den Ort der Entscheidung über die praktische Gestaltung des lokalen Sozialsystems (z. B. Priorisierungen einzelner Leistungen, der Klärung, wem welche Aufgaben übertragen werden). Dadurch entsteht jeweils ein individueller sozialpolitischer Handlungsraum, d. h. eine *Arena* (→ 15), in dem die Entwicklung und Gestaltung der örtlichen Daseinsvorsorge im Konflikt zwischen den Inhalten und Zielen der kommunalen Sorgepolitik im Verhältnis zur kommunalen Ressourcenpolitik durch die Klärung der Mittelzuweisung unter den kommunalen Politikfeldern umstrittener „knapper" Mittel entschieden wird:

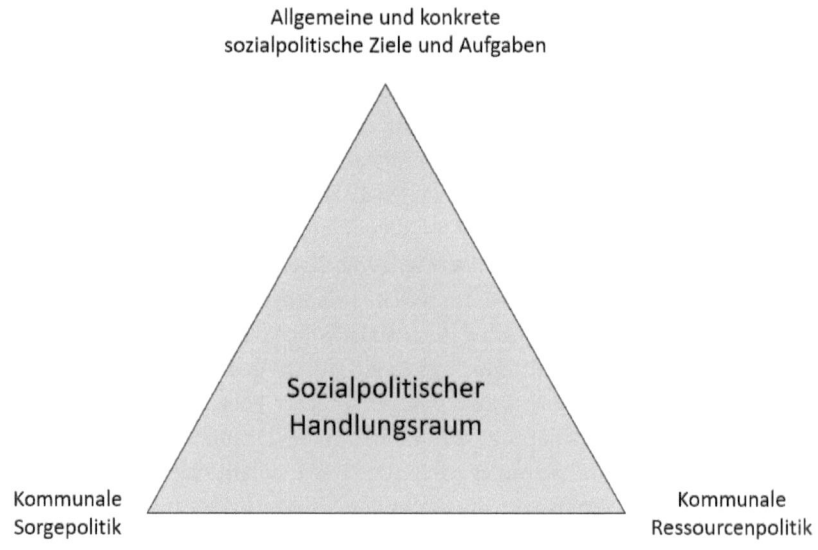

10.3.2 Politikfeldanalyse

Politikfeldanalysen befassen sich insb. mit der inhaltlichen und der praktischen Dimension politischer Prozesse *(policy* und *politics)*, d.h. die Entscheidungsabläufe und deren Resultate werden analysiert (vgl. Berg-Schlosser/Stammen: 216 f.). Gefragt wird z. B., welche Inhalte, Aspekte oder Widersprüche, Einigkeit oder Differenzen ein politisches Thema hat. Analysiert wird, wer dabei welche Interessen verfolgt, welche Vorschläge gemacht werden, wer mit wem welche Allianzen schließt oder sich von wem abgrenzt und „wer im Kontext des zu erreichenden Ziels welchen Einfluss bzw. welche Entscheidungsmacht hat, ebenso wer Beziehungen hat und welche?" (Kammann/Schaaf 2004: 182; vgl. Borstel/Fischer 2018: 16; Tsebelis 1995; Saliterer 2009; Schloß 2017).

Mit einer Politikfeldanalyse wird zwar primär die Absicht verfolgt, im Wege von Politikberatung den politischen Akteuren (Mitglieder von Räten, Ratsfraktionen, Bürgermeister*innen) Informationen an die Hand zu geben, die für eine „bessere Politik" dienlich sein können (vgl. Blum/Schubert 2009: 16), gleichwohl können einfache Formen der Politikfeldanalyse auch für die Praxisberatung von Bedeutung sein. Praxisberater*innen müssen dazu (wie auch *Winfried Pletzer* ausführt) ausdrücklich keine Politolog*innen sein, um kommunale Politikprozesse betrachten zu können. Eine Politikfeldanalyse durchzuführen, heißt, verfügbare Informationen (→ Kasten) bereits in die Analyse der Verhältnisse des Gemeinwesens (→ 6) einzubeziehen. Gemeinwesen- und Politikfeldanalysen gehen dabei Hand in Hand, um neben den Ansichten, Interessen und Bedarfslagen der Bewohner*innen und der im Gemeinwesen tätigen Akteure auch den (sozial-)politischen Rahmen, die Gestalt des kommunalpolitischen Handlungsfeldes, die dort gegebenen Machtverhältnisse und den damit gegebenen sozialpolitischen Handlungsraum ganzheitlich verstehen zu können.

Informationen über kommunale Selbstverwaltung recherchieren

Es gibt „vielfältige Quellen, um Informationen insbesondere für den Einstieg zu sammeln. Wichtig ist dabei, sich eine eigene Struktur zu schaffen, in der die Informationen relationiert und gesammelt werden. Grundlegend lassen sich aus der (regional-)Zeitung häufig die aktuellen und akuten Themen herauslesen …:

- Regionalzeitung und Regionalteil der Zeitung lesen
- Facebook-Auftritte der lokalen, regionalen und landesweiten Politiker(innen)
- Presseverteiler der Lokalredaktionen Pressemitteilungen der Polizei
- Presseverteiler und Newsletter von Kommunen, Landkreisen und Ministerien. (…)

Strukturelle Informationen lassen sich mit vertretbarem Aufwand aus den Internetauftritten verschiedener Institutionen generieren:

- Ratsinformationssysteme der Landkreise und kreisfreien Städte mit Verweisen auf alle Unterstrukturen (Geschäftsbereiche, Ausschüsse, Gemeinden, Stadtbezirksbeiräte usw.) mit Ansprechpersonen und Verantwortlichkeiten
- Internetauftritte der sächsischen Staatsministerien (Organigramme und Aufgabenschwerpunkte)
- kommunal.de als eine wichtige Seite zum Austausch und zur Informationsgewinnung für Bürgermeister(innen)
- Organigramme sind wichtige Quellen, um einen Überblick zu gewinnen, z. B. von Ministerien, Ämtern. (...)

Informelle Informationen sind häufig sehr wertvoll und lassen sich durch verschiedene Strategien und Quellen sammeln:

- Ratskeller, Bäcker neben Ministerium, Kantine, Café etc.
- Google – um über Personen und deren Aufenthaltsorte Bescheid zu wissen
- wenn vorhanden und aufgebaut aus bestehenden (halb) informellen Kontakten" (Borchert, A., Hager, C., und Fritzsche, K.: Ein Tutorial für die Lobbyarbeit; in: corax. Zeitschrift für Jugendarbeit 3/2019: 27–31, hier S. 30 f.).

Hierbei sind die Überlegungen hilfreich, die im Community Organizing (→ 12.2) angestellt wurden, um die in einem Gemeinwesen gegebenen Machtverhältnisse zu analysieren (vgl. Maier/Penta/Richter 2022b: 304; Droel/Pierce 1997: 39) und durch das Deutsches Institut für Community Organizing (DICO) in das sog. „ECHO-Schema" übertragen wurden. Aufgabe von Praxisberater*innen ist es, die im Schema benötigten Informationen gemeinsam mit Schlüsselpersonen aus dem Gemeinwesen zusammenzutragen. Die vier Dimensionen des Schemas („Exclude", „Collect", „Humanize" und „Organize") verlangen folgende Informationen:

1. *Rahmen festlegen*: Sofern nicht ein bestimmtes Territorium allgemein betrachtet werden soll, wird zunächst bestimmt, welches Thema im Fokus steht (policy-Dimension), zu dem alle verfügbaren Informationen zusammengetragen werden. Dabei ist „das bewusste Weglassen nichtrelevanter Inhalte und der Fokus auf das zentrale Erkenntnisinteresse ... in diesem Schritt von Bedeutung".
2. *Akteure sammeln und verbinden*: Anschließend werden die schon bekannten Namen von handelnden Akteuren zusammengetragen, d. h. in Bezug auf das Thema die Einrichtungen, Trägervertreter*innen u. a., die mit dem Thema zu tun haben oder sich dazu geäußert haben (auch *Winfried Pletzer* fordert dazu auf, die „wichtigsten Ansprechpartner*innen in den jeweiligen Ämtern der Kommunalverwaltungen" bzw. „Fraktionen, Koalitionen, politische Mehrheiten und Minderheiten" zu identifizieren, um so „die Ablaufprozesse von politischen Entscheidungen auf kommunalen Ebenen" durchschauen zu

können). Wichtig ist dabei, weil es für die spätere Beziehungs- und Kampagnenarbeit relevant werden kann, Organisationen und Einzelpersonen zusammen zu erfassen: Organisationen werden mit den Namen der Verantwortlichen (Funktion als Vorstandsmitglied, Geschäftsführer/in u. ä.) verknüpft und, umgekehrt, Einzelpersonen mit den Organisationen, mit denen sie verbunden sind (wobei unterschiedliche Darstellungsformen gewählt werden, z. B. Einzelpersonen als Punkte, Organisationen als Kreise und Verbindungen als Linien). Hauptamtlich (beruflich) wahrgenommene Funktionen handelnder Personen werden mit Ehrenämtern, Ämtern in einer politischen Partei u. a. in Verbindung gebracht (vgl. Maier / Penta / Richter 2022b: 305). Zugehörigkeiten, Identitäten und Netzwerke werden „systematisch erkundet und in ein stadt(teil)weites Beziehungsnetz eingebunden" (vgl. Maier 2022: 223 ff., zit. S. 225).

3. *Informelle Beziehungen ergänzen*: „Die entstehenden Verbindungen sind anfangs vor allem funktionaler Natur und dadurch auch öffentlich erkennbar. Da viele der Entscheidungen lokaler Politik aber von persönlichen oder informellen Verbindungen geprägt sind, gilt es diese im Anschluss (oder parallel, wenn bereits Wissen vorhanden ist), zu ergänzen" (Maier / Penta / Richter 2022d: 306). Sie werden in einer anderen Farbe dargestellt und inhaltlich beschrieben (z. B. als „Ehepartner/in von", als „Bruder oder Schwester von"); dadurch entsteht ein Bild der unterschiedlichen Netzwerke (wer kooperiert mit wem?), der Beziehungen (wer „kann" mit wem?) und der Verbindungen (wer steht in welcher Abhängigkeit zu wem?), das für die weitere Arbeit im Gemeinwesen von Bedeutung sein kann. Zeitgleich ist es erforderlich, sich z. B. mit Schlüsselpersonen über diese Ergebnisse auszutauschen, um die Einschätzungen zu den Netzwerken, Beziehungen und Verbindungen abzusichern.

4. *Organisieren*: Die identifizierten Verbindungen und Netzwerke werden dazu verwendet, „um Ansatzpunkte für eine vertiefende Beziehungsarbeit oder für Kampagnen" (→ 13.3) zu finden (vgl. ebd.: 305 f., zit. S. 305), um z. B. zu wissen, wie „über Bande" gearbeitet werden muss, d. h. wer anzusprechen ist, um auf eine andere Person, die für das jeweilige Thema (noch) nicht ansprechbar ist, Einfluss auszuüben, um eine sich abzeichnende Entscheidung in eine bestimmte Richtung lenken zu können?

Eine Politikfeldanalyse durchzuführen ist, wie eine Gemeinwesenanalyse oder eine Aktivierende Befragung der Bewohner*innen, keine einmalige Angelegenheit. Sie muss regelmäßig (in einem Abstand von zwei bis drei Jahren) durchgeführt oder – besser – kontinuierlich fortgeschrieben werden, um schnell über die jeweils aktuell relevanten Informationen zu verfügen.

Im sozialpolitischen Handlungsraum bewegen sich die Praxisberater*innen im Übrigen auch unabhängig davon, ob sie die Strukturen des kommunalpolitischen Systems kennen und/oder ein Verständnis für die politischen Beratungswege und Entscheidungsweisen aufgrund einer Politikfeldanalyse entwickelt haben. Expert*innen-Interviews mit Fachkräften der Gemeinwesenarbeit haben u. a. gezeigt, dass sie ihre Kontakte zu Politik, Verwaltung und Institution teilweise als „unzufriedenstellend" einschätzen (vgl. Spitzenberger 2011: 8). Die Voraussetzungen für eine (gelingende) Praxisberatung im sozialpolitischen Handlungsraum sind also sehr unterschiedlich gegeben. Deshalb kommt einer gründlichen Politikfeldanalyse eine so zentrale Bedeutung bei; sie liefert die Daten, die gebraucht werden, um bestimmen zu können, wer welchen Einfluss auf politische Entscheidungen ausübt und wie diese im Sinne der Interessen und Bedarfslagen eines Gemeinwesens erforderlichenfalls beeinflusst und verändert werden können(→ 15).

10.4 Anregungen zur Weiterarbeit

» Handlungsempfehlungen für eine (durch Projekterfahrungen gestützte) Praxis der Demokratieförderung gibt *Roland Roth* (Demokratie wirksam fördern, Bonn 2023).

» *Max-Emanuel Geis* (Kommunalrecht. Ein Studienbuch, 6. Aufl. München 2023) und *Thorsten Ingo Schmidt* (Kommunalrecht, 2. Aufl. Tübingen 2014) haben Darstellungen vorgelegt, die, wenn auch mit juristischem Fokus, in die (rechtlichen) Grundlagen und Rahmenbedingungen der kommunalen Selbstverwaltung einführen.

» Die *Stiftung Mitarbeit* empfiehlt, Leitlinien zur kommunalen Bürgerbeteiligung vorzugeben, um die Beteiligung von Bürger*innen auf eine verlässliche Grundlage zu stellen (Kühnel-Cebeci, K.: 44 Ideen für gute Nachbarschaft, Bonn 2022: 131 f.).

» *Mehr Demokratie e. V.* ist nach eigener Einschätzung mit mehr als 10.000 Mitgliedern und rund 200.000 Interessierten (Stand: April 2023) die wohl größte NGO für direkte Demokratie und Bürgerbeteiligung weltweit, versteht sich als Fachverband und Bürger*innenbewegung und arbeitet überparteilich. Zentrales Anliegen ist es, möglichst viele Menschen politisch mitentscheiden zu lassen. Der Verein organisiert Veranstaltungen, um Demokratie-Interessierte zu vernetzen, Wissen und Austausch zu fördern. Um die politische Mitentscheidung zu fördern, werden Konzepte bis hin zu, die politische Teilhabe fördernden, Gesetzentwürfen erarbeitet, Rankings und Berichte zum Stand der bürgerschaftlichen Teilhabe vorgelegt, Anregungen zur Schaffung von Bürger*innen-Räten gegeben und deren Einführung begleitet und neue Formate der Beteiligung entwickelt und erprobt. Die Organisation hat durch Kampagnen, Volksbegehren und Gespräche mit Politiker*innen dazu beigetragen, dass die direkte Demokratie in allen Bundesländern eingeführt und ausgebaut wurde. Mehr Demokratie e. V. hat dazu nach eigener Darstellung z. B. mehr als 40 Volksbegehren und Volksinitiativen auf Länderebene mitgetragen, tausende kommunale Bürgerbegehren beraten und die ersten bundesweiten losbasierten Bürgerräte (11.2.1) organisiert. Web: https://www.mehr-demokratie.de/

» Das *Netzwerk Bürgerbeteiligung* verfolgt das Ziel, der politischen Partizipation in Deutschland dauerhaft mehr Gewicht zu verleihen und sie auf allen Ebenen (Bund, Länder, Kommunen) zu stärken. Leitend ist dabei die Überlegung, dass Partizipation der Bürger*innen an gesellschaftlichen und politischen Entscheidungsprozessen ein Grundpfeiler der Demokratie ist und das demokratische Gemeinwesen die Beteiligung der Bürger*innen braucht, um zur akzeptierten und „gelebten" Demokratie zu werden. Wichtig ist die Beteiligung der Bürger*innen, um das Wissen und die Ansichten aller Akteure einzubeziehen und zukunftsweisende, nachhaltige Entscheidungen treffen zu können. Das Netzwerk fragt danach, wie eine „partizipative Demokratie" ausgestaltet und vorangebracht werden kann. Gesucht wird nach Wegen zur politisch-strategischen Förderung der Bürgerbeteiligung. Zu diesem Zweck führt es Menschen aus allen Bereichen zusammen, die die Partizipation von Bürger*innen an politischen Entscheidungen voranbringen und die Zukunft der Bürger*innenbeteiligung mitgestalten wollen (dazu finden sich „Fünf Empfehlungen für eine starke partizipative Demokratie" in mitarbeiten. Informationen der Stiftung Mitarbeit, Nr. 2/2021: 1 f.). Web: https://www.netzwerk-buergerbeteiligung.de/

11 Teilhabe fördern: Mitgestaltung ermöglichen

Teilhabe ist als praktizierte Demokratie zu verstehen, denn, so *John Dewey*, „Demokratie ist ein experimenteller (politischer) Lernprozess, dem ein emanzipiertes und zugleich gemeinschaftliches sowie kreatives Menschenbild zugrunde liegt" – „ihr Zuhause ist die nachbarliche Gemeinschaft" (Dewey 1927/1996: 177, zit. n. Oehler u. a. 2017: 209).

Ein solches demokratisches Bewusstsein muss auf eigenen Erfahrungen gründen. Menschen unterstützen das, was sie mitgestalten (können). *Anton* fragt daher z. B.: „Wie soll Verantwortlichkeit entstehen, wenn ich kein Mitspracherecht habe, mich nicht beteiligt fühle?" Dazu sind demokratiefördernde Institutionen und Prozesse erforderlich, die die formalen Prozesse der repräsentativen Demokratie (Legitimation politischer Gremien durch Wahlen, ergänzt durch direktdemokratische Formen wie Bürgerbegehren [→ 10.1]) und die Alltagsteilhabe (in zivilgesellschaftlichen Organisationen, der Selbstorganisation und -hilfe [→ 9]) ergänzen (vgl. Oehler 2021: 11).

11.1 Welche Konzeption der Teilhabe ist für ein Gemeinwesen bedeutsam?

Die herausragende Bedeutung der Teilhabe von Bürger*innen an öffentlichen Diskursen und Beratungen im Vorfeld politischer Entscheidungen betont das Konzept der *deliberativen Demokratie* (Deliberation, lat.: Überlegung), das auf *Joseph M. Bessette* (1980, 1994) zurückgeführt wird. Deliberative Verfahren (vgl. Landwehr 2012; Bertelsmann-Stiftung 2021) können die repräsentative Demokratie (in der die Entscheidungsgremien durch Wahlen legitimiert werden) ergänzen und erweitern, indem die Bewohner*innen stärker in Entscheidungsprozesse eingebunden werden, und so zur Entwicklung einer „resilienten Demokratie" (Kahrs / Falkner 2020) beitragen, die ein aktives Gegengewicht zu demokratiefeindlichen Auffassungen (z. B. des Rechtspopulismus) darstellen.

Dafür ist eine grundsätzliche Offenheit für neue Ideen der demokratischen Teilhabe eine „Grundvoraussetzung", wie es z. B. *Otto* ausdrückt: Für ihn geht es darum, neue Ideen

> „halt auch so rüberzubringen, dass dann auch viele dahinterstehen und sagen: Ja, wir engagieren uns dort –, dazu braucht es diese Offenheit. Es braucht dieses Verständ-

nis dafür: Der will jetzt nichts Schlimmes, der will uns nichts wegnehmen, sondern der will was Gutes für unser Gemeinwesen tun –."

Diese Offenheit für neue deliberative Verfahren der Teilhabeförderung bewegt sich zwischen zwei Polen:

- Einerseits heißt Offenheit für Neues v. a. Offenheit bei den etablierten Akteuren, z. B. aus der kommunalen Selbstverwaltung oder den zivilgesellschaftlichen Organisationen, die in ihren gewohnten Abläufen und der Art und Weise, Diskussionen zu führen und Entscheidungen herbeizuführen, sehr oft „eingerichtet" sind, dies als selbstverständlich ansehen und durch die neuen Formen der Teilhabe und die Beteiligung von Menschen, die bislang stumm und ungehört geblieben sind, nicht infrage stellen lassen wollen. Für die Praxisberatung bedeutet das, zu sehen, dass es eine Konkurrenz zwischen repräsentativen und deliberativen Formen der Demokratie gibt (und noch nicht entschieden ist, wie umfassend sich die teilhabefördernden deliberativen Formen durchsetzen werden).
- Andererseits entspricht dem Ruf nach Teilhabe „nicht immer der tatsächlichen Bereitschaft, sich aktiv in das Geschehen einzubringen" (mic 2023: 10). Praxisberater*innen haben immer wieder damit zu tun, dass im entscheidenden Moment Bewohner*innen den Einladungen zur aktiven Teilhabe nicht folgen, u. a. auch deshalb, weil es im Gemeinwesen noch keine Kultur der Teilhabe gibt (die es lohnend erscheinen lässt, sich zu beteiligen), die Hürden zu hoch sind (weil Bewohner*innen vermuten, dass besondere Kenntnisse eine Teilnahmevoraussetzung darstellen) oder der Mut und die Übung (noch) fehlt, sich in der Öffentlichkeit zu äußern (wobei auch die Sorge eine Rolle spielt, sich blamieren zu können).

Jedenfalls ist es, mit den Worten von *Fred*, wichtig, „Räume zu schaffen, wo Leute sich begegnen können" und der Austausch kontroverser Positionen möglich wird. Dazu nennt er ein Beispiel:

„Natürlich haben junge Menschen das Recht, sich hinter einem Supermarkt zu treffen und dort ihre Abendstunden zu verbringen, und gleichzeitig hat der Supermarkt das Recht, drauf zu achten, dass dort hinten keine Vermüllung ist und keine Ratten gezüchtet werden. Die haben beide das Recht auf ihre Position. Arbeit im Gemeinwesen bedeutet auch, das zu vermitteln, das irgendwie zu zeigen und zu sagen: Es gibt unterschiedliche Positionen, es gibt unterschiedliche Sichtweisen, die alle Berechtigung haben –."

Teilhabe zu fördern erschöpft sich also nicht darin, sie fördernde Verfahren anzuwenden, sondern auch Öffentlichkeit für Übergangenes, Ungehörtes oder Übersehenes herzustellen. Die Aktivierung stummer und ungehörter Bewohner*innen, die für Teilhabeprozesse als „schwer erreichbar" gelten (vgl. Kaßner/Kersting 2022), kann dann gelingen, wenn z. B. beachtet wird, dass sie sich für etwas engagieren, das ihre Interessen und Anschauungen wiedergibt, denn sonst „ist das nicht mehr ihre Sache und die Basis für ein längerfristiges Engagement wird brüchig". Dazu müssen sie für die Arbeit im kommunalpolitischen System „gerüstet" werden, ohne überfordert zu werden: Sie müssen die Strukturen und Zuständigkeiten der kommunalen Selbstverwaltung kennenlernen und erfahren, wie persönliche Interessen formuliert, z. B. in Anfragen und Anträge umgewandelt und in den politischen Prozess eingebracht werden, „damit sie in der politischen Diskussion bestehen können" (vgl. Angele 1994: 216, zit. ebd.). Die unterschiedlichen Verfahren der Teilhabeförderung (→ 11.2, 11.3) können diesen Prozess der Sprachbefähigung unterstützen, wenn die Interessen und Bedürfnisse der Bewohner*innen (z. B. nach Gespräch oder Erlebnis bzw. Erfahrung) als Maßstab für die Wahl des geeigneten Verfahrens genommen werden. Auch der Gebrauch leichter Sprache kann helfen, Hürden abzubauen, die sich aufgrund des durch behördliche Begriffe geprägten Sprachgebrauchs schnell aufbauen; auch können Peer-Helper, z. B. sog. „Stadtteilmütter" (vgl. Koch 2020), unterstützen, die als Multiplikator*innen aus dem Gemeinwesen kommend und in einer vergleichbaren Lebenswelt lebend Informationen zu den Möglichkeiten der Teilhabe an Bewohner*innen vermitteln (vgl. Riede u. a. 2017: 33; Becker 2019: 35 f.).

Zwei Dimensionen von Verfahren, die Teilhabe der Bewohner*innen eines Gemeinwesens zu unterstützen, lassen sich unterscheiden:

- *diskursgestützte* Verfahren, die den Austausch unter den teilnehmenden Akteuren in den Mittelpunkt rücken (→ 11.2), und
- *erfahrungsgestützte* Verfahren, die Erlebensaspekte (z. B. in spielerischen Situationen) einbeziehen (→ 11.3).

Naheliegend ist es, Schlüsselpersonen zu beteiligen, wenn der Einsatz von Verfahren der Teilhabeförderung erwogen wird, mit ihnen das Für und Wider der Verfahren abzuklären, d. h. mit ihnen zu prüfen, welches Verfahren in der gegebenen Situation im Gemeinwesen angemessen ist.

11.2 Diskursgestützte Verfahren der Teilhabeförderung

Als *Diskurs* wird ein Gespräch verstanden, das eine „(lebhafte) Erörterung" bzw. Diskussion (wie es der Duden beschreibt) darstellt, wobei Sprache das zentrale Medium des Austauschs darstellt. Diskursgestützte Verfahren der Teilhabeförderung sind daher in besonderem Maße an den Aspekt der Verständlichkeit und der Verstehbarkeit des Austauschs gebunden, was Hürden bei Bewohner*innen hervorrufen kann, die besorgt sind, den damit verbundenen Anforderungen u. U. nicht gerecht werden zu können. Praxisberater*innen stellen sich damit besondere Anforderungen an die Moderation der Diskurse, d. h. die Einführung und Anwendung der gewählten Verfahren.

11.2.1 Bürgerrat

Bürgerräte gelten als Musterbeispiel für deliberative Ansätze. Dabei handelt es sich um ein Gremium, in dem ein bestimmtes (z. B. im Gemeinwesen bedeutsames) Thema behandelt und Vorschläge zu dessen Bearbeitung (bzw. Lösung) erarbeitet werden. Aufgabe ist es, der jeweilig zuständigen Kommunalvertretung (bzw. Parlament) Empfehlungen für die Lösung vorzuschlagen[23]. Besonderes Merkmal ist die Zusammensetzung der Teilnehmenden: Per Losverfahren werden zwölf bis 16 Bewohner*innen (ggf. beschränkt auf [Staats-] Bürger*innen) anhand des Melderegisters eines Gemeinwesens ausgewählt; diese Zufallsauswahl führt dazu, dass Menschen zusammenkommen, die i. d. R. über kein besonderes Vorwissen oder spezielle Qualifikationen verfügen und keine Interessensgruppen vertreten, sondern ihre persönliche Auffassung zum Thema einbringen. Darin zeigt sich die Macht der Bürger*innen als Macht des Wissens um lokale Verhältnisse (vgl. bürgerrat.de 2022; DFeV 2022; SM-ÖGUT 2018).

Untersuchungen zeigen, dass eine (so zufällig) zusammengesetzte Gruppe zu besseren Lösungen gelangt, als eine Gruppe einander ähnlichen Menschen. Die Themen werden aus verschiedenen Blickwinkeln betrachtet und es „entstehen *Lösungen aus der Basis vielfältiger Erfahrungswerte und Lebensumstände*" (bürgerrat.de 2022, Herv. i. O.).

Ein Bürgerrat trifft zwar keine politischen Entscheidungen, wirkt aber in das Gemeinwesen hinein, denn er ermöglicht kommunikativen Austausch und leistet auch einen Beitrag zur politischen (Meinungs-)Bildung: „Ziel ist es, Menschen durch die Teilnahme am Bürgerrat dazu zu befähigen, sich eigenverantwortlich mit den Problemen ihrer Lebenswelt zu beschaffen und selbst nach möglichen Lösungen zu suchen" (Hellrigl / Lederer 2019: 163).

In professionell moderierten Tischgruppen mit bis zu acht Menschen finden Diskussionen in einem geschützten Raum statt (wobei der/die Moderator/in darauf achtet, dass alle am Tisch gleichermaßen zu Wort kommen), was ergebnisoffene Diskussion ermöglicht und schließlich zu Handlungsempfehlungen führt, die am Ende des Bürgerrates von allen beraten und abgestimmt werden. Dabei unterstützen Fachleute den Arbeitsprozess durch das Wissen, das zur Formulierung von Handlungsempfehlungen notwendig ist. Die Gruppe der Fachleute wird

---

23 In Irland hat z. B. ein Bürgerrat die (zuvor die Gesellschaft teilende) Debatte über Schwangerschaftsabbrüche durch entsprechende Vorschläge gelöst; ein weiterer irischer Bürgerrat hat im April 2023 Vorschläge zum Schutz der biologischen Vielfalt vorgestellt und u. a. ein Referendum zur Verankerung des Artenschutzes in der Verfassung Irlands vorgeschlagen.

so zusammengestellt, dass auch sie möglichst vielfältig ist und ausgewogen das Pro und Kontra politischer Handlungsmöglichkeiten beleuchtet.

Eine Verknüpfung des Bürgerrats mit dem Verfahren Dynamic Facilitation (→ 11.2.6) stellt der sog. „Wisdom Council" dar (vgl. zur Bonsen 2019). Die Regierung des österreichischen Bundeslandes Voralberg hat diese Kombination genutzt, um verschiedene politische Programme unter Einbindung von Bürger*innen zu entwickeln (von 2006 bis 2019 haben dort 30 solcher Councils stattgefunden); erkennbar wurde, dass dabei keine „großen", sondern lebensweltnahe Lösungen ausgearbeitet werden (vgl. Hellrigl/Lederer 2019: 154 ff).

11.2.2 Zukunftswerkstatt

Bei einer Zukunftswerkstatt handelt es sich um ein diskursives Verfahren, das von *Robert Jungk* in den 1960er Jahren entwickelt wurde mit dem Ziel, die gesellschaftlichen Zustände im ökologischen und sozialen Bereich zu verbessern, was er über die unmittelbare Beteiligung betroffener Bürger*innen (und damit einer Verbesserung der demokratischen Teilhabemöglichkeiten) erreichen wollte. Durch eine Zukunftswerkstatt sollen (Groß-)Gruppen (idealerweise bis zu 25 bis 30 Teilnehmer*innen, aber auch Werkstätten mit mehr als 100 Teilnehmenden sind denkbar) angeregt werden, kreative Ideen zu entwickeln, die schließlich in ein konkretes Projekt münden sollen, das es später umzusetzen gilt (vgl. insg. Jungk/Müllert 1989; Müllert 2017; Dauscher 2020; Reich 2007b; Stracke-Baumann 2009, 2014: 317 ff.). Ausgangspunkt ist meist eine konkrete Fragestellung, die die Bewohner*innen unmittelbar betrifft. Sie muss dringend, breit angelegt (mit Raum für neue Ideen und kreative Lösungen), komplex (unterschiedliche Lösungen sind möglich) und wichtig (d. h. von erheblicher Bedeutung für die Betroffenen) sein.

Für die Zukunftswerkstatt gilt, was z. B. auch für das World Café (→ 11.2.4) und die Open Space Technique (→ 11.2.5) von Bedeutung ist: Es gibt zunächst eine eindeutige zeitliche Struktur (nur Beginn und voraussichtliches Ende sind bekannt) und auch die Struktur ist (aufgrund der Phasierung, dem jenes Verfahren folgt) prinzipiell eindeutig. Grundvoraussetzung ist, dass die Teilnehmenden am Thema interessiert sind, zusammenarbeiten wollen und Handlungsspielräume gegeben sind, um anschließend tatsächlich etwas gestalten und verändern zu können (vgl. Dauscher 2020).

Es gibt keine Expert*innen, die vermitteln, was zu tun ist, und es werden keine Eingangsreferate gehalten oder Gruppen zu bestimmten Themen gebildet. Nur das Thema ist bekannt. Der Rahmen ist betont informell (z. B. gibt es Kaffee, die Sitzordnung ist offen, es gibt keine Stuhlreihen, Tische fehlen). Praxisberater*innen, die die Moderation wahrnehmen, müssen spontane Ablaufänderungen ermöglichen, die sich z. B. aufgrund von Schwierigkeiten bei der Einhaltung des Zeitplanes oder der Dynamik in der Großgruppe ergeben. Ihnen kommt (wie bei *allen* diskurs- und erfahrungsgestützten Verfahren) die Aufgabe der Prozessbegleitung zu (vgl. Anderl/Reineck 2016: 92–97).

Nach ihrer (kurzen) Begrüßung durch den/die Praxisberater/in lernen sich die Teilnehmenden in einer *Aufwärmrunde* (z. B. in Form eines „speed datings") kennen. Anschließend erläutert der/die Praxisberater/in das Konzept der Zukunftswerkstatt und den Ablaufplan in drei Phasen (vgl. dazu Jungk/Müllert 1989: 77–80; von Werder 1999: 16; Reich 2007b: 3 f., 7 f.; Stracke-Baumann 2013: 421; Holzinger 2018: 295–298; Dauscher 2020):

1. *Kritikphase*: Eine Zukunftswerkstatt startet mit einer Kritik des Gegebenen: Jugendliche z. B. kritisieren, dass sie in der Stadt niemand anhört und beteiligt, wenn es um ihre Interessen geht. In dieser Phase ist Raum dafür, auch ärgerlich zum Ausdruck zu bringen, was stört, schlecht ist, Menschen „nervt" (weshalb diese Phase auch als *Beschwerdephase* bezeichnet wird). Das, was sie nennen, wird (z. B. auf Wandzeitungen) dokumentiert. Der/Die Praxisberater/in hilft durch anregende Fragen, ihrem Unmut Ausdruck zu geben. Ist die Kritik ausgesprochen und dokumentiert worden, erfolgt eine Gewichtung: z. B. durch Vergabe von Klebepunkten wird von den Teilnehmenden festgelegt, welche Kritikpunkte weiterverfolgt werden. Alle anderen Punkte werden in einem „Themenspeicher" gesichert, um sie (z. B. später oder in einem anderen Zusammenhang) wieder aufgreifen zu können.
2. *Fantasiephase* (oder *Utopiephase* [vgl. Jungk/Müllert 1989: 104]): Zu den ausgewählten Kritikpunkten „können tabulos und frei phantasierend (auch völlig unrealistische) Wünsche und Träume geäußert werden" (Stimmer 2006: 201). Konstruktives (z. B. auch in Form von Collagen, kleinen Theaterszenen, Bildern) tritt an die Stelle des Kritisierten (Jungk/Müllert 1989: 79 f.). Es ist dabei von erheblicher Bedeutung, dass der/die Praxisberater/in dazu ermuntert, dass sich die Teilnehmenden von der Realität (die sie alltäglich erfahren) lösen und (ohne sich begrenzen zu lassen) utopisch denken. Auch hier erfolgt abschließend durch die Teilnehmenden eine Gewichtung, und auch hier werden die anderen Ideen, die jetzt nicht weiterverfolgt werden, im „Themenspeicher" gesichert.
3. *Praxisphase* (oder *Realisierungsphase* [vgl. Stracke-Baumann 2013: 421]): In dieser Phase werden die tatsächlich gegebenen Verhältnisse und Bedingungen wieder berücksichtigt und die in der Fantasiephase entwickelten Ideen auf ihre Umsetzungsmöglichkeiten geprüft. Ab jetzt steht die Planung des Künftigen (z. B. ein konkretes Projekt) im Vordergrund. Dazu müssen die Praxisberater*innen die Verhältnisse vor Ort (gut) kennen und einschätzen können, welche Schwierigkeiten z. B. auftreten werden, welche Gegnerschaft ein Vorschlag hervorrufen wird oder wer als „Bündnispartner/in" gewonnen werden kann (vgl. Dauscher 2020).

Vier bis sechs Wochen später empfiehlt sich ein Nachtreffen der Teilnehmenden, das der Umsetzung der entwickelten Projektvorschläge dient, und innerhalb eines Jahres ist ein Evaluationstreffen sinnvoll, um die Projektumsetzung zu überprüfen (vgl. Stracke-Baumann 2013: 422; Wendt 2022: 135 ff. [Beispiel]).

11.2.3 Zukunftskonferenz

Auch die Zukunftskonferenz stellt ein diskursives Verfahren dar, um Projekte in die Zukunft gerichtet zu besprechen und zu planen (das Konzept dazu wurde in den 1980er Jahren von als „Future Search Conference" [Weisbord/Janoff 2008/2010] entwickelt). Es richtet sich an Organisationen oder an Gruppen, die ein spezielles Thema bearbeiten wollen, ist für Großgruppen bis zu 60 bis 80 Teilnehmenden geeignet und für drei Tage (d. h. 18 Stunden: erster Tag nachmittags vier Stunden, 2. Tag ganztägig, dritter Tag bis zu sechs Stunden) ausgelegt. An einer Zukunftskonferenz sollen möglichst alle teilnehmen, die in einer Organisation mitarbeiten oder von einem Thema betroffen sind; es gilt dabei der Grundsatz, das ganze System in einen Raum zu holen (FES 2018: 1). Auch hier werden gemeinsam Ideen entwickelt, im Konsens weitergedacht und Handlungsschritte zur Umsetzung verabredet. Im Unterschied zur Zukunftswerkstatt stellt die Zukunftskonferenz nicht Missstände oder die Unzufriedenheit der Teilnehmenden mit Aspekten des jeweiligen Themas in den Mittelpunkt, sondern schaut mit einer positiven Perspektive auf das Vergangene (die Aufmerksamkeit wird ganz der Zukunft zugewandt, nicht auf die Schwierigkeiten, mit dem eine Organisation oder eine Gruppe zu tun hat oder hatte). Zukunftskonferenzen sind geeignet, Zukunftsplanungen von Gemeinden und Organisationen (Vereine, Verbände, Unternehmen) voranzubringen oder einzelne, bereits konkret(er) benannte, Vorhaben zu planen.

Eine Zukunftskonferenz wird durch sechs Phasen strukturiert (vgl. hierzu ausf. zur Bonsen 2021; FES 2018; agonda 2023; Lörx 2017):

1. *Rückblick* (erster Tag): Im Rückblick auf Vergangenes geht es nicht nur um das Thema (und dessen Bedeutung und Aspekte in der Vergangenheit), sondern auch um die persönliche Vergangenheit der Teilnehmenden und die Vergangenheit der Verhältnisse, unter denen sie arbeiten und/oder Erfahrungen machen. Dieser Rückblick wird zunächst von den Teilnehmenden einzeln (meist in Form von Zeitstrahldarstellungen mit den Daten der Vergangenheit, wichtigen Ereignissen, herausragenden Erfahrungen u. ä.) durchgeführt, woran sich eine Präsentation und ein Austausch zu den unterschiedlichen Darstellungen anschließt. So wird ein gemeinsames Verständnis über die Vergangenheit (und das Positive am Vergangenen) hergestellt, das dem Ziel folgt, ein Gemeinschaftsgefühl über die unterschiedlichen Erfahrungen hinweg zu er-

zielen und die Grundlage für die weitere Zusammenarbeit darstellt (vgl. zur Bonsen 2021).
2. *Blick nach außen* (die Phasen 2 bis 5 sind Themen des zweiten Tages, u. U. wird Phase 5 auch am dritten Tag fortgesetzt): Anschließend wird das Thema (in Kleingruppen) untersucht, d. h. alle Aspekte werden dort (z. B. mittels Brainstorming [vgl. Wendt 2021a: 272 f.]) benannt, die für das Thema von Bedeutung sind – wozu sich anschließend in der Großgruppe eine gemeinsam angefertigte Mindmap (vgl. ebd.: 163 f.) anbietet, die das Thema und seine unterschiedlichen (in den Kleingruppen erarbeiteten) Aspekte visualisiert. Dabei sollen Trends ersichtlich werden, die für das Thema in der Zukunft von Bedeutung sind oder sein könnten und welche Konsequenzen sich daraus ergeben. Diese Trends werden durch die Großgruppe analysiert und anschließend entschieden (z. B. durch eine Punktbewertung), was weiterverfolgt werden wird. Themen, die hierbei zurückgestellt werden, werden (wie bei einer Zukunftswerkstatt) in einem Themenspeicher gesichert.
3. *Verantwortung übernehmen*: In dieser Phase positionieren sich die Teilnehmenden, worin ihr Beitrag bestehen wird, das Thema weiterzubearbeiten: „Es geht nicht darum, mit dem Finger auf andere zu zeigen ..., sondern auf sich selbst" (zur Bonsen 2021). Es soll durch den Austausch deutlich werden, wer von den Teilnehmenden was in die Zukunft mitnimmt, was er/sie aber auch zurücklassen will: durch die Positionierung gegenüber der Großgruppe übernehmen sie Verantwortung im weiteren Prozess.
4. *Zukunft entwerfen*: Wie in der Fantasiephase einer Zukunftswerkstatt werden nun in Kleingruppen utopische Projekte entwickelt, auch hier unter Einsatz möglichst kreativer Mittel und Verfahren (Collagen, Szenen, Bilder, Videos, Redebeiträge, Sketche u. ä. – alles ist erlaubt). Es soll „*Lust auf Zukunft*" (ebd., Herv. i. O.) entstehen.
5. *Gemeinsame(s) Ziel(e) bestimmen*: Die Erfahrung der Arbeit mit Zukunftskonferenzen zeigt, dass die utopischen Konzepte meist nicht allzu weit voneinander abweichen, sodass in dieser Phase aus den unterschiedlichen Ideen auch Gemeinsamkeiten und gemeinsame Ziele (oder ein einziges gemeinsames Ziel) abgleitet werden können. Dazu werden die Ideen der Kleingruppen präsentiert und auf Gemeinsamkeiten analysiert und gemeinsame Ziele bestimmt. Streitpunkte werden hier bewusst ausgeklammert (denn deren Beratung würde den Prozess des gemeinsamen Aufbrechens belasten; zudem lassen sich Streitpunkte in Großgruppen nur (auch zeit-)aufwändig klären (sofern eine Klärung überhaupt erfolgversprechend) ist. Streitpunkte und nicht weiter als gemeinsame Ziele verfolgte Überlegungen werden ebenfalls im Themenspeicher dokumentiert.
6. *Umsetzung planen* (dritter Tag): Die Umsetzung konkreter Projekte erfolgt weitgehend analog zur Vorgehensweise einer Zukunftswerkstatt und knüpft an

die dritte Phase an, Verantwortung zu übernehmen. Die Gruppen, die Umsetzungsaufgaben übernommen haben, arbeiten weiter.

Praxisberater*innen, die eine Zukunftskonferenz begleiten (zur Bonsen [2021] empfiehlt wenigstens zwei Moderator*innen), kommt dabei die Aufgabe zu, das Verfahren einführend zu erläutern, den Prozess durch gesprächsanregende Fragen zu unterstützen, das Zusammentragen der Arbeitsergebnisse aus den Kleingruppen zu moderieren (z. B. die Mindmap anzufertigen) und die Zeitstruktur zu beachten.

11.2.4 World Café

Das World-Café-Verfahren, konzipiert für (Groß-)Gruppen bis zu 100 Teilnehmenden, stellt eine Alternative zu Tagungen dar, die eher (organisiert nach dem Muster Vortrag – Diskussion – Arbeitsgruppen zu vorher festgesetzten Themen) nur selten den Austausch zwischen den Teilnehmenden fördern.

Auch dieses Verfahren geht (ressourcenorientiert) davon aus, dass es kollektives Wissen gibt; daher sollen Menschen miteinander in ein konstruktives Gespräch gebracht werden zu Themen, die für sie relevant sind. Im Gespräch wird gelernt, die Realität in vielen unterschiedlichen Facetten zu sehen und (z. T. neue) Netze zu spinnen. Das Neue entsteht aus einem Flechtwerk von den Teilnehmenden eingebrachten Gedanken, Ideen, Erkenntnissen und im Gespräch neu gesehenen Optionen, um ihnen so Möglichkeiten zur nachhaltigen Selbstentwicklung, -steuerung und -organisation zu geben (vgl. insg. Brown/Isaacs 2005, 2007; Scholz/Vesper/Haussmann 2007). Das Verfahren hilft, große Gruppen miteinander ins Gespräch zu bringen, das Wissen und die Erfahrung von großen Gruppen zu nutzen, neue Ideen und Konzepte mit vielen Akteuren zu erarbeiten, Meinungen zu erheben und zu differenzieren oder Konfrontationslinien zu verflüssigen. Elemente (Mittel) eines Cafés sind die Speisekarte (Diskussionsanregungen, Fragen), der gedeckte Tisch (bestehend aus einer beschreibbaren Tischdecke [zum Fixieren von Gedanken und Stiften als Besteck], Getränken und kleine Snacks [Kekse u. a.], um die Kommunikation zu fördern); es dauert etwa 45 Minuten bis zu drei Stunden (vgl. Handler 2018: 278 ff.):

1. *Vorbereitung*: Zunächst wird die notwendige Anzahl an Cafétischen eingerichtet, die sich nach der Zahl der Teilnehmer bzw. den Themen richtet (je Tisch wird ein/e Gastgeber/in – z. B. ein/e Praxisberater/in – benötigt). In der Mitte des Tisches sind gut lesbar die (Leit-)Fragen (Speisekarte) ausgelegt, die an diesem Tisch zur Gesprächsanregung durch die/den Gastgeber/in formuliert wurden. Diese (Leit-)Fragen sind ein wichtiger Faktor für den ertragreichen

Verlauf eines World Cafés. Sie animieren zum Gespräch, sind einfach formuliert und sollen auf den Dialog neugierig machen.

Die/der Gastgeber/in führt zu Beginn in die Arbeitsweise ein, erläutert den Ablauf und die Verhaltensregeln.

2. *Café-Betrieb*: Zu Beginn des World Cafés ordnen sich die Akteure (Gäste) einem der vorbereiteten Tische (vier bis 15 Personen) zu. An allen Tischen soll eine möglichst gleich große Zahl von Gästen mitwirken. Bei der Zusammensetzung der Tischgruppen ist eine heterogene Zusammensetzung wünschenswert (z. B. Bewohner*innen und Kommunalpolitiker*innen, beruflich tätige Fachkräfte und freiwillig Engagierte).

Im Verlauf werden unterschiedliche Fragen in aufeinanderfolgenden Gesprächsrunden von 15 bis 30 Minuten an allen Tischen bearbeitet, indem die Gäste die gestellte/n (Leit-)Frage/n diskutieren. Die Gastgeber*innen achten darauf, dass eine offene, klare und freundliche Atmosphäre entsteht. Die Gespräche sollen die in der Gruppe vorhandenen Gedanken (Ideen, Fragen, Wissen) sichtbar werden lassen, um damit neue Perspektiven oder Handlungspläne zu entwickeln. Die Gastgeber*innen bleiben in allen Runden an ihrem Tisch und verabschieden in den Übergängen die Gäste, begrüßen die Neuen und fassen die Kerngedanken und wichtigsten Erkenntnisse der vorherigen Runde zusammen. Im Verlauf des Gesprächs sorgen sie dafür, dass sich alle beteiligen können und dass wichtige Gedanken, Ideen und Verbindungen von allen auf die Tischdecken geschrieben und/oder gezeichnet werden.

Danach wechseln die Gäste i. d. R. als geschlossene Tischgruppe zum nächsten Tisch. Die Überlegungen der Vorgängergruppe/n liegen der jeweils neuen Gruppe auf den Tischen vor (das Tischtuch wird nicht gewechselt). An diese Gedanken kann die neue Gruppe anschließen, sie verändern oder ergänzen. So „befruchten" sich die Teilnehmenden gegenseitig mit neuen Ideen und Perspektiven.

3. *Auswertung*: Die an den Tischen entstandenen Arbeitsergebnisse werden schließlich (z. B. an einer Wand des Gesprächsortes) aufgehängt und von allen Teilnehmenden betrachtet (sog. „Gallery Walk"). Eine Diskussion nach der Besichtigung liefert ein Destillat der Erkenntnisse, welches dann als schriftlich aufbereitetes, gespeichertes Wissen zur Verfügung steht; unter Umständen regt die Posterschau auch ein Gespräch über neue, in der Café-Phase ungesehene Aspekte an. Dienen die Arbeitsergebnisse in einem anschließenden Prozess als Grundlage für weitere Diskussionen, so können sie von den Gastgeber*innen zunächst im Plenum zusammengefasst werden, um anschließend verschriftlicht (bzw. fotografisch dokumentiert) allen Akteuren zur weiteren Bearbeitung zur Verfügung zu stehen (die umfassende Dokumentation der Besprechungsergebnisse auch in der Auswertungsphase – das

„Gespräch danach" – ist ebenso bedeutsam für die weiteren Arbeitsschritte, die sich aus einem World Café ergeben können).

Das World Café schließt in der Regel mit einer Reflexionsphase ab, um Schlussfolgerungen für die Realisierung künftiger World Cafés ziehen zu können.

Durch die Wiederholung der gleichen (Leit-)Fragen an mehreren Café-Tischen erzielen die Teilnehmenden einen Erkenntnisgewinn aus einer breiten Palette von Wissensressourcen. Durch ihre Unterschiedlichkeit werden viele verschiedene Blickwinkel möglich. Das Verfahren des World Cafés strukturiert und befördert dabei Klärungsprozesse und erzielt innerhalb kurzer Zeit verwertbare und konzentrierte Ergebnisse, z. B. einen Einstieg in die Planung konkreter Projekte (vgl. Wendt 2022: 143 ff. [mit Beispiel]).

11.2.5 Open Space Technique

Bei der Open Space Technique handelt es sich um ein Verfahren, das die Selbstorganisation der Teilnehmenden in den Mittelpunkt stellt: Sie werden als selbstbestimmt und selbstverantwortlich angesehen, den Ablauf von Beratungen und Austausch untereinander zu organisieren und die Themen selbst zu setzen (vgl. Reich 2007a: 3). Seit den 1990er Jahren wird das Verfahren in Deutschland (zunächst in der politischen und Erwachsenenbildung, seit einigen Jahren auch in der Sozialen Arbeit) eingesetzt, um v. a. mit großen Akteursgruppen – 50, 60 bis weit über 200 Teilnehmende sind möglich (vgl. Groß 2020b) – zu einem Generalthema (z. B. die Entwicklung eines Konzepts für einen Nachbarschaftstreff) zu arbeiten und dabei deren Phantasie zu nutzen, selbstbestimmt die Facetten dieses Themas zu reflektieren. Dies erlaubt es, Aspekte des Generalthemas auf der Grundlage der selbstbestimmten Ideen der Akteure zu diskutieren, ohne dabei an thematische Vorgaben und Überlegungen einer Tagungsleitung gebunden zu sein. Der Ausgang dieses offenen Diskurses ist nicht vorbestimmbar. Das Verfahren wirkt meist gemeinschaftsbildend, denn die Akteure lernen sich (z. T.) neu und auch näher kennen, als dies sonst möglich ist (z. B. treffen Bewohner*innen auf Kommunalpolitiker*innen, die sich sonst nur selten im Stadtteil aufhalten). Praxisberater*innen übernehmen auch hier die Aufgabe und Funktion der Moderation des Verfahrens.

Der Ablauf einer Open-Space-Konferenz wird durch vier Phasen strukturiert, nachdem der/die Praxisberater/in die Konferenz mit der Einführung in das Verfahren und der Klärung des Rahmens (zeitlicher Rahmen, räumliche und technische Bedingungen, Erläuterung der Regeln einer Open-Space-Konferenz) eröffnet hat (vgl. insg. Owen 2001; Maleh 2001: 30–38, 56–71; vgl. weiter auch Reich 2007a: 5–11; Weitz 2018a: 197 ff.; Groß 2020b; Kolenaty 2017; Stracke-Baumann 2014: 321 ff.):

1. *Themenbestimmung*: Die Themen der Beratung folgen den Interessen, Ideen, Anregungen, Wünschen etc. der Teilnehmenden. Alle können ein Thema einbringen, das beraten werden soll (für das sie sich auch verantwortlich erklären, eine Arbeitsgruppe oder einen Workshop – gelegentlich auch als „Focus-Gruppen" bezeichnet [Wahren 1999: 57] – durchzuführen). Auf dem sog. „Marktplatz" (ein zentraler Raum z. B. mit einer Metaplanwand) können sie ihr Thema bekanntgeben (z. B. in Form eines kurzen Textes, der erklärt, worum es gehen soll): Damit wird sie/er zur/zum Einlader/in. Hier wird neben dem Thema auch der Ort vermerkt, wo das Gespräch zu diesem Thema stattfindet (weshalb für eine Open-Space-Konferenz auch eine Tagungsstätte nötig ist, die möglichst viele Arbeitsräume zur Verfügung stellt). Jede/r trägt sich bei dem Thema ein, das sie/ihn interessiert.
2. *Arbeitsphase*: Die Teilnehmenden bearbeiten ihr Thema im angegebenen Arbeitsraum selbsttätig und -organisiert, bestimmen also selbst, welche Regeln sie für das Gespräch aufstellen. Sie bleiben so lange in einer Gruppe, wie sie es für sinnvoll erachten: Solange das Interesse da ist, solange es noch mitzudiskutieren lohnt, solange es noch etwas zu lernen gibt. Jede/r entscheidet, wann der Zeitpunkt gekommen ist, dazuzukommen oder zu gehen (sog. „Gesetz der zwei Füße"). Jede/r kann sich entscheiden, an einer anderen Gruppe teilzunehmen, zu pausieren, selbst ein Thema anzubieten (gut geeignet sind z. B. Pausen am Kaffeeautomat oder Keksbüffet, sich dort zu treffen und Neues auszudenken) oder wieder in die Gruppe zurückzukehren. Alles ist möglich. Es gelten dabei nur vier Prinzipien: Wer auch immer kommt, es sind die richtigen Leute – es ist vollkommen unerheblich, ob einer kommt, zehn oder zwanzig: Alle sind wichtig und engagiert. Was auch immer geschieht, es ist das Einzige, was geschehen konnte – Ungeplantes und Unerwartetes gilt als kreativ und hilfreich. Es beginnt, wenn die Zeit reif ist – wichtig ist das Engagement (nicht das Einhalten von Formen und die Wahrung der Pünktlichkeit). Vorbei ist vorbei, nicht vorbei ist nicht vorbei – wenn die Energie erschöpft ist, dann ist die Zeit herum (vgl. Maleh 2001: 72 f., Weitz 2018a: 199 f.). In der Arbeitsphase ergeben sich drei unterschiedliche Rollen, die die Teilnehmenden üblicherweise einnehmen: „Hummeln" bewegen sich zwischen den Arbeitsgruppen/Workshops und nehmen die unterschiedlichen Ideen, Stimmungen und Anregungen auf. „Schmetterlinge" sind kaum an den Arbeitsgruppen/Workshops beteiligt, führen dafür aber mit den „Hummeln" und anderen „Schmetterlingen" (z. B. am Kaffeeautomat) viele kleine und zwanglose informelle Gespräche (und nehmen dabei eine wichtige Kommunikationsfunktion wahr, denn sie konservieren und vervielfältigen so das außerhalb der Arbeitsgruppen und Workshops besprochene). „Ameisen" schließlich sind konsequent an der Arbeit einer Arbeitsgruppe bzw. eines Workshops beteiligt (vgl. Groß 2020b).
3. *Marktplatz*: Wichtig ist, dass der/die Einlader/in für eine aussagekräftige (bildreiche) Dokumentation des Arbeitsergebnisses sorgt, damit alle Teilnehmen-

den am Ergebnis teilhaben können (wozu z. B. große Flipchartbögen gut geeignet sind). Die Ergebnisse werden auf dem Marktplatz ausgehängt und können von allen eingesehen werden, wozu auch ausreichend Zeit eingeräumt werden muss, um auch ein Gespräch unter den Teilnehmenden über die Aushänge zu ermöglichen. Der/Die Einlader/in steht deshalb vor der Abschlussphase auch für Fragen und Erläuterungen zur Verfügung.
4. *Abschluss*: Die/Der Praxisberater/in beendet die Konferenz, indem er/sie die Ergebnisse vermerkt und ggf. Vereinbarungen trifft, z. B. zur weiteren Bearbeitung.

Praxisberater*innen kommt auch die Aufgabe zu, durch den Besuch der einzelnen Gesprächsorte den Arbeitsprozess im Blick zu haben, um so Schlüsselerfahrungen (z. B. Streitgespräche oder überraschende Arbeitsergebnisse) „einfangen" zu können. Sie moderieren den Abschluss (unter Einbeziehung der Ergebnisse des Marktplatzes) und führen Vereinbarungen herbei z. B. zur Weiterarbeit an einzelnen Themen (vgl. Maleh 2001: 80–84; Wendt 2022: 151 ff. [Beispiel]).

11.2.6 Dynamic Facilitation

Das Verfahren Dynamic Facilitation nutzt die Selbstorganisationsprozesse innerhalb einer Gruppe zur Bearbeitung eines Anlasses (vgl. Zubizarreta/zur Bonsen 2019: 33). Übereinstimmend berichten v. a. Praktiker*innen von der besonderen Eignung des Verfahrens bei der Bearbeitung von schwierigen und konfliktbeladenen Themen, z. B. Fragestellungen, die bereits lange und erfolglos diskutiert und mit Emotionen aufgeladen sind, oder wiederkehrende Problemstellungen, an deren Lösbarkeit kaum mehr einer glaubt (vgl. z. B. Engelhardt 2022; Six 2022; zur Bonsen 2007: 92). Ziel ist eine gemeinsame Erklärung, die von allen Teilnehmenden (nicht allein von einer Mehrheit) getragen wird (vgl. DFeV 2022).

Das zentrale Element ist dabei die Visualisierung der Beiträge der Teilnehmer*innen auf vier vorbereiteten Flipcharts unter den Überschriften *Herausforderungen/Fragen* (es werden alle Aussagen gesammelt, die das zu lösende Problem beschreiben), *Lösungen/Ideen* (hier werden alle im Gespräch genannten Lösungen vermerkt), *Bedenken/Einwände* (es werden solche Befürchtungen gesammelt, die zu den bereits bestehenden Lösungsvorschlägen formuliert wurden) und *Informationen/Sichtweisen* (mit weiteren Äußerungen, Fakten, Informationen und Beobachtungen, die von den Teilnehmenden geäußert werden; vgl. DFeV 2022; Netzwerk n 2017). Die Absicht ist es, bei den Teilnehmenden alles hervorzulocken, was sie zu sagen haben (vgl. Zubizarreta/zur Bonsen 2019: 37 ff.; Oldenburg 2017).

Das Verfahren kennt keinen standardisierten Ablauf, sondern vier Phasen als (variable) Elemente in einem offenen Prozess. Es empfiehlt sich eine Abfolge von vier Sitzungen (jeweils zwei bis drei Stunden), idealerweise im Abstand von höchstens einer Woche (vgl. Zubizarreta/zur Bonsen 2019: 49):

1. *Entleerung*: Die Teilnehmer*innen kommen ausführlich zu Wort und können mitteilen, was sie bereits wissen, indem sie der/die moderierende Praxisberater/in dazu einlädt, ihnen aufmerksam zuhört und die Beiträge auf den Flipcharts festhält (vgl. Zubizarreta/zur Bonsen 2019: 78). Sobald alles ausgesprochen ist, setzt (erfahrungsgemäß) eine gewisse „Leere" in der Diskussion ein. Es entsteht dadurch ein offener Raum für Neues, und es tritt das kreative Potenzial innerhalb der Gruppe zutage (vgl. DFeV 2022). Der/die Praxisberater/in unternimmt auch jetzt „nichts, um die Gruppe auf einem linearen Weg zu halten"; er/sie hat ausdrücklich nicht die Aufgabe, für einen „roten Faden" zu sorgen (vgl. zur Bonsen 2007: 92).
2. *„Yuck"-Phase*: Die Gruppe wird eingeladen, sich die beschriebenen Flipcharts genau zu betrachten und sich zu fragen, wie sie das „unter einen Hut" bekommen kann. Diese Phase ist „herausfordernd, aber relativ kurz". Praxisberater*innen haben die Aufgabe, die kreative Spannung zu halten (und selbst auszuhalten!), ohne irgendwie steuernd einzugreifen, damit den Teilnehmenden selbst „die volle Komplexität eines Themas erstmals bewusst wird" (Zubizarreta/zur Bonsen 2019: 78). Es entstehen vorläufige Ideen und ihnen entgegenstehende Bedenken. Die Divergenz der Meinungen wird offenbart, aber jede/r fühlt sich gehört und alle haben ihre Ideen, Vorschläge und Bedenken (sichtbar auf den Flipcharts), aber der kreative Durchbruch muss erst noch erfolgen (vgl. zur Bronsen 2007: 93, zit. ebd.).
3. *Kreativer Flow*: Die dritte Phase beginnt üblicherweise, wenn ein/e Teilnehmer/in die Vielfalt der verschiedenen Sichtweisen und Informationen durch einen neuen kreativen Blickwinkel auflöst. Die Gruppe beginnt dann, auf einer anderen Ebene weiterzuarbeiten, es werden nun neue Ideen und Lösungen eingebracht.
4. *Commitment*: Die vierte Phase beginnt in der Regel dann, wenn ein/e Teilnehmer/in ihre Erwartung ausdrückt, nun klare Maßnahmen entwickeln zu wollen (vgl. Zubizarreta/zur Bonsen 2019: 78 ff., zit. ebd.).

11.2.7 Weitere diskursgestützte Verfahren

Ein *Runder Tisch* ist ein Verfahren, das der „Klärung von individuell und kollektiv entstehenden sozialen, politischen und gesellschaftlichen Fragen" dient (Schnurer 2021). Dazu versammeln sich Vertreter*innen „aller relevanten Interessengruppen gleichberechtigt, ohne Hierarchiestufen, um ein kontroverses Thema oder Problem zu diskutieren und bestenfalls auch produktiv zu lösen". Versucht wird, eine von allen Beteiligten anerkannte Lösung (ggf. einen Kompromiss) zu finden, wofür ein eine deutliche Aussage der Entscheidungsträger*innen aus Kommunalpolitik und -verwaltung erforderlich ist, die dort erzielten Ergebnisse zu akzeptieren (vgl. BBSR 2020: 124, zit. ebd.). Im Unterschied zu Stadtteilforen arbeiten die Teilnehmenden „konstant an unterschiedlichen Themen der Quartiersentwicklung"; sie „repräsentieren wichtige Akteure im Quartier und keine interessierten Einzelpersonen". Es handelt sich um eine niedrigschwellige Organisationsform, um „unterschiedliche Bedürfnisse, Interessen, Ressourcen und Lebenswelten der Akteure einer Nachbarschaft" zusammenzubringen (vgl. Kühnel-Cebeci 2022: 139 f., zit. ebd.).

Am Runden Tisch werden Informationen ausgetauscht, Projekte entwickelt und in Konflikten vermittelt, wobei der Gesprächsverlauf, Zwischen- und Endergebnisse jeweils dokumentiert und allen Teilnehmenden zur Verfügung gestellt werden (vgl. Schnurer 2021; Kühnel-Cebeci 2022; Binne 2010). Drei Schritte (in Gruppen von nicht mehr als 20 Teilnehmenden) empfehlen sich in der Durchführung des Verfahrens:

1. *Klärung der Kooperationsbereitschaft:* Im Vorfeld wird mit den denkbaren/möglichen Kooperationspartner*innen besprochen, ob und ggf. in welcher Form und welchem Umfang sie zur Mitarbeit am Runden Tisch bereit sind (Kooperationspartner*innen können z. B. soziale Organisationen, Bewohner*innen-Initiativen aus der Nachbarschaft, Bildungseinrichtungen, einzelne Einwohner*innen, Vertreter*innen aus Kommunalpolitik/-verwaltung und örtlicher Wirtschaft sein).
2. *Vorbereitung:* Zu klären sind Ziel und Zweck des Runden Tisches und der organisatorische Rahmen (z. B. Ort, Aufgabenverteilung, Rhythmus, Abstimmungsmodalitäten). Ein Runder Tisch kann zu (fast) allen Themen eingerichtet werden. Geklärt sein muss, was mit den Ergebnissen passiert, die im Rahmen der Arbeit erzielt werden.
3. *Erstes Treffen* (mit entsprechender Tagesordnung): Wenn dieses Treffen erfolgreich war, dann kann der Runde Tisch „auf Dauer" gestellt werden. Unter Umständen ist es sinnvoll, Arbeitsgruppen zu bilden, die einzelne Themen(aspekte) stärker beleuchten (vgl. Kühnel-Cebeci 2022: 139 f., zit. ebd.; am Beispiel [Runder Tisch Emden] vgl. Strack 2018: 13 ff.).

Alle für das Thema bedeutsamen Akteure müssen beteiligt werden (vgl. BBSR 2020: 124).

Auch ein *Stadtteilforum* (auch als Nachbarschaftsforum bezeichnet) dient dazu, dass Bewohner*innen mit anderen Akteuren des Gemeinwesens Informationen zu den für die Nachbarschaft bedeutsamen Themen austauschen, besprechen und nach Lösungen suchen, die sie ggf. auch beschließen (vgl. Kühnel-Cebeci 2022: 59). Es empfehlen sich vier Schritte, ein Stadtteilforum vorzubereiten, durchzuführen und auszuwerten:

1. Konzeptentwicklung, wobei geklärt wird, wie oft, wo, wann, mit welchen Themen und welchem Ziel das Stadtteilforum stattfinden soll und welche Aufgaben (einschließlich der Finanzierung) von wem zu erledigen sind; zu klären ist auch, ob das Forum extern (z. B. durch eine/n Praxisberater/in) moderiert werden soll/kann und ob alle für das Thema relevanten Akteure einbezogen sind;
2. Einbindung von Kommunalpolitik und -verwaltung, Bewohner*innen und örtlichen Akteuren der Zivilgesellschaft (sowie ggf. örtlicher Unternehmen, z. B. der im Gemeinwesen tätigen Wohnungsbauunternehmen) – die im Gemeinwesen tätigen Initiativen oder Gruppen sollen frühzeitig in die Vorbereitung und Themenfindung und Planung eines Stadtteilforums eingebunden werden;
3. Öffentlichkeitsarbeit im Vorfeld und im Nachgang, z. B. durch Einbindung der örtlichen Zeitung/en, Präsenz auf den (örtlich) relevanten Social-Media-Plattformen;
4. Durchführung, Dokumentation und Auswertung, wozu die Reflexion der gesammelten Erfahrungen und möglicher künftiger Verbesserung zählt (vgl. Kühnel-Cebeci 2022: 59 f.).

Ein *Bürgergutachten* (auch als Planungszelle bezeichnet) enthält die nach einer gründlichen Beratung formulierten Empfehlungen von zufällig ausgewählten Bürger*innen zu einem Problem des Gemeinwesens, wodurch die Erfahrungen und Vorstellungen sehr unterschiedlicher Beteiligter in die Vorschläge eingehen, die im Bürgergutachten zusammengestellt werden (vgl. Sturm 2014; Mehr Demokratie 2019, 2021).

Bei *Planning for Real* handelt es sich um ein Verfahren, das Menschen als Expert*innen für ihren Ort anregt, gemeinsam zu überlegen, was in ihrer Lebenswelt verändert werden sollte und was ihr eigener Beitrag dazu sein kann (vgl. Gibson 2018). Das Verfahren kann in verschiedenen Themenfeldern zur Anwendung kommen, z. B. zur Verbesserung des Wohnumfeldes, der baulichen Gestaltung und der Entwicklung des Gemeinwesens (vgl. Bonas / Schwarz 2018: 214 f., 219; Lorenz 2017). Der Ablauf wird in acht Schritten strukturiert:

1. Zunächst gibt es (einzelne) Bewohner*innen, die für sich feststellen, dass sich im Gemeinwesen etwas ändern (verbessern, neu entwickeln) sollte, die u. U. eine Initiativgruppe bilden, sich öffentlich machen und erklären, dass sie eine Veränderung im Gemeinwesen für erforderlich betrachten.
2. Andere Bewohner*innen werden (u. U. mit Unterstützung durch Praxisberater*innen) eingeladen, sich zu beteiligen, und es werden Kontakte zu Einrichtungen, Organisationen und Gewerbetreibenden hergestellt und sie, wenn möglich, mit ihren Ideen, Sichtweisen und Ressourcen in den Prozess eingebunden.

3. Das Gebäude oder der Platz, um den es geht, wird als 3D-Modell erstellt; es ermuntert die Bewohner*innen, eine Vogelperspektive einzunehmen und sich einen Überblick über das Problem und das Gemeinwesen als Ganzes zu machen.
4. Das Modell wird (z. B. im Foyer einer Schule) präsentiert und ergänzende Informationen gesammelt (die anonym festgehalten werden).
5. Die Bewohner*innen werden befragt, welche Fähigkeiten und Interessen sie in die Entwicklung des Gemeinwesens einbringen wollen (z. B. Einkaufshilfen für ältere Menschen, Begleitung bei Ämtergängen, Babysitting), die in einer Datenbank verfügbar gemacht werden.
6. Im Mittelpunkt einer sog. „Ereignis-Veranstaltung" steht das Arbeiten am Modell: Bildlich wird ausgedrückt, was sich im Stadtteil ändern soll; diese Veränderungsvorschläge werden anschließend priorisiert.
7. Daran anschließend werden konkrete Handlungsansätze erarbeitet, Aktionspläne erstellt, eine Zeitplanung vorgenommen und Verantwortlichkeiten (z. B. für die Aktionspläne) festgelegt. Zwischenergebnisse werden öffentlich bekanntgemacht und beraten.
8. Abschließend geht es darum, die entwickelten Aktivitäten in übersichtlichen Arbeitsschritten umzusetzen: Was kann wo wann und wie durch wen umgesetzt werden? Ziel ist es, in einem kurzen Zeitraum sichtbare Ergebnisse zu schaffen und dabei mit dem Machbaren zu beginnen.

Zwischen Start und Umsetzung erster Aktivitäten können etwa drei Monate vergehen (vgl. Bonas/Schwarz 2018: 21, 216 ff.; Schwarz 2018a: 14–28, 116, 119, 121; Schwarz 2018b [Beispiel]).

Ein *Kommunaler Planungsworkshop* unterstützt Bewohner*innen und lokale Initiativen dabei, ihr Gemeinwesen im Sinne gemeinsamer Interessen und/oder Werte durch die Entwicklung von Lösungen für die „brennenden Themen" zu entwickeln, die das Gemeinwesen nachhaltig verändern (vgl. Schmettan/Patze-Diordiychuk 2014: 44 f.) Die Besonderheit des Verfahrens besteht in der besonderen Art und Weise, Ziele und Visionen zu bestimmen, denn die Organisator*innen schlagen einen Katalog mit konkreten Zielen vor (Organisator*innen sind in erster Linie die Kommunalverwaltung, aber z. B. auch eine Mieter*innen-Gruppe oder eine lokale Initiative für mehr Grünanlagen kann als Organisator/in in Betracht kommen). Die Bewohner*innen übernehmen den „Feinschliff", indem sie z. B. Maßnahmenvorschläge ergänzen (vgl. ebd.: 49; vgl. insg. auch Patze-Diordiychuk 2017b).

Eine *Diskursive Bürger*innen-Versammlung* schließlich verfolgt das Ziel, Bewohner*innen und Kommunalverwaltung direkt miteinander ins Gespräch zu bringen und sie gemeinsam an für das Gemeinwesen wichtigen Fragestellungen, lokalen Themen und Herausforderungen arbeiten zu lassen (vgl. Schmettan/Patze-Diordiychuk 2014 und [zur Einwohnerversammlung] Patze-Diordiychuk 2017a).

11.3 Erfahrungsgestützte Verfahren der Teilhabeförderung

Die Wahl geeigneter Verfahren der Teilhabeförderung hängt auch von der Einschätzung ab, ob statt diskursgestützten eher erlebensorientierte Verfahren geeignet sind, Bewohner*innen aus einer eher zögerlichen und abwartenden Haltung herauszubewegen, sich, ihre Interessen und Vorschläge einzubringen. Auch diese Verfahren können nicht auf einen sprachgestützten Austausch verzichten, doch werden (auch durch die Einübung kreativitätsfördernder Elemente) mehr die im Arbeitsprozess entstehenden und gemeinsam geteilten Erfahrungen in der Anwendung des jeweiligen Verfahrens betont:

11.3.1 Appreciative Inquiry

Das Verfahren Appreciative Inquiry („wertschätzendes Erkunden") wurde in den 1980er Jahren entwickelt (vgl. Cooperrider/Whitney/Stavros 2008). Kennzeichnend für Appreciative Inquiry (AI) ist eine Grundeinstellung, die auf zwei Grundannahmen aufbaut: Durch die Konzentration auf positives Denken sollen größere Erfolge erzielt werden. Unentdeckte positive Potenziale sollen durch den Arbeitsprozess in der Gruppe aufgedeckt (oder: wiederentdeckt) und so für sie und in der Zukunft nutzbar gemacht werden. Der Fokus liegt auf stets positiven Vorstellungen, welche den Grundstein für positive Veränderungen bilden. Negative Erfahrungen und Misserfolge werden dabei ausgeblendet. Maßnahmen, die in der Vergangenheit erfolgreich waren, sollen beibehalten und auch in kommenden Projekten angewendet werden, um auch deren Erfolg zu maximieren. Mit diesem Verfahren „wird die Aufmerksamkeit einer Gruppe konsequent auf die vorhandenen, aber oftmals übersehen(en), Ressourcen und das gemeinsame Finden von Lösungsoptionen (statt auf das Wälzen von Problemen) gelenkt" (Groß 2020a). Der „Fluch der Defizitorientierung" (zur Bonsen/Maleh 2013: 28) und die Fixierung auf die Bewältigung von Misserfolgen (es künftig doch besser machen zu wollen) sollen damit durchbrochen werden. Stattdessen „wird in einem offenen Prozess gezielt nach Potenzialen gesucht. Gemeinsam werden Visionen entwickelt und in konkrete Formen und Gestaltungsprinzipien übersetzt, die dann ein einen konkreten Maßnahmenplan überführt werden" (Groß 2020a).

Ein sog. „Kernteam", bestehend aus relevanten Akteuren (z. B. eines Quartiers oder zu einem für ein Gemeinwesen wichtigen Thema), klärt zunächst, welche Aspekte behandelt werden sollen und welches (positive) Ziel damit verfolgt werden soll. Außerdem wird geklärt, wie die folgenden Phasen (methodisch, zeitlich, organisatorisch) umgesetzt werden. Soziale können dabei eine moderierende Rolle übernehmen, die auf die Einhaltung der Regeln des Verfahrens zielen, insbesondere die Konzentration auf die in vier Phasen im AI-Zyklus (bzw. AI-Prozess) geltenden Aspekte (vgl. zur Bonsen / Maleh 2013: 33–54; vgl. Maleh 2017; Walter 2018: 37–41; Grieger 2001):

1. *Discovery*: In dieser Phase geht es darum, gesprächsweise durch eine wertschätzende Fragehaltung neue Einsichten in das Thema zu bekommen, Vergessenes in Erinnerung zu rufen, das Positive (Beste) am Thema kenntlich zu machen und (dadurch) ein verstärktes Gemeinschaftsgefühl hervorzurufen.
2. *Dream*: Während der Dream-Phase werden die vergangenen positiven Erfahrungen verstärkt, indem sich die Teilnehmenden in Kleingruppen über die gemeinsamen Hoffnungen, Träume und Wünsche austauschen. Fragen (z. B. danach, welche positiven Ergebnisse die Teilnehmenden stolz machen) dienen dazu, aus dem Positiven zu schöpfen, um Visionen entwerfen zu können; es wird geträumt, was im besten Fall sein könnte; dabei bietet es sich an, diese Phase z. B. in Form der Verfahren World Café (→ 11.2.4) oder Open Space Technique (→ 11.2.5) zu gestalten (nicht nur im AI-Prozess allein bieten sich diese Kombination von Verfahren an; vielmehr handelt es sich um eine Grundfigur methodisch-abgestützten professionellen Handelns von Praxisberater*innen, unterschiedliche Verfahren situationsangemessen zu verknüpfen; vgl. Gerlich / Posch 2018; Wendt 2021a: 64 ff.).
3. *Design*: Die nach Auffassung der Teilnehmenden mutmachendsten und motivierendsten Visionen werden anschließend in Form von Vorschlägen und innovativen Projekten weiterentwickelt und (meist in Form von Posterpräsentationen) präsentiert (wobei die auf den Postern vorgestellten Ideen in einem „Gallery Walk" betrachtet und besprochen werden. In den Kleingruppen können die Vorschläge und Projekte anschließend weiter konkretisiert werden.
4. *Destiny*: In dieser handlungsorientierten Umsetzungsphase werden die Prioritäten für die (auch zeitlich bestimmte) Maßnahmen- und Aktionsplanung entschieden und damit festgelegt, *was geschehen wird*, welche neuen Ideen verwirklicht werden. Gemeinschaftlich wird dazu ein Aktions- und Maßnahmenplan aufgestellt. Es geht dabei einerseits um die theoretische Planung, welche Zukunftsaussagen in welcher konkreten Form und bis wann umgesetzt werden sollen, und andererseits um die praktische Umsetzung der aufgestellten Planung in kleinen Initiativgruppen zu einzelnen Themen und Projekten.

11.3.2 Dragon Dreaming

Angelehnt an Erfahrungen australischer Aborigines (dem Volk der Yaoyn) wurde die dort geübte Praxis der Entscheidungsfindung zum Verfahren Dragon Dreaming weiterentwickelt, um Menschen dabei zu unterstützen, ihre Träume zu verwirklichen und partizipative Projekte zu entwickeln und durchzuführen (wobei indigene Erfahrungen auf die Soziale Arbeit angewendet werden). Die

Zielerreichung eines solchen Projektes erfolgt durch die spielerische Umsetzung praktischer Verfahren, die dabei helfen, sich über (gemeinsame) Visionen Klarheit zu verschaffen. Dragon Dreaming meint, nicht auf Zurückliegendes, Gescheitertes oder Bedrohliches zu schauen (das der Drachen symbolisiert), sondern in einer Gruppe mit anderen gemeinsam etwas Neues zu entwickeln (vgl. insg. Croft 2023). Der Dragon Dreaming-Prozess hat vier Phasen (vgl. dazu ebd.: 14–29; Coffey 2018: 127–141):

1. *Dreaming* (Träumen): Der Prozess beginnt mit einer Idee („Traum") einer/eines Einzelnen: „Der Traumkreis ist das zentrale Element dieser Phase. Eine Person hat eine Idee für ein Projekt, die er/sie dem Traumteam mitteilt, wodurch sich alle Mitglieder des Teams gleichermaßen für das Projekt verantwortlich fühlen können" (vgl. ebd.: 128). Die Mitglieder der Gruppe werden sich (u. U. in einem zuvor bestimmten Zeitrahmen) zum Projekt (z. B. der Gestaltung eines Jugendhauses) äußern, Anregungen machen, Fragen stellen und sich gegenseitig beantworten; hierbei können kreativitätsfördernde Verfahren (vgl. Freitag 2020), z. B. Traumreisen, Entspannungsübungen, gemeinsames Trommeln oder Singen, helfen, kognitive Beschränkungen zu überwinden. Alle Ideen (Träume) werden dokumentiert; sie sollen zeitlich und inhaltlich begrenzt, erreichbar, zukünftig, wahrnehmbar (beobachtbar) und handlungsorientiert sein. Dazu ist es wichtig, während des Projektes weder hierarchisch noch gegeneinander zu arbeiten (worauf begleitende Soziale zu achten hätten). Widerspruch und Gegensätze bleiben unbesprochen, in der Traumphase wird nicht diskutiert. Abschließend sollen die Ziele zu einem Oberziel zusammengefasst werden, das kurz, präzise, inspirierend, leicht zu merken und alle Ziele einschließend formuliert sein soll.
2. *Planning* (Planen): Anschließend wird geklärt, was zur Umsetzung dieses Oberziels gebraucht wird, wie vorzugehen ist, um es umzusetzen, welche Alternativen sich anbieten und an welche Erfahrungen (auch anderer Gruppen und/oder Projekte) angeschlossen werden kann. Jetzt spielen auch Gegenargumente (des „großen Widersachers") eine Rolle, z. B. Aspekte, die bislang übersehen wurden: „Wenn wir so einen aktiven Widersacher entdecken, müssen wir feiern, da jene Person … diejenige sein wird, die uns am meisten hilft" (Croft 2023: 23). Gemeinsames Feiern ist ein wichtiges Element des Verfahrens.
3. *Doing* (Handeln): Hierauf aufbauend beginnt die Gruppe mit der Umsetzung; dabei muss sie sich als (arbeitsteilig arbeitendes) Team organisieren und die Aufgabenverteilung, die Zeit- und die Budgetplanung klären und verbindlich vereinbaren (Projektmanagement).
4. *Celebrating* (Feiern): Sind die Ziele erreicht bzw. das Projekt verwirklicht, dann darf die Gruppe (durchaus ausgiebig) feiern, was wörtlich zu nehmen ist, aber eben auch bedeutet, zu reflektieren, was positiv war, was die Gruppe im Pro-

zess gelernt hat, wo es Schwierigkeiten, Herausforderungen oder Konflikte gab, was misslungen ist (Evaluation).

Mit Dragon Dreaming werden dabei immer auch drei Ziele verfolgt: Alle an einem Projekt Beteiligten sollen wachsen und sich persönlich weiterentwickeln. Die Gemeinschaftsbildung soll gefördert und der Zusammenhalt gestärkt werden. Die Welt soll insgesamt bereichert werden. Das Verfahren bietet eine gute Gelegenheit, sich offen und ohne Urteile wahrzunehmen und zu begegnen, sich gegenseitig zu unterstützen und auf neue kreative Lösungen zu kommen.

11.3.3 Planspiel

Ein Planspiel ist ein offenes Verfahren, bei denen aus einer Großgruppe (von zwölf bis weit über 100 Personen) gebildete Teilgruppen – auf der Grundlage einer gemeinsamen Spielsituation (Ausgangslage) und gruppenspezifischen (Teil-)Aufgaben durch Spielhandlungen (Interaktionen) zwischen den Gruppen (Verhandlungen, Austausch von Informationen u. a.) – ein Ziel erreichen sollen (vgl. Klippert 2008: 15–18).

Es kann es z. B. darum gehen, eine Aufgabe (thematisches Ziel) zu bewältigen oder neue Formen der Verhandlungsführung auszuprobieren (methodisches Ziel). Planspiele stellen Simulationen dar, um auf Situationen vorzubereiten, die z. B. noch nicht durchlebt wurden oder durch ein hohes Maß an Komplexität gekennzeichnet sind. Es geht darum, (im Spiel) die zwischen Personen, Gruppen, Organisationen und Systemen bestehenden Beziehungen und Zusammenhänge wahrzunehmen und verstehen zu lernen. Ein Planspiel dient somit sowohl dazu, sich relevantes Wissen anzueignen (Themenorientierung), als auch dazu, Formen der Verhandlung, Wege der Konfliktregulierung und Strategien der Problemlösung anzuwenden (Methodenorientierung). Realistisch ausgestaltet, bietet es die Möglichkeit zum (risikolosen) Probehandeln: Verschiedene Lösungswege und Entscheidungsalternativen können erprobt werden, ohne dass dies Konsequenzen für die handelnden Akteure hat (vgl. Wenzl 1995, 2004; Ulrich 2008). Fünf Phasen strukturieren ein Planspiel (vgl. dazu insg. Klippert 2008: 21–49; Weitz 2018b: 208 f.; Franzenburg 2021):

1. *Vorbereitungsphase*: Zunächst klärt die Spielleitung, welchem thematischen oder methodischen Ziel das Planspiel primär dient, welchen Zeitrahmen es haben soll, welche Ausgangslage gegeben ist und welche (Teil-)Aufgaben (bzw. Teil-Ziele) wie viele Gruppen verfolgen sollen. Hierbei können fiktive Umstände oder tatsächlich gegebene (den Akteuren bekannte) Situationen den Hintergrund bilden. Ausgangslage und Aufgaben werden schriftlich verfasst, ebenso die Regeln des Planspiels (z. B. wie die Interaktion zwischen den

Gruppen erfolgen soll: schriftlich/brieflich, per PC-Netzwerk, persönlich). Werden für eine Planspielaktion spezielle Rollen benötigt, sollten diese kurz schriftlich charakterisiert werden. Gerade Rollenbeschreibungen sollten Beziehungen und Zusammenhänge deutlich werden lassen (z. B. wer mit wem vernetzt ist).

2. *Einleitungsphase*: Zu Beginn erläutert die Spielleitung den Akteuren den Charakter des Planspiels (als spielerisches Verfahren, das in einem vorbestimmten Zeitrahmen [meist einen oder mehrere Tage] in mehreren Phasen durchgeführt wird) und vermittelt dessen Ziel, z. B. die Lösung einer fiktiven oder tatsächlich gegebenen Aufgabenstellung (meist in Form einer Fallstudie, in der kurz die vorherrschende Problemsituation skizziert wird). Die Ausgangssituation wird vorgestellt und Nachfragen werden geklärt. Die für alle Akteure gültigen Regeln des Planspiels werden dargestellt. Die Funktion der Spielleitung (als Spielleitung und Ansprechpartner/in für die Gruppen) wird erläutert und geklärt, welche Rollen in den Gruppen wahrgenommen werden müssen, z. B.: Wer fungiert als Sprecher/in in der Kommunikation mit anderen Gruppen? Wer dokumentiert die Ziele der Gruppe, die gewählte Strategie und Vorgehensweise sowie die Ergebnisse in der Gruppenberatung? Schließlich werden die einzelnen Gruppen mit ihren individuellen (den anderen Gruppen immer unbekannten) Aufgaben ausgestattet. Sie erhalten Rollenkarten ausgehändigt, durch welche den Akteuren konkrete Rollen übertragen werden (z. B. als Ehrenamtliche eines Vereins, Jugendliche oder Kommunalpolitiker*innen) und bekommen einen Gruppenraum zugewiesen.

3. *Initiierungsphase*: Die Akteure arbeiten zunächst in ihren Gruppen die Vorgaben des Planspiels (Ausgangslage, Rollenklärung) ab, wobei die Spielleitung in jeder Gruppe Unklarheiten bespricht, die sich in aller Regel aus den gruppenspezifischen Anweisungen ergeben. Anschließend wird jede Gruppe für sich ihr spezifisches Ziel klären, die möglichen Interessen und Strategien der anderen Gruppen einschätzen, das Vorgehen planen (Taktiken bestimmen) und erste Schritte (z. B. Kontaktaufnahme mit einer bestimmten anderen Gruppe, die ein ähnliches Interesse haben könnte) vorbereiten (und jeweils dokumentieren)

4. *Interaktionsphase*: In der Handlungsphase werden Kontakte zu den anderen Gruppen aufgenommen (durch persönliche Gespräche, schriftliche Botschaften oder virtuelle Kommunikation mittels PC-Netzwerk). Charakteristisch für das Verfahren ist, dass die Spielleitung über jeden Schritt der Kontaktaufnahme informiert ist (alle Botschaften laufen über sie, persönliche Gesprächswünsche werden registriert und Orte zum Gespräch zugewiesen, ohne dass davon andere Gruppen erfahren). Das Planspiel entwickelt sich dynamisch auf Basis der unterschiedlichen Interaktionen, den Schlussfolgerungen, die die Gruppen daraus ziehen, und den Schritten, die sie daraus ableiten. Sie verfolgen ihre Strategien, aktualisieren diese womöglich im

Laufe des Planspiels, verhandeln und reagieren auf die Handlungsweisen der anderen Gruppen. Auch die Spielleitung kann durch Interventionen (z. B. die Einführung bestimmter Ereignisse) Einfluss auf die Entwicklung nehmen und den Spielverlauf verändern.

Eine Konferenz (oder Tagung, Plenum u. ä.) beendet die Interaktionsphase des Planspiels: Dazu trägt jede Gruppe zunächst (intern) ihre Ergebnisse zusammen, plant ihren Auftritt in der Konferenz und überlegt, welche Position sie gegenüber den anderen Gruppen einnehmen wird. Sie reflektiert, mit welchen Strategien und Argumenten der anderen Gruppen sie rechnet und wie sie damit umzugehen gedenkt. Jede Gruppe stellt dann dort ihre Ergebnisse durch eine/n Sprecher/in vor. Kann im Austausch zwischen den Gruppen vor dem Hintergrund der Aufgabenstellung keine Lösung erzielt werden, wird dies in der Auswertung besonders reflektiert.

5. *Reflexion*: Die Spielleitung beendet das Planspiel (entweder weil das Spielziel bereits in den Verhandlungen zwischen den Gruppen erreicht wurde oder aufgrund des Ablaufs der vereinbarten Zeit). Diese Phase (auch als *Evaluationsphase* bezeichnet) „dient der Distanzierung vom Spielgeschehen ...; dadurch kann es zu einer Neuorientierung bisheriger Handlungsmuster kommen" (Franzenburg 2021). Der Spielverlauf (inhaltlich, formal) wird analysiert, wobei die Teilnehmenden selbst Verlauf und Spielergebnisse reflektieren, vor dem Hintergrund der Ausgangslage die (Teil-)Aufgaben der einzelnen Gruppen, ihre individuellen Zielvorstellungen, Strategien und Vorgehensweisen miteinander vergleichen und in Beziehung zum Spielergebnis setzen. Diskutiert wird, welche Vorgehensweise sich als wirksam erwiesen hat, aufgrund welcher Taktik welche Ergebnisse erzielt werden konnten.

Ein/e Praxisberater/in übernimmt als neutrale/r Moderator/in die sog. „Spielleitung" und v. a. die Beobachtung des Planspiels und der Vorgehensweise der Gruppen, d. h.

- in Bezug auf die Arbeit innerhalb der Gruppen z. B.: Gelingt es der Gruppe, sich mit den zugewiesenen Rollen zu identifizieren? Wird zu Beginn eine gemeinsame Taktik oder Strategie abgesprochen oder herrscht stillschweigend Konsens über die Vorgehensweise? Bilden sich Schlüsselfiguren heraus, Randfiguren, Außenseiter, steigt jemand aus?
- hinsichtlich der Beziehungen zwischen den Gruppen: Wie häufig interagierten die Gruppen untereinander? Ist der Interaktionsstil eher durch Kampf oder Versöhnung geprägt? Gehen die Gruppen genau auf die Inhalte der an sie gerichteten Kommunikation ein? Wie wird die Spannung zwischen Kooperation und Wettbewerb bewältigt? (vgl. Antons 1996: 140).

Erkennbar wird, dass sich die Reflexion eines Planspiels nicht nur auf den Grad der Zielerreichung einzelner Gruppen beschränkt (thematische Ebene), sondern auch eine Auswertung der Verhandlungsweisen und -stile und des Grades der Kooperation (methodische Ebene) erfolgt. Damit eröffnet ein Planspiel vielfältige Möglichkeiten, Wissen über Taktiken und Kompetenzen der Verhandlungsführung zu erlangen (vgl. ebd.: 113 f., 135–140), d. h. erfahrungsgestützte Vorgehensweisen („Taktiken") in Teilhabeprozessen können ausprobiert und eingeübt werden (vgl. Wendt 2022: 160 ff. [Beispiel]).

11.4 Praxisberatung bedeutet: Moderieren

Praxisberater*innen, die die Moderation von Teilhabeprozessen übernehmen, stellt sich eine doppelte Aufgabe:

- einerseits müssen sie klären, welches Verfahren der Teilhabeförderung in der gegebenen Situation (d. h. unter Berücksichtigung der Themenstellung, die sich aus den Bedarfslagen der Bewohner*innen ergibt [→ 7], der Verhältnisse im Gemeinwesen [→ 6] und der Verhältnisse im sozialpolitischen Handlungsraum → [10.3]) angemessen ist,
- andererseits müssen sie klären, wie Gespräche zu führen sind, die Bewohner*innen motivieren und unterstützen, sich auf solche Teilhabeprozesse einzulassen und daran im Gespräch zu beteiligen.

Praxisberater*innen nehmen zur Unterstützung des gewählten Verfahrens inhaltlich beratende Aufgaben (z. B. in der Klärung von Fachfragen), koordinierende Aufgaben (Planung von Veranstaltungen, Einsatz externer Expert*innen u. a.) und den Austausch ermöglichende Aufgaben (v. a. Gesprächsführung) wahr. In der Gesprächsführung sind sie dafür zuständig, Bedürfnisse und Bedarfslagen, Interessen und Potenziale der an Gesprächen teilnehmenden Bewohner*innen wahrzunehmen und zugleich für ein Gesprächsklima zu sorgen, das einladend und wertschätzend ist, auch wenn unterschiedliche Sichtweisen und Interessen aufeinanderprallen und sich damit auch Abwertungen, Monologe oder Besserwisserei immer wieder im Prozess ergeben. Es ist daher „eine eigene Kunst, allen Teilnehmenden zu vermitteln, dass sie mit ihren Anliegen ernst genommen werden, auch wenn sie sich nicht immer in der von ihnen gewünschten Form in die Veranstaltung einbringen können" (vgl. Roddis/Tengeler 2018: 85, zit. ebd.). Praxisberater*innen müssen für ein Klima sorgen, das Austausch und gemeinsames Ausprobieren fördert (vgl. Schwarz 2018a: 28). Sie

- sind Geburtshelfer*innen für die Lösung einer Fragestellung, mit der sich die Gruppe befasst, und dabei inhaltlich unparteilich und gegenüber den im Gespräch vorgebrachten Einschätzungen und Positionierungen der Gesprächsteilnehmer*innen neutral (sofern diese nicht dem Grundverständnis einer de-

mokratischen Gesellschaft widersprechen, indem sie z. B. rassistisch, sexistisch oder gewaltverherrlichend sind [vgl. Kühnel-Cebeci 2022: 99 f.]);
- achten darauf, dass ein Gespräch strukturiert verläuft; sie fungieren als Begleiter*innen des Klärungsprozesses (die Gruppe bleibt für Inhalte, Ziele und Ergebnisse selbst verantwortlich) und konzentrieren sich dabei auf dessen Ablauf, z. B. durch eine fragende Position, um Unklarheiten zu markieren, die vorhandenen Meinungen sichtbar zu machen (und macht dabei situativ auf angemessene Verfahren aufmerksam, im Arbeitsprozess voranzukommen, wenn dieser stockt):
- sichern und visualisieren (Zwischen-)Ergebnisse (z. B. auf einer Flipchart);
- regen an, Unter-/Arbeitsgruppen zu bilden, wenn der Klärungsprozess das ihrer Meinung nach erfordert;
- sind sensibel im Umgang mit „Störungen", d. h. sie achten auf die meist kaum wahrnehmbaren Zeichen (die sich in der Gestik oder Mimik äußern oder der Art und Weise, wie Diskussionsbeiträge formuliert werden), dass Teilnehmer*innen unzufrieden mit dem Diskussionsverlauf oder den bislang erzielten Arbeitsergebnissen sind;
- übersetzen Fachbegriffe, bürokratische und technische Sacherhalte u. ä. in eine allgemeinverständliche (ggf. leichte) Sprache, die es den Gesprächsteilnehmer*innen ermöglicht, dem Gespräch zu folgen und mit eigenen Äußerungen zu bereichern (vgl. Wendt 2021: 268 ff.).

11.5 Anregungen zur Weiterarbeit

» Zur Moderation von Großgruppen (Open Space Technique u. a.) gibt *Stefan Groß* (Moderationskompetenzen, Wiesbaden 2018) zahlreiche Hinweise. Hierbei ist auch der Beitrag von *Kerstin Reich* (Open Space; URL: http://methodenpool.uni-koeln.de [9. Aug. 2021]) hilfreich.

» Einen guten Überblick zum Verfahren Dragon Dreaming bietet die Website von Wandelbündnis (Gesamtverband für den sozial-ökologischen Wandel): http://dragondreaming.org/de/ (9. Aug. 2021).

» Hilfreiche Praxisbeispiele gibt es zu den Verfahren Appreciative Inquiry aus Berlin-Neukölln (Walter, F.: Gemeinsam für Erziehung und Bildung; in: Stiftung Mitarbeit und Österreichische Gesellschaft für Umwelt und Technik/ÖGUT [Hg.], Bürgerbeteiligung in der Praxis, Bonn 2018: 45 ff.) und Dragon Dreaming aus Freiburg (Müller, R.: Dragon Dreaming für die „Wandel-Aktiven" in Freiburg; in: Stiftung Mitarbeit und Österreichische Gesellschaft für Umwelt und Technik/ÖGUT (Hg.), Bürgerbeteiligung in der Praxis, Bonn 2018: 142 f.).

» Eine Variante des Stadtteilforums stellen die Quartiersräte in Berlin dar, die dort in Gebieten des Programms „Sozialer Zusammenhalt" zur Beteiligung von Bürger*innen entwickelt wurden, über die *Katja Adelhof* (Quartiersräte und Aktionsfonds-Jury in Berlin; in: Stiftung Mitarbeit [Hg.], Glaubwürdig beteiligen, Bonn 2021: 63–73) berichtet.

» Die von *Friedemann Bringt* vorgestellten Überlegungen (Umkämpfte Zivilgesellschaft, Berlin und Toronto 2021) stellen eine gute Unterstützung dar, sich mit in Gesprächen geäußerten rechtsextremistischen Aussagen auseinanderzusetzen; sein Beitrag „Mit menschenrechtsorientierter Gemeinwesenarbeit gegen Ideologie der Ungleichheit" (in: Soziale Arbeit 12/2021: 450–457) kann dazu als kurze Einführung gelesen werden.

12 Druck machen: In den Konflikt gehen

Konflikte sind der Normalfall im Gemeinwesen, sie sind in die alltägliche Lebensbewältigung der Bewohner*innen allein schon deshalb eingewoben, weil es dort widersprüchliche Interessen unterschiedlicher Akteure gibt (z. B. auf wirtschaftlichen Gewinn orientierte Wohnungsgesellschaften einerseits und an Modernisierung der Liegenschaft interessierte Mieter*innen andererseits). Für Bewohner*innen gibt es auch nicht nur eine Möglichkeit, wie sie ihre Freizeit in der Nachbarschaft gestalten, sondern es sind sehr vielfältige Möglichkeiten gegeben, die zueinander im Widerspruch stehen, wodurch Konflikte mit anderen Bewohner*innen entstehen (vgl. Selle 2022; Albers 2014: 289; Herrmann 2006: 48).

12.1 Was haben Macht und Konflikt mit der Sozialen Arbeit zu tun?

Konflikt ist hier zu verstehen als die aktive Auseinandersetzung mit v. a. politischen Verhältnissen eines Gemeinwesens, die Bewohner*innen durch Anwendung von Macht (→ Kasten) und Machtmitteln in ihrer gesellschaftlichen Teilhabe (be)hindern. Es handelt sich um die Auseinandersetzung mit Machtverhältnissen bzw. der Macht von Personen und/oder Organisationen, die in der Lage sind, solche Verhältnisse der Teilhabeverhinderung zu schaffen.

> **Macht**
>
> „Macht bedeutet jede Chance, innerhalb einer sozialen Beziehung den eigenen Willen auch gegen Widerstreben durchzusetzen, gleichviel worauf diese Chance beruht" (Weber, M.: Wirtschaft und Gesellschaft [1922], 5. Aufl. Tübingen 1985; vgl. Sagebiel/Pankofer 2022: 42–58; Kruse/Barrelmeyer 2012: 97 ff.).

Macht ist auch als „Macht mit anderen" zu verstehen, die „im politischen Handeln zwischen Menschen und Gruppen aufgebaut und entwickelt werden kann" und sich „sowohl (als) die Macht organisierter Menschen als auch die Macht organisierten Geldes" zeigt (vgl. Maier/Penta/Richter 2022a: 295, zit. ebd.).

Solche Konflikte, damit „‚bessere' Möglichkeiten gesellschaftlicher Existenz hervorgebracht werden können" (Mollenhauer 1972: 28), müssen für eine an den Menschenrechten ausgerichtete und der Emanzipation verpflichtete Praxisberatung ein selbstverständliches Element der eigenen Arbeit sein[24]. Sie sind alltäglich, solange Bewohner*innen an einer gleichberechtigten Teilhaben gehindert sind. Daher zählen auch konfliktorientierte Verfahren zum methodischen Grundrepertoire der Sozialen Arbeit im Gemeinwesen.

Konflikte sind auch Ausdruck von Machtverhältnissen, z. B. dann, wenn eine Wohnungsgesellschaft versucht, eine Mieterhöhung ohne Modernisierung der Wohnungen durchzusetzen und die Interessen ihrer Mieter*innen ignorieren will, den Standard der Wohnungen an das in der Stadt allgemein übliche Niveau anzupassen. Sind die Mieter*innen nicht bereit, das hinzunehmen, dann müssen sie für ihre Interessen öffentlich streiten und mit der Macht des Unternehmens auseinandersetzen, die Bedingungen der Mietverhältnisse bestimmen zu können. Handelt es sich bei der Wohnungsgesellschaft um ein privatwirtschaftliches Unternehmen, dann wird dieser Konflikt v. a. in der Öffentlichkeit und mit den Mittel der Öffentlichkeitsarbeit (→ 13.1) ausgetragen; handelt es sich dagegen um ein kommunales Unternehmen, das der Gemeinde gehört, dann wird es sich um einen Konflikt handeln, der in und mit der kommunalen Selbstverwaltung geschehen wird. Um diese im Gemeinwesen gegebenen (politischen) Machtverhältnisse verstehen zu können, ist eine Analyse der Machtverhältnisse erforderlich, die sich nicht wesentlich von einer Politikfeldanalyse (→ 10.3.2) unterscheidet. *Tim* spricht z. B. von der Notwendigkeit, „eine klare politische Analyse" zu haben; es sei

> „wichtig, einen konfliktorientierten, parteilichen Ansatz zu haben, der auch deutlich sagt: Lasst uns sie erst mal angucken, wer wie artikulationsfähig ist und wer welche Ressourcen hat, sich so einzusetzen –, dann kann man darüber reden in Verhandlungen und in Runde Tische gehen, aber erst, wenn ich die Leute auch ermächtigt habe, sich einigermaßen gleichberechtigt einsetzen zu können."

Er sieht zwei gegensätzliche Pole, wie Soziale Arbeit sich politisch bestimmen kann: Konsens (als „Win-Win-Situation, wo dann alle rausgehen und sagen können: schön wie wir das jetzt gemeinsam miteinander gelöst haben –") und eben als Konflikt: Er weiß, dass die Bewohner*innen zu Gesprächen über die weitere Entwicklung des Stadtteils, in dem er arbeitet, „gar nicht eingeladen werden und sie sich nicht angesprochen oder nicht gewünscht fühlen" (sollen). Notwendig sei

---

24 Allerdings fällt die Auseinandersetzung mit Macht im Allgemeinen und Machtverhältnissen im Gemeinwesen im Besonderen Fachkräften der Sozialen Arbeit erkennbar schwer, obwohl „die Auseinandersetzung mit Fragen der Macht für eine professionelle Soziale Arbeit unabdingbar" ist (Kraus/Sagebiel 2021: 6; vgl. Sagebiel/Pankofer 2022: 31–208; Misamer/Hackbart/Thies 2017; Bohlen 2017). So sind z. B. 69 von 73 der im Rahmen der Forschung zu diesem Lehrbuch befragten Fachkräfte von sich aus nicht auf das Thema Macht zu sprechen gekommen und auch die daraufhin evozierten Stellungnahmen bilden ein nachhaltiges Missvergnügen ab, sich mit diesem Thema zu befassen.

deshalb ein „konfliktorientierter und parteilicher Ansatz, grundlegend zu sagen, wie die gesellschaftlichen Machtverhältnisse sind und wo Benachteiligung und Ausschlüsse passieren" (was im Übrigen für die Soziale Arbeit auch nicht neu ist [vgl. Seippel 1974]).

Macht zu haben ist an sich nichts Problematisches (vgl. Sagebiel 2022); es kommt auf die Art und Weise der Anwendung von Macht an, wie es z. B. *Fred* sieht: Macht und Einfluss sei

> „ja nicht immer nur was Negatives, Macht kann ja auch was ganz Positives sein. Klar, wenn wir was verändern wollen, müssen wir entweder viele sein oder wir müssen diejenigen sein, die Einfluss haben."

Eine Antwort auf eine solche Konfliktorientierung und der Anwendung von Macht gegen die Macht der herrschenden Verhältnisse und die dort machtausübenden Personen, Organisationen und Institutionen (d. h. *Gegen-Macht*) bieten die Überlegungen zum Community Organizing (CO):

12.2 Mit Macht umgehen: Community Organizing

Community Organizing (CO) geht maßgeblich auf *Saul Alinsky* zurück, der das Verfahren ab 1939 in den USA (v. a. in Chicago) entwickelt hat (vgl. Alinsky 2022; Mohrlok u. a. 1993; Stövesand 2013a; Szynka 2005) und das in Deutschland in den späten 1960er und 1970er Jahren z. B. in Formen einer aggressiven Gemeinwesenarbeit (→ 3.3) aufgegriffen wurde (vgl. Müller/C. 2010: 27, und 2014; Stock 2016; Penta 2007).

Im wirtschaftlichen und sozialen Klima der USA nach der ersten Weltwirtschaftskrise und aufgrund der in der Gewerkschaftsarbeit gewonnenen Kampagnenerfahrungen entwickelte er ab Ende der 1930er Jahre eine „Politik des Gemeinwesens" mit dem Ziel, viele Menschen zusammenzuführen, damit sie handlungsmächtig werden und gemeinsam Probleme in der Nachbarschaft lösen können. Ihm ging es darum, Kirchen, Gewerkschaften, Sportvereine und andere zusammenzubringen, damit sie für gemeinsame Ziele eintreten konnten (z. B. die Aufhebung örtlicher Formen der Diskriminierung der afroamerikanischen Bevölkerung). Dabei präferierte er „den langsamen Aufbau einer Organisation durch gewöhnliche Menschen, die ihre wirklichen Interessen verfolgten und sich mit konkreten Fragen befassten" (vgl. Bretherton 2022: 45 f., zit. ebd.; zur Geschichte des CO vgl. Stock 2015; Renner/Penta 2015). CO ist damit

> „ein parteipolitisch und konfessionell unabhängiger Ansatz, um lösungsorientiertes, zivilgesellschaftliches Engagement auf breiter gesellschaftlicher Basis von unten aufzubauen. Organizing zielt darauf, Menschen zu befähigen, ihr eigenes Leben, das ge-

sellschaftliche Zusammenleben und damit letztlich auch das öffentliche Leben (wieder) gemeinsam mit anderen zu gestalten, gegebenenfalls zu verändern und zu entwickeln, d. h. persönlich und öffentlich-politisch handlungsfähig zu werden" (Penta/Sander 2010: 60).

Entpolitisierte oder von Entscheidungsprozessen ausgeschlossene Menschen sollten motiviert werden, sich sichtbar zu machen und für ihre ureigenen Interessen in Gemeinschaft mit anderen einzutreten. Sie brauchen Macht, um etwas verändern zu können, damit eine positive Weiterentwicklung ihres Gemeinwesens möglich wird, d. h., es geht auch darum, Menschen, die keine Stärke haben, zu (Aktions-)Macht zu verhelfen. *Alinsky* ging es damit um die „Entwicklung einer alternativen Machtstruktur" (vgl. Bretherton 2022: 58 ff., zit. S. 59). Der Grundgedanke bestand darin, dass Menschen sich v. a. aus zwei Gründen zusammenschließen: Zum einen sind es Eigeninteressen, zum anderen sind es Beziehungen, die auf Neugierde, echtem Interesse und erlebtem Vertrauen zwischen Menschen begründet sind. Beides macht (ergänzt um die Erfahrungen gemeinsam durchgestandener Konflikte) den „Spirit" von CO aus (vgl. Cromwell 2023). CO ist deshalb als ein „Methodenset kollektiven Handelns" (Maier/Penta/Richter 2022a: 293) zu verstehen, im Gemeinwesen gemeinschaftlich politisch wirksam zu werden.

12.2.1 Macht als Mittel

Der Schlüsselbegriff im CO ist Macht und die Entwicklung von Macht durch die Bewohner*innen eines Gemeinwesens („power organizing"). Alinsky geht davon aus, dass die Besitzlosen den herrschenden Besitzenden als einzigen potenziellen Machtfaktor ihre große Zahl entgegenstellen können (vgl. Alinsky 1974: 43 f.), d. h., wenn sich marginalisierte Bewohner*innen solidarisieren und organisieren, um „ungerechte Verhältnisse zu beseitigen" (Karas/Hinte 1978: 42 f.). *Alinsky* spricht davon, dass „(d)er unpolitische, apathische Bürger ... erst die Erfahrung machen (muss), daß Mitbestimmung angenehm und erstrebenswert ist: Erst dann ist er motiviert, in weiteren Bereichen aktiv mitzugestalten und mitzubestimmen" (Alinsky 1973: 87). Bewohner*innen „können dann wirksam Veränderungen herbeiführen, wenn sie dafür kollektiv eigene Plattformen und Prozesse entwickeln, die sich auf ihre Lebenswelten beziehen" (vgl. Maier 2022: 223 ff., zit. S. 225), also *Gegenmacht* entwickeln. Diese (Aktions-)Macht ist damit positiv besetzt. Es handelt sich um die Fähigkeit, gemeinsam und öffentlich zu handeln; dadurch werden Bewohner*innen und ihre Interessen und Vorstellungen sichtbar und anerkannt, und sie „erfahren sich, oft entgegen ihren alltäglichen Erfahrungen, als kompetent und mächtig in ihren eigenen Belangen" (Müller/C. 2010: 27).

Im CO wird dabei *immer* an die Themen (*Issues*) der Bewohner*innen angeknüpft, die zunächst durch Aktivierende Befragungen oder One-to-Ones ermittelt werden (→ 6.3), in denen sich Eigeninteressen und gemeinschaftliche Beziehungen ausdrücken. Erst daran anschließend geht es um ihre Organisierung (→ 12.2.2) und die politische Praxis im Gemeinwesen (→ 12.2.3):

12.2.2 Organisierung im Gemeinwesen

Von *Dieter* stammt die Einschätzung,

> „(d)as Schlimmste ist ja eine unorganisierte Menschenmenge, die hat keine Lobby, hat keine Macht, hat keine Mitsprachemöglichkeit. Daher heißt das: Institutionen, die die Rechte der Jugendlichen und die Notwendigkeit der Jugendlichen betonen, hervorrufen, sind für mich ganz wichtig. Die müssen wir schaffen."

Solche „Institutionen" sind im CO die Bürgerorganisationen (BO). Sie sind *eigene* Organisationen der Bewohner*innen und der Vereine, Religionsgemeinschaften u. ä., in denen sie sich sonst zusammenfinden[25]. *Alinsky* versteht darunter Organisationsformen,

> „in denen das Volk mitmacht, die ihm gehören und durch die sie ihren Interessen, Hoffnungen, Gefühlen und Träumen Ausdruck verleiht. Es handelt sich um Organisationen, die wirklich vom Volk ausgehen, vom Volk getragen werden und für das Volk bestimmt sind" (Alinsky 1999: 40).

Mitglieder können zivilgesellschaftliche Akteure (z. B. Bürgerinitiativen, Kirchengemeinden, Wohlfahrtsverbände, örtliche Gewerkschaftsgruppen), einzelne Personen, Familien, ganze Nachbarschaften oder Jugendprojekte sein (vgl. Penta 2007: 104, 106). Der Aufbau einer BO ist das Ergebnis „der starken Einigkeit für das gemeinsame Ziel" (Alinsky 1974: 43). Als Zusammenschluss verfolgt sie das Ziel, „gemeinschaftlich mit Entscheidungsträgern auf Augenhöhe zu verhandeln" (Maier/Penta/Richter 2022a: 293; Richter 2022: 203). Sie wird damit zur „Konfliktpartei" (Alinsky 1999: 128), denn „erst beim Austragen von Konflikten können Menschen ihr volles Kräftepotential entwickeln und konstruktive Veränderungen erkämpfen" (Karas/Hinte 1978: 44). Deshalb wird die Arbeit einer BO durch öffentliche Aktionen geprägt, um für die Issues der Bewohner*innen Lösungen zu finden und Verbesserungen zu erzielen (vgl. Penta 2022: 233).

---

25 *Alinsky* spricht i. d. R. von „Bürger-Organisation" (Alinsky 1999), die zu bezeichnen in der aktuellen Literatur der Begriff „Bürgerplattformen" (z. B. Penta 2022) gebraucht wird; hier wird der von *Alinsky* selbst eingeführte Begriff, angepasst als Bürger*innenorganisation (BO), verwendet

Auf der Grundlage der im Gemeinwesen gegebenen Issues wird eine BO über *Schlüsselpersonen* aufgebaut. Dort spielen sie eine zentrale Rolle; denn

> „(d)ie Bevölkerung zu organisieren bedeutet, mit ihr zu sprechen ... Der einzige Weg, auf dem man die gesamte Bevölkerung erreichen kann, ist der Weg über ihre eigenen Repräsentanten, über ihre eigenen Führer. Man spricht mit der Bevölkerung durch ihre Führer."

Wer mit ihnen spricht, der spricht mit der Bevölkerung (vgl. Alinsky 1971: 197 f., zit. S. 198). Sie öffnen den Zugang zu den künftigen Mitgliedern und sorgen dafür, die verschiedenen Organisationen im Gemeinwesen zusammenzubringen. Als Angehörige ihrer Organisation (ohne dort eine formelle Funktion, z. B. als Vorsitzende/r, wahrnehmen zu müssen), können sie den Zugang zu anderen Organisationen herstellen, bei denen sie Ansehen, Vertrauen und Legitimation genießen (→ Kasten). Es zeichnet sie aus, „ein großes Interesse an Wandel und Veränderung" zu haben. Sie bilden „die entscheidende Kommunikations- und Beziehungs-Nahtstelle" zwischen BO und den Mitgliedern ihrer eigenen Organisation. Zugleich sind sie „die ersten Ansprechpersonen" der Praxisberater*innen, wenn sie mit der BO zusammenarbeiten (vgl. Richter 2022: 101 f., 204., zit. ebd.).

Qualitäten von Schlüsselpersonen

Vier Qualitäten sollen Schlüsselpersonen auszeichnen:

- Sie müssen sich als *Teil ihrer Organisation* verstehen (wollen), weshalb Einzelkämpfer*innen oder Aktivist*innen nicht als Schlüsselpersonen anzusehen sind.
- Sie nehmen eine besondere *Verantwortung* für die Entwicklung der gesamten Gruppe und ihrer Mitglieder wahr: „Daher ist es eine wichtige Qualität von Leadern bzw. Schlüsselpersonen, ein gutes Auge und Ohr für Menschen und die eigene Organisation zu haben, sowie eine Idee, wohin sich diese entwickeln können bzw. sollten."
- Sie müssen sich klar darüber sein, dass sie eine *öffentliche Rolle* wahrnehmen. Spannungen, die in öffentlichen Beziehungen und Auseinandersetzungen unweigerlich entstehen, müssen sie aushalten und verarbeiten und zugleich auch selbst Spannung erzeugen und wieder auflösen können.
- Die zentrale Qualität von Schlüsselpersonen ist es, *zuhören* zu können („also das Ohr an den eigenen Leuten zu haben") und *führen* zu wollen und zu können. Sie geben die Richtung vor und sollten daher „eine Vorstellung davon haben, welchen Wandel sie sowohl innerhalb der eigenen Organisation vollziehen als auch welchen Wandel sie in der Gesellschaft mitgestalten möchten" (vgl. Richter 2022: 205 ff., zit. ebd.).

Bürgerorganisationen pflegen eine „Kultur, die auf Beziehungen, Vertrauen und Verlässlichkeit beruht", wobei das Gespräch mit Einzelnen (→ 6.1, 6.3) die Grundlage darstellt: Dort „wird die Beziehung zwischen den Menschen der Plattform gepflegt und eine Politik entwickelt, die zunächst auf Eigeninteresse basiert und sich dann langsam (durch gemeinsam getragene Aktionen und Risiken) zu einer Politik entwickelt, die auf Beziehung und Solidarität beruht" (Jamoul 2022: 198). Die Traditionen und Gewohnheiten, die das Leben der Bewohner*innen kennzeichnen und beeinflussen, werden dabei berücksichtigt (vgl. Alinsky 1999: 67 f., 73, 77). Der Aufbau einer BO erfolgt in drei Phasen:

1. *Sondierung und Aufbau von Beziehungen*: Durch Einzelgespräche wird das Interesse an einem Zusammenschluss vor Ort geklärt, wozu es einer oder mehrerer Personen bedarf, die, unterstützt durch den/die Praxisberater/in, systematisch und intensiv Gespräche zur Erkundung von Interessen im Zielgebiet führen. Aus einer Gruppe Interessierter wird sich eine vorläufigen „Kerngruppe" herausbilden.
2. *Herausbildung des Gründungskreises*: Aus der Kerngruppe entwickelt sich ein „Gründungskreis", der z. B. als informeller Förderkreis der zu gründende Bürgerplattform fungiert. Drei miteinander verbundene Aufgaben haben nun Vorrang: 1. „Die ständige Erweiterung des Kreises der potenziellen Mitgliedergruppen auf ein ‚kritisches Potenzial' hin." 2. Mittelakquise / Fundraising, um einen Förderfonds zu schaffen. 3. „Trainings und Seminare für den wachsenden Kreis an Teilnehmern, dem immer mehr Mitglieder der beteiligten Organisationen angehören."
3. *Entstehung der selbstständigen BO*, sobald „ein Potenzial an organisierten Menschen, Gruppen und organisiertem Geld entstanden ist". Es beginnt der (intensivierte) Aufbau der Basis; Schlüsselpersonen der teilnehmenden Gruppe nehmen an Trainings und Workshops teil und die Themenfindung beginnt: Die BO führt nun kleine Treffen (etwa zehn bis 15 Teilnehmer*innen) sowie „Hunderte von persönlichen Einzelgesprächen in der Stadt/im Stadtteil durch." Weitere Schlüsselpersonen werden ermittelt (und gewonnen); dabei gilt auch hier „die eiserne Regel: ‚Nie für andere (Personen, Familien, Gemeinden, Wohnquartiere, Stadtteile) tun, was sie für sich selbst tun können'." Diese Phase gipfelt in einer sorgsam vorbereiteten Gründungsveranstaltung, in der sich die mitwirkenden Menschen, Gruppen und Institutionen vorstellen, „zur gegenseitigen Zusammenarbeit verpflichten", die schon erlangten finanziellen Ressourcen erläutert und die bereits gewonnenen Bündnispartner*innen vorgestellt werden (vgl. Penta 2022: 231 f., zit. ebd.).

Im Rahmen des Programms „Soziale Stadt" hat sich z. B. auch gezeigt, dass das Engagement von Bewohner*innen marginalisierter Stadtteile eine professionelle Unterstützung benötigt (vgl. Kotlenga / Müller 2012: 218 f., zit. ebd.). In der dritten Phase muss deshalb ein/e erfahrene/r und qualifizierte/r Praxisberater/in tätig (eingestellt) werden. Er/sie leitet die BO *nicht*, sondern kümmert sich z. B. durch Einzelgespräche, die Begleitung von Aktionen und die Trainings um ihre weitere

Entwicklung (→ 12.2.4). Die Leitung der BO bleibt *immer* in den Händen des demokratisch zusammengesetzten Leitungsteams (vgl. Penta 2022: 231 f.).

12.2.3 Praxis im Gemeinwesen

Die Praxis des CO wird durch drei gleichberechtigte Aspekte strukturiert (vgl. Szynka 2011: 15–19):

1. *Issues ermitteln*: CO beginnt mit Zuhören, einer „kleinteiligen gesellschaftlichen Webarbeit, die aufsuchend und kontaktschaffend face to face arbeitet" (Penta 2007: 105): Viele aktivierende Gespräche (→ 6.3) dienen als Basis, die Issues zu identifizieren, die für die Bewohner*innen wichtig sind. Gesprächsorte sind auch Versammlungen der Bewohner*innen und Runde Tische (→ 11.2.7), um herauszufinden, was ihre Anliegen sind und was sie wirklich bewegt, welche Schwierigkeiten sie sehen und welche Ideen und Visionen sie haben. Persönliche Themen oder Schwierigkeiten werden dann zu öffentlichen Streitthemen, wenn sie Bewohner*innen bewegen (und erwarten lassen, dass sie Menschen so betreffen, dass sie etwas dafür tun werden, „die Dinge" zu verändern). Solche Issues können z. B. bauliche Veränderungen im Wohnumfeld, Gentrifizierung, die Sicherheit im Quartier, die Situation in Schulen und Kindertagesstätten oder laufende und künftige Verkehrsplanungen sein, aber auch die Teilnahme an Kampagnen, z. B. der Kampf gegen Wucherzinsen (vgl. Rothschuh 2013: 378). Bei der „Eingrenzung des Problems zu einem konkreten Missstand" helfen „folgende Kriterien: Sehr konkret/genau zu beschreiben – Der Missstand ist kurzfristig lösbar (zu Beginn) – Betroffenheit bei vielen Menschen liegt vor – Ärger und Wut sind groß – Das Problem darf nicht spalten" (Kammann/Schaaf 2004: 181; Jamoul 2022: 197).
Nach der Phase des Zuhörens, d. h. nach etwa acht Wochen, werden allen Interessierten in einer Versammlung die Issues vorgestellt und beraten (demokratisch entschieden), welches die wichtigsten Themen sind (vgl. Früchtel/Budde/Cyprian 2007a: 185 f.; Rothschuh 2013: 375). Zugleich werden Nachforschungen angestellt, um Ideen zu den Issues und Visionen für ihre Bearbeitung zu erschließen (z. B. Lösungsvorschläge aus anderen Städten).
2. *Machtanalyse*: Sind die Themen identifiziert, schließt sich die Analyse der Machtstruktur (eine eigene Form der Politikfeldanalyse) an, „um lokale Macht zu erkennen, die zentralen Personen damit zu verbinden und davon ausgehende Handlungsmöglichkeiten zu erschließen" (Maier 2022: 224; vgl. Maier/Penta/Richter 2022b: 304). Recherchiert wird z. B., wer im Stadtrat, in Vorständen oder in Aufsichtsräten ist, welche Namen häufig in den Zeitungen genannt werden. So werden Gruppen und Personen erkennbar, für die

die Bearbeitung der Themen wichtig sind und die möglicherweise für eine Zusammenarbeit gewonnen werden können, und es werden weitere wichtige Schlüsselpersonen (z. B. aus der Kommunalpolitik, der Verwaltung oder anderen Organisationen) entdeckt, die als Bündnispartner*innen hilfreich sein können.

3. *Taktiken*: Wenn Lösungen in Selbsthilfe nicht möglich sind oder die eigenen (Macht-)Mittel (noch) nicht ausreichen, dann werden geeignete Aktionsformen und Bündnispartner gebraucht, um Bewegung in den Prozess zu bringen. Eine BO kann dabei verschiedene Taktiken zum Einsatz bringen. Taktik bedeutet, „das zu tun, was man kann, mit dem, was man hat" (Alinsky 2011: 158), d. h., wie Menschen ohne Macht und Einfluss dennoch Macht und Einfluss ausüben können.

Typische Taktiken sind:

- Mobilisierung: Kurznachrichten (SMS, Twitter, über Messengerdienste u. a.), Blogs oder Podcasts greifen die Issues auf, skandalisieren Missstände und motivieren Menschen, sich zu öffentlichen Flashmobs einzufinden, da zu sein, zuzuhören und „(Laut-)Stärke" zu beweisen, wobei diese Medien für Mobilisierungs- und Vernetzungsprozesse erheblich an Bedeutung gewonnen haben.
- Aktionen bzw. Accountability Sessions, d. h. präzise vorbereitete Veranstaltungen (in denen z. B. genau feststeht, wer wann, wie und mit welchem Inhalt das Wort ergreift), in denen Kommunalpolitiker*innen, Bürgermeister*innen oder andere Entscheidungsträger*innen mit den Issues konfrontiert und nach konkreten Lösungen befragt werden. Solche öffentlichen Versammlungen oder Verhandlungen dienen dazu, den Druck auf Entscheidungsträger*innen zu erhöhen oder um Ressourcen zu aktivieren (vgl. Maier/Penta/Richter 2022a: 293); sie müssen phantasievoll, überraschend und öffentlichkeitswirksam sein und sich (in Bezug auf die Konfliktstärke oder öffentliche Wirksamkeit) Schritt um Schritt steigern lassen (vgl. Kammann/Schaaf 2004: 182f.).
- *Systematische Öffentlichkeitsarbeit* (→ 13.1) hat dabei eine besondere Bedeutung; sie ist als Teil der Strategie zu sehen, sich für die eigenen Interessen erkennbar und unverwechselbar einzubringen: Sich zeigen, öffentlich präsent zu werden, stellt eine Ermutigung für Bewohner*innen dar, denen sonst keine Aufmerksamkeit geschenkt wird, sich und ihre Interessen darzustellen. Praxisberater*innen fungieren hierbei als Katalysator*innen zur Entfaltung sonst unterdrückter, ungehörter oder ignorierter Kommunikation. *Informelle Öffentlichkeitsarbeit* dient dagegen der Beeinflussung der lokalen Öffentlichkeit und hat eine doppelte Bedeutung: Sie wirkt einerseits im Gespräch unter Bewohner*innen in das Gemeinwesen hinein (was die Bildung eines gemeinschaftlichen Bewusstseins über die relevanten Issues unterstützt) und transportiert

(adressiert z. B. an Kommunalpolitiker*innen) Botschaften aus dem Gemeinwesen heraus. Solches *Storytelling* bringt systematisch Geschichten in Umlauf, weil Menschen Themen, die in Geschichten „verpackt" werden, lieber hören, sich besser merken und auch eher weitererzählen werden (→ 13.1.2).
- *Heimspiel*, d. h. durch die Wahl des Veranstaltungsortes (in der Lebenswelt von Menschen), des Zeitpunktes (nach der Arbeit, aber nicht zu spät), der Veranstaltungsform (keine Plattform für langatmige Erklärungen und vorbereitete Statements seitens Politik und Verwaltung), der Leitung und Moderation der Veranstaltung (die erforderlichenfalls konfrontativ Antworten auf spezifische Fragen erzwingt) wird die Veranstaltung zu einer Veranstaltung der Bürger*innen: Kommunalpolitik und -verwaltung nehmen die Issues eher zur Kenntnis, sobald sie mit der Einigkeit und „Macht" der Bewohner*innen direkt konfrontiert sind (vgl. Müller/C. 2010: 27 f.).
- *Skandalisierung*, v. a. durch Storytelling (→ 13.1.2), wobei auch Social-Media-Plattformen und -Kanäle u. a. eine große Rolle spielen können, wodurch Personen angesprochen werden, die üblicherweise von solchen Themen nicht erreicht und berührt werden.
- *Personalisieren von „Gegnern"*, d. h. konkrete Akteure der Gegenseite werden als Verantwortliche identifiziert, benannt und (z. B. bei öffentlichen Veranstaltungen) direkt und unter Verzicht auf „Höflichkeiten" (verbal) angegriffen (vgl. Kammann/Schaaf 2004: 182).
- *Broad-Based-Organizing*, d. h., Plattformen werden nicht mehr nur isoliert für einen kleineren Sozialraum oder ein spezielles Thema entwickelt, sondern in größere Zusammenhänge gestellt und z. B. auf ganze Städte oder Regionen bezogen, da sich bestimmte Issues (z. B. Gentrifizierung, Armutsentwicklung) oft nicht mehr im kleinen Rahmen bearbeiten lassen und größere Kampagnen notwendig werden (vgl. Fehren 2015: 63).
- *Fundraising*, d. h. die Akquise insbesondere von Geld, dient zur Finanzierung von Trainings, Seminaren und Veranstaltungen (→ 12.4); daher kommen v. a. Stiftungen, aber auch lokale Unternehmen, als Fördergeldgeberinnen in Betracht. Die finanzielle Unabhängigkeit zählt zu den Grundprinzipien einer BO: Öffentliche Mittel werden nicht in Anspruch genommen (vgl. Jamoul 2022: 195); Geld vom Staat zu nehmen, kommt nur in Betracht, wenn es unvermeidbar ist (um sich vom Staat so weit wie möglich unabhängig zu machen).
- *direkte Aktionsformen*, wozu Taktiken *durch Störung* (Disruption) zählen (vgl. Specht/H. 1971: 217 ff), z. B. der vorsätzliche Bruch von Normen: *Alinsky* organisierte z. B. den Besuch eines Kaufhauses durch 3.000 Afroamerikaner*innen, die damit das Haus faktisch besetzten, die Beratung der Verkäufer*innen in Anspruch nahmen (und so für den Verkauf an andere blockierten) und bei ihnen Bestellungen in der Absicht aufgaben, deren Annahme später zu verweigern. Mit der Drohung einer Wiederholung konnte erfolgreich Druck auf

den Kaufhausinhaber ausgeübt werden, seine diskriminierenden Praktiken zu verändern (vgl. Alinsky 1984/1999: 154 ff.). Eine andere Aktion bestand im Besuch eines Konzerts des Symphonieorchesters in Rochester durch 100 Personen, die vorher Bohnen gegessen hatten, um dann das Konzert durch Geruch und Geräusch zu stören (vgl. ebd.: 145 ff.).

Zu den direkten Aktionsformen zählen u. a. auch *smartmobs*, *flashmobs* bzw. *Critical-mass-Aktionen*, die durch das plötzliche Zusammenkommen von Menschen Störungen in öffentlichen Abläufen herbeiführen (z. B. Student*innen, die in Karlsruhe durch ein spontanes gemeinsames Niederlegen an einem zentralen Platz den ÖPNV blockieren, um auf ihre Wohnungsnot aufmerksam zu machen), oder *surprise actions*, z. B. die Blockaden von Bauern, die (im Rahmen der Kampagnen „Land schafft Verbindung" oder „Wir haben es satt") die Auslieferung an den Verteilzentren von Lebensmittelkonzernen oder Discountern mit ihren Traktoren stören, oder die überfallartige Besetzung von Atomanlagen durch Greenpeace. Taktiken der Störung bestehen aus der vorsätzlichen *Verletzung von Verkehrssitten* bzw. *gesetzlicher Normen*, z. B. in Form von Märschen, Boykotten, Nachtwachen oder Mietstreiks, aber auch „öffentliches Fasten" oder Sit-ins (vgl. Specht/H. 1971: 220 ff., zit. ebd.; vgl. Graeber 2013: 158 ff.).

In jedem Fall muss dabei eine taktische Empfehlung ständig berücksichtigt werden: „Der Druck darf nie nachlassen!" Dieser Druck auf die Gegenseite muss durch verschiedene Aktionen aufrechterhalten werden, und alle Gelegenheiten, die sich hierzu anbieten, müssen genutzt werden; „nur konstanter Druck hält die Aktion in Gang" (vgl. Alinsky 2011: 159, zit. ebd.).

Tim verweist z. B. auf eine lange Auseinandersetzung um den Abriss eines Altbaukomplexes und die Planung der Neubauten: Dort gab es vom Investor der Neubauten inszenierte Versuche, mit den Bewohner*innen der Altbauten mittels Runder Tische einen Konsens zu erzielen,

> „aber davor steht für mich eigentlich immer etwas, dass wir erst mal Chancengleichheit oder Augenhöhe herstellen müssen, dann können wir uns auch am Runden Tisch treffen. Das geht, jetzt mal salopp gesagt, durch ‚auf den Putz hauen', das heißt für mich außerparlamentarisch oder in der Selbstorganisation mit den Leuten besprechen: Was können wir denn eigentlich machen? –."

Wenn der Investor eine Informationsveranstaltung macht, wo er sich als jemand darstellen will, der alle mitreden lässt, obwohl der Abriss und Neubau schon beschlossen sind, dann gilt es zu klären, wie die vom Abriss betroffenen Bewohner*innen sagen können:

> „Nö, nach euren Spielregeln spielen wir nicht, sondern wir wollen grundsätzlich darüber reden, ob überhaupt abgerissen werden soll und neu gebaut werden muss –. Das

wäre für mich gesagt ‚auf den Putz hauen', zu sagen, wir stören diese Veranstaltung jetzt erst mal und hinterfragen die Regeln, nach denen das stattfindet."

Konfliktmittel können z. B. eine Unterschriftensammlung, eine Demonstration oder eine kreative Aktion (beispielsweise ein Kunstprojekt im öffentlichen Raum) sein, um die widersprüchlichen Interessen sicht- und hörbar zu machen und in einen öffentlichen politischen Diskurs zu bringen, nicht aber nach den „Spielregeln" des Investors mitzumachen:

„Deshalb sind wir die, die den Widerstand organisieren, weil da Leute plötzlich sagen: Nee, wir wollen es doch ein bisschen anders haben und wir wollen mal darüber reden, ob man das nicht grundsätzlich anders angehen kann –."

Darin sieht *Tim* die „originäre Aufgabe" in der Praxisberatung, immer wieder die Frage zu stellen,

„wer im Spiel ist und wer nicht, was das bedeutet und wie man auch die Stimmen gehört kriegt, die noch aus dem Spiel sind. Dass sich die andere Seite nicht mehr einfach hinstellen und sagen kann: Wir hatten doch da eine Einladung zu einem Informationsgespräch, da hätten doch alle kommen können, und jetzt haben wir das halt beschlossen und das ist dann halt so. Stellt euch jetzt nicht so an, das ist jetzt halt der Weg, den wir gehen –."

CO kann machtlose, ungehörte und übersehene Bewohner*innen und ihre Interessen sichtbar machen und sie dabei unterstützen, ihre Interessen zur Geltung zu bringen. Allerdings führten die in den 1970er Jahren in Westdeutschland gescheiterten Versuche einer Implementierung von Elementen des CO in die GWA zu der Auffassung und Kritik, dass sich die Bedingungen in den USA deutlich von den Verhältnissen in West-Deutschland unterscheiden und damit eine Übertragung auf die hierzulande gegebenen Verhältnisse kaum denkbar sei. Kritisch müsse auch sein grenzenloser Optimismus bezüglich der Erfolgschancen seiner Arbeit gesehen werden (vgl. Karas/Hinte 1978: 42 ff.). „Soziale Arbeit kann bestenfalls Elemente des CO in ihr professionelles Handeln übernehmen" (Fehren 2015: 66; ähnlich argumentiert Oelschlägel 1995)[26].

---

26 Ganz andere Schwerpunkte sieht die gewerkschaftlich orientierte amerikanische Organizerin *Jane McAlevey*: Sie kritisiert u. a., dass *Alinsky* ein Organizing-Modell geschaffen habe, „die Kontrolle über die Massen mittels einer Fiktion (sicherte), die bis heute aufrechterhalten wird: hauptamtliche OrganizerInnen seien keine AnführerInnen und hören stattdessen auf die zahllosen rekrutierten Basismitglieder, die sie AnführerInnen (leaders) nennen", was aber ein „Trugbild" sei (vgl. McAlevey 2019: 66 ff., zit. S. 68; zum CO als radikale Praxis vgl. Maruschke 2014a: 55 ff., 2014b, 2019; Mann 2017; Maruschke/Pieschke/Rokitte 2019; Grobys 2020; zu Erfahrungen im gewerkschaftlichen Organizing in den USA vgl. McAlevey 2021: 122–195; McAlevey/Lawlor 2023; Raffo 2012).

Auch *Christopher Grobys*[27] macht in seinem folgenden Beitrag deutlich, dass die bislang entwickelten Vorstellungen von organisierter Teilhabe im Gemeinwesen seiner Auffassung als politischem Aktivisten nach einer Prüfung unterzogen und konzeptionell weitergedacht/-entwickelt werden müss(t)en:

12.3 Zugespitzt: Transformative Community Organizing. Eine zeitgemäße Form einer Sozialen Arbeit im Gemeinwesen?

von Christopher Grobys

Kann die Soziale Arbeit die gesellschaftlichen Verhältnisse – den Kapitalismus – verändern oder sogar überwinden oder kann sie nur ihre Adressat:innen unterstützen, sich an die vorhandenen Verhältnisse anzupassen? Transformative Community Organizing versucht ersteres: Menschen befähigen, in die gesellschaftlichen Verhältnisse einzugreifen und diese zu transformieren. Doch kann dieser Ansatz auch in der Sozialen Arbeit im Gemeinwesen Anwendung finden? Auf diese Frage versucht der Beitrag, eine Antwort zu geben und soll dafür aufzeigen, welche positiven Wirkungen TCO für die heutige Gemeinwesenarbeit (GWA) haben kann. Hierzu wird kurz der Ansatz TCO vorgestellt, um anschließend wesentliche Anknüpfungspunkte in den emanzipatorischen Strängen der GWA herauszuarbeiten. Danach wird am Beispiel des Stadtteiladens Rothe Ecke in Kassel dargestellt, wie eine erfolgreiche Praxis von TCO aussehen kann. Den Abschluss bildet ein kurzes Fazit mit Ausblick.

12.3.1 Vom liberalen zum transformativen Community Organizing

CO ist ein Ansatz, der auch in der Sozialen Arbeit Anwendung findet und darauf abzielt, breites zivilgesellschaftliches Engagement von unten aufzubauen, um Lebens-, Arbeits- und Wohnverhältnisse positiv zu verändern. Dafür sollen Bürger:innenorganisationen aufgebaut werden, die Menschen im Lokalen bemächtigen, politisch und sozial zu partizipieren, um benachteiligende Strukturen zu transformieren. Letztlich zielt der Ansatz auf eine demokratische Verteilung von Macht (vgl. Wendt 2021a: 304 ff.). Im Kontext der Sozialen Arbeit kann CO auch „als eine Form verändernder GWA verstanden werden" (ebd.: 385).

Auch wenn CO auf den ersten Blick als ein radikaler Ansatz erscheint, ist dies in der Praxis nicht genuin der Fall. Deshalb wurde die hegemoniale Praxis von CO

---

27 *Christopher Grobys* ist Sozialarbeiter (BA) und politischer Aktivist in Magdeburg.

in der BRD aus einer emanzipatorischen Perspektive kritisiert. Maruschke konnte in einer Forschungsarbeit aufzeigen, dass die CO praktizierenden Bürger:innenplattformen Wedding/Moabit in ihrer Praxis die neoliberale Stadtentwicklung unterstützten und somit die sozialen Problemlagen von Einkommensschwachen eher zuspitzten, anstatt diese zu verhindern (vgl. Maruschke 2014b: 73 ff.). Damit perpetuiert eine solche Praxis eher Herrschafts- und Machtverhältnisse, anstatt zu versuchen, sich von diesen zu emanzipieren. Eine solche CO-Praxis bezeichnet er deshalb als liberales CO (LCO). Gleichzeitig betont er aber die Notwendigkeit emanzipatorischer Konzeptionen von CO. Diese dialektische Betrachtung von CO ermöglicht es ihm, zwischen einem gesellschaftsstabilisierenden (LCO) und -verändernden CO-Ansatz zu differenzieren (vgl. ebd.: 8 ff.).

Letzteren bezeichnet er als Transformative Community Organizing (TCO) und versteht darunter einen Ansatz, der bewusst strukturelle Macht- und Herrschaftsverhältnisse analysiert und herausfordern will sowie an deren Emanzipation festhält (vgl. ebd.). Die intentionale Richtung von TCO kann abstrakt mit dem Marx'schen kategorischen Imperativ beschrieben werden, also, „alle Verhältnisse umzuwerfen, in denen der Mensch ein erniedrigtes, ein geknechtetes, ein verlassenes, ein verächtliches Wesen ist" (Marx 1978: 385). Pieschke formuliert deshalb zutreffend, dass Organisationen, die mit TCO arbeiten, als Projekte zur Überwindung von Herrschaft zu verstehen sind (vgl. Pieschke 2019: 22). Entsprechend zielt TCO langfristig auch auf eine Überwindung des Kapitalismus ab.

Die Strategie fundiert auf der kritischen Gesellschaftsanalyse, dass Lohnabhängige durch die eigene basisdemokratische Organisierung im Lokalen Gegenmacht aufbauen und dadurch ihre Lebensumstände und die Gesellschaft insgesamt mit- und umgestalten können. Dieser Gegenmachtaufbau soll über eine qualitative und eine quantitative Entwicklung der Organisation erfolgen (vgl. ebd.: 28 ff.). In der quantitativen Entwicklung geht es um ein Mehr-werden, also darum, durch politische Basisarbeit quantitativ zu wachsen. Qualitative Entwicklung meint das Wachsen aller Beteiligten durch einen kollektiven Lernprozess (vgl. ebd.: 24 f.). Sogenannte Organizer:innen forcieren dabei den Aufbau dieser zwei Entwicklungsstränge (vgl. Maruschke 2014b: 63 ff.).

Darüber hinaus werden im TCO konfrontative Aktionsformen präferiert, um die Interessen der Menschen auf lokaler und gesellschaftlicher Ebene sichtbar und realisierbar zu machen, Außenstehende zu politisieren und zu aktivieren sowie sich vor neoliberalen Vereinnahmungsversuchen zu schützen. Die politischen Auseinandersetzungen sollen einerseits auf das unmittelbar Erreichbare abzielen und andererseits langfristig eine Transformation der gesellschaftlichen Verhältnisse anstreben (vgl. ebd.: 66 f.). Diese Dialektik von Nah- und Fernziel ist der strategische Kern des Ansatzes, der als transformative Zielperspektive bezeichnet werden kann. Insgesamt lassen sich nach Maruschke vier Hauptelemente von TCO abstrahieren: Kritische Analyse der gesellschaftlichen Verhältnisse und radikale Opposition, politische Basisarbeit, konfrontative Politikformen und Solidarität sowie Aufbau sozialer Bewegungen (vgl. ebd.: 11).

Das letzte Hauptelement ist von besonderer Bedeutung. Einzelne lokale Gruppen und deren Kämpfe haben meist nicht die Reichweite, um gesamtgesellschaftliche Veränderungen zu erzeugen. Deshalb sind Bündnisbildungen, Vernetzungen und der Bewegungsaufbau wichtige Aspekte im TCO (vgl. Pieschke 2019: 30 f.).

12.3.2 TCO und GWA

Die GWA versucht, soziale Probleme aus einer gesellschaftlichen statt einer individualisierten Perspektive zu betrachten und zu bearbeiten. Dabei zielt die GWA auf eine Aktivierung von lokalen Menschen und versucht, die Gemeinschaft als Ressource zur Bearbeitung von Problemlagen zu nutzen (vgl. Galuske 2002: 100 f.). Beides ist auch im TCO zentral. In der GWA kann diese Aktivierung verschiedene Zielperspektiven einnehmen, die zwischen gesellschaftsstabilisierenden und -verändernden unterschieden werden können. Die aggressive und katalytische/aktivierende GWA nehmen Letztere ein (vgl. ebd.: 101 ff.). Diese gesellschaftsverändernde Zielperspektive ist deckungsgleich mit der im TCO.

Die aggressive GWA versuchte, durch ihre Praxis die gesellschaftlichen Verhältnisse revolutionär zu verändern. Ihr liegt dabei eine – meist marxistische – kritische Analyse zugrunde, in deren Konsequenz eine Überwindung des Kapitalismus notwendig ist, um soziale Missstände ursächlich aufzuheben. Dafür ist die Organisierung von Betroffenen notwendig, weil diese erst dadurch in der Lage sind, Gegenmacht aufzubauen, um die bestehenden gesellschaftlichen Verhältnisse zu verändern. Hierfür sollen auch disruptive Taktiken – z. B. Mietstreik – angewandt werden (vgl. Hinte/Karas 1989: 18 f.). Die Gemeinwesenarbeiter:innen sollen solche Organisierungen initiieren und ihnen solidarisch zur Seite stehen. Die aggressive GWA gilt heute in ihrer Praxis als gescheitert, auch wenn ihr gesellschaftstheoretischer Beitrag für die GWA nicht zu unterschätzen ist (vgl. Galuske 2002: 103). Das Ziel der revolutionären Aktivierung gilt heute als euphorisch überschätzt und meist ausbleibend. Als Ursache wird unter anderem die damalige Haltung betrachtet, nach welcher die subjektiven Interessen den objektiven, die aus der kritischen Gesellschaftsanalyse resultierten, untergeordnet wurden und dadurch ein Paternalismus entstand, der wenig anschlussfähig war. Hinzu kam die geringe Beschäftigung mit Aktivierungstechniken (vgl. Hinte/Karas 1989: 18 f.).

Die katalytische/aktivierende GWA teilt mit der aggressiven das Fernziel der herrschaftsfreien Gesellschaft, ist sich jedoch konzeptionell im Klaren, dass die GWA allein damit überfordert ist. Deshalb zielt sie auf das Initiieren und Stabilisieren von solidarischer Gruppenselbsthilfe. Ihr Hauptanliegen ist es, politische Partizipation von unten zu generieren. Die Gemeinwesenarbeiter:innen sollen dabei als Katalysator:innen wirken und aktivierende Prozesse beschleunigen (vgl. Galuske 2002: 103 f.). Im Gegensatz zur aggressiven GWA setzt die katalytische/aktivierende weniger auf gesellschaftskritischen Paternalismus und mehr auf Partizipation, auch wenn diese nicht revolutionär ist. Die konkreten Bedürfnisse der lokalen Menschen sollen dabei zentral bleiben (vgl. Hinte/Karas 1989: 25 f.). Außerdem fokussiert das Konzept stärker die Aktivierung von Menschen (vgl. Wendt 2021a: 295 f.).

In den beiden skizzierten GWA-Konzepten lassen sich alle Elemente von TCO wiederfinden. Die aggressive GWA erinnert stark an TCO. Auch mit der katalytischen/aktivierenden GWA gibt es Überschneidungen, wie das Ansetzen an konkreten Bedürfnissen von Menschen, die Dialektik zwischen Nah- und Fernziel und der Fokus auf Aktivierung. Aufgrund dieser Überschneidungen ist es denkbar, TCO als einen Hybrid einer aggressiven und katalytisch/aktivierenden GWA zu verstehen und zu praktizieren.

12.3.3 Die Rothe Ecke – Ein Musterbeispiel

Die Rothe Ecke ist ein 2014 gegründeter Stadtteilladen in Kassel-Rothenditmold, mit dem engagierte Bewohner:innen einen Ort schaffen wollten, „der es Menschen erleichtert, sich gemeinsam mit anderen bei Konfrontationen mit Jobcenter, Vermieter_in, Vorgesetzten oder der Stadt zu organisieren und Infrastruktur und Wissen zur Verfügung stellt, um kollektive Interessen erfolgreich durchzusetzen" (Rothe Ecke 2016: 127). Gleichzeitig versuchen sie in ihren konkreten lokalen Kämpfen „immer einen direkten Zusammenhang mit dem Kampf für eine Gesellschaft jenseits des Kapitalismus herzustellen" (Bock 2018: 55). Die Rothe Ecke nutzt dafür erfolgreich TCO in ihrer Praxis. Auch wenn sie kein Projekt der Sozialen Arbeit ist und bislang keine Sozialarbeiter:innen mitwirken, kann ihre Praxis einen fruchtbaren Horizont für eine transformative Soziale Arbeit im Gemeinwesen aufzeigen:

1. *Kritische Analyse der gesellschaftlichen Verhältnisse und radikale Opposition:* Das analytische Fundament der Rothen Ecke basiert darauf, dass einzelne Lohnabhängige als Individuen als machtlos gelten, um ihre Interessen durchzusetzen. Deshalb plädieren sie dafür, sich zu organisieren, um sozial und politisch zu partizipieren, um die Gesellschaft verändern zu können (vgl. ebd.). Diese – marxismusnahe – Analyse läuft bei ihnen zusammen mit einer verbindenden Bildungsarbeit. Beispielsweise organisieren sie ein wöchentliches Angebot mit dem Titel: *Die Welt verstehen. Die Welt verändern!* Das kann als Versuch verstanden werden, eine qualitative Entwicklung aller Beteiligten zu fördern

und parallel kollektive Handlungsfähigkeit herzustellen (vgl. Rothe Ecke 2016: 129).
2. *Politische Basisarbeit:* Aus ihrer kritischen Analyse folgt eine Praxis der politischen Basisarbeit. Eine Aktive formuliert dazu: „wir wollen eine Selbstorganisierung der ArbeiterInnenklasse fördern, um eine stabile, wachsende Gegenmacht von unten aufzubauen" (Bock 2018: 54). Sie beschreibt damit die aus der Analyse stammende Notwendigkeit, quantitativ zu wachsen, um durchsetzungsfähiger zu werden. Dazu nutzen sie das Repertoire von Organizing-Methoden – wie z. B. One-to-Ones – um Nachbar:innen zu organisieren (vgl. Rothe Ecke 2016: 128).
3. *Konfrontative Politikformen:* In ihrer Praxis nutzen sie konfrontative Politikformen. Nach der Bekanntgabe von Kürzungen im öffentlichen Nahverkehr und dem Streichen von Teilen ganzer Buslinien in Kassel organisierten sie die Initiative *Nahverkehr für Alle*. Sie versuchten dabei, die konkrete Forderung für den Erhalt einer Buslinie in ihrem Stadtteil mit allgemeinen – wie einem günstigen Nahverkehr für alle – zu verbinden (vgl. Bock 2018: 55). Dafür kombinierten sie verschiedene Aktionsformen, wie Unterschriftensammlungen, One-to-Ones, Demonstrationen und versuchten immer, neue Menschen zu aktivieren. Letztlich konnten sie die Streichung der konkreten Buslinie, für dessen Erhalt sie kämpften, erfolgreich verhindern (vgl. Rothe Ecke 2016: 127 ff.).
4. *Solidarität und Aufbau sozialer Bewegungen:* Die Nahverkehrsinitiative bietet ebenfalls ein gelungenes Beispiel für das vierte Hauptelement von TCO. Sie betreiben dabei aktive Bündnisarbeit, um ihren Forderungen Nachdruck zu verleihen und solidarisierten sich gleichzeitig mit den Beschäftigten im Nahverkehr, den Streikenden im öffentlichen Dienst und spontanen Bewegungen. Auch im Stadtteilladen verbinden sich Organisationen – z. B. Betriebsgruppen – und Nachbar:innen solidarisch miteinander (vgl. ebd.).

12.3.4 Fazit und Ausblick

Grundlegend kann TCO in der Sozialen Arbeit im Gemeinwesen angewendet werden. Die Praxis der Rothen Ecke zeigt, wie TCO im Gemeinwesen erfolgreich umgesetzt werden kann und offenbart einen Horizont, an dem auch die Soziale Arbeit im Gemeinwesen praktisch anknüpfen könnte. Denn eine an den Hauptelementen von TCO orientierte GWA könnte die Stärken der aggressiven und katalytisch/aktivierenden GWA zusammenbringen, diese revitalisieren und Menschen nach ihren Bedürfnissen organisieren sowie befähigen, diese zu realisieren, ohne dabei auf eine gesellschaftstransformierende Perspektive zu verzichten. Dies könnte als eine *transformative GWA* bezeichnet werden. Der Widerspruch der aggressiven GWA, dass Sozialarbeiter:innen als Angestellte des Systems dieses überwinden wollen, könnte dahingehend aufgehoben werden, dass die Sozialarbeiter:innen als katalytische Professionelle agieren, die solche Prozesse initiieren, aber gleichzeitig in der Rolle einer externen solidarischen Bündnispartnerin verbleiben. In dieser Scharnierfunktion könnte ihr professionelles Wissen und Können trotzdem von den Organisationen als Ressource genutzt werden, ohne dass die Sozialarbeiter:innen in der Hauptverantwortung sind. Eine transformative GWA wäre eine Chance, eine aktive gesellschaftliche Praxis im Gemeinwesen zu ermöglichen, welche ihre Adressat:innen als Akteur:innen in den Mittelpunkt rückt und gemeinsam mit ihnen für grundlegende gesellschaftliche Veränderungen kämpft, anstatt die gegebenen Verhältnisse nur hinzunehmen.

12.4 Praxisberatung ist: Organisieren im Hintergrund

In diesem im CO (beruflich) tätige Praxisberater*innen handeln immer im Hintergrund, d. h., sie

- bereiten z. B. Veranstaltungen vor und werten sie aus, treten aber nicht öffentlich auf (vgl. Stoik 2013a: 442).
- begleiten mit einer thematischen Neutralität (aber politischen Parteilichkeit für die BO) den Prozess, beraten die Beteiligten, trainieren und unterstützen sie, sichern den organisatorisch-finanziellen Rahmen und leiten Aktionen an, wobei der Grundsatz gilt: „Nichts für andere tun, was sie für sich selbst tun können – stattdessen das solidarische Tun vieler ermöglichen!" (vgl. Penta 2007: 103, 107, zit. ebd.).
- sind parteilich engagiert (vgl. Prasad 2023: 14 ff.), ohne sichtbar Partei zu ergreifen.
- entwickeln effektive Strategien zur Durchsetzung der Issues (z. B. durch informelle Öffentlichkeitsarbeit) und die Förderung der Kommunikation und solidarischer Beziehungen zwischen den Mitgliedern der BO (vgl. Früchtel/Budde/Cyprian 2007a: 183; Jamoul 2007; Dilk/Tuchan 2007; McNeil 2007).
- tragen zusammen mit den Schlüsselpersonen die für die Politikfeldanalyse relevanten Informationen zusammen und unterstützen dabei, sie auszuwerten, Vernetzungen zu erkennen und die Machtverhältnisse transparent zu machen.
- betreiben zu einem großen Teil „Talent-Scouting", d. h. sie machen sich auf die Suche nach Schlüsselpersonen oder nach Menschen, die Schlüsselpersonen werden können; dazu zählen auch regelmäßige Trainings, z. B. Workshops zur Durchführung von One-to-Ones oder Doorknockings (vgl. Richter 2022: 203 f.; Jamoul 2022: 199 f.).

12.5 Anregungen zur Weiterarbeit

» Die in den 1990er Jahren in Deutschland erfolgte „Wiederentdeckung" des Community Organizings führte u. a. 1997 zur Gründung der Plattform Forum Community Organizing (foco e. V.); sie „versteht sich in erste Linie als Forum für den Gedankenaustausch über Community Organizing in Deutschland und Europa. foco e. v. hat mehr als 45 persönliche und institutionelle Mitglieder aus mehr als 20 Städten, die sich professionell, ehrenamtlich oder als Betroffene in und für Bürgerorganisationen engagieren. foco e. V. unterhält und pflegt Kontakte zu Organizern verschiedener Ausbildungsinstitute und Netzwerke in den USA und unterstützt Netzwerke mit ähnlicher Zielsetzung in Europa. Ziel von foco e. V. ist es, Prinzipien und Methoden des Community Organizings in Deutschland zu verwurzeln und weiterzuentwickeln" (Meier, T., Penta, L., und Richter, A.: Organisationen; in: dies. [Hg.], Community Organizing, Weinheim und Basel 2022: 284–287, zit. S. 285); Website: https://www.fo-co.info.

» Eine Übersicht über grundlegende Veröffentlichungen zum Community Organizing findet sich bei *Tobias Maier, Leo Penta und Andreas Richter* (Ausgewählte Literatur; in: dies. [Hg.], Community Organizing, Weinheim und Basel 2022, S. 284–287); dort findet sich auch eine Begriffsübersicht zum CO (S. 293–296) und es werden die zentralen Verfahren des CO (interessenorientierte Einzelgespräche – Kleingruppengespräche – Machtanalyse – Aktionsplanung und Durchführung) dargestellt (S. 297–310).

» Gut dokumentierte Praxisbeispiele für CO (alle veröffentlicht in: Stiftung Mitarbeit und Österreichische Gesellschaft für Umwelt und Technik/ÖGUT [Hg.], Bürgerbeteiligung in der Praxis, Bonn 2018) im großstädtischen Raum sind Saarbrücken-Malstatt (Marx, A.-M.: Bottom-Up oder: Malstatt – gemeinsam stark, S. 122 ff), Hamburg-Wilhelmsburg (Rothschuh, M.: Wie ein schwacher Stadtteil stark wird: Die Macht der Selbstorganisation; S. 101–109) oder Leipzig (Conrad, R., Lück, M. und Simmat, H.: Starke Nachbarschaften durch aktive Beteiligung, S. 143–148); über eher seltenes CO im ländlichen Raum wird am Beispiel der südniedersächsischen Kleinstadt Uslar berichtet (Schmidt, M.: „Forum KinderarMUT" in Uslar und das Projekt Community Organizing, S. 125–132).

» In Grundlagen und Techniken der Mittelakquise (Fundraising) führt *Daniel Pichert* (Erfolgreich Fördermittel einwerben, Bonn 2020) ein.

13 Sichtbarkeit herstellen: Transparenz ermöglichen

Zwar lässt sich feststellen, dass sich seit den 1980er Jahren in der Sozialen Arbeit ein Verständnis durchgesetzt hat, das die Bedeutung von Öffentlichkeitsarbeit betont; trotzdem gilt nach wie vor, dass die öffentliche Selbstdarstellung meist von Praxisberater*innen nebenbei oder nur nachrangig erledigt wird. Die Information über Themen Sozialer Arbeit erreicht relevante Akteursgruppen, die z. B. über die Finanzierung Sozialer Arbeit (mit-)entscheiden, oft nur zufällig (vgl. Puhl 2010: 145; Pleiner / Heblich 2009; Flad 2013); der Tatsache, dass Medien Themen machen und auch wieder vernachlässigen, es also ein Auf und Ab der Wahrnehmung sozialer Themen durch Medien gibt, muss Soziale Arbeit in weiten Teilen erst noch folgen.

13.1 Was bedeutet es, in und an der Öffentlichkeit eines Gemeinwesens zu arbeiten?

Öffentliche Kommunikation kann im Kontext von Sozialer Arbeit im Gemeinwesen als Informationsvermittlung und -austausch sowohl innerhalb von Akteursgruppen (z. B. durch Rundbriefe/-mails, Telefonketten, Chatgroups) als auch Öffentlichkeitsarbeit nach außen (z. B. durch Pressearbeit, Veranstaltungen, Social-Media-Plattformen u. ä.). verstanden werden. Dabei gilt uneingeschränkt: Jede Argumentation muss für die Öffentlichkeit (außen) verständlich sein, nicht nur für die Angehörigen der Akteursgruppe (innen) selbst (vgl. Eberhard u. a. 2003: 85 f., zit. ebd.). In diesem Sinne argumentiert z. B. *Linda*:

> „Uns macht es auf jeden Fall auch einfacher, dass wir bekannt sind. Das war auch das A und O im ersten Jahr unserer Öffentlichkeitsarbeit: wir müssen bekannt werden, die Leute müssen wissen, … was wir machen, was die Leute darunter zu verstehen haben."

Drei Ebenen der Öffentlichkeit lassen sich unterscheiden (vgl. Mogge-Grotjahn 2022: 54): die *Medienöffentlichkeit* insb. in Form von Zeitungen, ggf. auch Radio und Fernsehen (→ 13.1.1), die *informelle Öffentlichkeit* (→ 13.1.2) als alltägliche Kommunikation mit fließendem Übergang vom Privaten ins Öffentliche, z. B. zufällige Begegnungen in Geschäften (sog. „Encounter-Öffentlichkeit"), und die *Themen- und Versammlungsöffentlichkeit* (→ 13.1.3), z. B. in Form von orts- und zeitgebundenen Veranstaltungen:

13.1.1 Medienöffentlichkeit herstellen: Formelle Öffentlichkeitsarbeit leisten

Medienöffentlichkeit herstellen bedeutet formelle Öffentlichkeitsarbeit zu betreiben; sie hat die Aufgabe, die Allgemeinheit (d. h. über die zugänglichen Medien: Zeitungen, Radio, Fernsehen, Onlinemedien, soziale Netzwerke) zu informieren. Dazu sollte jede soziale Einrichtung sich „als ‚kleine PR-Agentur in eigener Sache' verstehen und Informationen im Sinne einer Bringschuld an die Öffentlichkeit liefern" (Puhl 2010: 144, 146). Unsichere Finanzierungsgrundlagen innovativer Projekte und die damit verbundenen Probleme für die Lebensbewältigung von Bewohner*innen u. ä. sind berichtenswert (sofern dies aus Gründen des Sozialdatenschutzes nicht ausgeschlossen oder ethisch unverantwortlich ist):

> „man muss sich der Macht der Presse bewusst sein", sagt dazu Dieter, [man] „muss auch wissen, wird die Wahrheit verzerrt oder nicht verzerrt dargebracht, dürfen sie von mir was erfahren, muss ich abwiegeln und sie erfahren nichts von mir? Sind sie überhaupt interessiert an dem, was ich sage? Hier gilt's, Erfahrungen zu sammeln."

Die Presse habe „ihre eigenen Gesetzmäßigkeiten, die gilt es halt herauszufinden und die eigene Stellung dazu zu definieren." Dieter spielt dabei u. a. auf den für Zeitungen, Radio und Fernsehen eigenen Zwang zur Verdichtung von Informationen (sowohl im Umfang als auch in der Tagesaktualität) an. Es zählt es deshalb zu den Aufgabe Praxisberatung, präzise und sprachlich bildreich das Wesentliche zu formulieren, wann was und wo warum mit wem als Beteiligten wie (sog. „7 W's" der Medienarbeit) stattgefunden hat oder stattfinden wird und so – z. B. in Form einer Medienmitteilung oder im Rahmen von Mediengesprächen/-konferenzen (vgl. Frank 2012: 131 ff und 152 ff. – den Medienvertreter*innen zur Verfügung zu stellen. Dabei

- sind Fachausdrücke und unverständliche Abkürzungen zu vermeiden;
- gelten v. a. kurze und überschaubare Sätze als lesbar;
- muss auf allzu häufig wiederkehrende Begriffe und Formulierungen verzichtet werden;
- werden Aussagen aktiv und positiv formuliert, während auf Verneinungen und Fremdworte verzichtet wird;
- wird das Wichtigste (die Kernaussage) an den Anfang und weniger Wichtiges an den Schluss gestellt;
- unterstützen gute Bilder die Bemühungen, Öffentlichkeit herzustellen (vgl. Quilling u. a. 2013: 102; Johanning 2018; Pleiner/Heblich 2009).

Irene findet diese Arbeit „sehr wichtig. Wir müssen uns auch zeigen und uns auch ein bisschen rechtfertigen", weil sonst die Gefahr besteht, nicht wahrgenommen zu werden, „weil das ja schon oft bestimmte Zielgruppen sind, die wir anspre-

chen". Zugleich findet sie die Öffentlichkeitsarbeit aber auch „sehr schwierig",
denn sie ist sich unklar darüber, wie viele Menschen sie damit erreicht. Sie nutzt
dafür auch die von den Kommunen herausgegebenen Amtsblätter und Gemeindebriefe; dort hat sie sich z. B. mit einem Text und Foto vorgestellt, wer sie ist
und wofür sie da ist. Für sie ist es „ganz wichtig, dass man die Person sieht, die
diese Arbeit macht, um direkt Vertrauen aufzubauen." Damit trägt sie auch der
Erwartung Rechnung, Informationen zu personalisieren, d. h. über persönliche
Aussagen konkreter Personen Botschaften zu vermitteln. Auch *Jan* stellt seine
Informationen dem „Ortsanzeiger" zur Verfügung, der seine Berichte „immer
abgedruckt, wortwörtlich, mit allen Höhen und Tiefen, für Politik wie andere."

Das Interesse der Tageszeitungen wird überwiegend als sehr fraglich eingeschätzt; unklar scheint, ob sich der Aufwand lohnt, um mit einem Beitrag über
die eigene Arbeit in die Zeitung zu kommen. Tatsächlich ist der Markt der Printmedien erheblicher Dynamik ausgesetzt, was seit den 1970er Jahren zur Einstellung vieler selbständiger Tageszeitungen sowie dem Abbau örtlicher Zeitungsredaktionen geführt hat. Wenn es aber vor Ort nur noch eine Tageszeitung gibt,
dann hat das i. d. R. auch eine geringere Berichterstattung über die Themen im
Gemeinwesen zur Folge. Das hat z. B. auch *Olga* festgestellt, denn die „Zeitungen
werden dünner, es kommen weniger Redakteure raus, sie verlangen eher, dass
man was schickt". Nun seien „fast nur noch Pressemeldungen drin." Ihre Themen werden „nicht mehr besetzt", wenn sie nicht selbst etwas dafür tut. Nur noch
„spannende" Themen versprechen Öffentlichkeit:

Paul verweist z. B. darauf, dass die Bereitschaft einer Zeitung, zu berichten,
mit der Attraktivität des Themas zunimmt. Über seine Anfänge in der aufsuchenden Arbeit berichtet er, dass schon bald erste Anfragen von regionalen Zeitungen
kamen: „Können wir mal mit auf die Straße gehen? –, und so weiter. Da musst du
halt sortieren, weil für mich ist das schon auch am Anfang ein Geschenk gewesen,
jemanden auf die Straße mitzunehmen, in das Umfeld. Und es ist schon so, dass
es auch sehr engagierte Journalisten gibt, die auch die Thematik gut finden." Er
hat dazu Vorgespräche geführt, von seiner Arbeit auf der Straße berichtet, um so
sicherzustellen, dass niemand mit der Veröffentlichung gefährdet werden konnte.

Auch *Nele* berichtet auch von einer positiven Erfahrung mit einer Tageszeitung, die einen Pressetermin versäumt hatte, sich dann aber noch einmal mit ihr
in Verbindung gesetzt hat, um mehr über ihr Projekt (Sexarbeit im Gemeinwesen)
zu erfahren. Die Redakteurin „wollte wirklich mehr drüber wissen, was für Menschen das denn sind, mit denen wir arbeiten. wer wir denn sind und was wir denn
eigentlich tun, wie unsere Arbeit tatsächlich aussieht." Schließlich ist ein halbseitiger Bericht in der regionalen Zeitung erschienen

„Medien spielen eine sehr, sehr große Rolle", sagt auch *Fritz*; er erinnert sich,
dass ihm einmal ein Kollege gesagt hat, er brauche für seine Arbeit keine Öffentlichkeit, niemand müsse sehen, was er mit den Bewohner*innen mache, aber er

brauche Öffentlichkeit für deren Themen. Dazu nennt er als Beispiel ein Pressegespräch, bei dem die Arbeit und die Themen der Zielgruppe berichtet wurde:

> „Wir haben dann oft auch Adressaten dabeigehabt, die sich anonym geäußert haben und ihre Themen präsentiert haben. Da gab's danach Rückmeldungen, wo auch Leute aus der Zivilgesellschaft, die erst mal gar nichts damit zu tun haben, gesagt haben: Boah, das ist ja krass, das wussten wir gar nicht, dass das so ist, das ist ja spannend, da muss man doch was machen –, wo dann auch Politik und Institutionen reagiert haben".

13.1.2 Informell öffentlich arbeiten: Öffentlichkeit unmittelbar beeinflussen

Bei der Aufgabe, Bewohner*innen zu aktivieren und in ihrer Selbstorganisation zu unterstützen, spielt die Herstellung einer informellen Öffentlichkeit eine große Rolle: In der Nachbarschaft können alle Themen zur Sprache kommen, sie wird zu einer informellen Bühne, auf der (ohne Regeln, ohne großen technischen Aufwand) die Meinungsbildung zu den Themen des Gemeinwesens stattfindet (vgl. Oehler/Schnur 2021).

Wenn z. B. die Polizei vor dem örtlichen Jugendraum geparkt hat und ein Beamter hineingegangen ist, dann verbreitet sich diese Nachricht recht schnell auf dieser Bühne (und auch die Interpretation, dass schon etwas dran sein wird an dem, was man so hört, wie es dort zugehen soll). Das „Image" des Jugendraums kann durch solche Gespräche in der Nachbarschaft bestätigt oder verändert werden, ohne dass die betroffenen Jugendlichen davon etwas erfahren müssen oder dies beeinflussen können (und der Besuch der Polizei muss auch keinen Grund gehabt haben, der Anlass zur Sorge bietet). Gleiches gilt, wenn z. B. die Reinigungskraft (die im Raum sauber macht) oder der Hausmeister (der die Schlüsselgewalt hat) über den Jugendraum berichten; beide haben Zutritt und können die Meinungsbildung durch die Art und Weise, wie sie über den Raum reden, positiv oder negativ beeinflussen. Sie sind für die lokale Öffentlichkeit vertrauenswürdige Personen, die in der Nachbarschaft mitreden, den Jugendraum „von innen" kennen und die Meinungen (mit-)prägen, weil ihre Meinung im informellen Austausch glaubwürdig und daher von Bedeutung ist.

Kurt z. B. stellt deshalb Formen der informellen Öffentlichkeitsarbeit neben die formelle Arbeit, die er z. B. mit der örtlichen Zeitung praktiziert: „Unsere Beziehungsarbeit ist Öffentlichkeitsarbeit an sich, gerade, wenn man mit vielen Menschen in Kontakt kommt"; alles, was zur öffentlichen Sichtbarkeit beiträgt, kann helfen, „ein Presseartikel, der ist auch wichtig, auf jeden Fall, aber ich glaube, wenn wir die Basis (durch Beziehungsarbeit) nicht hätten, dann würde das alles nicht so funktionieren." Öffentlichkeitsarbeit besteht auch für *Linda*

„sehr häufig darin, dass wir bestimmte Personen ansprechen, wo wir wissen, dass die so Schlüsselpersonen sind und die Information weitertragen. Das ist diese Mund-zu-Mund-Propaganda, was am meisten erfolgsversprechend ist." Sie nutzt die Gremien, in denen sie mitarbeitet, auch, um sich untereinander zur öffentlichen Wahrnehmung auszutauschen, um abgleichen zu können, was an informeller Öffentlichkeit über ihre Arbeit berichtet wird.

Akteure informeller Kommunikation üben damit eine *Gatekeeperfunktion* aus: Sie können als *Transporteure* in zwei Richtungen verstanden werden, indem sie einerseits die mit dem Jugendraum zusammenarbeitenden Praxisberater*innen darüber ins Bild setzen, was über den Jugendraum gedacht und wie gesprochen wird, und sie entscheiden andererseits ganz maßgeblich mit, was (und mit welchem Unterton: wohlwollend oder abwertend) über das Jugendhaus berichtet wird. Es ist daher auch eine Aufgabe von Praxisberater*innen, solche Personen (als Schlüsselpersonen) direkt anzusprechen und für die Unterstützung (durch aktive Informationsarbeit, Erläuterung von Hintergründen u. ä.) „aufzuschließen" (vgl. Wendt 2005: 148 ff.; Stoik 2013a).

Zur informellen Öffentlichkeitsarbeit zählt weiter, z. B. durch Leserbriefe oder Storytelling Einfluss auf das Meinungsbild und die Entscheidungsprozesse im Gemeinwesen zu nehmen:

- *Leserbriefe* stellen eine Möglichkeit dar, die Meinung zu einem Thema zu beeinflussen, über das in der Zeitung bereits berichtet wurde, indem ergänzende Informationen und auch Meinungen dazu eingebracht werden. Leserbriefe sind kurze Statements (die zwanzig Zeilen nicht überschreiten sollten), die betont sachlich am besten von Personen verfasst werden, die selbst beruflich keine eigenen Interessen am Thema zum Ausdruck bringen (also Vorteile daraus ziehen, dass die öffentliche Meinung in eine bestimmte Richtung beeinflusst wird); daher empfiehlt es sich, nicht als Soziale einen Leserbrief zu verfassen, sondern am Thema Interessierte (die bei der Formulierung durchaus unterstützt werden können). Überzeugend ist es, wenn Betroffene (z. B. die von der beabsichtigten Schließung eines Jugendtreffs betroffenen Jugendlichen) sich über (womöglich auch mehrere) Leserbriefe zu Wort melden.
- Als Storytelling wird ein Verfahren bezeichnet, systematisch Geschichten in Umlauf zu bringen, denn es gilt, dass „Menschen Inhalte, die in Geschichten präsentiert werden, lieber hören, sich besser merken und auch lieber weitererzählen" (Früchtel/Budde/Cyprian 2007b: 280). Solche Geschichten müssen wahr, aber nicht belehrend sein; sie dürfen emotional sein und zur Identifikation einladen. Gegenstand werden Themen aus dem Gemeinwesen sein, die die Bewohner als ihr Thema benannt haben und die sich entwickeln sollen (weil ein Missstand beseitigt werden soll), für das es aber noch eine „Stimmung" geben muss, die die notwendigen Entscheidungen (z. B. durch die Kommunalpolitik) voranbringt. Eine solche Geschichte wird zunächst

entwickelt und aufgeschrieben, unter Vertrauten getestet, (ggf. überarbeitet) in einem ersten Gespräch in Umlauf gebracht und so unter Bekannten vielfach mitgeteilt und besprochen (vgl. auch Sternberg 2022).

Auch die Durchführung von *Unterschriftenaktionen* für einen sozialen Zweck und die Organisation von Aktionen im öffentlichen Raum (flashmob, Straßentheater u. a.) zur informellen Beeinflussung der lokalen Öffentlichkeit (vgl. a. Früchtel/ Budde/Cyprian 2007b: 265–285) zählt zur informellen Öffentlichkeitsarbeit.

Informelle Öffentlichkeit wird mit wachsender Bedeutung auch durch die Nutzung von Social-Media-Kanälen hergestellt. Digital Citizenship als Kompetenz, aktiv mit digitalen Medien umzugehen, eröffnet weitere Chancen zur Teilhabe (vgl. Brock 2018; Klein 2019; Witzel 2019; Seelmeyer 2019; DV 2019). *Linda* verweist z. B. darauf, dass sie auf der Plattform Instagram® mit Bildern, Videos und kurzen Beiträgen „lebensweltorientiert" arbeiten kann; sie ist überzeugt,

> „dass ganz viele Leute von uns auch tatsächlich Schwierigkeiten haben, was zu lesen, was über drei Sätze hinausgeht, da kommen Texte nicht mehr so an, deswegen müssen wir eher Videos machen, die irgendwie richtig cool sind, wo es sich (für sie) lohnen würde, mal kurz zuzuhören, in einer einfachen Sprache vermittelt."

Otto unterscheidet dabei „wen man erreichen will. Wenn man die Älteren erreichen will, die dann irgendwo Unterstützung oder Ressourcengeber sind, sind's so die Facebook-Kanäle. Kurze Botschaften, zum Beispiel an Jugendliche gerichtet, da sind's die Instagram-Kanäle." *Charlene* nutzt ebenfalls intensiv einen Instagram-Account; dort folgen ihr viele Eltern und Angehörige des Rates, die dadurch „einfach mitbekommen, was so läuft." Auch *Uli* arbeitet mit Social Media, „weil unsere Zielgruppe halt da auch unterwegs ist" und sich damit zugleich auch Möglichkeiten der Kommunikation mit den politischen Akteuren ergeben. Social-Media-Angebote müssen gepflegt werden, was, wie z. B. *Bernd* urteilt,

> „dann doch irgendwann anstrengend oder schwer wird. Wir bekommen auf Facebook Nachrichten, auf Instagram, auf zwei (Kanälen) geht das sogar, man kann kommentieren und direkte Nachrichten schreiben, und dann ist die Gefahr auch da, dass man irgendjemanden vergisst, weil man diesen Überblick nicht hat."

Den damit verbundenen Zeitaufwand unterschätzt auch *Irene* nicht. Sie weiß nicht, ob sie das in ihrer Arbeit
„nutzbar gestalten kann. Instagram ist ein sehr, sehr schnelllebiges Medium. Wenn ich interessant bleiben möchte, wenn ich die Aufmerksamkeit der Zielgruppe erstmal auf mich ziehen und dann behalten möchte, (dann) muss ich natürlich dementsprechend auch erstmal etwas liefern",
was dann regelmäßig zu geschehen habe. Sie ist sich nicht sicher, ob sich der dafür erforderliche Zeitaufwand wirklich lohnt. *Olga* würde ihr widersprechen,

denn sie fragt sich, wie sie heute noch mit Jugendlichen kommunizieren kann, wenn nicht über WhatsApp® oder andere Chatkanäle.

Wer in den Social Media „mitspielen" will, muss sich schon „auf Ton und Gepflogenheiten des jeweiligen Kanals einlassen" (DPWV 2022: 39), ohne dabei einige „Spielregeln" (→ Kasten) außer Acht zu lassen.

> **„Spielregeln" in Social Media**
> 1. *Dialogkommunikation*: Wir informieren nicht nur, wir treten in Dialog und bauen Beziehungen auf.
> 2. *Storytelling*: Wir geben nicht nur Fakten weiter, sondern wir erzählen „Geschichten" – authentisch, unterhaltsam, emotional.
> 3. *Zuspitzung*: Die beste Geschichte braucht bisweilen nur einen Hashtag, z. B. #metoo, #VielfaltOhne-Alternative, #WirSindParität.
> 4. *Tonalität*: Kollegialer Ton (Du oder Sie), Menschliches und auch Humor sind ausdrücklich erlaubt.
> 5. *Vernetzung & Absprachen*: Wir steigern Reichweite, indem wir die Spielregeln (aus)nutzen: „Twittersturm"; gegenseitiges Liken/Teilen von Beiträgen; Kommentare „hochpushen"; Multiplikator*innen oder Adressat*innen markieren (DPWV 2022: 40).

Allerdings finden sich auf Social-Media-Plattformen i. d. R. Gleichgesinnte zusammen, die gleiche Interessen teilen, sich gegenseitig durch Verlinkung auf Inhalte aufmerksam machen und sich gemeinsam von anderen Inhalten und Nachrichten abgrenzen. Solche „Filterblasen" werden durch Algorithmen verstärkt: Dieser sich selbst verstärkende Resonanzraum kann für Organisation auch „positiv sein – sie versammeln ihre Unterstützer/innen hinter sich. Gleichzeitig besteht die Gefahr, dass sie sprichwörtlich zu den bereits Überzeugten predigen" (Orland 2018: 92).

13.1.3 Themen- und Versammlungsöffentlichkeit herstellen: Aktionen durchführen

Öffentlichkeitsarbeit besteht auch aus den „klassischen" Medien, z. B. Flyern und Plakaten, die, so *Olga*, „ein ganz wichtiges Standbein für uns" sind. Auch *Linda* nutzt Flyer und Plakate, „wenn es um bestimmte Aktionen geht".

Zweifellos hat die Digitalisierung der Kommunikation dazu geführt, dass diese Medien aus dem Blick geraten sind. Ein gedrucktes Programmheft mit den Veranstaltungen und Beratungsangeboten der GWA ist aber auch mehr als nur ein reines Informationsmedium, worauf *Uli* verweist:

„Das verteilen wir auch im Stadtteil. Das sehen wir auch als Aufgabe, in die Häuser zu gehen und es da in die Briefkästen zu tun und auch ein bisschen mit den Leuten zu reden. Vor einem halben Jahr haben wir festgestellt, dass viele, die hier um die Ecke wohnen, kennen unser Programm gar nicht. Da müssen wir nachlegen und machen das jetzt so, dass die Kollegen turnusmäßig rumgehen und die Programmhefte verteilen."

Das persönlich an die Bewohner*innen ausgereichte Heft wird so zum Medium, damit „jeder mal so ein bisschen den Kontakt zu den Anwohnern hier bekommt", um Gespräche zu führen, die den Alltag der Bewohner*innen besser verstehen helfen und zugleich auch die informelle Öffentlichkeit mitgestalten. Durch das Programmheft können Themen platziert werden, die in den formellen Medien keinen Platz haben, unberücksichtigt bleiben oder boykottiert werden, und diese Themen erreichen u. U. Bewohner*innen, die von den formellen Medien oder Social-Media-Plattformen nicht erreicht werden, weil sie z. B. keine Zeitung lesen oder keinen Zugang zu web-basierten Angeboten haben.

In diesem Sinne eine Themenöffentlichkeit im Gemeinwesen herzustellen bedeutet auch, nicht nur Formen der Skandalisierung, sondern des öffentlichen Widerstands in Betracht zu ziehen, z. B. dann, wenn es um ein Gemeinwesen betreffende (Fehl-)Entscheidungen zur kommunalen Sozialpolitik geht (→ 10.3), z. B. Blockaden von Gremienberatungen, Besetzung des Raums, in dem der Sozialausschuss tagen will u. ä. (vgl. Mohrlok u. a. 1993: 75; Oelschlägel 1994: 19), oder kreative Formen wie etwa Straßentheater u. ä. (vgl. Früchtel/Budde/Cyprian 2007b: 271 ff.; Odierna 2004; Enders/Miraß/Romoli 2018: 115 ff.). So öffentlich sichtbar zu werden, und andere Formen der Stadtteilöffentlichkeit (→ Kasten), können eine Ermutigung für andere Bewohner*innen sein, sich und ihre Interessen ebenfalls zu äußern bzw. sich unkonventionelle Zugänge zu den Diskussions- und Entscheidungsprozessen im Gemeinwesen zu eröffnen.

Bodenzeitung

Eine Bodenzeitung ist ein Plakat, welches öffentlich auf dem Boden ausgebreitet werden kann. Über die Bodenzeitung kann zu den unterschiedlichsten Themen informiert, Meinungen gesammelt und aufmerksam gemacht werden. Anhand von Bodenzeitungen können Umfragen gestartet, kreative Gestaltungselemente genutzt und Gespräche ermöglicht werden.

Es können in einer Spalte Fragen, Ideen, Probleme, Wünsche etc. formuliert und Zeilen oder Spalten mit Platz für Antworten als auch weitere Fragen, Ideen, Meinungen, Lösungsvorschläge etc. gegeben werden. Die Bodenzeitung eignet sich für den Innen- und Außenbereich, Feste, Veranstaltungen und Aktionen, in der Fußgängerzone und auf Plätzen. Die Bodenzeitung kann je nach Thema auch mehrfach verwendet werden. Dieses Instrument kann je nach Thema und Einsatzort alleine, idealerweise aber in einem

Team aus zwei bis drei hauptamtlichen Mitarbeitenden der Stadtteilarbeit angewendet werden (LAG Soziale Brennpunkte Hessen: Bodenzeitung; URL: https://lagsbh.de/methoden/bodenzeitung/ [25. Aug. 2022]).

Simon Fregin[28] zeigt im nachstehenden Praxisbeitrag am Beispiel des Stuttgarter Europaviertels, dass die dort praktizierten Formen aufsuchender Jugendarbeit (→ 8) im Gemeinwesen mehr sein müssen als „nur" Gast der jungen Menschen zu sein und sie in ihrer alltäglichen Lebensbewältigung zu unterstützen; diese Arbeit ist immer öffentlicher Wahrnehmung ausgesetzt und insoweit eine die Öffentlichkeit nutzende „soziale Gestaltung", von der *Fregin* spricht, die als eine „Übersetzungsarbeit" und „Vermittlungsarbeit" an einem Ort zu verstehen ist, der von besonderer Sichtbarkeit geprägt wird:

13.2 Mobile Jugendarbeit am exklusiven Ort

von Simon Fregin

Mobile Jugendarbeit (kurz: MJA) entwickelte sich als lebensweltorientierter Ansatz Sozialer Arbeit vor über 50 Jahren in sog. „sozialen Brennpunkten". Sie hat sich seither in Baden-Württemberg insbesondere in benachteiligten Stadtquartieren und Trabantenstädten mit geringer bzw. fehlender Infrastruktur für junge Menschen etabliert. Bedingt durch Veränderungen im Treffverhalten junger Menschen wird der Arbeitsansatz neuerdings auch in Innenstädten, beispielsweise in/an Einkaufszentren umgesetzt – für MJA ein exklusiver (besonderer, weil nicht klassischer) Ort. Für junge Menschen ein attraktiver Raum, den sie sich selbst aneignen und dabei teilweise in Konflikt zum „eigentlichen" Bestimmungszweck und zu anderen Nutzer*innengruppen dieses Ortes geraten.

Ein solcher Ort ist das neue Europaviertel in Stuttgart. Seit Februar 2018 sind dort drei Mobile Jugendarbeiter*innen und ein Jugendbibliothekar im Projekt Mobile Jugendarbeit Europaviertel tätig (vgl. Mayer u. a. 2017; Meyer/Rayment-Briggs 2020; Fregin u. a. 2020: 123; Fregin/Schoppe 2020: 405). Anlass dafür waren Konflikte innerhalb verschiedener Jugendgruppen und mit anderen Nutzer*innen. Von der Polizei und in den Medien wurde das Viertel bereits als neuer „Brennpunkt" beschrieben (vgl. Czimmer-Gauss 2016). Die folgende Grafik gibt eine Übersicht über das Europaviertel und verdeutlicht die besondere Mischung

---

28 *Simon Fregin*, Sozialarbeiter (BA, MA), Projektleitung Mobile Jugendarbeit Innenstadt/Europaviertel (Evangelische Gesellschaft Stuttgart e. V.), von 2016 bis 2020 Vorstandsmitglied in der Landesarbeitsgemeinschaft Mobile Jugendarbeit/Streetwork Baden-Württemberg e. V.

aus halböffentlichen[29] und öffentlichen Räumen, die fließend ineinander übergehen. Die hohe Attraktivität des Viertels für junge Menschen liegt sowohl in der guten Erreichbarkeit als auch in der Angebotsvielfalt im Einkaufszentrum Milaneo und der Möglichkeit des „Sehens und Gesehenwerdens" auf dem Mailänder Platz, der als öffentlicher Raum die Schnittstelle zur Stadtbibliothek Stuttgart bildet. Diese wiederum bietet vielfältige Rückzugs- und Versteckmöglichkeiten, freies WLAN, Steckdosen, Sitzgelegenheiten zum Chillen, Toiletten und ein Dach über dem Kopf, wenn es draußen zu ungemütlich wird[30].

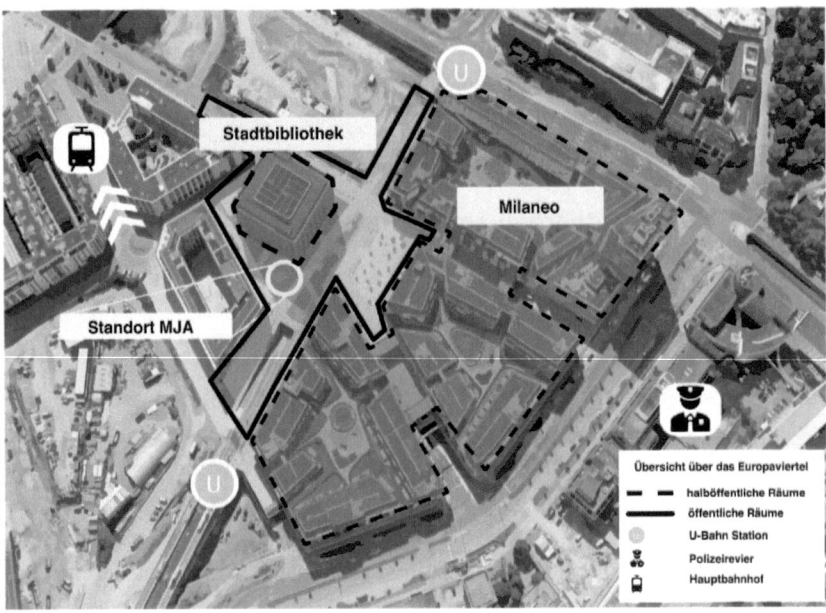

Die spezifischen Herausforderungen für MJA an exklusiven Orten liegen in der ständigen Sichtbarkeit sowie der vielfältigen Zusammenarbeit mit unterschiedlichen Akteur*innen, Kooperationspartner*innen und Gruppen vor Ort und deren jeweils unterschiedlichen – auch hohen – Erwartungen. In halböffentlichen Räumen sind das Angebot und die Anwesenheit der Sozialarbeiter*innen

---

29 Halböffentliche Räume werden hier verstanden als Räume, die nicht im Besitz der Allgemeinheit sind, der Öffentlichkeit frei zugänglich gemacht werden und mit einer bestimmten Nutzungs- und Verhaltensordnung (Hausordnung) geregelt sind (vgl. Fregin/Schoppe 2020: 405). Reutlinger/Kemper/Schmid (2018: 142 ff.) legen eine ähnliche Definition zugrunde, um den Raumtyp Einkaufszentrum zu beschreiben.
30 In „Jugendliche und die ‚Räume' der Shopping Malls" beschreiben Thomas und Gilles ähnliche Attraktivitätsmerkmale für den exklusiven Raum Einkaufszentrum (vgl. Thomas/Gilles 2018: 29 ff.).

von der Erlaubnis der Betreiber*innen abhängig. Es besteht die Gefahr, dass MJA zur „Befriedungsdienstleisterin" herabgestuft und als zuständig für alle Probleme, die junge Menschen verursachen, gesehen wird. Sie sieht sich mit dem Spagat konfrontiert auf der einen Seite dem konzeptionellen Auftrag der anwaltschaftlichen Unterstützung[31] junger Menschen gerecht zu werden („die Probleme, die die jungen Menschen haben, bearbeiten, nicht, die sie machen") und auf der anderen Seite die Bedarfe und Wünsche der Akteur*innen vor Ort ernst zu nehmen und ggf. zu bearbeiten („die Probleme, die junge Menschen machen, bearbeiten"). Das zentrale Dilemma lässt sich so beschreiben: „den Ort befrieden, ohne Sozialfeuerwehr zu sein". Die Mitarbeitenden müssen sich daher intensiv mit dem Ziel ihrer Arbeit, ihrem Auftrag, ihrer (potenziellen) Wirkung und Grenzen ihres Handelns, ihrer Haltung[32] und ihren Methoden auseinandersetzen und ihr praktisches Tun regelmäßig und kritisch reflektieren. Von grundlegender Bedeutung sind dabei drei Elemente: *Konzeption, Kooperationsvereinbarungen und Transparenz*. Konzeptionell beschreibt die MJA Stuttgart das Vorgehen mit einem deeskalierenden, dialogorientierten und konfliktreduzierenden Verständnis gemeinwesenorientierter Arbeit:

> „Konflikte zwischen Jugendlichen und Anwohnern, in der Schule oder mit der Polizei sind häufig Anlass, deeskalierend zu arbeiten. Aber auch Streitigkeiten zwischen verschiedenen Jugendgruppen erfordern konfliktreduzierende Maßnahmen. Die Mobile Jugendarbeit Stuttgart übernimmt dabei eine Vermittlerrolle und Moderationsfunktion, leistet Übersetzungsarbeit zwischen den Gruppierungen und fördert so den sozialen Frieden im Stadtteil" (Dachverband MJA Stuttgart 2014: 25).

Kooperationsvereinbarungen mit den Akteur*innen vor Ort, die Möglichkeiten und Grenzen der Zusammenarbeit klären sowie für Transparenz in definiertem Rahmen sorgen, bieten ebenfalls einen gewissen Schutz. Transparenz durch regelmäßige Berichterstattung an Geldgeber*innen, Gremien, andere Akteure (nicht nur Jahresberichte, sondern Newsletter, Informationsveranstaltungen

---

31 Anwaltschaftlichkeit stellt eine der Handlungsmaxime Mobiler Jugendarbeit dar, die jedoch erläutert werden muss: Der Begriff der Anwaltschaftlichkeit suggeriert eine gewisse Bedingungslosigkeit in der Unterstützung. Gerade die Abhängigkeiten im halböffentlichen Raum führen jedoch dazu, dass die Fachkräfte häufig nicht „bedingungslos" Missstände anprangern können, sondern sich vielmehr als parteiliche Unterstützung junger Menschen verstehen, die in eine vermittelnde Sprachrohrfunktion mündet. Für diese Form anwaltschaftlicher Vertretung gilt es zukünftig neue Begrifflichkeiten zu prägen.

32 Die Haltung MJA ergibt sich aus den fachlichen Standards (vgl. BAG SW/MJA 2018 sowie LAG MJA 2001), die sich an den Maximen Lebensweltorientierter Sozialer Arbeit orientieren, wie sie *Hans Thiersch* (2020: 119 ff.) beschreibt. Konzeptionell umfasst sie Freiwilligkeit, Vertraulichkeit/Verschwiegenheit, Verbindlichkeit, Transparenz, Akzeptanz und Parteilichkeit und zeigt sich im professionellen Selbstverständnis: Beziehungsarbeit, Niedrigschwelligkeit, Flexibilität, Verlässlichkeit und anwaltschaftliche Vertretung (vgl. Dachverband MJA Stuttgart 2014: 10 ff.).

usw.) und offensive Öffentlichkeitsarbeit, nicht nur als Reaktion auf Vorkommnisse (Pressemeldungen, -einladungen, Digitale Medien wie Instagram etc.), sorgt für Legitimation, ermöglicht die Chance, die eigene Sichtweise publik zu machen (ohne sich rechtfertigen zu müssen) und als Ansprechpartner*in präsent zu sein.

Die skizzierten Spannungsfelder verdeutlichen die Notwendigkeit der Weiterentwicklung des klassischen Konzepts der MJA und einer strukturierten und reflektierenden Arbeitsweise der Fachkräfte vor Ort.

Gestalten kann man nur, was man versteht!
Um dieser Notwendigkeit gerecht zu werden, hat sich das in der folgenden Grafik dargestellte Vorgehen bewährt:

Obwohl die Klärung des Auftrags und Ziels MJA (1) im exklusiven Ort als Prozess verstanden werden sollte, der immer wieder neu ausgehandelt und an neue Entwicklungen angepasst werden muss, braucht es bereits zu Beginn der Tätigkeit vor Ort eine grundlegende Bestimmung des Auftrags und des langfristigen Ziels der Arbeit. Die Fachkräfte müssen bei der Erarbeitung der Konzeption ihre eigenen fachlichen Ansprüche mit den im Projektantrag formulierten Aufträgen und Zielen als auch den Ansprüchen der Geldgeber*innen und Förder*innen (z. B. Kommunalpolitik, Stiftungen) und Kooperationspartner*innen in hinreichende Übereinstimmung bringen. Dazu kommen (potenzielle) Anforderungen und Erwartungen, die die Öffentlichkeit formuliert und die die Fachkräfte unter Druck setzen können. Im Idealfall gelingt es mögliche Widersprüche (z. B. Wunsch nach sofortiger Befriedung bei gleichzeitiger Ablehnung des „Sozialfeuerwehrauftrags") aufzulösen[33]. Die Konzeption der MJA Stuttgart beschreibt das Ziel der konfliktreduzierenden und dialogorientierten Gemeinwesenarbeit als Diversity[34] Management: „Das Ziel ... ist dabei, soziale Vielfalt konstruktiv zu nutzen, indem die individuelle Verschiedenheit nicht nur toleriert, sondern als positive Wertschätzung besonders hervorgehoben wird. Die Fachkräfte reflektieren dabei zunächst ihre eigene milieuspezifische und kulturelle Sozialisation, um die eigenen Vorstellungen, Berührungsängste und Vorurteile zu hinterfragen. Durch den Umgang mit Jugendgruppen und der Interaktion junger Menschen untereinander beinhaltet Diversity Management gleichzeitig auch einen Bildungsauftrag im Hinblick auf Toleranzentwicklung und gegenseitigen Respekt. (...) Dadurch trägt die Mobile Jugendarbeit Stuttgart zu einem friedlichen und gleichberechtigten Zusammenleben unterschiedlicher Milieus und Kulturen bei" (Dachverband MJA Stuttgart 2014: 15). Die Fachkräfte müssen sich ihrer Abhängigkeiten vom Wohlwollen der Akteur*innen vor Ort bewusst sein und trotzdem selbstbewusst klare Zuständigkeiten entsprechend ihrer fachlichen Kompetenzen formulieren. Gleichzeitig müssen sie sich von Wünschen und Bedarfen distanzieren, die im Widerspruch zur Konzeption stehen. Je klarer, verständlicher und transparenter die Auftragsklärung stattgefunden hat, desto einfacher gelingt es Ansätze und Ideen zu entwickeln, die allen beteiligten Kooperationspartner*innen einen Mehrwert garantieren und desto eher gelingt es kritische Situationen *partnerschaftlich* zu lösen. Die so geschaffene Grundlage dient in den weiteren Schritten der Ausformulierung konkreter Ziele und Projektideen.

Hierfür gilt es zunächst den Raum und die anderen Akteur*innen kennenzulernen (2) und Zusammenhänge zu verstehen (3). Ganzheitliches Verstehen umfasst die Dimensionen: Bestimmung des Raums, Eigentumsrechte, soziale Funktionen und Nutzungsverhalten. Die Zugänglichkeit des Ortes, die architektonische Gestaltung sind dabei ebenso von Interesse wie die soziale Gestaltung des Mit- oder Gegeneinanders und die Entdeckung von Aneignungsmöglichkeiten sowie das Kennenlernen der unterschiedlichen Akteur*innen vor Ort[35].

---

33 Fregin u. a. (2020: 136) lösen diese Widersprüche, indem sie gewünschte Wirkungen wie Befriedung als potenzielle Wirkung Mobiler Jugendarbeit, jedoch nicht als Ziel der Arbeit im exklusiven Raum beschreiben.
34 Mecheril/Plößer (2011: 278 f.) verwenden Vielfalt und Heterogenität als passende Übersetzungen. Sie beschreiben Diversity als „eine normative Haltung der grundsätzlichen Bejahung und Würdigung von Unterschiedlichkeit" (S. 279), die Vielfalt als Ressource begreift.
35 Reutlinger/Kemper/Schmid (2018: 142 ff.) wählen einen ähnlichen Zugang zur Beschreibung des Raumtyps Einkaufszentrum: Gestaltung, Funktionalität und Eigentumsrecht. Das hier vorgestellte Raster ergänzt diese drei Dimensionen und konkretisiert ihre Bedeutung für die Praxis.
36 Aus Platzgründen ist die Tabelle nur exemplarisch und nicht vollständig ausgefüllt, auf den Mailänder Platz wird beispielsweise teilweise nur implizit eingegangen.

Raster zur Raumerfassung (exemplarische Beispiele aus der Stadtbibliothek Stuttgart[36] eingefügt)

Kriterium und Fragen	Anmerkungen / Erläuterungen	(Sozialarbeiterischer) Auftrag	Projektideen/konkretes Vorgehen
Konkrete Bestimmung des sozialen Raums			
Um welchen sozialen Raum handelt es sich konkret: Stadtquartier, Fußgängerzone, Park, Freizeitanlage, etc.?			
Eigentumsrechte			
Handelt es sich eigentumsrechtlich um öffentlichen oder privaten Raum?	Mischung aus verschiedenen Räumen: Stadtbibliothek + Milaneo halböffentlich, Mailänder Platz öffentlich	Räume verstehen, Wechselwirkungen nachvollziehen, eigene Räume schaffen	Zentrale Anlaufstelle etablieren, Präsenz in Form von Streetwork
Gibt es reglementierte Nutzungsvorgaben: Hausordnung, Parkordnung, Spielplatzordnung? Durch wen? Was ist deren juristische Grundlage?	Hausordnungen; Aufnahme in Sicherheitskonzeption Stuttgart (Polizei hat besondere Rechte)		Klarstellung und Abgrenzung der unterschiedlichen Aufträge und Kompetenzen der Sicherheitskräfte und der Mobilen Jugendarbeit
Gibt es Kontrollmechanismen? Videoüberwachung, Polizeistreifen, private Sicherheitsdienste?	Regelmäßige Polizeipräsenz, Wachdienste (Stadtbibliothek + Milaneo); Soziale Kontrolle durch anliegende Firmen und Geschäfte		Informationsaustausch im fachlich möglichen Rahmen
Soziale Funktion und Nutzung des Raums			
Was ist der offizieller Bestimmungszweck: Einkauf, Verkehr, Erholung, Bildung, Freizeit, Sport, etc.?	Freizeitviertel (gesamt) Arbeitsviertel (Firmen) Einkaufen / Konsum (Milaneo + Gastro) Bildung, Kultur, Freizeit (Stadtbibliothek) Implizit: Bibliothek = Ort des Lernens und Lesens (ruhig sein, Konzentration) Explizit: Ort der Begegnung, des demokratischen Miteinanders, des Austauschs	Potenziale und Konflikte zwischen den Bestimmungszwecken erkennen, kulturelle Jugendbildung als ein Element der Konzeption MJA stärken Anknüpfungspunkt für größere Debatte finden, Verbündete gewinnen, Begegnung auf Augenhöhe zwischen <u>allen</u> Gruppen ermöglichen	Befragung der Anrainer, ihre Einschätzung des Viertels einholen Workshops zum Thema „wie würdest du die Bibliothek gestalten?" Nachfragen: Was findest du gut, was nicht so gut? Explizit: Was heißt „Ort der Begegnung" genau?

Gibt es Konflikte zwischen bestimmungsgemäßer und faktischer Nutzung?	Insbesondere junge Menschen fallen auf: Lautstärke, Müll, Aneignung ...	Mediation, Vermittlung, ggf. anwaltschaftliches Wirken	Workshops mit Bibliotheksmitarbeitenden („Arbeit mit jungen Menschen"), Aneignungsmöglichkeiten schaffen (z. B. Graffitiprojekt)
Wer stellt formale Vorgaben in Frage? Wen betreffen Hausverbote/Platzverweise?	Junge Menschen verstoßen gelegentlich gegen Hausordnung der Bibliothek		Rückkehrberatung bei Hausverboten
Zugänglichkeit			
Wie ist der Raum verkehrsmäßig erreichbar?			
Gibt es Beschränkungen für bestimmte Gruppen?	Laute Jugendliche geraten eher in den Fokus als Erwachsene, können sich aber jederzeit frei bewegen	Zugang für alle ermöglichen, Vorurteile abbauen	Tag der lauten Bibliothek; Positive Begegnungen ermöglichen
Architektonische Gestaltung			
Gibt es architektonische Zugangshürden?			
Wie „wirkt" der Raum?			
Wen spricht die Gestaltung explizit an?			
Gibt es Nischen/Versteckmöglichkeiten? Angst- bzw. Wohlfühlorte? Wie „öffentlich" ist der Raum gestaltet?	Viele kleine Rückzugsmöglichkeiten (Bänke und Sitze, auch in den Regalen)		Rückzugsräume schaffen (z. B. Musikraum), in denen man auch lauter sein kann
Soziale Gestaltung			
Gibt es soziale Zugangshürden? (z. B. Vorurteile/Vorbehalte gegenüber dem Raum)	Teilweise Vorbehalte bei jungen Menschen gegen „Bibliothek" (ich interessiere mich nicht für Bücher, also gehe ich dort nur aufs Klo ...)	Neue Erfahrungen ermöglichen	Anderes Bild von Bibliothek vermitteln; gezielt Medien und Angebote in die Einzelhilfe/Gruppenarbeit integrieren
Wie wird der Raum in den Medien diskutiert?	Zeitungsartikel zu Gewalt unter Jugendlichen in unmittelbarer Nachbarschaft	Freiräume für junge Menschen erhalten, sich in die Diskussion einmischen	Öffentlichkeitsarbeit, Begegnungen ermöglichen
Werden Vorurteile reproduziert?	Viele junge Geflüchtete auf einem Ort, die teilweise durch ihr Verhalten anecken und auffallen	Vorurteile abbauen, Begegnungen ermöglichen	Einblicke in die Lebenswelten ermöglichen (z. B. Fotoprojekt: Junge Menschen zeigen „ihr Viertel")
Ist der Raum in eine gesamtgesellschaftliche Debatte eingebettet?	Das Europaviertel als Ganzes wird kritisch diskutiert („Schandfleck")	Jungen Menschen eine Stimme geben	Selbst in die Gestaltung eingreifen (bunter Wohnwagen als Abgrenzung zur „Betonwüste"

Aneignungsmöglichkeiten			
Wie hoch ist der Grad an Gestaltungsfreiheit?	Gering (Räume sind funktionalisiert, Ruhe muss gewahrt werden)	Freiräume schaffen	Kreativangebote, Silent Disco etc. (den Raum neu wahrnehmen)
Wo kann Aneignung beobachtet werden? Wer eignet sich den Raum auf welche Weise an?	Graffiti, Möbel verrücken, Musik hören, „Raucherecken" auf der Dachterrasse, Urinieren in den „Windfang" ...	Aneignung begleiten, moderieren und ermöglichen	Graffitiprojekt, öffentliche Toilette einfordern ...
Akteure vor Ort:			
Institutionen / Akteure: Wen gibt es? Was sind ihre zentralen Anliegen?	Direktion Ebenenleitungen Mitarbeitende Bibliothek Wachdienst Reinigungsfirma	Vernetzung, Vertrauen aufbauen, „Sprache" der unterschiedlichen Beteiligten kennen	Kommunikationsstrukturen aufbauen (z. B. Leitungsrunde, Steuerungsrat ...)
Soziale Gruppen: Wen gibt es? Woher kommen sie? Wie agieren sie?	Nutzer*innen Lerngruppen „Touristen" Menschen ohne festen Wohnsitz Skater*innen Junge Geflüchtete	Nach Mehrwert suchen Bedarfsorientierte Angebote machen	Studierende geben Nachhilfe für Schüler*innen, Skateboard-Reparatur an der Anlaufstelle, Hip-Hop-Woche mit Workshops
Welche politischen Gremien / Gruppierungen, öffentlichen Medien, Foren in sozialen Medien, Bürgerinitiativen etc. nehmen Einfluss auf das Geschehen?	Bezirksbeirat Nord, Gemeinderat Stuttgart, Zeitungsartikel, ...		

Hilfreich hierbei sind verschiedene Fragen, die im nun vorstehenden Raster zur Raumerfassung dargestellt werden[37].

Basierend auf den konzeptionellen und ausgehandelten Zielvorstellungen der Arbeit können anhand des Rasters die Beobachtungen (*Anmerkungen / Erläuterungen*) reflektiert (*Sozialarbeiterischer Auftrag*) und *konkrete Projektideen* (4) entwickelt werden. Die gemachten Erfahrungen und beobachteten Veränderungen werden im Rahmen der Öffentlichkeitsarbeit und der Berichterstattung (5) zur Diskussion gestellt und fließen wiederum in die Reflexion über Auftrag und Ziel der Arbeit (1) ein.

Professionelles Wirken am exklusiven Ort: Verstehen, Übersetzen, Vermitteln, Gestalten

Zusammengefasst zeigen sich vielfältige Herausforderungen für die Fachkräfte vor Ort: Die Auseinandersetzung mit divergierenden Erwartungen, die Suche

---

37 Die Beantwortung dieser Fragen sollte in der Praxis als gemeinschaftlicher Prozess stattfinden: Sie dienen zur Diskussion mit Kooperationspartner*innen, bieten einen Anlass zu teilnehmender Beobachtung sowie zur Befragung und zur strukturierten Dokumentation der Arbeit.

nach Freiräumen im vordefinierten und fremdbestimmten Ort, das Aushalten der Spannungsfelder zwischen theoretisch-konzeptionellem Anspruch und praktischem Tun. MJA kann und will Verantwortung für demokratische und sozial gerechte Raumentwicklung übernehmen. Sie muss sich dabei (erneut) mit der politischen Dimension ihrer Arbeit beschäftigen. Sie darf den Zustand nicht bloß verwalten und die größten Konflikte befrieden, sondern muss gemeinsam mit anderen Akteur*innen nachhaltige Lösungen finden (win-win Situationen schaffen), die sich konsequent am anwaltschaftlichen Auftrag orientieren und bestehende Machtverhältnisse (die häufig zu Ungunsten der Adressat*innen Sozialer Arbeit sind) in Frage stellen, ohne sich Handlungsspielräume zu verbauen. Sie kann dabei sowohl vermittelnd als auch kritisierend/„anprangernd" agieren und muss klare „rote Linien" definieren, die dem Kernauftrag (z. B. Abbau sozialer Benachteiligung) widersprechen und „nicht zur Diskussion stehen". Daher gilt: Je genauer Soziale Arbeit ihren eigenen Auftrag kennt, desto klarer und transparenter kann sie vor Ort agieren. Die Praxis am exklusiven Ort muss demnach geprägt sein durch kontinuierliche Reflexion, Kompromissfähigkeit, Ambiguitätstoleranz, Mut, Lust und Freude am freien, kreativen und innovativen Arbeiten mit der Betonung von Möglichkeiten und Chancen, anstatt des Beklagens von Schwierigkeiten, Hürden und Grenzen. MJA muss den exklusiven Ort verstehen, den Dialog zwischen unterschiedlichen Nutzer*innen und Akteur*innen schaffen („Übersetzungsarbeit") und zwischen unterschiedlichen Ansprüchen vermitteln („Orte des Dialogs", Begegnungen ermöglichen), um den exklusiven Ort nachhaltig positiv zu gestalten.

13.3 Sichtbar werden, Kampagnen durchführen

Neben einer auf Wahrnehmung, Transfer und Übersetzung ausgerichteten Alltagspraxis in der nachbarschaftlichen Öffentlichkeit eines Gemeinwesens, wie sie *Simon Fregin* zeigt, kann ein Missstand u. a. in Form einer Kampagne sichtbar gemacht werden, die zugleich das Ziel verfolgt, diesen Missstand auch zu beseitigen.

Eine Kampagne besteht aus „eine(r) Serie politischer Aktivitäten, die gut geplant aufeinander folgen, um ein bestimmtes Ziel (oder auch mehrere) in meist unterschiedlichen Zeithorizonten zu erreichen" (Sundermann 2018: 21). Auch hierfür sind eine fundierte Gemeinwesenanalyse (→ 6.2, 6.3) und eine gründliche Analyse der politischen (Macht-)Verhältnisse (→ 10.3.2) wesentliche Voraussetzungen, um klären zu können, was genau getan werden muss, um z. B. einen konkreten Missstand zu beseitigen (vgl. Sundermann 2018: 21 f., zit. S. 21). Auch hier geht es um das Systematisieren und Bewerten von Informationen: Es

- kristallisiert sich ein (Kern-)Problem heraus, das beschrieben werden kann und für das eine Lösung vorliegt;
- zeigt sich, welche Zielgruppe/n erreicht werden soll/en und wer potenzielle Bündnispartner*innen sind;
- wird deutlich, wer vermutlich die Gegner*innen der Kampagne sind, welche Stärken und Schwächen, Ressourcen und interne Strukturen sie kennzeichnen, welche Argumente sie vorbringen werden und wie diesen begegnet werden kann;
- kann gesagt werden, in welchem Entscheidungsumfeld sich die Kampagne bewegen wird, d. h., wann welche Entscheidung von wem in welchem Entscheidungsprozess vermutlich getroffen wird;
- kann recht sicher eingeschätzt werden, welche personellen, finanziellen und sonstigen Ressourcen der Kampagne zur Verfügung stehen werden (vgl. Grobe 2018: 32 f.).

Drei Kampagnenarten lassen sich unterscheiden, auch wenn sie in dieser Form „sortenrein" selten vorkommen: Eine

- *Druckkampagne* bedeutet (idealtypisch), alles daran zu setzen, eine bestimmte Person oder Personengruppe bzw. Institution so unter Druck zu setzen, dass sie ihr Verhalten ändert. Öffentliche Protestaktionen bringen Aufmerksamkeit und Medienberichterstattung. Wiederkehrende Appelle, Konfrontationen und bewusste Regelübertretungen (ziviler Ungehorsam) können dabei helfen, Druck aufzubauen und eine alternative Lösung zu erreichen."
- *Aufklärungskampagne* „schafft ein Bewusstsein für ein bestimmtes Problem und will mit Argumenten und emotionalen Botschaften eine Grundlage für entsprechende Verhaltensänderungen von Menschen legen" (hierzu zählen z. B. die Präventionskampagnen der Bundeszentrale für gesundheitliche Aufklärung / BZgA).
- *Lobbykampagne* wendet sich v. a. an politische Akteure und „eignet sich eher für politische Hintergrundgespräche als für konfrontativen Protest auf der Straße" (Sundermann 2018: 23).

Kampagnen durchlaufen verschiedene Phasen, die generell mit Definition von Zielen und Strategien sowie praktischen Prozessen verbunden sind, wie eine Druck-, Aufklärungs- oder Lobbykampagne durchgeführt wird. Mit der sog. „Organizer-Spirale" (Eberhard u. a. 2003) werden sieben Phasen einer Kampagne (idealtypisch) beschrieben:

1. *Ausgangslage betrachten*, d. h. den Missstand beschreiben und Kontaktaufnahme zu gegenwärtigen und möglichen künftigen Mitwirkenden herstellen (vgl. ebd.: 12–19).
2. *Analyse*, d. h., das Problem soll systematisch untersucht werden. Die schon in der Ausgangslage formulierten Annahmen und Hypothesen zum Problem,

seinen Ursachen und den anzustrebenden Lösungen bilden dazu den Ausgangspunkt. Die Analyse erfolgt in der Regel in vier Schritten: 1. Recherche der relevanten Informationen, 2. Systematisierung der zusammengetragenen Informationen, 3. Bewertung und Gewichtung der Informationen unter Handlungsgesichtspunkten und schließlich 4. die Schlussfolgerungen für das Handeln (vgl. ebd.: 20–31). In dieser Phase müssen die Ergebnisse der Gemeinwesen- und der Politikfeldanalyse einbezogen werden (→ 6.2, 6.3, 10.3.2).

3. Die *Zielbestimmung* „bildet das Scharnier zwischen der vielfältigen und faktenorientierten Ausgangs- und Analyse-Phase und den folgenden aktivitätsorientierten Phasen Strategie, Maßnahmenplanung und -realisierung". Es geht um die Entwicklung von strategischen Zielen, die in einem mittel- bis längerfristigen Zeitrahmen (von ca. einem bis zu mehreren Jahren) „Erreichbares auf dem Weg zur Verwirklichung einer Vision" definieren (vgl. ebd.: 34–42, zit. S. 38).

4. *Strategieentwicklung*, d. h. es wird der geeignete Weg bestimmt und herausgearbeitet, „was in welcher Abfolge getan werden kann und getan werden muss, um das Ziel zu erreichen; welche Stärken, Chancen und Ressourcen genutzt und welche Schwächen und Risiken abgebaut bzw. umgangen werden müssen", wobei die Bearbeitung der Aspekte erforderlich ist, die in der Phase der Zielbestimmung vorerst zurückgestellt wurden (vgl. ebd.: 44–52, zit. S. 49).

5. *Aktions-/Maßnahmeplanung*, d. h. entsprechend der formulierten Strategie werden nun Aktivitäten und Maßnahmen konzipiert: Jetzt ist klar, was in welcher Reihenfolge zu tun ist, wer hierfür jeweils verantwortlich und wer zu beteiligen ist. Die Verantwortlichen können nun zur Tat, aber noch nicht zur Aktion schreiten, denn bislang haben sie sich ja nur mit den Vorbereitungen und Begleitumständen befasst. Vor der Durchführung der Aktion oder Maßnahme (in der nächsten Phase) muss diese zunächst konzipiert und im Detail geplant und gestaltet werden" (vgl. ebd.: 53–61, zit. S. 60).

6. *Aktions-/Maßnahmerealisierung*, d. h., es „beginnt die heiße Phase, Aktion ist angesagt. Sie treten mit Ihrer Botschaft, Ihren Forderungen und Lösungsideen nach außen". Dabei ist nicht zu unterschätzen, dass Spaß „ein wesentlicher Energielieferant für Engagement (ist). Je mehr Spaß Sie an und in einer Aktion haben, desto mehr Kraft investieren Sie in ihr Gelingen. Fehlen Lust und Freude, liegt dies vielleicht an nicht nachvollziehbaren Zielen, an zu geringer Beteiligung bei der Aktionsvorbereitung", an Strukturen, die zu wenig Gestaltungsmöglichkeiten bieten, oder an Überforderung (vgl. ebd.: 64–71, zit. S. 69 und 71).

7. *Kontrolle der Aktionen und Maßnahmen*: Nach Durchführung der Aktionen und Maßnahmen wird die Frage geklärt, ob das formulierte Ziel erreicht werden konnte und die auf das Ziel ausgerichtete Strategie erfolgreich war. Dazu werden zur Beantwortung die Zielformulierungen mitsamt den Erfolgskriteri-

en herangezogen. Dabei „sollten die Einschätzungen aus der Analyse-Phase rekapituliert werden, die (d)en Zielen und der darauf aufbauenden Strategie zugrunde lagen. Wurden wichtige Aspekte nicht oder nur unzureichend berücksichtigt? Waren die Bewertungen zutreffend? Sind die Einschätzungen und Schlussfolgerungen auch im Nachhinein als richtig zu beurteilen, wird das formulierte Ziel überprüft: War es überhaupt erreichbar? War es konkret genug, um handlungsorientierend zu sein?" Können diese Fragen bejaht werden, dann wird die Strategie betrachtet, ob sie im Verhältnis zum Ziel und den Möglichkeiten angemessen war und ob es im Rückblick Denkfehler gab. „Ist schließlich auch an der Strategie nichts auszusetzen, werden die einzelnen Maßnahmen betrachtet: Waren sie tatsächlich auf die Strategie ausgerichtet und in sie eingebunden? Haben sich irgendwelche Fehler oder Fehleinschätzungen in die Maßnahmengestaltung und ihre Umsetzung eingeschlichen?" (vgl. ebd.: 72–79, zit. S. 76).

Damit ergibt sich eine doppelte Verpflichtung zur Transparenz: einerseits als Transparenz, die den die Kampagne auslösenden Missstand betrifft, andererseits die Transparenz, anderen Akteuren die Erfahrungen und Schlussfolgerungen einer Kampagne zugänglich zu machen, d. h. mit dem Erfolg oder dem Misslingen einer Kampagne Lernprozesse zu verbinden, die das Gelingen künftiger Kampagnen begünstigen können.

Die Kooperation mit anderen Akteuren im Gemeinwesen (z. B. örtlichen Initiativen der Klimaschutzbewegung, Gewerkschaftsgruppen, Jugendverbänden), die schon in der zweiten Phase einer Kampagne erwogen wird, ist i. d. R. wesentlich für das Gelingen einer Kampagne: Solche *Bündnisse* sind „attraktiv, wenn diese die eigene Arbeit auf das gemeinsame Ziel oder Anliegen hin ergänzen", z. B. etwas einbringen, was der eigenen Organisation fehlt, z. B. fachliche, durch Ausbildung erworbene Kompetenzen, zusätzliche Kontakte (vgl. Zimmer 2018: 18, zit. ebd.). Sie sorgen für mehr Sichtbarkeit eines Themas (u. a., weil über die unterschiedlichen Kanäle der Bündnispartner mehr Menschen erreicht werden können), erzeugen für das Thema mehr Druck und erhöhen die Aussichten, das gemeinsame Ziel zu erreichen (vgl. Taschner/Löhle 2018: 52; Zimmer 2018: 18). Bündnisse sind themenspezifisch angelegt, auf die Bearbeitung eines konkreten Missstandes bezogen und daher befristet; sie stellen also keine Bürgerorganisation (→ 12.2.2) dar. Gleichwohl muss die Kontinuität eines Bündnisses durch Absprachen (ggf. auch durch Verträge) unterstützt werden (vgl. Zimmer 2018: 20); dazu zählen auch eindeutige Entscheidungs- und Kommunikationsstrukturen, z. B. ein Sprecher*innen-Kreis, der legitimiert ist, für das Bündnis (auf der Grundlage einer gemeinsamen inhaltlichen Botschaft) in der Öffentlichkeit und gegenüber Politik und Verwaltung aufzutreten (vgl. Taschner/Löhle 2018: 55 f.).

In die Aktionen und Maßnahmen eingebettet erzählt eine Kampagne gut recherchiert und argumentativ „die Geschichte des vermeintlich ungleichen Kampfes von Klein gegen Groß, von Gut gegen Böse" (Sundermann 2018: 25 f.). Sie ist in der medialisierten Welt unverzichtbar, und es kommt dabei darauf an, diese Erzählung variantenreich mit den klassischen Print- und den neuen digitalen Medien so zu verknüpfen, damit das Anliegen der Kampagne immer wieder neu öffentlichkeitswirksam verbreitet wird. Dazu brauchen Kampagnen eine Kommunikationsstrategie, die – neben den klassischen Wegen der Öffentlichkeitsarbeit (→ 13.1) – auch auf den Transfer der Botschaften über Social-Media-Plattformen und -Kanäle abstellt, z. B.:

- Da Social-Media-Plattformen i. d. R. mobil (von unterwegs) aufgerufen werden, ist es erforderlich, sofort zugängliche Informationen und kurze Botschaften bereitzustellen, was es wahrscheinlicher macht, dass sich die User mit der Kampagne identifizieren und z. B. eine Petition unterzeichnen;
- Informationen und Botschaften müssen (tag-)aktuell gehalten werden;
- Die Plattform lässt sich als Feedback-Kanal nutzen, z. B. in der Vorbereitung einer Kampagne, um festzustellen, ob das Thema bei potenziellen Unterstützer*innen überhaupt „ankommt"; und
- der Aufbau eines E-Mail-Verteilers ist „immer noch das A und O. E-Mail gilt weiterhin als das erfolgreichste Mobilisierungstool" (Orland 2018: 89 ff., zit. S. 91).
- Plattformen wie z. B. *Campact*, *change.org* und *openPetition* können der Verbreiterung einer Kampagne durch eine überregionale Vervielfältigung dienen, die den Grad der Bekanntheit erhöht, weil sich aufgrund der Seriosität dieser Plattformen weitere Zielgruppen angesprochen fühlen, die noch nicht erreicht wurden; zudem können darüber z. T. Geldmittel akquiriert werden, die die Kampagnenarbeit erleichtern (→ 13.4).

Mit der Zeit schwankt das Interesse der Öffentlichkeit an einer Kampagne und auch die Wahrnehmung durch die formellen Medien nimmt ab. Dabei handelt es sich um einen normalen Prozess und nicht immer gelingt es, durch neue Aktionen die Aufmerksamkeit für das Kampagnenthema wieder zu befeuern. Auch dies erfordert von den Mitstreiter*innen einer Kampagne einen hohen persönlichen freiwilligen Einsatz, den für einen längeren Zeitraum nicht alle erbringen können oder wollen. Deshalb ist es normal, wenn sie sich von der aktiven Mitarbeit verabschieden (vgl. Schäkel 2018: 136). Die Breite eines Bündnisses und die Vielzahl der Mitstreiter*innen der Bündnispartner kann dies nur zeitweise abfedern. Darin die Schwäche und das Risiko einer Kampagne zu sehen, muss bei deren Planung von Anfang an berücksichtigt werden. Kampagnen ohne thematische, finanzielle und personelle Ressourcen haben eine sehr hohe Wahrscheinlichkeit zu scheitern.

13.4 Praxisberatung ist: Kooperation koordinieren

Im Gemeinwesen sind – neben der Praxisberatung – im System der Daseinsvorsorge berufliche Akteure verschiedener Professionen tätig. Ihre tertiären Netzwerke (die z. B. in Arbeitskreisen und -gruppen organisiert sind) haben die Funktion, diese Fachkräfte und ihre unterschiedliche Expertise (im Gesundheitswesen, im Kultur- oder Bildungsbereich u. a.) zusammenzuführen, um z. B. Themen des Quartiers oder spezifischer Zielgruppen zu bearbeiten und sich gegenseitig (ggf. interdisziplinär) zu für alle Beteiligten bedeutsamen Entwicklungen zu beraten (Informationsfunktion). Sie teilen ihre Kenntnis über das (über-)regionale Angebot sozialer Dienstleistungen, stellen sich Ressourcen (von speziellen Fachkenntnissen bis zur Infrastruktur, z. B. Räume für Veranstaltungen) zur Verfügung und sie stimmen ihre Angebote miteinander ab (Unterstützungsfunktion). Die Stärke solcher Netzwerke besteht darin, dass sie auch die Entwicklung eines Gemeinwesens beeinflussen können, z. B. durch die Wahrnehmung von Lobbyfunktionen (→ 14.3) sowie gemeinsame Projekte und Veranstaltungen (Gestaltungsfunktion). Ihre Verhandlungsposition (z. B. gegenüber der kommunalen Selbstverwaltung) ist i. d. R. (z. B. aufgrund der Vielfalt der „Kanäle" informeller Kommunikation, die sie nutzen können) besser als die einzelner Akteure.

Praxisberater*innen können im Rahmen ressourcenorientierter, fallunspezifischer oder fachlicher Vernetzungsarbeit (→ 5.2) dazu beitragen, die Kooperation unter den professionellen Akteuren zu koordinieren und dadurch die Leistungsfähigkeit eines Netzwerks zu sichern. Die Übernahme dieser koordinierenden Funktion liegt auch deshalb nahe, weil die Soziale Arbeit vielfach vor Ort ohnehin eine vernetzende Rolle wahrnimmt, wie z. B. *Lea* reflektiert: Sie bilde „in den meisten Kommunen das Zentrum, wo die meisten Netzwerke zusammenlaufen, wo so die breiteste Übersicht über das Gemeinwesen ist: wer mit wem und in welchen Konstellationen." Zu unterscheiden sind offene und themenorientierte Formen der Netzwerkarbeit:

- Während offene Formen dem informellen Austausch zwischen Netzwerkakteuren dienen, um z. B. Entwicklungen im Gemeinwesen aus deren unterschiedlichen Perspektiven transparent zu machen,
- verfolgen themenorientierte Formen jeweils näher bestimmte Ziele, die durch gemeinschaftliches Handeln im Netzwerk erreicht werden sollen, z. B. auf politische Entwicklungen mit dem Ziel, Einfluss zu nehmen, bestimmte Entscheidungen herbeizuführen oder abzuwehren.

Die interdisziplinäre Zusammenarbeit kann systematisch angelegt (d. h. sie ist i. d. R. unbefristet) oder (projektbezogen) auch zeitlich begrenzt werden. Offene Formen erfordern eine geeignete Moderation, um eine dem Informationsbedürfnis der Netzwerkakteure dienliche Kommunikation zu gewährleisten (→ 11.4), themenorientierte Formen dagegen ein professionelles (Netzwerk-)Management, bei dem i. d. R. auch Projektmanagementverfahren (→ 13.5) zum Einsatz kommen.

Der regelmäßige (informelle) Austausch unter den Netzwerkakteuren dient auch dem Auf- und Ausbau von Arbeitsbeziehungen unter den Fachkräften, die sich gegenseitig als zuverlässig erleben müssen, wenn sie erfolgreich im Gemeinwesen tätig werden wollen. Erfolgreiche Netzwerkkooperationen zeichnet z. B. aus, dass der Austausch offen ist, getroffene Vereinbarungen eingehalten werden und die Kommunikation vertraulich bleibt.

Das Netzwerkmanagement kann die Umsetzung gemeinsamer Vorhaben und Projekte v. a. dann gut unterstützen, wenn sich durch die Erfahrung gegenseitiger Verlässlichkeit gekennzeichnete Arbeitsbeziehungen entwickelt haben. Dadurch wird die Bestimmung gemeinsamer Ziele erleichtert. Hierfür haben sich Verfahren durchgesetzt, die die Zielbestimmung vereinheitlichen und dadurch die Zielklärung in interdisziplinär zusammengesetzten Gruppen erleichtern, z. B. das SMART-Modell. Ziele sind spezifisch (s) auf ein Verhalten bzw. Tun bezogen, messbar (m), womit deutlich wird, wie oder woran die Zielerreichung zu erkennen ist, attraktiv (a), d. h. positiv formuliert, realistisch (r), also erreichbar (z. B. klein genug, um sofort anfangen zu können), und terminiert (t), ein Zeitplan ist aufgestellt (vgl. Wendt 2021a: 357 f.).

Ziele sind z. B. der effiziente Einsatz (meist knapper) Ressourcen, die Steigerung der Effektivität von gemeinsamen Projekten und Maßnahmen und eine erhöhte Transparenz über Angebote und Dienstleistungen, die bereits angeboten werden oder angesichts der Themen des Quartiers noch zu entwickeln sind. Dabei gilt: „An vielen Stellen kann ein Netzwerk dazu dienen, Ressourcen gezielter einzusetzen, es wird jedoch keine Ressourcenlücken füllen können. Netzwerkarbeit bedarf finanzieller, zeitlicher und personeller Ressourcen und ist mit intensiver Arbeit verbunden" (vgl. Quilling u. a. 2013: 31, zit. ebd.).

Gemeinsam entwickelte Ziele ermöglichen es, im Netzwerk Abläufe, Prozesse und Projekte zu planen, zu konkretisieren und zu kontrollieren sowie den Informationsfluss sicherzustellen und Wissen transparent zu machen (vgl. ebd.: 93). Aus den Zielen werden Maßnahmen abgeleitet, die sachlich (wer im Netzwerk für welche Aufgaben zuständig ist, welche Geld-, Personal- und Sachressourcen dafür zur Verfügung stehen), zeitlich (wann welche Schritte erfolgen) und kommunikativ (wie die Information der Öffentlichkeit erfolgt, wie die Verantwortung verteilt ist, wie erforderlichenfalls Entscheidungen zu treffen sind) geplant werden.

13.5 Anregungen zur Weiterarbeit

» Kurze Erläuterungen zur Zusammenarbeit mit Medien gibt *Wiebke Johanning* (Wie kommen wir an die Medien? Pressearbeit für Kampagnen; in Stiftung Mitarbeit und Bewegungsstiftung [Hg.]: Engagement in Aktion. Ratgeber für wirkungsvolle Kampagnenführung, Bonn und Verden 2018: 85–88).

» Hinweise zur Textgestaltung formeller Formen der Öffentlichkeitsarbeit gibt *Norbert Frank* (Praxiswissen Presse- und Öffentlichkeitsarbeit, 2. Aufl. Wiesbaden 2012, S. 49–94; dort zur Pressemitteilung [S. 131 ff.] und zur Pressekonferenz [S. 152 ff.]).

» Die Stiftung Mitarbeit und die Bewegungsstiftung haben einen *„Ratgeber für wirkungsvolle Kampagnenführung"* herausgegeben (Bonn und Verden 2018).

» Die erfolgreiche Kampagne *GloReiche Nachbarschaft* gegen die Verdrängung der Bäckerei „Filou" in Berlin-Kreuzberg (URL: https://www.gloreiche.de/ [8. Aug. 2023]) ist ein Beispiel für die erfolgreiche Kombination der verschiedenen Möglichkeiten zur Beeinflussung der informellen Öffentlichkeit.

» Der *Movement Action Plan* stellt ein konzeptionell besonders ausgereiftes Modell für die Kampagnenarbeit dar, das *Bill Moyer* aufgrund seiner Erfahrungen als Praxisberater in den sozialen Bewegungen der USA (Bürgerrechts-, Anti-Vietnam-Friedens- und Anti-Atomkraft-Bewegung) formuliert hat (Aktionsplan für soziale Bewegungen. Ein strategischer Rahmenplan erfolgreicher sozialer Bewegungen, Kassel 1989).

» *Campact e. V.* versteht sich als ist eine Bürgerbewegung, die für eine progressive Politik streitet. Progressiv wird eine Politik genannt, die die Umwelt schützt und Frieden schafft, demokratische Teilhabe stärkt und gleiche Bildungschancen gewährleistet, Bürger*innenrechte verteidigt und geflüchtete Menschen willkommen heißt, für soziale Gerechtigkeit sorgt, für eine solidarische Steuerpolitik eintritt, Diskriminierung abbaut und Gleichberechtigung herstellt. Campact ist überzeugt, „dass gesellschaftlicher Wandel nötig und möglich ist. Wir können unsere gewählten Vertreter*innen auf das Gemeinwohl verpflichten, wenn wir gemeinsam die Stimme erheben." Das Motto lautet: Bewegt Politik! Dazu wendet sich die Organisation bei wichtigen Entscheidungen (z. B. Gesetzesvorhaben, die die Ziele betreffen) mit Online-Appellen direkt an die Verantwortlichen in Parlamenten, Regierungen und Konzernen. Es wird mit Politiker*innen debattiert, es werden mit anderen Akteuren Bündnisse geschmiedet und der Protest auf die Straße getragen: mit großen Demonstrationen und lokalen Aktionen. Unabhängig von Parteipolitik und Wirtschaftsinteressen wird Campact durch Spenden finanziert. Nach eigenen Angaben hat Campact damit bereits über 2,5 Millionen Bürger*innen erreicht. Website: https://www.campact.de/

» *Change.org* bietet eine internationale Internet-Plattform, von der aus Menschen Kampagnen starten, Unterstützer*innen mobilisieren und mit Entscheidungsträger*innen zusammenarbeiten können, um gemeinsam Lösungen zu den von ihnen bestimmten Themen- und Problemstellungen zu erarbeiten. Nach Angaben der Plattform konnten so mehr als 87.000 Petitionserfolge in 196 Ländern erzielt werden. Dazu bietet die Plattform ein Online-Tutorial, um Kampagnen zu entwickeln und die vom Start bis zum Abschluss erforderlichen Schritte zu planen und umzusetzen.

» *Change.org* wird durch Spenden finanziert. Website: https://www.change.org/

» Deutschlandweit tätig ist die Online-Plattform *openPetition*, die seit 2010 Menschen dabei unterstützt, Veränderung durch öffentlich zugängliche Online-Petitionen zu bewirken. Ziel ist es, digitale Beteiligungsmöglichkeiten auszubauen, die demokratische Beteiligung am politischen Prozess so einfacher zu machen und damit auch zu einer aktiven Zivilgesellschaft beizutragen. Die Plattform unterstützt Menschen, auf dringende Probleme aufmerksam zu machen und sich politisch einzumischen, z. B. durch Beratung bei der Vorbereitung und Durchführung einer Petition. openPetition finanziert sich ausschließlich durch Kleinspenden der Nutzer*innen. Eine Einflussnahme durch Unternehmen oder politische Organisationen wird strikt abgelehnt. Website: https://www.openpetition.de/

» Grundlagen des Projektmanagements erläutert mit Zuschnitt auf die Soziale Arbeit *D. Pichert* (Werkzeugkiste Projektmanagement, Bonn 2015, insb. S. 8–32). Das „Praxishandbuch Projektmanagement" von *Günter Drews* (3. Aufl. Freiburg/Brsg. 2020) enthält neben einer umfangreichen Einführung in das Projektmanagement, wenn auch stark betriebswirtschaftlich ausgerichtet, zahlreiche (durchaus auch auf Fälle der Sozialen Arbeit anwendbare) Checklisten, Formulare und Muster für die Phasen eines Projekts; *Helga Meyer* (Projektmanagement, Heidelberg 2016) verdeutlicht die Phasen und Instrumente des Projektmanagements an einem durchgängig herangezogenen Fallbeispiel.

14 Grundlagen bestimmen: Professionell im Gemeinwesen arbeiten

Grundlagen für das professionelle Handeln von Praxisberater*innen zu bestimmen, bedeutet, sie *einerseits* in der Bedeutung *für das Gemeinwesen*, inwieweit die Teilhabe der Bewohner*innen professionell gefördert und unterstützt wird (→ 14.1), und *andererseits* dort als aktive Akteure in eigener Sache (→ 14.2) und damit als *doppelte Teilhabe* zu beschreiben.

14.1 Worin besteht die professionelle Funktion von Praxisberater*innen?

Die professionelle Funktion der Praxisberater*innen wird über Aufgaben im Gemeinwesen und die Art und Weise, diese wahrzunehmen (Rolle → 14.1.1), ihre Haltung zu diesen Aufgaben und den im Gemeinwesen herrschenden Verhältnissen, die diese Aufgaben begründen (→ 14.1.2), sowie die dazu erforderlichen Kompetenzen und geeigneten Arbeitsformen (→ 14.1.3) beschrieben:

14.1.1 Rolle der Praxisberater*innen: Parteiergreifende Teilhabeförderung

1970 wurde im Städtebaubericht der Bundesregierung u. a. festgehalten, dass es „*Aufgabe des Gemeinwesenarbeiters* ist …, *unprivilegierten Gruppen*, die am politischen Prozeß nur am Rand teilnehmen, zu helfen, sich zu organisieren, um ihre Interessen besser durchzusetzen oder auch um sie überhaupt erst zu artikulieren". Daher müssten Praxisberater*innen die „Rolle eines *Kommunikationsgliedes* zwischen betroffenen Gruppen und Planungsbehörden übernehmen" (zit. n. Müller/ W. 1974: 86; Herv. i. O.).

Dagegen formulierte *Saul Alinsky*, im Handeln der Praxisberater*innen muss deutlich werden, dass sie „konsequent auf der Seite der Benachteiligten" stehen: eine „neutrale Vermittlerposition" (als „Kommunikationsglied" im Sinne des zitierten Städtebauberichts) lehnte er (entschieden) ab; der „oberste Grundsatz" war für ihn, dort zu beginnen, „wo die Leute stehen", an ihren Erfahrungen anzusetzen und ihren individuellen Hintergrund zu respektieren" (vgl. Karas/Hinte 1978: 44, zit. ebd.). Praxisberatung grenzte er damit von einem Verständnis als unterstützende Dienstleistung (z. B. für eine Kommunalverwaltung) ab. Die Bewohner*innen sind dabei zu unterstützen, „ihre Stimme zu erheben" (Fehren 2006: 577), d. h.

es muss sich um eine offensive politische *Einmischung* handeln (vgl. Mielenz 1981b: 57 ff., und 1981a: 224). Einmischung kann als strategisches Denken und Handeln verstanden werden, das sich als „zielgerichtet, planend, problemanalytisch, langfristig, überraschend in den Mitteln und undogmatisch offen in viele Richtungen hinsichtlich der Problemlösungswege und der Problemlösungspartner" beschreiben lässt und durch „unbedingte Betroffenenbeteiligung" geprägt wird. Es geht damit um die „Einmischung in politische und administrative Prozesse und Strukturen als einem Element zielgerichteter Handlungspläne" (vgl. Krauss 2004: 68 f., zit. ebd.).

Hierin besteht die eigentliche „Konfliktlinie": Nimmt Soziale Arbeit im Gemeinwesen eine die kommunale Selbstverwaltung unterstützende Aufgabe wahr (wie tendenziell das Quartiersmanagement [→ 5.1.2]) oder ist sie parteilich mit den Bewohner*innen verbunden (wie tendenziell die Gemeinwesenarbeit [→ 5.1.1])?

Für dieses zweite (radikale) Verständnis einer die Teilhabe der Bewohner*innen eines Gemeinwesens fördernden Sozialen Arbeit gibt es eine Reihe unterschiedlicher Bezugspunkte, auf die sich die Soziale Arbeit beziehen kann z. B.:

- *Jane Addams* betrachtete Soziale Arbeit als aktiven Widerstand gegen marginalisierende Verhältnisse *vor Ort* und betonte die Bedeutung sozialer Bündnisse („get organized"), um Menschen in ihrer Selbstbemündigung zu unterstützen (vgl. Addams 1902; vgl. Addams 2023: 113 ff.).
- Ein „Radikaler", so *Saul Alinsky*, sieht den Problemen ins Auge, „beschäftigt sich einzig und allein mit grundlegenden Ursachen" und „konzentriert sich auf den Kern des Problems". Er „will den Menschen wirklich frei sehen" und begreift Demokratie als etwas, was von unten geschieht (vgl. Alinsky 1999: 29 ff., zit. S. 29).
- Auch *Karam Khella* legte in den 1970er und 1980er Jahren eine antikapitalistische Theorie der Sozialen Arbeit vor, deren kollektive Radikalität Sozialer er als „Soziale Arbeit von unten" beschrieb (vgl. insb. Khella 1973/1983).
- Schließlich hat eine Reihe von Veröffentlichungen zur *kritischen Theorie der Sozialen Arbeit* weitere Argumente für diese Positionierung geliefert (vgl. die Beiträge in Anhorn u. a. 2012; Anhorn/Stehr 2018; Bettinger 2009, 2013).

Die Entscheidung über die Position an dieser „Konfliktlinie" fällt den Praxisberater*innen selbst zu. Neben ihrem fachlichen *Wissen* zur Arbeit im Gemeinwesen und ihrem *Können*, mit den Bewohner*innen gut zusammenzuarbeiten (vgl. Wendt 2021b: 267 ff.), kommt ihrer inneren *Haltung* eine herausgehobene Bedeutung zu, um das eigene Funktionsverständnis zu klären: *Otto* z. B. versteht sich in diesem Sinne in der Arbeit mit jungen Menschen als deren „Sprachrohr" (was ihn sich auch als „so eine Art Bindeglied und auch Übersetzer" zwischen den Generationen beschreiben lässt) und begreift sich „als parteiergreifende Vertretung für eine Generation", die sonst „zu kurz kommt".

14.1.2 Haltung der Praxisberater*innen

Von *Haltung* ist die Rede, wenn allgemein von der inneren Einstellung einer Person gesprochen wird, die sich im Handeln zeigt, das durch eine eigene Ethik, Werte und Normen begründet (und motiviert) wird. Diese innere Einstellung stellt die Grundlage ihres Handelns dar und prägt ihr Tun. Für die Soziale Arbeit heißt dies, einen an den Menschenrechten ausgerichteten Gestaltungsauftrag wahrnehmen zu wollen (v. a. dort, wo deren Verwirklichung eingeschränkt oder verweigert wird) sowie gemäß §1 Abs. 1 SGB I „zur Verwirklichung sozialer Gerechtigkeit und sozialer Sicherheit" beitragen zu wollen. Es geht also auch darum, als Praxisberater/in überall dort, wo Teilhabe be- oder verhindert wird, dies öffentlich zu skandalisieren (wer und wie Teilhabe be- oder verhindert) und zu verhandeln (dass Teilhabechancen eröffnet werden), also *parteilich* zu sein gegen Ungleichheit, ungerechte Verhältnisse, Machtmissbrauch u.ä. *Richard* z. B. versteht sich in dieser Hinsicht als „Lobbyist der Schwächeren", auch wenn er weiß, dass seine Möglichkeiten, in ihrem Interesse zu handeln, aufgrund fehlender Entscheidungsmacht begrenzt sind und sich seine Arbeit „immer meistens unterstützend" darstellt. In diesem Zusammenhang wird auch von anwaltschaftlichem Handeln gesprochen, das sich dadurch auszeichnet,

> „dass es die Veränderung der Handlungen, Praktiken und Verfahrensweisen von Einzelnen wie Institutionen beabsichtigt beziehungsweise Reformen im Hinblick auf sozialpolitische Programme, Gesetze, Verordnungen, Dienstanweisungen und so weiter anstrebt. Es ist darauf gerichtet, die Interessen und sozialen Rechte relativ machtloser Klienten gegenüber Entscheidungsträgern im Kontext asymmetrischer Machtstrukturen zu vertreten, ihre Interessen gegen Widerstand durchzusetzen und sie von Missbrauch und Benachteiligung zu schützen" (Rieger 2003: 99, zit. n. Prasad 2023: 15),

wobei immer auch die Gefahr einer unreflektierten Praxis besteht, die zwar ein positives Verständnis von anwaltschaftlicher Vertretung entwickeln will, faktisch aber bevormundend wirkt (→ 6.4). Diese Art und Form der Parteilichkeit ist also

> „nicht eine Sache des wilden Fahnenschwingens, sondern der klaren Analyse, nämlich der Frage, wo Entwicklungsmöglichkeiten, Handlungsspielräume von Menschen eingeschränkt werden – und nicht nur von oben nach unten, sondern auch vertikal in den Konflikten zwischen den Bewohner/innen des Stadtteils selbst und auch durch die ‚fürsorgliche Belagerung' durch die Soziale Arbeit" (Oelschlägel 2015: 236).

Für *Petra* ist es deshalb z. B. „eine wichtige Grundhaltung", dass die Zusammenarbeit „auf Augenhöhe passiert, dass es auf Augenhöhe sein muss". Es ist „eine wichtige Grundhaltung. Ich nehme das ernst und ich vertrete auch die Interessen vor anderen Menschen, kommunalpolitisch gesehen oder bei Vereinen oder bei Kritikern."

14.1.3 Kompetenzen und Arbeitsformen der Praxisberatung

Wird die bisherige Darstellung (→ 5 bis 13) in der Zusammenschau zusammen, dann werden v. a. folgende Arbeitsformen der Praxisberater*innen erkennbar: Sie müssen

- Gemeinwesen- und Politikfeldanalysen durchführen (um ein grundlegendes Verständnis vom Gemeinwesen zu erlangen),
- auf der Grundlage der unterschiedlichen Bedarfslagen der Bewohner*innen zielgruppenspezifisch, u. a. aufsuchend, arbeiten,
- marginalisierende und teilhabebehindernde Praxen transparent machen,
- identifizierte Schlüsselpersonen unterstützen und fördern,
- engagementbereite Bewohner*innen durch Übernahme von Organisationsaufgaben entlasten und Vermittlung relevanter Wissensbestände unterstützen,
- Gespräche, Verhandlungen, Diskussionen u. ä. moderieren und dabei zwischen den unterschiedlichen Sprachen der Akteure vermitteln (übersetzen),
- Akteure zu Aspekten und Verfahren der Teilhabeförderung beraten und geeignete Verfahren zur Anwendung bringen,
- Veranstaltungen, Projekte und Kampagnen organisieren und
- Akteure zusammenbringen und vernetzen.

Praxisberater*innen zeichnen sich dadurch aus, dass sie – vor diesem Hintergrund – (Arbeits-)Beziehungen zu den Vertreter*innen der verschiedenen gesellschaftlichen Akteure und Institutionen, v. a. aber zu den unterschiedlichsten Bewohner*innen *auf Augenhöhe* aufbauen, mit ihnen „reden und sich verständlich machen" können (vgl. Hinte 1997: 283, zit. ebd.), so wie es z. B. *Linda* beschreibt, die „reden können" als die bedeutendste Kompetenz bezeichnet. Alle sozialarbeiterischen Ziele sind dann gegenstandslos, wenn es den Praxisberater*innen nicht gelingt, Formen direkten Kontakts zu praktizieren, in denen sich die Bewohner*innen „als autonome, erwachsene Gegenüber erfahren können" (vgl. Hinte 1997: 288, zit. ebd.), bzw. mit den Worten von *Sandra*: „Im Gemeinwesen muss man so offen sein, alle Leute zu sehen und wahrzunehmen, ernst zu nehmen und ins Gespräch zu kommen, akzeptierend, transparent, anwaltlich, freiwillig".

Dazu ist eine „grenzenlose Neugierde" eine wichtige Voraussetzung, die Praxisberater*innen antreibt, Zusammenhänge, Gemeinsamkeiten, Differenzen, Ordnung und Chaos, die Bedeutung der sozialen Umwelt und die Beziehungen zur Umwelt erfragen und verstehen zu wollen. Neugierde und Respektlosigkeit gehen dabei „Hand in Hand":

„Dem Fragenden ist nichts heilig. Er lehnt das Dogma ab, verachtet jegliche endgültige Definition von Moral, er rebelliert gegen jede Unterdrückung einer freien, offenen Suche nach neuen Vorstellungen, wohin sie auch führen möge. Seine Haltung ist herausfordernd, beleidigend, aufwieglerisch und zweifelnd" (vgl. Alinsky 1974: 60 f., zit. S. 61).

Kennzeichnend ist damit die Bereitschaft, sich *unbeliebt* zu machen, z. B. bei Akteuren, die Teilhabe behindern oder eingrenzen wollen, respektlos und zum Konflikt bereit zu sein. Dazu ist es durchaus auch wichtig, die eigene fachliche Expertise zu betonen und einzubringen, erforderlichenfalls in der Auseinandersetzung mit Akteuren, die *glauben*, kompetent zu sein, ohne durch Studium die notwendigen Grundlagen dazu erlangt zu haben. *Dieter* beschreibt sich z. B. als den Einzigen, der sich in der Gemeinde „mit Jugend beschäftigt, der Einzige, der das studiert hat", auch sei er es allein, „der regelmäßig mit den Jugendlichen Kontakt hat". Er plädiert, diese Expertise als profunde Kenntnis des Handlungsfeldes, seiner rechtlichen und pädagogischen Bedingungen und Voraussetzungen, der Verfahren der Teilhabeförderung, der Gesprächsführung, der Netzwerkarbeit, des Projektorganisation und der Öffentlichkeitsarbeit offensiv zu vertreten, denn nur dann werde er „über einen gewissen Zeitraum als Fachmann in Erwägung gezogen".

Zugleich müssen Praxisberater*innen eine *(selbst-)reflexive Kompetenz* entwickeln, d. h. die Fähigkeit, das eigene So-geworden-Sein in das berufliche Handeln zu integrieren (vgl. Geißler / Hege 2001: 229 ff.), d. h. Verknüpfungen zwischen eigener Biografie, der Herkunftskultur und den durch Erziehung und Sozialisation angenommenen Werten, Regeln und Normerwartungen und der eigenen beruflichen Beziehungsarbeit herzustellen, die eigenen Identitätsentwürfe in der Ausgestaltung der beruflichen Rolle zu spiegeln und zugleich Grenzen zu setzen, die es möglich machen, Übertragungen, Verstrickungen und emotionale Kollisionen zu kontrollieren (vgl. Herriger / Kähler 2001: 10). Das Wissen um die Biografie- und Kulturbedingtheit eigener Einstellungen und Urteile muss dazu führen, in der Einschätzung der Adressat*innen und deren Lebensführung keine falsche „Sicherheit" an den Tag zu legen und die eigene Praxis und Haltung immer wieder (systematisch) selbstkritisch zu reflektieren (z. B. durch Formen der achtsamen Selbsthilfe wie der Kollegialen Beratung [vgl. Wendt 2021a: 392 ff.]).

14.2 Praxisberater*innen als Akteure im politischen Feld

Bislang wurde ausschließlich davon gesprochen, dass Praxisberatung auf das Gemeinwesen und die dort lebenden Bewohner*innen und die tätigen Akteure und Institutionen bezogen ist. Allerdings müssen Praxisberater*innen aufgrund der in vielen Gemeinwesen gegebenen Grundlagen der Sozialen Arbeit selbst zu politischen Akteuren werden:

14.2.1 Teilhabe praktizierende Praxisberatung

Kennzeichnend für die Soziale Arbeit im Gemeinwesen sind vielerorts prekäre Arbeitsgrundlagen, die sich insbesondere daraus ergeben, dass die Finanzierung weder ausreichend noch kontinuierlich abgesichert ist (was oft zu zeitlich befristeten Projekten führt, die zudem nicht selten in beträchtlichem Umfang Eigenmittel der Projektträger erfordern). Da die Fördergrundsätze von Bund- und Landesprogrammen (z. B. für Projekte der GWA, des Quartiersmanagements, der Arbeit in „sozialen Brennpunkten" u. ä.) außerdem i. d. R. an die anteilige Finanzierung durch kommunale Mittel geknüpft ist (wie z. B. der Endbericht zur GWA in der Sozialen Stadt [Potz u. a. 2020] zeigt), werden auch die Gemeinden (und damit auch die betroffenen Gemeinwesen) zu Orten der Auseinandersetzung über die Verteilung kommunaler Mittel im Rahmen von Entscheidungen im sozialpolitischen Handlungsraum (→ 10.3.1). Solche Auseinandersetzungen führen – implizit und nur wenig kommuniziert – auch immer zu Entscheidungen über den Wert, der Sozialer Arbeit im Gemeinwesen zugemessen wird und die Bereitstellung ausreichender Mittel zur Folge hat – oder eben nicht.

Uli, der in einer Großstadt arbeitet, bezeichnet den Bereich der Sozialen Arbeit im Gemeinwesen, den er überblicken kann, als „vollkommen unterfinanziert und lebt von der Leidenschaft der Menschen, die das machen. Es gibt kaum finanzielle Sicherheit", und es ist „eine ganz große Schwierigkeit, dass das alles Spitz auf Knopf ist", dass die Zuwendungen für die GWA nur das Nötigste abdecken, aber z. B. keinen Spielraum für fachliche Innovationen lassen, die die Entwicklung des Gemeinwesens eigentlich erfordern. Er kann nichts für den Fall zurücklegen, dass die Fördermittel ausbleiben, sondern die Förderung „kommt rein, geht direkt wieder raus und am Ende bleibt nichts übrig."

Solche Verhältnisses v. a. finanzieller Unsicherheit stehen im Widerspruch zu den notwenigen Voraussetzungen, eine aufgabenangemessene Soziale Arbeit im Gemeinwesen leisten zu können. *Linda* hält es z. B. für erforderlich, dass Praxisberater*innen mindestens fünf Jahre im Gemeinwesen gearbeitet haben müssen,

> „sonst kannst du keine Beziehungen knüpfen, egal zu wem. Du musst an Prozessen sehr viel länger dranbleiben teilweise, die Geschichte von Plätzen kennen, von Gruppenveränderungen, (und) auch einen Blick dafür zu haben: vor vier Jahren war es so und so und jetzt sehen wir hier eine Veränderung –."

Praxisberater*innen müssen diese Prozesse aber im Zeitablauf (als teilnehmende Beobachter*innen) verstehen können, um daraus fachliche Schlussfolgerungen ableiten zu können. Dass die Dauer, im Gemeinwesen eine angemessen lange Zeit tätig sein zu können, die Arbeit einfacher macht, betont auch *Fred*: Wer dort zehn Jahre in einem Stadtteil arbeitet, die/der hat dann

> „auch ein anderes Wissen. Man kann andere Sachen vermitteln, man wird auch von den Leuten, die dort schon seit fünf, zehn oder 30 Jahren agieren, nicht als der Neue betrachtet: Da kommt jetzt einer von außen, der ist jetzt mal ein halbes Jahr da, was will der uns denn erzählen? –, sondern man wird ernster genommen, weil man lange dabei ist."

Dies aber wird allerdings in Frage gestellt, wenn die Arbeitsgrundlagen unsicher sind, weshalb sich Praxisberater*innen angesichts der damit verbundenen Unsicherheit, ob das Arbeitsverhältnis verlängert werden kann, nicht selten entscheiden, sich andere, sicherere Stellen zu suchen. Die fachlich notwendige Kontinuität kann so oft nicht mehr gewährleistet werden. *Linda* nennt „eine hohe Personalfluktuation richtig abträglich" für die Arbeit im Gemeinwesen.

Der nachstehende Gastbeitrag von *Melissa Manzel*[38] greift das für die Soziale Arbeit insgesamt prägende Problem der prekären Finanzierung am Beispiel einer Kampagne für eine finanziell tragfähig ausgestattete Sozialarbeit in Berliner Jugendämtern auf; sie überschreitet damit zwar – vordergründig – den Rahmen einer reinen Sozialen Arbeit im Gemeinwesen, verdeutlicht aber zugleich, dass das politische Gemeinwesen auch als Arena zu verstehen ist, in der die Bedingungen ausgehandelt werden, unter denen Soziale Arbeit im Allgemeinen und Soziale Arbeit im Gemeinwesen im Besonderen erbracht wird:

14.2.2 Reklam!eren! Interessen bündeln und gemeinsam laut werden

von Melissa Manzel

Fast jede Kampagne oder Bewegung hat eine Anekdote zu ihrer Entstehung. Die der großen Jugendhilfe Reklamat!on ist diese: Im Juni 2017 besucht Heide Westermann, Sozialpädagogin und Familientherapeutin in der stationären Jugendhilfe, einen Workshop zum Thema Resilienz. In der Pause tauscht sie sich mit einem Kollegen über seine Arbeitsgruppe aus. Seine aufgebrachte, ironische Reaktion überrascht sie: „Ja super, jetzt soll ich in meiner Freizeit auch noch Übungen machen, damit ich die Arbeit aushalten kann." Die Sozialpädagogin kommt ins Grübeln und zu dem Schluss: Die Jugendhilfe ist kaputt, und zwar so kaputt, dass

---

38 *Melissa Manzel*, M. A. wissenschaftliche Mitarbeiterin an der Universität Münster, Vorstandsmitglied des Deutschen Berufsverbandes für Soziale Arbeit e. V.; Kontakt: manzel@dbsh.de.

sie nicht einfach repariert werden kann. Sie muss reklamiert und zurückgegeben werden.

Die – erstmal subjektive – Annahme, die Berliner Jugendhilfe sei marode, wird vor allem im Hinblick auf die Situation der Regionalen Sozialen Dienste (RSD)[39] der Jugendämter durch einige Akteur*innen bestätigt. Bereits seit 2013 setzen sich die *Weißen Fahnen* für bessere Arbeitsbedingungen in den RSDs der Berliner Jugendämter ein. Benannt sind sie nach ihrer ursprünglich gewählten Protestform, weiße Fahnen als Zeichen der Überlastung aus den Fenstern zu hängen (vgl. Nayhauß 2015). Die von ihnen angeprangerten Missstände sind 2018 in einer Studie belegt worden: Es ist von defizitärer Einarbeitung im Kontext gestiegener Arbeitsbelastung, mangelnder Beteiligung von Fachkräften und Klient*innen und dem negativen Einfluss der kommunalen Kassenlagen auf Hilfeentscheidung und -erbringung die Rede. Auch eine mangelnde technische und räumliche Ausstattung werden thematisiert (vgl. Beckmann u. a. 2018: 109 ff.). Klar ist, dass die Probleme in den RSDs sich auch auf die Träger der freien Jugendhilfe auswirken. Hinzu kommen dort noch unzureichende Kostensätze. Dennoch waren die freien Träger in Berlin bisher deutlich weniger in der Öffentlichkeit mit Forderungen oder gar gemeinsamen Aktionen vertreten.

Die große Jugendhilfe Reklamat!on soll hier Abhilfe schaffen: Es soll eine Kampagne werden, die nicht nur von einzelnen Bereichen der Jugendhilfe ausgeht, sondern sie soll alle unter einem Dach versammeln. Denn Heide Westermann ist überzeugt: Alle haben mit ähnlichen Problemen zu kämpfen.

Trotz oder gerade wegen der Probleme in der Berliner Kinder- und Jugendhilfe gestaltete es sich schwierig, Mitstreiter*innen für die Kampagne zu finden. Die meisten Fachkräfte waren entweder bereits politisch engagiert oder nicht bereit, sich auch noch in ihrer Freizeit mit der Kinder- und Jugendhilfe zu beschäftigen, meist aufgrund von beruflicher Überlastung. „Ein bekanntes Muster: Wo prekäre Beschäftigungsverhältnisse und hohe Arbeitsbelastung zusammenkommen, sinkt der gewerkschaftliche Organisationsgrad – es fehlt schlicht die Kraft zum Protest" (Ver.di 2020). So brauchte es etwa ein Jahr, bis sich im Spätsommer 2018 über die Aktiventreffen[40] des Berliner Landesverbandes des DBSH (Deutscher Berufsverband für Soziale Arbeit e. V.) ein fünfköpfiges Team bildete, um endlich die „große Berliner Jugendhilfe-Reklamat!on" zu starten.

Um diesen Prozess möglichst nachvollziehbar zu schildern, sollen im Folgenden die Planung und die Phasen der Umsetzung der Kampagne chronologisch

---

39 In anderen Kommunen wird der RSD überwiegend als Allgemeiner Sozialer Dienst (ASD) bezeichnet.
40 Das Aktiventreffen findet einmal monatlich statt und bietet Menschen und Gruppen, die sich im Bereich der Sozialen Arbeit berufspolitisch engagieren oder engagieren wollen, einen Ort zum Austausch.

beschrieben werden. Abschließend werden die Auswirkungen der Kampagne betrachtet.

Planung

Gestartet wurde mit konzeptionellen Überlegungen: Allen Beteiligten war bewusst, dass sich durch eine einzelne Kampagne die vielfältigen Probleme der Berliner Kinder- und Jugendhilfe nicht lösen lassen würden. Vor allem sollte es also darum gehen, die gravierenden Mängel in der Jugendhilfe in der Öffentlichkeit sichtbar zu machen und bei politischen Entscheidungsträger*innen ein Bewusstsein für ihre Verantwortung für die Situation der Kinder- und Jugendhilfe zu schaffen. Es sollten möglichst konkrete Forderungen entwickelt und durch öffentlichkeitswirksame Aktionen an die Politik herangetragen werden. Dabei sollte sich in dem Wissen um bundeslandspezifische Problematiken auf ein Bundesland beschränkt werden.

Es war klar, dass der Zeitaufwand zur Beteiligung für die Fachkräfte gering sein müsste, denn: „Die ... Forderung ... des Kinder- und Jugendhilfegesetzes (§ 1 Abs. 4 SGB VIII) an die Soziale Arbeit, sich ‚einmischend' gegenüber der Politik ... zu verhalten, um sich für bessere Lebensbedingungen von Kindern und Jugendlichen einzusetzen, bleibt angesichts einer Wirklichkeit, in der Soziale Arbeit nur mit Mühe und Not ihre unmittelbaren Aufgaben am Fall erledigen kann, offen. Für so etwas hat keiner mehr Zeit" (Seithe 2012: 165).

Nach vielen Diskussionen und Überlegungen stand der Ablauf der Kampagne fest: Alle Fachkräfte der Berliner Kinder- und Jugendhilfe sollten sich online ein Moderationspäckchen bestellen können, um mit Kolleg*innen, Kommiliton*innen oder befreundeten Fachkräften Diskussionsrunden durchführen zu können. Die Diskussionen sollten bei Bedarf in eine Teamsitzung passen und daher in zwei Stunden zu schaffen sein. Als Ergebnis dieser Runden sollten konkrete Forderungen festgehalten und online eingegeben werden. Diese würden vom Reklamationsteam geclustert und zu einem Abstimmungskatalog zusammengefasst werden. Über alle erarbeiteten Forderungen sollte dann online abgestimmt werden können, sodass am Ende 13 Hauptforderungen feststünden, die in der anschließenden Kreativphase möglichst bunt und unter Mitwirken der Fachkräfte in die Öffentlichkeit getragen würden.

Umsetzung

Nun galt es also, diesen Plan umzusetzen. Bei der Planung wurden fünf Phasen festgelegt, in denen die große Jugendhilfe-Reklamat!on ablaufen sollte:

- *Vorbereitung:* Der erste Schritt war, den Ablauf der Kampagne festzulegen. Dabei wurde vom Kampagnenende an zurückgerechnet. Als guter Zeitpunkt für die Kreativphase wurde der Spätsommer/Herbst 2019 festgelegt. Die Sommerferien wären dann vorbei und das Wetter noch gut genug, um Demonstrationen im Freien durchzuführen. Nach dieser Festlegung galt es, Gelder und Unterstützer*innen zu gewinnen. Schnell war klar: ver.di und der DBSH waren bereit, jeweils Teile der Kampagne zu finanzieren. Darüber hinaus konnte das Reklamat!onsteam zahlreiche Institutionen als offizielle Unterstützer*innen der Kampagne gewinnen (vgl. Die große Jugendhilfe Reklamat!on 2019). Das ehrenamtliche Team begann damit, Texte für Flyer und Moderationspäckchen zu entwickeln, eine Website zu entwerfen, Ideen zum Bewerben der Kampagne zu sammeln, Aufgaben zu verteilen und die Auswertung zu planen.

Aufrufe zum Mitmachen wurden, unter Rückgriff auf die Verteiler von Kooperationspartner*innen, vorwiegend per E-Mail gestreut. Fachkräfte aus der Berliner Kinder- und Jugendhilfe konnten Moderationspäckchen für Diskussionsrunden in ihren Teams kostenfrei bestellen. Die Resonanz war beeindruckend: Über 200 Diskussionspäckchen wurden bestellt. Diese wurden kurz vor der Diskussionsphase vom Kampagnenteam gepackt und verschickt.

- *Diskussionsphase* (15. Mai bis 20. Juni 2019): Während der Diskussionsphase hatten die Fachkräfte Gelegenheit, zweistündige Diskussionsrunden mit anderen Fachkräften durchzuführen. Mit dem Päckchen hatten sie folgende Materialien erhalten: Flipchartpapier, Stifte, Klebezettel, Klebeband, Klebepunkte, Moderationsleitfaden. Das Reklamat!onsteam hatte zuvor bereits selbst eine Testrunde durchgeführt, deren Ergebnis später gleichberechtigt mit allen anderen Einsendungen in die Ergebnisse der Kampagne eingeflossen ist. Der erste Teil der Diskussionsrunden hatte jeweils zum Ziel, Mängel in der Berliner Kinder- und Jugendhilfe zu identifizieren. Mithilfe von Klebepunkten stimmten die Diskussionsteilnehmenden darüber ab, welche Mängel ihnen besonders relevant erschienen. Im nächsten Schritt wurden Forderungen aufgestellt, wie diese Mängel behoben werden sollten. Mithilfe eines Online-Fragebogens wurden diese Forderungen an das Reklamat!onsteam übermittelt. Hier sollten die Forderungen direkt einer oder bei Unsicherheit mehrerer der zuvor vom Reklamat!onsteam deduktiv entwickelten 14 Kategorien zugewiesen werden, um die spätere Auswertung zu erleichtern.
- *Auswertung der Diskussionen* (21.Juni bis 14. Juli 2019): Ende Juni lagen die Ergebnisse der Diskussionsrunden vor und die Auswertung konnte beginnen. Es hatten sich insgesamt circa 500 Fachkräfte beteiligt und 676 Forderungen eingereicht. Ein erstes Ziel der Reklamat!on war hiermit bereits erreicht: Die Berliner Jugendhilfe hatte sich gemeinsam an der Kampagne beteiligt; zahlreiche verschiedene Arbeitsbereiche waren vertreten und ein großer Teil der Diskussionsrunden gemischt durchgeführt worden. Es folgte ein komplexes Auswertungs- und Clusterverfahren (vgl. Die große Jugendhilfe Reklamat!on 2019). Am Ende ergab sich ein Abstimmungskatalog mit 47 Forderungen.
- *Abstimmung über die 13 Hauptforderungen* (15. Juli bis 8. August 2019): Über diese 47 Forderungen wurde im Juli und August 2019 von 1.365 Fachkräften, was

gut 10 % der Beschäftigten der Kinder- und Jugendhilfe in Berlin entspricht (s. Amt für Statistik Berlin-Brandenburg 2016: 4), online abgestimmt. Jede Person konnte die für sie 13 wichtigsten Forderungen auswählen. Die 13 Forderungen mit den meisten Stimmen waren am Ende die Hauptforderungen und lauteten: „Wir fordern

1. eine deutliche Anhebung der Gehälter und Honorare und eine verbindliche Tarifbindung für alle in der Kinder- und Jugendhilfe!
2. höhere Personalschlüssel in der gesamten Kinder- und Jugendhilfe, die Vertretungssituationen berücksichtigen. Nur so können Kinderschutz, Qualität der Angebote für Klient*innen und Schutz der Mitarbeiter*innen sichergestellt werden!
3. eine Fallzahlbegrenzung im Regionalen Sozialdienst (RSD) der Jugendämter, die deutlich unter der aktuellen Fallzahl pro Kolleg*in liegt!
4. Bereitschafts- und Sonderdienste deutlich höher und tatsächlich geleistete Arbeit (u. a. auch Fahrtwege) voll zu vergüten!
5. eine Ausstattung mit erforderlichen Arbeitsmitteln (z. B. Dienstfahrrad/ BVG-Ticket/Dienstfahrzeug/Diensthandy/PC/Software ...)!
6. mehr therapeutische Angebote sowohl innerhalb der Kinder- und Jugendhilfe (z. B. therapeutische Wohngruppen) als auch innerhalb des Gesundheitssystems (z. B. Plätze in Kinder- und Jugendpsychiatrie, ambulante Therapieplätze)!
7. die Berücksichtigung von Zusatzqualifikationen im Gehalt!
8. eine finanzielle Versorgung der Kinder und Jugendlichen in stationären Hilfen, die den wirklichen Lebenshaltungskosten entspricht, Bildung und Teilhabe, sowie eine adäquate medizinische Versorgung ermöglicht!
9. mehr bezahlbaren Wohnraum für Projekte und Klient*innen während und nach der Hilfe!
10. eine Stärkung der Anerkennung Sozialer Arbeit als Profession und Wissenschaft!
11. die Kinder- und Jugendhilfe als zentrales Thema in der Bundespolitik!
12. Finanzierung und Gewährleistung von Fort-, Weiterbildung und Supervision!
13. Zeit für die Einarbeitung neuer Kolleg*innen!"

Diese verschiedenen Forderungen zeigen ganz deutlich: Es hakt in der Berliner Kinder- und Jugendhilfe an allen Ecken und Enden. Besonders die finanzielle Ausstattung ist zu gering. Hinzu kommt ein Mangel an notwendigen Angeboten: Sowohl mehr therapeutische Einrichtungen als auch Wohnraum für junge Erwachsene werden gefordert.

Darüber hinaus bestätigte sich die Anfangsthese: Alle Bereiche der Kinder- und Jugendhilfe haben ähnliche Schwierigkeiten. Ein gutes Beispiel dafür ist die Fallzahlbegrenzung im Regionalen Sozialen Dienst der Jugendämter. Diese Forderung ist nicht nur von Diskussionsrunden der Jugendämter, sondern auch von vielen aus den Hilfen zur Erziehung eingereicht worden. Vermutlich sind dort die Auswirkungen der Überlastung in den RSDs besonders deutlich zu spüren.

- *Kreativphase* (13. August bis 23 September 2019): Am 13. August 2019 wurden die Forderungen in einer Veranstaltung mit anschließender Podiumsdiskussion mit Fachkräften, Politiker*innen und einer Careleaverin veröffentlicht. Es folgte ein offenes Treffen für Fachkräfte, die sich an der Planung von Aktionen beteiligen wollten. Hieraus und aus den Vorüberlegungen des Reklamat!onsteams ergaben sich die weiteren Aktionen. Zum Auftakt wurden dem Rat der Berliner Bürgermeister*innen alle 13 Hauptforderungen auf einer Papierrolle mit zahlreichen Unterschriften öffentlich vor dem Roten Rathaus in Berlin übergeben. Weiter ging es mit einer Ballonaktion: Ein großes Transparent mit der Aufschrift „Kinder- und Jugendhilfe Berlin – gleich knallt's" wurde an einem Wochenende an verschiedenen Berliner Sehenswürdigkeiten steigen gelassen. Diese Aktion hielt das Reklamat!onsteam fotografisch fest und bedruckte damit Postkarten, die bei weiteren Veranstaltungen verteilt wurden. Zudem wurden die Bilder auf der Homepage der großen Jugendhilfe-Reklamat!on zur Verfügung gestellt, sodass die Kolleg*innen an ihrem Arbeitsplatz das Material als Bildschirmschoner oder -hintergrund nutzen können.

Die Kreativphase schloss mit einer Demonstration im Berliner Mauerpark unter dem Titel „Totalschaden Jugendhilfe" ab. Dafür konnte das Team Meret Becker, eine bekannte Berliner Künstlerin, als Botschafterin gewinnen. Um auf die Forderungen aufmerksam zu machen, wurden an Einrichtungen und bei den genannten Veranstaltungen Anhänger für Haltestangen in öffentlichen Verkehrsmitteln und Aufkleber ausgegeben. Die Fachkräfte der Berliner Kinder- und Jugendhilfe verteilten diese in der gesamten Stadt.

Fazit und Ausblick

Die Reklamat!on hat gezeigt: Ein Instrument, das es Fachkräften ermöglicht, sich ohne großen zeitlichen Aufwand berufspolitisch einzumischen, erzielt hohe Teilnehmendenzahlen. Es ist außerdem gelungen, gemeinsam mit Fachkräften aus unterschiedlichen Bereichen der Kinder- und Jugendhilfe Forderungen zu formulieren. Zudem sind die Forderungen nicht nur in die Politik, sondern auch in die Öffentlichkeit getragen worden: Sowohl über die Kampagne selbst als auch über die Aktionen in der Kreativphase wurde in mehreren Zeitungsartikeln und Radiosendungen berichtet.

Die Kreativphase war jedoch nur ein erster Anfang. In Zukunft liegt es in den Händen von Vertreter*innen in Ausschüssen, Gewerkschafter*innen und schließlich jeder einzelnen Fachkraft, immer wieder auf die Forderungen zu verweisen und auf die Missstände in der Kinder- und Jugendhilfe aufmerksam zu machen. Dafür stellt das Reklamat!onsteam Flyer mit den Forderungen und Materialen für Demonstrationen zur Verfügung (www.jugendhilfe-reklamation.de/

und-jetzt/). Darüber hinaus steht das Reklamat!onsteam für Fragen bereit, falls in anderen Bundesländern oder Arbeitsfeldern Aktive eine Reklamat!on oder eine ähnliche Kampagne durchführen wollen. Wir haben während der Kampagne viel darüber gelernt, was Stolpersteine sind und was von Anfang an berücksichtigt werden sollte, und wollen dieses Wissen gern mit anderen teilen.

14.3 Praxisberatung ist: Solidarisierendes Lobbying

Der Beitrag von Melissa Manzel verdeutlicht, wie wichtig der Aufbau solidarischer Netzwerkbeziehungen und die Gewinnung von Aktionspartnern sind, um Voraussetzungen für eine gelingende Soziale Arbeit im Gemeinwesen schaffen zu können (auch wenn, wie sich anschließend zeigt, damit nicht alle Zielstellungen verwirklicht werden können). Praxisberater*innen sind – angesichts der vielerorts prekären Verhältnisse – notwendigerweise politische Akteure in eigener Sache, die dazu Netze spinnen und pflegen und Lobbyarbeit leisten (müssen).

Unter Lobbyarbeit werden alle Maßnahmen verstanden, die dazu dienen, durch informellen, persönlichen (nicht öffentlichen) Austausch von Informationen mit Akteuren aus Politik, Wirtschaft und Medien Einfluss auf politische Entscheidungen zu nehmen (vgl. Malmedie 2023), sei es im Interesse der Bewohner*innen, sei es in eigenem Interesse als Praxisberater/in (oder allgemeiner: als Fachkraft der Sozialen Arbeit). Dabei werden zwei Ebenen unterschieden:

- die punktuelle oder kontinuierliche Unterrichtung von Entscheidungsträger*innen zu einem bestimmten Thema (punktuell: wenn sich ein Thema neu stellt und eine einmalige Information ausreicht, sie darauf aufmerksam zu machen; kontinuierlich: z. B. alles zum Thema Nachbarschaftsarbeit, das bedeutsam sein könnte und sich im Zeitverlauf neu ergibt oder verändert), wobei die Informationen durch die Entscheidungsträger*innen auch öffentlich verwendet werden können, und
- die *vertrauliche Unterrichtung* (durch sog. Hintergrundgespräche), die mehr oder weniger regelmäßig mit einzelnen Entscheidungsträger*innen geführt werden, um Zusammenhänge zwischen verschiedenen Themen zu erläutern, Einschätzungen zu einzelnen Themen zu formulieren oder Hinweise zu geben, die ausdrücklich nicht in der Öffentlichkeit verwendet werden können (die Entscheidungsträger*innen aber in die Lage versetzen, bestimmte Entwicklungen besser einzuschätzen).

Lobbyarbeit basiert auf persönlichen (Beziehungs-)Netzwerken, in denen auch vertrauliche und sensible Informationen in beide Richtungen weitergegeben werden (um zu erfahren, was noch nicht öffentlich verhandelt wird). Für Praxisberater*innen heißt dies, im Gemeinwesen darüber Bescheid zu wissen, wer die wichtigen Entscheidungsträger sind (z. B. die Vorsitzenden der im Gemeinde- und

Stadtrat tätigen Fraktionen, die Vorsitzenden der Fachausschüsse, die Vorstandsmitglieder der örtlichen Parteien) und eine persönliche Beziehung zu ihnen aufzubauen, um im Gespräch Informationen an den Mann oder an die Frau zu bringen. Dabei ist entscheidend, dass diese Informationen sorgfältig ermittelt sind (sich als fehlerfrei erweisen), schnell zur Verfügung gestellt werden können (wenn eine Entscheidung unvorhersehbar bzw. kurzfristig getroffen werden muss) und Betroffene zu Wort kommen können; dies verweist darauf, dass Lobbying keine spontane Verfahrensweise darstellt, sondern mit dem Sammeln und Verfügbarmachen von Informationen verbunden ist, die langfristig ermittelt und – sozusagen „auf Lager" – zur Verfügung stehen. Lobbying zeichnet auch aus, dass in diesem Zusammenhang geführte Gespräche gut dokumentiert werden (wer hat wann was mit wem besprochen?) und die Ergebnisse unter den Gesprächsteilnehmern auch (z. B. in einer Gesprächsnotiz) ausgetauscht werden, um die Verbindlichkeit zu verstärken.

Lobbying unter den gegebenen Verhältnisse zu betreiben, bedeutet auch, die Widersprüche zwischen fachlich guter Sozialer Arbeit und praktischen Möglichkeiten, die mit der neoliberalen Funktionsbestimmung (→ 4.3) verbunden sind, zu reflektieren. Die Kritik dieser Widersprüche führt dazu, die berufliche Praxis als kritische Soziale Arbeit (→ 14.5) zu bestimmen. Als kritische Wissenschaft sieht sie ihre politische Funktion, was auch bedeutet, die Bedingungen nicht nur zu analysieren, unter denen Soziale Arbeit auch im Gemeinwesen zu erbringen ist (v. a. politische Instrumentalisierung zur Befriedigung sozialer Konflikte, unzureichende Arbeitsbedingungen), sondern sich zugleich lobbyistisch in eigener Sache einzumischen (vgl. Seithe 2014: 41; Seithe 2013), diese Verhältnisse insgesamt zum Thema zu machen (d. h. sich nicht nur auf die unzureichenden Arbeitsbedingungen allein zu fokussieren). Das kann auf der Grundlage gemeinsamer Interessen und gegenseitiger Solidarität am besten gelingen (wie das von *Melissa Manzel* geschilderte Beispiel bereits andeutet).

Solidarität muss (wie im Community Organizing unter den Bewohner*innen) auch im professionellen Zusammenhang erarbeitet werden und setzt die Erfahrung voraus, sich „auf den Weg" zu machen, gemeinsam bestimmte Ziele zu verfolgen und vielfältige Bündnispartner einzubeziehen (→ 13.3, 13.4). Solidarität – als Parteilichkeit auf Seiten der Adressat*innen – ist in der Praxis Sozialer ethisch stark verankert (→ 4.2): Hier nun ist die Praxis selbst gefordert, in dem von *Melissa Manzel* skizzierten Verständnis für sich selbst einzutreten (vgl. Seithe 2010b; Bertram 2022). Zum Merkmal dieser Selbstsolidarisierung wird der offensive Widerspruch, „die andere Seite mit den eigenen Vorstellungen, mit Kritik und Forderungen zu konfrontieren": Widerstand zu leisten gegen neoliberale Zumutungen zeigt sich z. B. darin, dass gesellschaftliche Rahmenbedingungen der Sozialen Arbeit bewusst thematisiert und problematisiert werden. Es geht darum, die „Verantwortung für unzureichende Bedingungen ... an die ‚Auftraggeber' (Träger, Verwaltung) zurückzugeben" (Köhn / Seithe 2012: 19) und „sich zu wehren und Einfluss zu nehmen auf ihre Situation: und zwar auch subtil, verdeckt und subversiv" (Conen 2011: 152 ff.). Gewerkschaften (ver.di, GEW), Berufsverband (DBSH) und den zahlreichen Fortbildungsträgern fällt dabei die Aufgabe zu, für das Engagement der Praxis „Unterstützung, Schutz und Ressourcen" zu geben, während die verschiedenen Facharbeitsgemeinschaften, die akademische Fachorganisationen (DGSA) und die Hochschulen für angewandte Wissenschaft (HAWK) durch Forschungs- und Praxisberatungsprojekte die argumentativen Grundlagen für eine andere Soziale Arbeit (auch) im Gemeinwesen legen (Fremdsolidarisierung).

14.4 Arbeitsaufgabe

Die Darstellung in diesem Lehrbuch nähert sich dem Ende. Rufen Sie sich daher – noch vor der Bearbeitung des 15. Kapitels – Ihre Ein-Satz-Einschätzungen in Erinnerung, die zu formulieren Sie eingangs eingeladen wurden (→ 1.3)!

14.5 Anregungen zur Weiterarbeit

» Zwei grundlegende und orientierende Beiträge zur Kritischen Sozialen Arbeit liefern *Frank Bettinger* („… genau hinsehen, geduldig nachdenken und sich nicht dumm machen lassen!") und *Roland Anhorn* (Kritische Soziale Arbeit – was könnte das sein? In: Wendt, P.-U. [Hg.], Kritische Soziale Arbeit, Weinheim und Basel 2022, S. 17–57).

» Die im Deutschen Gewerkschaftsbund (DGB) zusammengeschlossenen Einzelgewerkschaften *Vereinigte Dienstleistungsgewerkschaft* (ver.di) und Gewerkschaft Erziehung und Wissenschaft (GEW) vertreten auch die Interessen der in der Sozialen Arbeit beschäftigten Fachkräfte: „Das Lebenselixier der Gewerkschaften ist die Solidarität", betont ver.di. Die zweitgrößte Einzelgewerkschaft vertritt in allen Bereichen der Dienstleistungsgesellschaft rund zwei Millionen Mitglieder, „die sie über ihre Rechte informiert und berät, in Betriebs- und Personalräten vertritt, Gehälter und Arbeitsbedingungen aushandelt und, falls nötig, auch Streiks organisiert und solange Streikgeld zahlt, bis ein akzeptables Ergebnis erreicht ist" (https://www.verdi.de/). Die GEW vertritt rund 280.000 Mitglieder in allen wissenschaftlichen und pädagogischen Handlungsfeldern: „Gemeinsam gestalten wir gute Arbeitsbedingungen, streiten für faire Entgelte, unbefristete Arbeitsverträge und sichern Arbeitsplätze im Bildungsbereich" (https://www.gew.de/).

» Der *Deutsche Berufsverband für Soziale Arbeit e. V.* (DBSH) bezeichnet sich selbst als „der größte deutsche Berufs- und Fachverband für Soziale Arbeit und damit die berufsständische Vertretung der Sozialarbeiter*innen und Sozialpädagog*innen"; er organisiert rund 6.000 Mitglieder und setzt sich insb. für „Verbesserung der Bedingungen Sozialer Arbeit, fachliche Profilierung und leistungsgerechte Anerkennung der sozialen Berufe, Zusammenarbeit aller in sozialen Arbeitsfeldern beschäftigten Fachkräfte (und) Einhaltung von Berufsethik und Qualitätsstandards der Sozialen Arbeit" ein (https://www.dbsh.de/index.html).

» Die *Bundesarbeitsgemeinschaft Soziale Stadtentwicklung und Gemeinwesenarbeit* ist der Zusammenschluss von Organisationen sowie Netzwerken auf Landes- und Bundesebene und setzt sich für eine soziale Stadt- und Kommunalentwicklung ein (https://www.bagsozialestadtentwicklung.de/); vergleichbare Zusammenschlüsse gibt es auf Ebene der meisten Bundesländer, z. B. die *Landesarbeitsgemeinschaft/ LAG Soziale Brennpunkte Hessen* (https://www.gemeinwesenarbeit-hessen.de/), die *LAG Soziale Stadtentwicklung und Gemeinwesenarbeit in Baden-Württemberg* (https://lag-sozialestadtentwicklung-bw.de/) oder das *Städteform Brandenburg* (https://www.staedteforum-brandenburg.de/), die auf ihren Webseiten sowohl Informationen zu ihren Arbeitsschwerpunkten und Kooperationen als auch Hinweise auf Fortbildungsveranstaltungen, Positionsbestimmungen und Fachmaterialien bereitstellen.

» In zwei akademischen Fachgesellschaften finden sich Praktiker*innen und Wissenschaftler*innen zusammen, die sich mit Themen der Sozialen Arbeit befassen: in der *Deutschen Gesellschaft für Soziale Arbeit* (DGSA), insbesondere die Sektion Politik Sozialer Arbeit, deren Anliegen es ist, „aus dem deutschsprachigen Raum Lehrende, Forschende und Praktizierende aus dem Feld der Sozialarbeitspolitik und politischen Sozialen Arbeit im fachlichen Diskurs zusammenzuführen" (https://www.dgsa.de/sektionen/politik-sozialer-arbeit), und in der *Sektion Sozialpädagogik und Pädagogik der frühen Kindheit* der Deutschen Gesellschaft für Erziehungswissenschaft (https://www.dgfe.de/sektionen-kommissionen-ag/sektion-8-sozialpaedagogik-und-paedagogik-der-fruehen-kindheit).

IV Handlungsgestaltung

15 Soziale Arbeit im Gemeinwesen: In der Arena handeln

Soziale Arbeit im Gemeinwesen ist – wie bis hierhin wiederholt gezeigt werden konnte – immer auch eine politische Soziale Arbeit. Einerseits als Unterstützung der Bewohner*innen, andererseits als direkte Parteinahme für die identifizierten (und verhandelten) Interessen der Bewohner*innen eines Gemeinwesens handelt sich um „Politik als Hilfe", denn das „Politikmachen" ist „als eine Form der vielfältig durch Soziale Arbeit angebotenen sozialen Hilfen einzuordnen" (Rieger 2013: 58; vgl. Bettinger 2009: 303 f.).

15.1 Eine (eher kurze) Zusammenführung

Politik als Hilfe bildet sich auch in den Bilanzierungen der einzelnen Kapitel ab (zu denen eingangs eingeladen wurde); sie könnten so oder so ähnlich lauten:

- Bewohner*innen streben in ihrer Lebenswelt und im Rahmen ihrer alltäglichen Lebensbewältigung die Verwirklichung ihrer Vorstellungen von einem guten Leben an. Teilhabe ist als Prozess zu verstehen, in dem Menschen sich ermächtigen, ihre eigenen Interessen zur Sprache zu bringen, sich im Gemeinwesen einzubringen, so ihre Lebenswelt aktiv zu gestalten und die Daseinsvorsorge mitzugestalten (→ 1).
- Ein Gemeinwesen ist in einer Gemeinde der politische Ort, an dem über die Bedingungen der Daseinsvorsorge entschieden wird; neben den für das Gemeinwesen relevanten Institutionen und den dort tätigen zivilgesellschaftlichen Akteuren spielen Schlüsselpersonen für Praxisberater*innen eine besondere Rolle im Gemeinwesen, die Praxisberater*innen immer wieder in ihre Vorgehensweise einbeziehen müssen (→ 2).
- Der Streit, ob es sich bei GWA um die „dritte Methode", ein „Arbeitsprinzip" oder ein „Arbeitsfeld" handelt, ist akademisch aufschlussreich, aber entbehrlich – GWA ist Methode, Arbeitsfeld und Arbeitsprinzip zugleich (→ 3).
- Das dominierende (neoliberal bestimmte) politische Regime prägt die Bedingungen der Marginalisierung, die sich im Gemeinwesen abbildet; Soziale Arbeit ist auf marginalisierte Gemeinwesen ausgerichtet (→ 4).
- Durch welche Organisationsform Soziale Arbeit marginalisierten Gemeinwesen dienen kann (ob sie dabei eher der Gemeinwesenaktivierung oder dem Gemeinwesenmanagement dient), wird v. a. durch die Programmgestaltung und -ziele („Soziale Stadt") bzw. auch in der Gemeinde entschieden (→ 5).

- Gemeinwesenanalysen und Aktivierende Gespräche, die Praxisberater*innen durchführen, sind unverzichtbar, um die Verhältnisse im Gemeinwesen, in ihrer Vielfältigkeit zu verstehen; sie sind insofern politisch, als hierdurch die (verhandlungsbedürftigen, oft ungesehenen, übersehenen oder ignorierten) Themen, Konflikte und Interessen des Gemeinwesens sichtbar und somit bearbeitbar werden (→ 6).
- Die Betrachtung einzelner Zielgruppen im Gemeinwesen intensiviert die die Wahrnehmung der besonderen Themen und Interessen im Gemeinwesen; zugleich verdeutlicht sie, welche politischen Streitpunkte und Konfliktlinien gegeben sind (→ 7).
- Praxisberater*innen müssen in der aufsuchenden Arbeit im Gemeinwesen uneingeschränkt bereit sein, zuzuhören und situativ dann das Gespräch zu führen, wenn dies von der angesprochenen Gruppe gewünscht wird: einfach da zu sein, die Gruppe so zu akzeptieren, wie sie ist, ihr Gast zu sein, ohne die Erwartung zu haben, als professionelle/r Unterstützer/in gefordert zu werden und eigene Angebote machen zu müssen (→ 8).
- Die Kooperation mit ehrenamtlich oder freiwillige Engagierten stellt für Praxisberater*innen und zentrale Aufgabe dar, die deren Entlastung dient und ihnen hilft, sich auf die Aufgaben im Gemeinwesen zu fokussieren und einzubringen (→ 9).
- Auf kommunaler Ebene wird der sozialpolitische Handlungsraum zum zentralen politischen Ort, Bedarfslagen der Daseinsvorsorge zu verhandeln und zu entscheiden; für Praxisberater*innen ergeben sich entwicklungsfähige und -bedürftige Möglichkeiten, auf der Grundlage einer soliden Politikfeld-/Machtanalyse Bewohner*innen dabei zu unterstützen, Einfluss auf die Entscheidungen der kommunalen Selbstverwaltung zu nehmen (→ 10).
- Verfahren der Beteiligung von Bewohner*innen müssen an ihren Interessen und Möglichkeiten, sich artikulieren und inhaltlich mit eigenen Vorschlägen einbringen zu können, ausgewählt werden: Praxisberater*innen nehmen dabei eine Moderationsfunktion wahr (→ 11).
- Konflikte sind Teil des kommunalen Politikfeldes: Interessen und Bedarfslagen der Bewohner*innen werden Widerstand z. B. in der kommunalen Selbstverwaltung auslösen (da sie z. B. Geld kosten), was es erforderlich machen kann, konfliktorientierte Vorgehensweisen zu wählen; die mit Konflikten verbundenen Organisationsaufgaben haben v. a. die Praxisberater*innen zu bewältigen (→ 12).
- Die Zusammenarbeit unterschiedlicher Akteure kann die Entwicklung eines Gemeinwesens fördern, weshalb die Kooperation von Praxisberater*innen koordiniert werden sollte; auch (gemeinsame) Kampagnen können erforderlich werden, für Transparenz sorgen und eine konfliktorientierte Handlungsweise ergänzen (→ 13).

- Schlussendlich sind Fachberater*innen politische Akteure in eigener Sache, wenn es (v. a. auf dem Wege der beruflichen Selbstorganisation und Solidarisierung) um die Schaffung oder Gewährleistung von Arbeitsbedingungen geht, die eine professionelle Soziale Arbeit im Gemeinwesen ermöglichen (→ 14).

Generell kennzeichnend ist, dass Soziale Arbeit im Gemeinwesen

- einerseits (abgesehen von der Kooperation mit Schlüsselpersonen) keine Arbeit mit einzelnen Bewohner*innen ist, sondern in erster Linie ihre Zusammenschlüsse (zivilgesellschaftliche und/oder Bürgerorganisationen) im Fokus stehen, und
- andererseits immer das kommunale Politikfeld, der sozialpolitische Handlungsraum und damit die kommunale Selbstverwaltung in den Blick genommen wird.

Wie dabei Praxisberater*innen mit den Akteuren im Gemeinwesen zusammenarbeiten (können), ist von persönlichen und Faktoren des Gemeinwesens abhängig:

- persönliche Faktoren sind das Wissen (z. B. die grundgelegte Kenntnis über Strukturen und Prozesse kommunaler Politik), das Können (z. B. eine ausgeprägte Kommunikationskompetenz im Umgang mit allen Akteuren im Gemeinwesen) und die Haltung (insb. die Bereitschaft, Soziale Arbeit überhaupt *als politisch* zu bestimmen und in Bezug auf das Gemeinwesen politisch agieren und sich auf politische Prozesse einlassen zu wollen);
- Faktoren des Gemeinwesens sind der Grad an Offenheit der Akteure des lokalen Politikfeldes (sich z. B. auf die Teilhabe der Bewohner*innen wirklich einzulassen, Ergebnisse von Teilhabeprozessen zu akzeptieren und deren Umsetzung aktiv zu unterstützen), die Verfassung der lokalen Öffentlichkeit (die z. B. dazu beiträgt, Interessen und Bedarfslagen erkennbar werden zu lassen), die Vernetzung der Akteure (z. B. die Kooperationsbereitschaft zivilgesellschaftlicher Akteure) und die besondere „Geschichte" des Gemeinwesens, die sich v. a. in den gesammelten Erfahrungen mit früheren politischen Prozessen (Diskurse, Konflikte, Konfrontationen) und den daraus gezogenen Schlussfolgerungen (Diskurse sind lohnend – oder nicht; Konflikte sind hilfreich – oder nicht; Konfrontationen haben das Gemeinwesen vorangebracht – oder nicht) zeigen.

Jedes teilhabeorientierte Verfahren ist zwingend auch mit Konflikten über die „eigentliche Problemstellung", den „richtigen Weg" zu der Bearbeitung des Problems, dessen „angemessener Lösung" und der „verabredungsgerechten Umsetzung" der Problemlösung verbunden. Solche Konflikte hat auch der Gastbeitrag von *Michael Bertram* und *Tilman Kloss*[41] zum Gegenstand, die damit einerseits einen Bericht über praktische Erfahrungen mit der Sozialen Arbeit im Gemeinwesen (im Übergang vom Studium in die berufliche Tätigkeit) schildern und damit zugleich die Verwobenheit der Interessen der örtlichen Institutionen, der lokalen Wirtschaft und der Erwartungen an die Adresse der Sozialen Arbeit:

15.2 Sich einmischen!

von Michael Bertram und Tilman Kloss

Politisches Einmischen Sozialer Arbeit – darum wird es im Folgenden gehen. Dazu möchten wir stellvertretend für den Arbeitskreis Kritische Soziale Arbeit (AKS) Magdeburg (→ Kasten) ein Beispiel aus der kritischen Praxis vorstellen. Dabei handelt es sich nicht um eine wissenschaftliche Abhandlung, sondern primär um die Dokumentation unserer Überlegungen und Handlungen[42]. Es geht also darum, exemplarisch aufzuzeigen, wie Soziale Arbeit sich in politische Prozesse und Diskurse einmischen könnte. Wir meinen nicht, hiermit ein perfektes Musterbeispiel abzubilden. Unsere Hoffnungen sind vielmehr darauf gerichtet, praktisches politisches Handeln anzuregen (d. h. unsere Ideen zu übernehmen, anzupassen ggf. auch zu verwerfen) und Mut zu machen, selbst aktiv zu werden. Denn Soziale Arbeit kann und sollte kritisch sein und sich politisch einmischen!

Arbeitskreis Kritische Soziale Arbeit (AKS)

2005 wurde der Arbeitskreis Kritische Soziale Arbeit (AKS) bundesweit als gemeinsames Forum geschaffen, um die unterschiedlichen Bemühungen um eine kritische Theorie und Praxis Sozialer Arbeit in einem gemeinsamen Projekt zu bündeln und die Gegenöffentlichkeit zum neoliberalen Diskurs über Soziale Arbeit und Sozialpolitik zu stärken. Website: https://www.kritischesozialearbeit.de/

---

41 *Michael Bertram*, B. A. Soziale Arbeit und M. A. Sozialwissenschaften, leistet Beratungsarbeit in der Sozialen/politischen Arbeit mit geflüchteten Menschen und ist Lehrbeauftragter an verschiedenen Hochschulen. Außerdem war er im Arbeitskreis Kritische Soziale Arbeit Magdeburg aktiv. Im Ehrenamt ist er Ansprechperson (Sprecher/Koordinator) des Jungen DBSH Sachsen-Anhalt. *Tilman Kloss* ist Sozialarbeiter (B. A.), beruflich tätig in der Offenen und verbandlichen Jugendarbeit und aktiv bei platz*machen e. V. sowie im AKS Magdeburg.
42 Wir sind der Ansicht, dass Soziale Arbeit immer auf einer soliden Wissensbasis zu realisieren ist. Dementsprechend dokumentiert die hier zitierte herangezogene Literatur eine Auswahl der Lektüre, die sich zur Planung und Umsetzung dieses Projektes für uns bewährte. Später erschienene Veröffentlichungen wurden ergänzt, wenn sie mit unserem Vorgehen in Deckung gebracht werden konnten.

Konkret geht es um einen kommunalpolitischen Prozess, in dem der „Hassel" (s. u.) im Zentrum der Diskussionen und Machtkämpfe stand. Wir als ‚frisch' gegründeter AKS beobachteten diese Entwicklungen zunächst und entschieden uns schließlich, uns einzumischen. Da der politische Prozess zu diesem Zeitpunkt bereits an Dynamik gewonnen hatte und durch unvorhersehbare Ereignisse am Hassel beeinflusst und so zu einem schnelleren Ende führte, als von uns erwartet, beschreiben wir folgend vor allem unsere fachlichen und strategischen Vorbereitungen sowie erste Schritte des Einmischens. Auch unsere persönlichen (Lern-)Erfahrungen und Schlussfolgerungen werden dabei Thema sein. Bevor es aber zur Sache geht, halten wir es für nötig, in der gebotenen Kürze, einige Bemerkungen dazu zu formulieren, was unter kritischer Sozialer Arbeit verstanden und wie die AKS charakterisiert werden können.

Kritische Soziale Arbeit und die AKS als Akteure politischer Sozialer Arbeit
Was das sein soll, eine Kritische Soziale Arbeit, das ist nicht eindeutig zu beantworten. Die wissenschaftliche Diskussion und die Beispiele praktisch realisierter Kritik sind vielfältig. Daher wird Kritische Soziale Arbeit zunächst als „Sammelbezeichnung" (Grießmeier 2019: 292) verstanden; dabei „betont [sie] die kategorische Position der radikal-reflexiven Infragestellung nicht nur der hegemonialen Diskurse und gesellschaftlichen Machtstrukturen, sondern auch der eigenen Wissenschaft und Praxis" (ebd.). Wenn man so will, stellt Kritische Soziale Arbeit vor allem die Frage, warum Dinge so sind, wie sie sind und vor allem, wer ein Interesse daran hat, das die Dinge sind, wie sie sind und dass sie so bleiben: wer macht Wirklichkeit (nicht) – und warum? Aus dieser Perspektive folgt, dass sie individuelle Verhaltensweisen und Handlungen zwar durchaus zur Kenntnis nimmt, den Fokus der wissenschaftlichen Analyse und des praktischen Handelns aber entschieden auf die behindernden und ausschließenden (politischen, ökonomischen, sozialen und kulturellen) Verhältnisse legt. Kritische Soziale Arbeit ist damit immer auch politische Soziale Arbeit (vgl. Kloss/Nenke 2020).

Diese praktisch-politische Dimension Kritischer Sozialer Arbeit fand und findet ihren Niederschlag vor allem in den Gründungen diverser lokal verorteter, aber überregional vernetzter AKS. Diese sind nicht als Träger Sozialer Arbeit, sondern als freiwilliger, solidarischer Zusammenschluss von Menschen zu sehen, die in vielfältigen Bereichen (Wissenschaft/Lehre, berufliche Praxis, Studium) in der Sozialen Arbeit aktiv sind. Sie sind sowohl von staatlicher Finanzierung als auch von verbindlichen Verbandsstrukturen unabhängig und damit sehr autonom und flexibel, was die Setzung einer eigenen Agenda und Strategie angeht, und können so vergleichsweise spontan auf Entwicklungen, vor allem im lokalen Kontext, regieren (vgl. Grießmeier 2019: 297 f.)[43]. Hierbei handelt es sich nicht nur um einen

---

43 Der AKS Magdeburg speziell gründete sich im Jahr 2019 im Zusammenhang mit einer Lehrveranstaltung an der Hochschule Magdeburg-Stendal zum Thema Kritische Soziale Arbeit. Folg-

strategischen Vorteil; diese Unabhängigkeit ist auch eine Grundlage dafür, sich politisch einzumischen, wie es im Kontext hauptberuflicher Sozialen Arbeit nur unter ggf. erschwerten, jedenfalls aber gesondert zu berücksichtigenden Bedingungen möglich wäre.

Mit anderen Worten: Diese Freiheit, die es nur im Rahmen freiwilliger Zusammenschlüsse geben kann, war für uns die Grundlage dafür, diesen politischen Prozess zum Fall Sozialer Arbeit zu machen. Dieser letzte Punkt war uns besonders wichtig; denn wir waren und sind ein explizit sozialarbeiterisches Aktionsbündnis. Daher kamen wir zu dem Schluss, dass wir am konkreten Geschehen klären müssen, nicht nur, dass es sich um einen Fall für die Soziale Arbeit handelt, sondern auch, warum das so ist.

Was ist der Fall? Kommunalpolitischer Prozess am Hassel
Gegenstand des Falls ist der in der südlichen Innenstadt Magdeburgs gelegene Hasselbachplatz und insbesondere der immer wieder auflodernde kommunalpolitische Diskurs um das sogenannte einzige Kneipen- bzw. Ausgehviertel der Stadt. Diese vorangestellte Nutzung des Viertels ist nicht die einzige, sondern der Hassel ist zudem Verkehrsknotenpunkt, Wohnraum und Geschäftsviertel.

Die breit gefächerte Nutzung des Platzes führt dabei zu Konflikten zwischen einzelnen Interessengruppen und ist immer wiederkehrendes Objekt von kommunalpolitischen Auseinandersetzungen sowie Diskussionen in der Lokalpresse und auf Social-Media-Kanälen. Bei näherer Betrachtung der darin zur Sprache kommenden Vorschläge zum Umgang mit der Situation am Hassel, fällt auf, dass drei miteinander verbundene Schwerpunktsetzungen wiederholt behandelt werden und dementsprechend den Diskurs rund um den Hassel bestimmen: Sicherheit, Wirtschaft und Sozialraum.

Von einigen kommunalpolitischen Entscheidungsträger*innen wird das fehlende Sicherheitsgefühl der „normalen" Bürger*innen am Hasselbachplatz problematisiert. Seit 2015 habe die subjektiv wahrgenommene Bedrohung durch Lärm, Pöbelei, öffentliches Urinieren, Müll, Vandalismus, Drogendelikte und Gewalt unter Alkoholeinfluss spürbar zugenommen. Dieses von der Norm abweichende Verhalten geht aus ihrer Sicht vor allem von jungen Menschen aus. Für den wahrgenommenen Anstieg der Kriminalität ist aus dieser Perspektive implizit benannt, „eine bestimmte Gruppe, die alle kennen würden" (Trümper 2017), oder es sind offen ausgesprochen „illegale und kulturfremde Zuwan-

---

lich setzten wird uns primär aus (zum Teil ehemaligen) Studierenden der Sozialen Arbeit zusammen. Aus einem kollektiven Unbehagen in Bezug auf gesellschaftliche Zustände und den Bedingungen, unter denen professionelle Soziale Arbeit i. d. R. geleistet wird, entschlossen wir uns, uns zu organisieren und aktiv zu werden. Gerade vor diesem Hintergrund hoffen wir, deutlich machen zu können, dass sich auch während des Studiums und den ersten Berufsjahren politisches Einmischen lohnt.

derer" (Kumpf 2019) verantwortlich. Sich auf ein rein subjektives und zudem rassistisches Empfinden berufend wird gefordert, eine sogenannte Stadtwache (Zusammenschluss aus Ordnungsamt und Polizei) einzurichten. Dabei bleibt unberücksichtigt, dass ein Ausbau von ordnungspolitischen Maßnahmen auch zur Verdrängung von ohnehin marginalisierten Gruppen führt. Somit sind mit den oberflächlichen Zielsetzungen (Sicherheit und Ordnung) auch implizite Vorstellungen der politischen Entscheidungsträger*innen verbunden, wie öffentlicher Raum gestaltet werden soll und wer dazu Zugang erhalten darf.

Einen weiteren Schwerpunkt bildet die wirtschaftliche Belebung der Nachtökonomie am Hassel. Die IG Hassel, ein lokaler wirtschaftlicher Interessenszusammenschluss, hatte in den letzten Jahren bei Kommunalpolitik und Stadtverwaltung angeregt, die Stelle eines Nacht- bzw. Hasselmanagements einzurichten, da Teile der ortsansässigen Nachtökonomie finanziell unter Druck gerieten und teilweise Kneipen und Restaurants schließen mussten. Es soll eine Stelle geschaffen werden, die das vermeintlich angekratzte Image des Hasselbachplatzes wieder aufpoliert. „Innerhalb von drei Jahren soll jemand Ideen sammeln, was man machen kann: Festivals? Verkehrsberuhigung? Mehr Bänke? Galerien in den leeren Ladengeschäften? Bald solle es losgehen" (Betschka 2019).

Des Weiteren ist der Hasselbachplatz mit einigen wenigen Sitzgelegenheiten auch Treffpunkt und Aufenthaltsraum von Menschen, die hier ihre Freizeit gestalten oder auf den öffentlichen Raum angewiesen sind, weil sie selbst nur eingeschränkt oder gar nicht über privaten Wohnraum verfügen oder sich die Preise der Bars und Kneipen nicht leisten können. Das Verhalten dieser Nutzer*innengruppe wird, wie bereits beschrieben, im kommunalpolitischen Diskurs problematisiert. Hinzu kommt, dass in der Regel nicht mit ihnen, sondern über sie gesprochen wird; sie also tendenziell nicht miteinbezogen werden.

Wieso Soziale Arbeit (was haben wir beizutragen)?

Gerade in Bezug auf den Sozialraum und die Nutzungskonflikte am Hasselbachplatz sind wir der Ansicht, dass Soziale Arbeit mit Methodenwissen zum und Gestaltungskönnen im Gemeinwesen etwas zu dem vorliegenden Fall beitragen kann. Hierzu zählen die Entwicklung ressortübergreifender Handlungskonzepte zur ganzheitlichen Bewältigung sozialer Schwierigkeiten, die Wahrnehmung einer ämterübergreifenden Regiefunktion, die Entwicklung von Aktionsplattformen, die Aktivierung und Einbindung der Quartiersbevölkerung, die Durchführung von Projekten zur Stiftung von Identität und Kontakt unter den Nutzer*innen, die Vermittlung zwischen den unterschiedlichen Interessen im Stadtteil und die Anregung von Aktivitäten im ökonomischen Sektor (vgl. Wendt 2021a: 302 f.).

So kann Gemeinwesenarbeit am Hasselbachplatz dazu beitragen, eine Scharnier- bzw. Mittlerfunktion zwischen Nutzer*innen, Anwohner*innen, Gewerbetreibenden, Kommunalpolitik und Organen der Stadtverwaltung wahrzunehmen, damit Nutzungskonflikte zielführend bearbeitbar werden.

Beteiligt werden oder einmischen? Einmischen!
Nachdem nun deutlich wurde, dass auch derartige kommunalpolitische Prozesse zum Fall Sozialer Arbeit werden können und sollten und dass die Soziale Arbeit mit ihrer spezifischen Expertise, den ihr eigenen Handlungstheorien und -methoden sowie professionellen Wissensbeständen in der Lage ist, etwas zur Bearbeitung solcher Fälle beizutragen, möchten wir einen weiteren wichtigen Schritt unseres Vorgehens in den Blick nehmen, der für uns zu einer zentralen Lernerfahrung wurde.

Weder die Bedürfnisse (bzw. Interessen) der diversen Nutzenden des Hassels noch die Expertise professioneller Soziale Arbeit wurde in den seit Jahren geführten Diskussionen berücksichtigt. Es macht(e) deshalb aus unserer Sicht keinen Sinn, darauf zu warten, dass sog. „schwache Interessen" (Toens/Benz 2019a) der Menschen, die den Hassel nutzen, gehört werden und dass die Soziale Arbeit als Profession gefragt wird[44]. Einmischen bedeutet für uns deshalb heute vor allem auch Selbstermächtigung Sozialer Arbeit: Wollen wir unterdrückende Verhältnisse verändern – müssen wir uns selbst einmischen![45]

Was haben wir gemacht?
Konkret lassen sich die Bemühungen, uns in den kommunalpolitischen Prozess einzumischen, in drei Bereiche unterteilen: Diskursanalyse, Akteur*innenanalyse und Netzwerkarbeit.

Für die Diskursanalyse sammelten wir sämtliche, zu der Thematik erschienen und online vorliegenden Zeitungsartikel, Positionspapiere und Redebeiträge, um uns einen ersten Überblick über die Beschaffenheit des Diskurses verschaffen zu können. Um die Artikelsammlung auf der Suche nach einer bestimmten Information jedes Mal aufs Neue nicht komplett durchsehen zu müssen, filterten wir die für uns relevanten Informationen heraus und strukturierten diese mit Verweisen auf ihren Ursprung in einem Gesamtdokument. Dadurch gelang es uns, die drei genannten Schwerpunktsetzungen im Diskurs über den Hassel heraus-

---

44 Wir sind übrigens nicht die Ersten, die nach praktischen Erfahrungen zu diesem Schluss kamen. Exemplarisch kann hier auf die noch immer lesenswerte Dokumentation einer Zukunftswerkstatt zur praktisch tätigen Kritischen Sozialen Arbeit des „Unabhängigen Forums Kritische Soziale Arbeit" empfohlen werden (Köhn/Seithe 2012).
45 Noch einmal: Sich als AKS autonom in einen derartigen Prozess einzumischen, ist als Form selbstorganisierter Interessenartikulation nicht nur legitim, sondern gehört zu Grundlage einer freiheitlich-demokratisch verfassten Gesellschaft und ist in dieser Hinsicht unproblematisch. Im Rahmen institutionell gebundener Sozialer (*Erwerbs-*)Arbeit gilt es, dieses Abhängigkeitsverhältnis konkret in Rechnung zu stellen, da hier die Frage nach den *Mandaten* professioneller Sozialer Arbeit mitgedacht werden muss, die sich für die AKS nicht stellt.

zukristallisieren. Die Beschreibung des Falls stellt eine Zusammenfassung dieser Sammlung dar.

Ausgestattet mit diesem Bündel an Informationen, haben wir mit dem nächsten Schritt versucht, die Akteur*innen näher zu beleuchten. Dabei waren wir insbesondere bemüht, Schlüsselpersonen im Diskurs zu identifizieren. Daraus entstand eine Liste von Akteur*innen aus Kommunalpolitik, Verwaltung, Medien, Wirtschaft usw., die fortlaufend ergänzt wurde. Interessant für uns waren insbesondere Informationen, die Auskunft über die jeweiligen Positionen zum und Einflussmöglichkeiten auf den Fall versprachen.

Auf Grundlage von Diskurs- und Akteur*innenanalyse erfolgten anschließend sichtbare Einmischungsversuche, womit hier der Aufbau von Kontakten zu Schlüsselpersonen gemeint ist, also Netzwerkarbeit zu forcieren. Demzufolge schrieben wir eine Reihe von E-Mails, führten Telefonate, trafen uns zu Gesprächsterminen und besuchten Stadtratssitzungen, mit denen am Rande auch informelle Gespräche verbunden waren. Anhand dieser Gespräche erschloss sich uns, wer als Kooperationspartner*innen für unser Anliegen in Frage kommt, mit denen wir Gegenmacht aufbauen können. Außerdem flossen die daraus gewonnenen Informationen wiederum in unsere Übersicht ein, die für uns im Vergleich zu den öffentlich einsehbaren Informationen von besonderem Wert gewesen sind.

Fazit

Schließlich wurde im Stadtrat final über die Konzeption der Stelle für ein Hasselmanagement bzw. die endgültige Fassung der entsprechenden Drucksache diskutiert. Die Bemühungen des AKS, sich politisch einzumischen, um die Interessen der Nutzer*innen im kommunalpolitischen Prozess sichtbar zu machen, führten dazu, dass eine Fraktion einen Änderungsantrag zur Konzeption der Stelle einbrachte. Dieser sah vor, dass der*die Hasselmanager*in neben der Organisation von Veranstaltungen zur Aufwertung des Platzes auch verpflichtend eine Bürger*innensprechstunde anbietet. Zudem sollte eine Kooperationsvereinbarung mit dem Jugendamt geschlossen werden, wodurch von vornherein die Vernetzung zu sozialen Trägern eingerichtet wird. Jedoch entschieden sich die anderen Fraktionen im Stadtrat dagegen, die Stelle konzeptionell zu erweitern. Außerdem stimmte eine Mehrheit der Kommunalpolitiker*innen für die Einrichtung der sog. Stadtwache. Hierfür wurden 32 zusätzliche Stellen im Ordnungsamt geschaffen. Somit wurden die Schwerpunkte Sicherheit und Wirtschaft betont, währenddessen die Erweiterung von Teilhabemöglichkeiten im Sozialraum unberücksichtigt blieb.

Demzufolge wurde das Ziel des AKS Magdeburg nicht erreicht. Als Erfolg wurde aber dennoch das entstandene Netzwerk aus Ansprechpartner*innen in der Kommunalpolitik gewertet. Zudem sammelten wir erstes Erfahrungswissen im politischen Handeln im Rahmen eines Aktionsbündnisses Sozialer Arbeit, was für die Planung und Durchführung zukünftiger Aktionen von großem Wert ist.

15.3 In der Arena: Soziale Arbeit als Navigation

In der weiteren Darstellung wechsele ich die Darstellungsform und werde nun aus der Ich-Perspektive argumentieren. Das hat einen einfachen Grund: Aufgrund meiner in vier Jahrzehnten gesammelten praktischen Erfahrungen in der Sozialen Arbeit im Gemeinwesen ist mir immer wieder deutlich geworden, dass es *die* Handlungsweise nicht gibt (und nicht geben kann), Soziale Arbeit im Gemeinwesen zu leisten; es gibt dafür kein Rezept oder Drehbuch, wie dies praktisch auszusehen hat (dafür aber so manche – besser geschlossene – Schublade, aus der Unbrauchbares herausbefördert wird, das an anderer Stelle schon einmal funktioniert haben soll). Soziale Arbeit im Gemeinwesen ist immer ein soziales Handeln in besonders offenen Situationen, auf die ich mich jeweils zum gegebenen Zeitpunkt am gegebenen Ort mit den dort gegebenen Verhältnissen mit den dann handelnden Menschen einzustellen habe (eine Offenheit, die sicher auch in der Einzelfallarbeit und der Sozialen Gruppenarbeit gegeben ist, aber dort eben anders). Ich will also hier nur meine Erfahrungen in der Sozialen Arbeit im Gemeinwesen als Anregungen zur Reflexion anbieten (was die reflektierte Subjektivität der Ich-Perspektive meines Erachtens gut zum Ausdruck bringt).

Was lässt sich aus dem von *Michael Bertram* und *Tilman Kloss* geschilderten Praxisbeispiel ableiten? Das Fallbeispiel schildert ein Experiment zwei junger Praxisberater, die unter Nutzung ihrer Fähigkeit, gelingend mit unterschiedlichen Akteuren im Gespräch zu sein (Können), und auf der Grundlage der Haltung, dass Soziale Arbeit immer politisch sein muss, ihr im Rahmen des Studiums gesammelte Wissen in einem kleinräumigen Gemeinwesen zur Anwendung bringen wollten: Sie haben

- sich ins kommunale Politikfeld begeben und auf Interessen und Bedarfslagen der dort tätigen Akteure eingelassen,
- eine grundsätzlich politische und parteiliche Herangehensweise entwickelt,
- die gegebene Situation analysiert (ohne eine Gemeinwesenanalyse durchzuführen oder Aktivierende Gespräche zu führen),
- in ihrer Vorgehensweise experimentiert, d. h. auf die Situation reagiert, ohne mit vorgefertigten Handlungsweisen zu agieren.

Weitere für den Praxisfall kennzeichnende Aspekte finden sich auch in zahlreichen Beispielen, die die berufliche Praxis schildert; sie deuten an, wie mit Prozessen im kommunalen Politikfeld und dem sozialpolitischen Handlungsraum umgegangen werden *kann*:

- *Zugang zu kommunalpolitischen Akteuren*: Kurt spricht z. B. davon, die Kommunalpolitiker*innen, mit denen er zu tun hat, seien es gewohnt, eine Tagesordnung vorgelegt zu bekommen, die in einer Beratung im Rat oder einem Fachausschuss abzuarbeiten sein. Die Themen werden in einer Fraktionsberatung abgeklärt, damit sei klar, wie abgestimmt werden soll. Ihr Selbstverständnis sei eher davon geprägt, mehr für die Beratung eines Themas nicht tun zu müssen. Die sei für ihn natürlich „nicht befriedigend. Wir möchten eigentlich in den Diskurs kommen, was die aber auch nicht gewöhnt sind aus ihren Abläufen heraus." Solche Gespräche gelingen ihm nur mit Einzelnen. Daher sei „Vorarbeit" nötig, zu klären, „wen nehmen wir mit, wen können wir ansprechen?" Dazu muss er netzwerken, sich Akteure „aufschließen", die er bei Bedarf ansprechen kann, „aber dieser direkte Diskurs mit Politikern, sie auf den Weg mitzunehmen, das ist eher selten der Fall", das seien die Politiker*innen „nicht gewohnt."

  Auch *Mike* z. B. berichtet davon, es gelinge ihm immer nur, „den einen oder anderen Politiker mal anzusprechen"; seine Strategie ist es, zu fragen, wo er anknüpfen kann, wo der Bedarf ist: Dazu muss er sich „breiter aufstellen, letztendlich ist die ganze Arbeit Netzwerkarbeit und es geht darum, immer wieder mit der Politik ins Gespräch zu kommen." Es gibt immer Kommunalpolitiker*innen, die zu einem einzelnen Thema interessiert sind, an die er herankommt, weil er „den einen oder anderen kennt", d. h. ein persönliches Verhältnis aufbauen konnte.

  Richard erlebt einzelne Kommunalpolitiker*innen „sehr offen für die Bedürfnisse junger Menschen"; er versucht „Gespräche zu inszenieren, indem ich auf die zugehe und einfach nach ihrer Sicht höre." Er fragt gerne nach „und dadurch kommt man einfach auch über die Lebenswelten von Leuten ins Gespräch, die sie gar nicht so auf dem Schirm haben, die aber eine große Rolle spielen".

  Die drei Beispiele verdeutlichen, dass Praxisberater*innen in Form kleinteiliger Beziehungs- und Überzeugungsarbeit vorgehen müssen, um über einzelne Akteure, die wie „Brückenköpfe" fungieren, im kommunalpolitischen System Zugänge für ihre sozialpolitischen Themen zu finden. Ob Michael Bertram und Tilman Kloss so vorgegangen sind, kann hier offenbleiben (es geht ja auch nicht darum, zu sagen, wie es besser gemacht hätte werden können).

- *Besondere Zwänge*: Dazu kommen besondere Umstände, denen Kommunalpolitiker*innen ausgesetzt sein können und die bei der Arbeit im (sozial-)politischen Handlungsraum zu beachten sind: *Jan* z. B. hat z. B. erlebt, dass im Rat bestimmte Themen nicht mehr behandelt würden, obwohl er das mit einzelnen Mitgliedern des Rates vorbesprochen und, wie er meinte, gut vorbereitet hatte. Er vermutet, dass es der sog. „Fraktionszwang" gewesen sei, der sich hier bemerkbar gemacht habe, dass Ratsmitglieder entgegen der eigenen Auffassung mit der eigenen Fraktion abstimmen mussten, weil das in einer (nicht-öffentlichen) Fraktionsberatung so beschlossen wurde. Das heißt zugleich auch, zur Kenntnis zu nehmen, dass seine Gesprächspartner*innen in der Beratung „hinter verschlossenen Türen" nicht durchsetzungsstark genug argumentieren und sich mit den Informationen, die ihnen Jan gegeben hatte, nicht durchsetzen konnten (allgemein wird ohnehin berichtet, dass sozialpolitische Themen, die eher als „randständig" bezeichnete Probleme zum Gegenstand haben und zudem auch noch – knappes – Geld kosten, eher von kommunalpolitischen Akteuren vertreten werden, die oft als Neulinge in der Kommunalpolitik noch keine Durchsetzungsstärke entwickeln konnten).

In solchen Fällen sind andere Vorgehensweisen erforderlich: Alfred z. B. berichtet von „attraktiv" gestalteten Veranstaltungen mit einem straffen zeitlichen Rahmen (klagten doch viele kommunalpolitische Akteure über ihren angespannten zeitlichen Rahmen), kurzen Inputs, etwas Musik, ein Büffet und Raum für (informelle) Gespräche mit Menschen, die sonst nur selten getroffen werden. Dabei ist es immer wieder gelungen, Kommunalpolitiker*innen „so stark anzusprechen", dass sie anschließend auch an anderen Veranstaltungen teilgenommen und dort mit weiteren sozialpolitischen Themen befasst haben. Helfen kann es auch, Gelegenheiten außerhalb des kommunalpolitischen Rahmens zur Platzierung der eigenen Themen zu nutzen, von denen *Paul* spricht: „Wenn dann jemand kommt und sagt: Du, ich bin aber auch beim Rotarier-Club, kannst du mal einen Vortrag machen, wir würden dich vielleicht auch unterstützen, wenn du eine gute Idee hast –, dann musst du natürlich sofort sagen: Ja, vielen Dank für das Geschenk! –. Dann gehst du da hin und fragst: Wollt ihr da Presse machen? Gerne –, so ist das dann." Es handelt sich um eine Art, „über die Bande" zu spielen: Hilfreiche Unterstützer*innen, die selbst keine kommunalpolitische Funktion innehaben, sorgen für Möglichkeiten, Positionen in die Öffentlichkeit zu bringen, die auch Argumente liefern, mit denen sich Kommunalpolitiker*innen in einer Fraktionssitzung behaupten können. Solche Unterstützung können neben Schlüsselpersonen auch namhafte Personen des lokalen öffentlichen Lebens (z. B., wie von *Siegfried Müller* eingangs geschildert, die Frau des Eigentümers der örtlichen Brauerei, eine überregional bekannte Sportlerin) geben, die im Rahmen einer Politikfeldanalyse identifiziert wurden, wenn sie sich z. B. mit einem pressewirksamen Statement („Testimonial") äußern oder wichtige politische Akteure (Fraktionsvorsitzende u. ä.) direkt und informell (nichtöffentlich) ansprechen.

Insofern handelt es sich um eine Herangehensweise in der Praxisberatung, die den Handlungsrahmen durch eine neue Form der Darstellung ergänzt (*Alfred*) und auf der Ebene persönlicher Kontakte öffnet (*Paul*).

- *Transparenz herstellen*: Dazu, „nachhaltig mit einer kompetenten Öffentlichkeitsarbeit" präsent zu sein, hat *Winfried Pletzer* geraten. So ist z. B. *Linda* sehr davon überzeugt, dass darüber kommunalpolitische Akteure erreicht werden,

z. B. dadurch, dass einer ihrer Kollegen jeden Monat zu den Beratungen des örtlichen Stadtbezirksbeirats gegangen ist, sich dort angemeldet und Wortbeiträge gemacht hat. Erreicht wurde so „eine Bekanntheit, von der wir immer noch zehren". Auch das örtliche Quartiersmanagement wird dafür in Anspruch genommen, „weil die auch sehr eng mit Politik zusammenarbeiten, die wissen sehr genau Bescheid darüber, was wir machen; Gleiches gilt für den Jugendhilfeausschuss (JHA); durch eine Arbeitsgruppen-Struktur mit unterschiedlichen Fach-AGs (Schulsozialarbeit, Streetwork, Jugendberufshilfe), die sich der JHA gegeben hat, hat das Team „einen engeren Zugang zum Jugendhilfeausschuss". Durch ihren Jahresbericht, den das Team dort vorstellt, können bestimmte Themen behandelt, Bedarfslagen formuliert und neue Kontakt aufgebraut werden.

Die eigenen Themen transparent zu machen durch einen öffentlichen Dialog mit der Kommunalpolitik, ist ein Weg, den auch der Dorfmoderator *Daniel* eingeschlagen hat, in dem er an den Beratungen des zuständigen Ortsrats teilgenommen und sich auf die Tagesordnung hat setzen lassen, „um dort über den Status zu berichten, den wir in den einzelnen Projekten oder in unserem Tun erreicht haben. Wir haben bewusst berichtet, eingeladen zur Ortsratssitzung: Sagt uns mal, was ihr da jetzt tut, berichtet uns mal –. Das hätten wir nicht tun müssen, aber es war klug, es so einzufädeln." Da die örtliche Presse an den Ortsratssitzungen teilgenommen hat, stand der Bericht über die Beratung am nächsten Tag schon in der Tageszeitung. Daneben wurden die Mitglieder des Ortsrates immer zu den Veranstaltungen der Dorfmoderation eingeladen und der Ortsbürgermeister zu den Vorstandssitzungen hinzugezogen, wo er sich informieren und seinerseits über aktuelle Entwicklungen in der Dorfpolitik berichten konnte.

Dass dies nicht der Regelfall ist, deutet *Tim* an, der davon spricht, dass Politiker*innen „nicht neutral sind". Er berichtet von sehr gegensätzlichen Interessen der Bewohner*innen des Stadtteils und einem Investor, der, würden seine Bauvorhaben Wirklichkeit werden, die Gentrifizierung des Stadtteils stark vorantreiben würde: Die Kommunalpolitiker*innen aller Fraktionen haben sich „hingestellt und gesagt: Wir sind neutral dazwischen, wir sind die Politik, die versucht, alle Interessen im Blick zu haben, die Interessen des Eigentümers und der Bewohner*innen, wir versuchen, da ein salomonisches Urteil zu fällen –." Das aber vernachlässige, dass die kommunalpolitischen Akteure auch eigene Interessen verfolgen, im konkreten Fall z. B. eine unternehmerische Stadtpolitik zu machen und attraktiv für Investoren sein: „Politik ist nicht ein neutraler Akteur", betont deshalb *Tim*; sie ist „genauso ein Akteur, wie die Investoren und eine sich organisierende Nachbarschaft, die dem was entgegensetzt."

Diese Hinweise deuten bereits an, dass jeder Versuch einer Einflussnahme auf den kommunalpolitischen Beratungs- und Entscheidungsprozesse ein fragiles „Geschäft" bleibt; Kommunalpolitiker*innen reagieren empfindlich, wenn sie sich nicht ausreichend unterrichtet fühlen oder ihre eigenen Interessen nicht gesehen oder unterstützt werden. Die Vorgehensweise der Praxisberater*innen bleibt daher immer eine Gratwanderung zwischen persönlicher Zuwendung durch Information und Einbindung (*Linda, Daniel*) einerseits und parteilicher Abgrenzung (*Tim*) andererseits, wenn die Interessen und Bedarfslagen der Bewohner*innen des Gemeinwesens vernachlässigt werden oder Schaden nehmen könnten.

- „*Langer Atem*": *Dieter* spricht davon, dass er „das Feuer warmhalten" muss, denn die Mitglieder des Stadtrates werden zwar „gerade in solchen Situationen, wo auch die Presse vorhanden ist, sehr begeistert sein, werden alles sehr aufgreifen", aber er weiß auch, „es wird so schnell versanden wie die Brandung am Meer", wenn er nicht aktiv wird: „Das heißt, dieses Feuer aufrechtzuerhalten, diese Diskussion zu halten, das liegt wieder bei mir, wie ich das auch immer mache und da muss man halt ein bisschen geschickt vorgehen, ein bisschen kreativ sein."
Es sei notwendig, Beteiligungsvorhaben gegenüber Kommunalpolitik und -verwaltung „immer wieder einzubringen, das ist die Kärrnerarbeit"; er wartet „auf den richtigen Moment, auch das muss man können. Das heißt, ich beobachte, man muss auf den richtigen Moment warten. Man kann nicht immer aktiv sein, aber wenn der richtige Moment da ist, muss man zufassen. Das heißt, da muss man mutig sein"; dann müssen Praxisberater*innen „nachsetzen. Ich will, dass alle zu ihrem Recht kommen, dass niemand übervorteilt wird, und möchte trotzdem, dass für alle das Beste rauskommt. Ich bin also ein Vermittler mehr oder weniger in dem Prozess."
Es mag sein, dass die besondere Situation eine solche mittelfristige Perspektive für *Michael Bertram* und *Tilman Kloss* ausgeschlossen haben (zumal sie sich nicht-beruflich, und damit zeitbefristet, auf die Situation am Magdeburger Hasselbachplatz einließen); für die Soziale Arbeit im Gemeinwesen freilich ist eine solche zeitliche Perspektive eine wesentliche Rahmenbedingung.

Ein weiterer Aspekt, der im Fallbeispiel noch keine Rolle spielen konnte, ist die Frage des *Ortes der politischen Einmischung*. Das Unabhängige Forum Kritische Sozialarbeit hat u. a. dazu aufgerufen, Politik und Öffentlichkeit aktiv „problematische Entwicklungen" zu informieren; die Rede ist von einer offensiven (organisierten, vernetzten) Einmischung „in die politische Auseinandersetzung", die Träger der Sozialen Arbeit sollen sich „als fachliche und sozialpolitische Interessenvertretung" profilieren (UFo 2012: 135). Damit kommt z. B. dann, wenn es um die Interessen junger Bewohner*innen geht, der Jugendhilfeausschuss (JHA) ins Gespräch (ein Ausschuss, der, sofern die Gemeinde Trägerin der Jugendhilfe ist, vor Ort, sonst beim Landkreis eingerichtet sein muss). Den JHA habe ich immer wieder als (oft unterschätzen) Teil der sozialpolitischen Handlungsraumes erlebt, der für die Diskurse über (sozial-)politische (Grundsatz-)Fragen genutzt werden kann. Über den JHA lässt sich eine mediale Bühne für Themen des Gemeinwesens herstellen (indem dort z. B. durch die Ausschussmitglieder Anfragen gestellt werden, die in der öffentliche Sitzung des Gremiums beantwortet werden). Erforderlich sind dazu fachliche Darstellungen und Erläuterungen aus dem Gemeinwesen heraus – oder (worauf eingangs schon *Siegfried Müller* verwiesen hat) hilfsweise durch Praxisberater*innen –, um diese politische Arena für eine aktive (Um-)Gestaltung der kommunalen Sozialpolitik nutzen zu können, womit zugleich die Konfliktfähigkeit (wie *Siegfried Müller* eingangs erläutert hat) durch Allianzen steigt, die sich im JHA schnell entwickeln (lassen).

Schließlich geht auch darum, *Druck ausüben* zu können: Auf der Grundlage ihrer Politikfeldanalyse entscheiden müssen, welche teilhabe- und transparenzfördernden oder konfliktorientierten Verfahren sich anbieten, auf den politischen Prozess Einfluss zu nehmen. Sie können dies z. B. durch die Veranstaltung einer Podiumsdiskussion mit den relevanten politischen Akteuren, ein World Café oder eine Open-Space-Konferenz unterstützen, um Zukunftsthemen des Gemeinwesens öffentlichkeitswirksam zu machen. Dabei können sie versuchen, starke Bündnispartner (z. B. Gewerkschaften, Umweltorganisationen, an einer modernen Stadtentwicklung interessierte Bausachverständige, Architekt*innen, Gewerbetreibende oder die örtliche Industrie- und Handelskammer) einzubeziehen, die ihrerseits auf die Medien (d. h. Tages-, Wochen und Werbezeitungen, Rundfunk [Hörfunk und Fernsehen], Social-Media-Plattformen) und die politischen Akteure Einfluss auszuüben in der Lage sind. Unterstützend wirken auch Demonstrationen und Aktionen der Öffentlichkeitsarbeit. Das sorgt für politischen „Druck", dem sich Kommunalpolitiker*innen oft nur noch schwer entziehen können. Soziale Arbeit kann damit zur Demokratisierung des Gemeinwesens beitragen (vgl. Riede 2019a/b).

In *kleineren* Gemeinden wird dies durch eine überwiegend über Parteigrenzen hinweg auf Konsensentscheidungen ausgerichtete Grundhaltung unterstützt (dies allein schon deshalb, weil die große Zahl an gesetzlichen Pflichtaufgaben den Entscheidungsspielraum der Gemeinden und damit auch die Möglichkeiten zur politischen Kontroverse im Rat sehr eingeschränkt hat). Kommunalpolitik ist daher nur selten von den Konfliktmustern bestimmt (und damit auch eher konfliktungewohnt bis konfliktscheu), wie diese zwischen den Parteien im Bund und den Ländern an der Tagesordnung sind (vgl. Bieker 2020b: 8.).

Im Umkehrschluss heißt das damit auch, dieses (eher den Konflikt scheuende bzw. vermeidende) Muster zu nutzen, Druck aufzubauen – außerhalb der originären politischen Ebene (Rat), z. B. mit den Möglichkeiten, die das Community Organizing anbietet, und sich in der medial vermittelten Öffentlichkeit ergeben.

Wie im Rat beraten und letztlich auch entschieden wird, hängt vielmehr davon ab, „wer sich zu Wort meldet, mitstreitet, Druck macht" (Endt/Jacobsen 2022). Kommunalpolitik kann durchaus als „Mittelschichtsforum" verstanden werden.

Die wohlhabenderen Bürger*innen haben i. d. R. informelle Einflussmöglichkeiten (z. B. persönliche Netzwerke in den Rat hinein), durch die sie frühzeitig Einfluss auf Beratungen und Entscheidungen nehmen, während die Bewohner*innen marginalisierter Stadtteile über solche Kanäle üblicherweise gar nicht verfügen (vgl. Schönig 2014: 56). Beratungen in Gremien der kommunalen Selbstverwaltung (z. B. in den Fachausschüssen des Rates) müssen auch deshalb inhaltlich (Thema) und taktisch (Vorgehensweise) gut vorbereitet werden; es geht darum, die eigenen Argumente unter Berücksichtigung der (möglichen) Positionen einer Gegenpartei einzubringen (vgl. Finger / Rudel 2004; Rampelmann 2004). Vor diesem Hintergrund ergeben sich für mich drei Elemente, die handlungsleitend für die Soziale Arbeit im Gemeinwesen sein *können*:

15.3.1 Den Standort bestimmen

Praxisberater*innen haben die Aufgabe, Bewohner*innen im Emanzipationsprozess zu unterstützen (vgl. Wendt 2020), was praktisch bedeutet, sie in ihren Bemühungen zu begleiten, im Gemeinwesen teilzuhaben (und damit politisch handlungsfähig zu werden)[46]. Es bleibt daher bei dem „alten" (in der Sozialen Arbeit seit den 1960er Jahren immer wieder formulierten) Anspruch, durch eine Kritik von Macht- und Herrschaftsverhältnissen einen Beitrag zu leisten, solche Verhältnisse zu verändern und zu überwinden, die die Entfaltung der Persönlichkeit und Emanzipation der Zielgruppen (aber auch der Akteure) der Sozialen Arbeit behindern, einschränken oder verunmöglichen.

Eine so *kritisch* positionierte Soziale Arbeit muss sich meines Erachtens u. a. dadurch auszeichnen, dass sie sich mit den Bedingungen Sozialer Arbeit im Neoliberalismus auseinandersetzt (vgl. Anhorn 2008, 2019, 2022; Bettinger 2022; Anhorn / Stehr 2018). Sie trägt dazu bei, Verhältnisse sozialer Ungleichheit deutlich zu machen und damit gesellschaftliche Interessenkonflikte und Machtunterschiede aufzudecken, sie thematisiert und skandalisiert sozialen Ausschluss, Unterdrückung und Diskriminierung als Ausdruck einer professionellen Haltung (vgl. Domes / Wagner 2020). Zugleich kritisiert sie die gesellschaftlichen Verhältnisse, in denen Soziale Arbeit mit speziellen Aufträgen (z. B. Prävention und Aktivierung), besonderen Erwartungen (z. B. Wirtschaftlichkeit [Effizienz, Effektivität], Wirkung und Nachhaltigkeit) und einordnenden Zuschreibungen konfrontiert ist (z. B. soziale Konfliktlagen bewältigen zu sollen).

Nicht solche sozialpolitischen Aufträge sind maßgeblich, sondern die Menschenrechte der Bewohner*innen: Der Sozialen Arbeit kommt deshalb die in ih-

---

46 Dabei müssen sie selbst-reflexiv aufmerksam sein, um sie dabei nicht zu bevormunden, indem sie ihre eigenen Vorstellungen, wofür sich Bewohner*innen einsetzen mögen, direkt (ggfs. manipulativ) oder unbewusst (d. h. unreflektiert) durchzusetzen versuchen.

rer Ethik begründete Pflicht zu, als wissenschaftsbasierte Profession eigenständige Arbeitsaufträge zu definieren und ein „drittes Mandat" wahrzunehmen (vgl. Staub-Bernasconi 2018). In diesem Triplemandat kommt zum Ausdruck, dass Soziale Arbeit nicht nur doppelmandatiert zwischen den Ansprüchen von Staat und Subjekt, „also Kontrolle und Hilfe", tätig ist, „sondern sich auch auf ihre eigene Fachlichkeit als Profession beziehen und berufen muss"; diese Erweiterung, die Soziale Arbeit zur Menschenrechtsprofession macht, „soll sie als politisch unabhängig entwerfen, als Wissenschaft, die nur sich selbst, ihrem Wissen und ihrer Ethik verpflichtet ist" (vgl. Lutz 2020, zit. ebd.). Praxisberatung ist eine im Sinne des Triplemandats politische Soziale Arbeit, ohne dass die Praxisberater*innen selbst politische Akteure sind, sondern sie handeln (primär) im Arbeitsbündnis mit Bewohner*innen und (sekundär) im intermediären Verhältnis auch mit zivilgesellschaftlichen Akteuren und Institutionen, die sie beim Thema der Förderung sozialer Teilhabe beraten.

Politisch ist Soziale Arbeit im Gemeinwesen im Übrigen auch unabhängig von den Erwägungen zum Triplemandat allein schon deshalb, weil sie immer eine Einmischung in die im Gemeinwesen gegebenen Verhältnisse darstellt (mit dem Ziel, diese Verhältnisse zu verändern). Das löst erfahrungsgemäß (z. T. heftigen) Widerstand bei Akteuren aus, die kein Interesse an der Veränderung der Verhältnisse haben oder davon ausgehen, dass die Richtung und Gestalt der Veränderung (was damit erreicht werden soll) nicht in ihrem Interesse ist oder ihren Vorstellungen von Veränderung entspricht.

Diese Positionierung führt zwingend auch zur Klärung der Frage, in welcher Organisationsform sich Praxisberatung am wirkungsvollsten entwickeln lässt. Als Praxisberater/in darf ich mir hier nichts vormachen: Die Trägerschaft (wer ist Anstellungsträger?) bestimmt meine Möglichkeiten, im Gemeinwesen handeln zu können, maßgeblich mit. Beschäftigt mich

- eine Gemeinde, dann bin ich uneingeschränkt weisungsgebunden. Meine Handlungsmöglichkeiten werden das Ergebnis der Spielräume sein, die meine Vorgesetzten haben oder die mir die/der Bürgermeister/in einräumen will bzw. im Verhältnis zum Rat einräumen kann. Eine konfliktorientierte Herangehensweise, so zwingend sie auch sein mag, wird sich dann i. d. R. nicht „machen" lassen (meine Erfahrung bestätigt den oft formulierten Eindruck, dass die kommunale Selbstverwaltung ohnehin grundsätzlich lieber konfliktvermeidend vorgeht).
- ein freier Träger, z. B. Wohlfahrtsverband, dann bin ich in meiner Vorgehensweise u. U. freier, aber auch nicht ungebunden; meine Spielräume hängen auch hier von Überlegungen ab, die sich Geschäftsführer*innen dieser Träger ohnehin machen müssen, was sie sich gegenüber der Gemeinde, dem Landkreis, dem Land oder dem Bund (als Zuwendungsgebern) „leisten" können (und auch hier bestätigt sich meine Einschätzung immer wieder, dass auch

hier nur eine sehr bedingte Konfliktbereitschaft besteht). Freie Träger können sich zwar durch die Einwerbung nicht-staatlicher Projektmittel (z. B. von Stiftungen) von den Zwängen der öffentlichen Finanzierung freimachen, doch erscheint mir fraglich, ob amerikanische Verhältnisse (karitative, Stiftung- und Kirchenmittel, wie sie z. B. *Saul Alinsky* genutzt hat) auf Deutschland dauerhaft übertragen werden können, auch wenn es dafür Beispiele gibt (vgl. die Beiträge in Baldas 2010; Szynka 2011).

Ganz zweifellos beschränkt die Organisationsform – so oder so – die Handlungsfähigkeit von Praxisberater*innen. Sie werden nicht ohne den einen oder anderen Kompromiss handeln können. Daher erscheint es mir als so entscheidend, wie gut sie sich vernetzen und belastbare Kooperationsbeziehungen zu einflussstarken Akteuren im Gemeinwesen entwickeln und (z. B. in Situationen eingeschränkter Handlungsmacht) nutzen können. Immer wieder ist Praxisberatung eben auch ein „Spielen über Bande", wo Schlüsselpersonen, ggf. gebildete Bürgerorganisationen und andere relevante Akteure die Rolle und die Aufgabe wahrnehmen können, die mir als Praxisberater/in nicht erlaubt ist, wahrzunehmen.

15.3.2 Herangehensweisen und Wege klären

Ist die Soziale Arbeit im Gemeinwesen politisch definiert, dann müssen Praxisberater*innen ihre Perspektive (Strategie) klären, wie sie sich im Gemeinwesen verorten:

- Wird die Gemeinwesenaktivierung oder das Gemeinwesenmanagement zur Arbeitsgrundlage? Auch an dieser Stelle mache ich mir nichts vor: Im Quartiersmanagement sind meine Möglichkeiten, zu arbeiten, deutlich stärker fokussiert als in der Gemeinwesenarbeit. Im Quartiersmanagement werden die strategischen Absichten und Ziele top-down vorgegeben, womit der Rahmen der Möglichkeiten, insb. parteilich zu agieren, doch nachhaltig beschränkt sind
- Wie arbeite ich mit den Adressat*innen (Zielgruppen)? Ich kann spezifisch zielgruppenorientiert vorgehen (wie das z. B. *Florian Nägele*, *Simon Fregin* oder *Josefine Heusinger* anregen) und ich kann zielgruppenunspezifisch arbeiten, wie das eher in der Nachbarschaftsarbeit der Fall ist.

Bei dieser Entscheidung muss ich auch die Konsequenzen abwägen, z. B. für die Wahl teilhabefördernder Verfahren oder die Möglichkeiten, (erforderlichenfalls) konfliktorientiert arbeiten zu können. Strategische Entscheidungen sind immer Abwägungsfragen über die geeigneten Instrumente, die mir zur Erreichung des Ziels dienlich sein können: Strategien

- *kurzer Reichweite* dienen v. a. der akuten Problembehebung, z. B. unflexible Hilfsangebote, die nicht oder nur unzureichend an den Bedarfslagen des Gemeinwesens ausgerichtet sind (durch öffentlichkeitswirksame Aktionen, Einflussnahme auf das lokale Politikfeld, Medieneinsatz u. ä.);
- *mittlerer Reichweite* ergänzen Strategien kurzer Reichweite, wenn diese keinen Erfolg versprechen, z. B. Hilfsangebote, die nicht nur unflexibel sind, sondern auch nicht ausreichend vorgehalten werden (durch Kampagnenarbeit, Arbeit in und mit Bündnissen, Konzeptentwicklung durch Verfahren der Teilhabeförderung, Skandalisierung u. a.);
- *langfristiger Reichweite* streben eine dauerhafte Veränderung (Verbesserung) der Verhältnisse an (z. B. durch [transformatives] Community Organizing).

Maßgeblich ist meines Erachtens, durch welche Herangehensweise ich die soziale Teilhabe der Bewohner*innen am wirkungsvollsten unterstützen kann, in dem sich Menschen, befasst mit den Aufgaben der alltäglichen Lebensbewältigung, ermächtigen, ihre eigenen Interessen zur Sprache zu bringen und dafür einzutreten, ihre Rechte zu verwirklichen und die Daseinsvorsorge mitzugestalten, was ihnen hilft, ein „gutes Leben" zu führen.[47]

Die Entscheidung über eine Strategie muss zugleich in den Verhältnissen des Gemeinwesens insgesamt begründet sein. Im Kontext des *kommunalen Gestaltungsrahmens* geht es damit um eine Herangehensweise, die aus lokaler Perspektive Herausforderungen und Möglichkeiten kommunalen und kommunalpolitischen Handelns klärt, wie eine umfassende Teilhabe im Gemeinwesen für alle ermöglicht und neue Formen der Kooperation zwischen zivilgesellschaftlichen Akteuren und Institutionen entwickelt werden. Diese Entscheidung ist ohne solide Gemeinwesenanalyse, Feststellung der Themen der Bewohner*innen durch Aktivierende Befragungen u. ä. und Politikfeld- und Machtanalysen nicht möglich.

Dabei habe ich immer wieder die besondere Bedeutung von Schlüsselpersonen zu beachten, die meine Vorgehensweise (z. B. „Spielen über Bande") unterstützen und ebenso gut auch behindern und blockieren können. Sie, die eine herausragende Stellung in der Gemeinde oder im konkreten Gemeinwesen wahrnehmen (z. B. als Pfarrer/Pastorin, Leiter der örtlichen Polizeiinspektion, Geschäftsführer eines Unternehmens oder weil sie einer anerkannten karitativen Organisation angehören), können als anerkannte und vertrauenswürdige Personen Einfluss ausüben, weil ihr Wort Bedeutung hat und gehört wird. Sie können damit eine „Türöffnerfunktion" (für die Interessen der Bewohner*innen, ggf. auch für die Arbeit der Praxisberatung) haben, z. B. in Form öffentlicher Testimonials, d. h. der „Profilierung gegenüber Unterstützern, Politik, Verwaltung,

---

47 Auch hier muss ich immer wieder auch auf meine „heimliche Agenda" achten: Was ich will, muss nicht das sein, was die Bewohner*innen wollen – aber deren Vorstellungen sind vorrangig.

Adressaten, potenziellen Mitarbeitern, Öffentlichkeit; Zugänge zu wichtigen Austauschpartnern; Unterstützung der sozialpolitischen Botschaften" (Blanke/ Lang 2010: 263). Schlüsselpersonen zu übersehen oder zu übergehen, können sich Praxisberater*innen nicht leisten.

15.3.3 In der Arena handeln

Irgendwann kommt der Moment, wo ich „Farbe bekennen" muss, was für mich auch heißt, uneingeschränkt anzuerkennen, dass ich mich in einer Arena bewege. In jeder Arena gibt es, es gibt Zuschauer*innen und es gibt Schiedsrichter*innen:

- *Akteure*, die miteinander in der Auseinandersetzung sind, z. B. die (zunehmend) selbstbewussteren Bewohner*innen, die etwas verändern wollen (und durch mich dabei unterstützt werden), und Vertreter*innen der kommunalen Selbstverwaltung (v. a. der Kommunalverwaltung) sein, die weder den aufgezeigten Veränderungsbedarf sehen noch die vorgebrachten Vorschläge umsetzen wollen;
- *Zuschauer*, d. h. die (noch) Unbeteiligten, denen das Geschehen z. T. egal ist, die aber überwiegend genau betrachten, was sich zwischen den im Clinch befindlichen Parteien abspielt (und die sich nicht scheuen werden, in die Arena zu steigen, wenn es ihre Interessen verlangen);
- Schiedsrichter, die zu sein sich gerne formale Medien (die Lokalzeitung, der Regionalsender u. ä.) aufspielen, die durch ihre Berichterstattung und die damit verbundenen (offenen wie verborgenen) Kommentare Einfluss auf das Geschehen in der Arena nehmen; die lokale Öffentlichkeit (außerhalb der formellen Medien) kann dabei, so mein Eindruck, eine noch aktivere Rolle spielen.

Das muss ich berücksichtigen und ggf. auch nutzen, wenn ich dabei unterstützen muss, Druck zu entwickeln, der in einer gegebenen Situation erforderlich ist (z. B. dann, wenn sich lokale Gruppen nur ihre Interessen verfolgen und die Bedarfslagen des Gemeinwesens ignorieren). In Konfrontation zu gehen, heißt, sich zu vergegenwärtig, dabei keineswegs allein zu sein: Die Demonstrationen im Kontext der Klimakrise oder lokale Widerstandsformen gegen großdimensionierte Bauvorhaben, Waldrodungen für Autobahnen, Flughafenprojekte u. a. m. verweisen auf gesellschaftlich vorhandene Potenziale gegenläufiger Widerständigkeit, an die eine konfliktbereite Soziale Arbeit im Gemeinwesen anknüpfen könnte.

Es gehört deshalb auch zu meinen Aufgaben, lokale Akteure unterschiedlichster Idee und Art zu *vernetzen*, was auch bedeutet, Bündnisse zwischen (z. T. ungewöhnlichen) Akteuren der Klimaschutzbewegung (z. B. Extinction Rebellion), der Verkehrswende (ADFC, Fuss e. V. u. a.), der Agrarwende („Wir haben es statt" u. a.), der Bewegung für Soziale Gerechtigkeit (#unteilbar, „Reichtum umverteilen u. a.), globalisierungskritischen Initiativen (attac, Oxfam, pax christi

u. a.), den Fraueninitiativen und vielfältigen Akteuren aus der Flüchtlingshilfe, der Wohnungslosenhilfe und Initiativen für (direkte) politische Teilhabe (z. B. Campact) sowie örtlichen Gewerkschaftsgruppen auf lokaler Ebene „anzuschieben" und zu koordinieren.

Es hilft mir, in diesen Akteuren Menschen zu sehen, die sich vor dem Hintergrund ihrer persönlichen Lage auf kommunaler Ebene engagieren und dort alternative Formen gesellschaftlichen Lebens ausprobieren wollen und daher Bündnispartner*innen werden könn(t)en.

Ich habe darüber hinaus vielfältige Möglichkeiten, Bewohner*innen zu unterstützen (ich kann ihnen insb. Begleitung anbieten, sie coachen, im Hintergrund organisieren, Prozesse und Gespräche moderieren), und ich muss auch – situativ und der gegebenen Situation und zum gegebenen Zeitpunkt angemessen – klären, zu welchem teilhabefördernden Verfahren ich raten kann. Ich weiß, dass es kein „Universalkonzept" der Teilhabe gibt; deshalb beziehe ich Schlüsselpersonen in den Prozess des Abwägens ein, welches Verfahren unter den vorherrschenden Verhältnissen (auf der Grundlage einer Politikfeldanalyse) in der gegebenen Situation angemessen sein könnte. Auch diese Entscheidungen spielen sich in der Arena ab, denn allein schon der Umstand, Bewohner*innen in ungewohnter Weise zu beteiligen (wem ist z. B. schon bekannt, was „Dragon Dreaming" bedeutet und welche Folgen das Verfahren haben kann?), kann (und wird) Widerstand und Konflikte auslösen.

Hierbei (und allen anderen Konflikten) kommt der informellen Kommunikation (z. B. dem Gespräch unter Nachbar*innen, dem Tratsch im Quartier) eine die *lokale Öffentlichkeit* stark beeinflussende Bedeutung zu (denn so verbreitet sich eine Nachricht wie ein „Lauffeuer").

Dazu zählen die Aktionen im öffentlichen Raum, die kreativ Themen des Gemeinwesens erfahrbar machen und in die allgemeine Wahrnehmung rücken, sei es durch flashmobs, Straßentheater u. ä., direkte Aktionen (symbolische wie faktische Besetzungen u. a.) oder konfliktorientierte Verfahren sowie (Gegen-)Öffentlichkeit: Sich zeigen, öffentlich präsent zu werden, stellt nicht nur eine Ermutigung für Menschen dar, die sonst unbeachtet bleiben, sich und ihre Interessen zu artikulieren. Es handelt sich auch um eine systematische Beeinflussung der lokalen Öffentlichkeit, um im Gespräch unter Bürger*innen oder durch digitale Formen (z. B. soziale Netzwerke) Botschaften über Gehörtes, Gesehenes und Erfahrenes in Umlauf zu bringen (Storytelling), denn es gilt, dass Menschen Inhalte und Themen, die in Geschichten „verpackt" werden, lieber hören, sich besser merken und auch eher weitererzählen werden. Es entsteht somit systematisch ein Raum zum Berichten und zum Besprechen. Praxisberater*innen können dabei zur Entfaltung sonst unterdrückter, ungehörter oder ignorierter Kommunikation fungieren (Wendt 2021a: 295 f.).

Es geht um ein „(i)nformiertes Einmischen als politische Handlungsmaxime", um eine Einmischung „als offensive Notwendigkeit eines kräftigen Überschreitens der eigenen Grenzen" (Thiersch 2014: 33; vgl. Kloss/Nenke 2020: 236), weshalb auch Formen medialer Skandalisierung (von Leserbriefen bis zum Whistleblowing [vgl. Burkhardt 2023] z. B. über aufgrund unzureichender Mittelausstattung unhaltbare Zustände in Einrichtungen) zum Aktionsspektrum einer konfliktfähigen Sozialen Arbeit im Gemeinwesen gehören müssen (vgl. Seithe/Wiesner-Rau 2013: 22).

Um diesen unterschiedlichen Aufgaben gerecht werden zu können, ist es nach meiner Wahrnehmung erforderlich, sich Praxisberater/in funktional als *Navigator/in im Gemeinwesen* zu verstehen. *Navigieren* stellt eine Leistung dar, offen und virtuos mit den gegebenen Arbeitsformen und Verfahren umzugehen, z. B. Jugendliche aus dem Jugendraum in ihrer Auseinandersetzung mit der Nachbarschaft durch situationsangemessene Herangehensweisen zu unterstützen (z. B. die Nachbar*innen zu ermutigen, tatsächlich in den Jugendraum zu gehen [was Erwachsene doch eher ungern machen] und die Jugendlichen zu coachen, die nächste Beratung des JHA zu coachen [wenn es dort um die Jugendarbeit im Allgemeinen und den Jugendraum in Besonderen geht]). Diese Herangehensweise ist ein Unikat; auch dann, wenn sich später einmal ein ähnlicher Sachverhalt ergeben sollte, wird die Situation, in der eine andere Gruppe Jugendlicher einen selbstorganisierten Jugendraum aufbauen will, eine andere sein (weil es zu. B. neue Nachbar*innen mit gänzlich anderen Vorstellungen gibt); auch die handelnden politischen Akteure sind dann andere (oder sie haben inzwischen neue Erfahrungen gesammelt) und das Politikfeld mit dem sozialpolitischen Handlungsraum hat sich weiterentwickelt (womöglich haben sich neue finanzielle Spielräume oder Zwänge ergeben, die eine finanzielle Unterstützung der Gemeinde verändern).

Die hierbei erkennbare Professionalität der Praxisberater*innen kennzeichnet deshalb auch, das Unvorhersehbare, Multidimensionale und Einmalige in der gegebenen Situation auszuhalten: Welches Verfahren in welchen Verhältnissen als angemessen anzusehen ist, wird nur im Einzelfall zu klären sein. Es zeigt sich *kein* explizites Schema, das stets in vergleichbaren Situationen als *gültig* anzusehen wäre. Methodisches Handeln hat immer den „Charakter von Experimenten" (Freigang 2007: 104), sind doch die Ergebnisse (bedingt durch eine Vielzahl unbestimmbarer Faktoren) stets ungewiss. Ein Zusammenhang zwischen vorweggedachtem Weg, Handlungsvollzug und (gewünschten) Ergebnissen lässt sich in der Sozialen Arbeit nicht herstellen; der Verlauf sozialer Prozesse ist nicht vorherzusehen (vgl. Galuske/Müller 2010: 593). Es gibt keine eindeutige, methodisch abgestützte Handlungsweise, wie ich als Praxisberater/in mit Interessen, Bedarfslagen oder Konflikten umgehen und diese bewältigen (helfen) kann. Hierfür ist stets eine situationsgerechte Herangehensweise erforderlich.

Welches Verfahren in welchem Fall als angemessen anzusehen ist, wird nur im Einzelfall zu klären sein, eine individualisierte, verfahrensoffene Herangehensweise ist stets erforderlich (vgl. Thiersch 1993, 2002c), was auch zur Folge hat, dass es sich im Regelfall um einen „Methodenmix" handeln wird, d. h. eine anlassangemessene Zusammenstellung unterschiedlicher Verfahren. Dies mag oberflächig als „zufälliger Eklektizismus" abgetan werden (vgl. Stimmer 2006: 225). Der hier aus den Anforderungen einer Alltagsoffenheit abgeleitete *reflektierten Eklektizismus* ist vielmehr natürlich: Methodisches Handeln auch im Gemeinwesen kennt keine Grenzen; neue Verfahren sind ebenso wie Kombination oder Erweiterung bestehender Verfahren dann sinnvoll, wenn sie die Arbeit erleichtern und neuen Aufgaben angemessener gerecht werden. Ich habe mich z. B. oft gefragt, warum Verfahren wie die Dorfmoderation nicht auf städtische Quartiere übersetzbar sein sollen (denn das hörte ich doch gelegentlich); umgekehrt können vom demografischen Wandel betroffene und durch das herrschende politische Regime ebenfalls marginalisierte Dörfer von der Praxis der Nachbarschaftsarbeit städtischer Quartiere gut profitieren. Es handelt sich um die „Phantasie, in gegebenen Schwierigkeiten Alternativen und freie Optionen zu entwickeln" (Thiersch 1992: 215 f.), längerfristige Projekte durchzuhalten und zu planen, zu organisieren und zu „managen". Als Praxisberater muss ich in einer gegebenen Situation diese (Entwicklungs-)Leistung erbringen, reflektiert eklektisch (und damit: kreativ) eine situationsangemessene Vorgehensweise zu entwickeln.

Dies lässt sich als „Navigieren" beschreiben (vgl. Wendt 2021a: 416 ff.), wobei sich eine Analogie anbietet, diese Handlungsweise zu illustrieren: das Bild von der nautischen Kunst, ein Schiff zu navigieren. Die Schiffer des Spätmittelalters verfügten nur über ungenügende nautische Hilfsmittel; die Kunst der Navigation zu beherrschen und z. B. die Gestirne zur Orientierung zu nutzen, erwies sich für sie als überlebenswichtig. Navigation als die Kunst, ein Schiff unter solch widrigen Bedingungen zu führen, charakterisiert auch die Leistung von Praxisberater*innen: Auch sie haben keine Sicherheit im Umgang mit Fällen und Situationen, mit und in denen sie handeln müssen. Es gibt dabei nicht *den einen Modus*, erfolgreich Soziale Arbeit im Gemeinwesen zu leisten. Gelingende Navigation als Wahl geeigneter Verfahren und Vorgehensweisen in einer gegebenen Situation der Ungewissheit ist somit als eine (Vermittlungs-)Leistung zu begreifen, die im Spannungsverhältnis unterschiedlicher Interessen erbracht werden muss. Entscheidend ist ihre Kundigkeit, in Kenntnis der Rahmenbedingungen der sozialen Umwelt und Nutzung der dort gegebenen Möglichkeiten (erfolgreich) navigieren zu können. Dazu ist (Navigations-)Wissen (z. B. zu den unterschiedlichen Lebensbedingungen von Menschen in Stadt und Land) und (Navigations-)Können (z. B. aktiv Zuhören zu können) bedeutsam.

Darin besteht die eigentliche (methodische) *Kunst* (!!) von Praxisberater*innen, in einer spezifischen Situation eine (Vermittlungs-)Leistung in Prozessen zu erbringen, die durch das Spannungsverhältnis unterschiedlicher Interessen von Bewohner*innen, Institutionen und Akteuren im Gemeinwesen, rechtlichen Rahmungen und den Ansprüchen der Sozialen Arbeit selbst mit ihren persönlichen Überzeugungen und fachlichen Vorstellungen gekennzeichnet ist. „Am Fall" geht es um das Zusammentragen unterschiedlichster Informationen und Daten. Eine (transparente, reflektiert) eklektische Konstruktionsleistung, die unterschiedliche theoretische Zugänge, Konzepte, Methoden und Verfahren anlassangemessen zu integrieren weiß, stellt somit eine Grundfigur des professionellen Handelns dar – im Gemeinwesen nicht anders als in der Einzelfall- und der Sozialen Gruppenarbeit.

Literatur

Addams, J., (1902/2023): Democracy and Social Ethics, New York; dt.: Demokratie und Soziale Ethik (hg. durch M. Hundeck und E. Mührel), Weinheim und Basel 2023
Addams, J. (1910/1913): Twenty Years at Hull-House, New York 1910 (dt.: Zwanzig Jahre sozialer Frauenarbeit in Chicago, München 1913)
afp/agence france press (2023): Über elf Prozent können sich nur selten Fleisch leisten; in: ntv.de online vom 31. Juli 2023; URL: https://www.n-tv.de/politik/Uber-elf-Prozent-koennen-sich-nur-selten-Fleisch-leisten-article24294835.html (16. Aug. 2023)
agonda (2023): Zukunftskonferenz – Future Search; URL: http://www.zukunftskonferenzen.de/ (25. Juni 2023)
AKS Berlin/Arbeitskreis Kritischer Sozialarbeiter Berlin (1974): Gemeinwesenarbeit als Ideologie und soziale Kontrolle; in: Victor-Gollancz-Stiftung (Hg.), Reader zur Theorie und Strategie von Gemeinwesenarbeit, Frankfurt/M. (Reprint 1978): 48–63
Alexander, R. (2018): Hull-House in Chicago; in: Lindner, R. (Hg.), „Wer in den Osten geht, geht in ein anderes Land", Berlin und Boston: 61–78
Alinsky, S. (1971): Die Rolle informeller Führer beim Aufbau von Volksorganisation; in: Müller, C. W., und Nimmermann, P. (Hg.), Stadtplanung und Gemeinwesenarbeit, München 1971: 195–207
Alinsky, S. D. (1972/2010): Call Me A Radical, Organizing und Empowerment – Politische Schriften, Berlin 2010 (Auszug urspr. aus: „Rules for Radicals – A Pragmatic Primer for Realistic Radicals", New York 1972)
Alinsky, S. D. (1973): Leidenschaft für den Nächsten, Gelnhausen
Alinsky, S. D. (1974): Die Stunde der Radikalen, Gelnhausen
Alinsky, S. D. (1984/1999): Anleitung zum Mächtigsein, Göttingen, 2. Aufl. Göttingen
Alinsky, S. D. (2011): Call Me a Radical: Organizing und Empowerment, Göttingen
Alinsky, S. D. (2022): Rebell trifft „Playboy" – Interview; in: Meier, T., Penta, L., und Richter, A. (Hg.), Community Organizing, Weinheim und Basel: 12–26
Albers, G. (2014): Konflikt, Gemeinwesenmediation und Soziale Arbeit; in: Benz, B., u. a. (Hg.), Politik Sozialer Arbeit (Bd. 2), Weinheim und Basel: 286–299
Alisch, M. (2020): Freiwilliges Engagement älterer Menschen und freiwilliges Engagement für ältere Menschen; in: Aner, K., und Karl, U. (Hg.), Handbuch Soziale Arbeit und Alter, Wiesbaden: 239–249
Althaus, M. (2017): Grundsätze der Politikberatung für die kommunale Lobby; in: Lindner, W., und Pletzer, W. (Hg.), Kommunale Jugendpolitik, Weinheim und Basel: 252–269
Amrhein, L., u. a. (2018): Die Jungen Alten II. Aktualisierte Expertise zur Lebenslage von Menschen im Alter zwischen 55 und 65 Jahren, Köln
Amt für Statistik Berlin-Brandenburg (2016): Statistischer Bericht. Sonstige Einrichtungen und tätige Personen in der Kinder- und Jugendhilfe in Berlin, Berlin
Anderl, M., und Reineck, U. (2016): Handbuch Prozessberatung, 2. Aufl. Weinheim
Angele, G. (1994): Politische Aktivierung von BewohnerInnen in Notunterkünften; in: Bitzan, M., und Klöck, T. (Hg.), Jahrbuch Gemeinwesenarbeit 5, München: 208–216
Anhorn, R. (2008): Warum sozialer Ausschluss für Theorie und Praxis Sozialer Arbeit zum Thema werden muss; in: Anhorn, R., Bettinger, F., und Stehr, J. (Hg.), Sozialer Ausschluss und Soziale Arbeit, Wiesbaden: 14–28
Anhorn, R. (2019): Soziale Arbeit im Neoliberalismus; in: Otto, H.-U. (Hg.), Soziale Arbeit im Kapitalismus, Beltz Juventa, Weinheim und Basel, 85–108

Anhorn, R. (2022): Kritische Soziale Arbeit – was könnte das sein? In: Wendt, P.-U. Hg.), Kritische Soziale Arbeit, Weinheim und Basel 2022: 42–57
Anhorn, R., u. a. (Hg.) (2012): Kritik der Sozialen Arbeit – kritische Soziale Arbeit, Wiesbaden
Anhorn, R., und Stehr, J. (2018): Kritische Soziale Arbeit; in: Graßhoff, G., Renker, A., und Schröer, W. (Hg.), Soziale Arbeit. Eine elementare Einführung, Wiesbaden: 341–355
Antons, K. (1996): Praxis der Gruppendynamik, 6. Aufl. Göttingen, Toronto und Zürich
ARGEBAU (Ausschuss für Bauwesen und Städtebau und Ausschuss für Wohnungswesen) (2000): Leitfaden zur Ausgestaltung der Gemeinschaftsinitiative „Soziale Stadt"; in: Deutsches Institut für Urbanistik (Hg.), Arbeitspapiere zum Programm Soziale Stadt, Bd. 3, Berlin: 1–18
BAG SE+GWA / Bundesarbeitsgemeinschaft Soziale Stadtentwicklung und Gemeinwesenarbeit (2009): Zivilgesellschaftliche Netzwerke in der Sozialen Stadt stärken. Berliner Memorandum, Hannover
BAG SW / MJA / Bundesarbeitsgemeinschaft Streetwork / Mobile Jugendarbeit (2018): Fachliche Standards Streetwork und Mobile Jugendarbeit; URL: https://irp-cdn.multiscreensite.com/5c840bc2/files/uploaded/Fachstandards_BAG_2018_final.pdf (18. Mai 2022)
BAG W (2023a) / Bundesarbeitsgemeinschaft Wohnungslosenhilfe: Factsheet Wohnungsnot und Wohnungslosigkeit in Deutschland, Berlin 2023
BAG W (2023b) / Bundesarbeitsgemeinschaft Wohnungslosenhilfe: 372.000 untergebrachte wohnungslose Personen in Deutschland, Pressemitteilung), Berlin, 2. Aug. 2023
BAG W (2023c) / Bundesarbeitsgemeinschaft Wohnungslosenhilfe: Mindestens 607.000 Menschen in Deutschland wohnungslos (Pressemitteilung), Berlin 7. November 2023
Baldas, E. (Hg.) (2010): Community Organizing, Freiburg / Brsg.
Bayer, K. (2021): Bürgergenossenschaften in den neuen Ländern, Berlin und Borsdorf
Bauer, R., und Szynka, P. (2004): Wer war Saul D. Alinsky? In: Odierna, S., und Berendt, U. (Hg.), Gemeinwesenarbeit, Neu-Ulm: 33–44
BBSR / Bundesinstitut für Bau-, Stadt- und Raumforschung (2020): URL: https://www.bbsr.bund.de/BBSR/DE/Raumbeobachtung/Raumabgrenzungen/Kreistypen2/kreistypen.html und https://www.bmel.de/DE/Laendliche-Raeume/Infografiken/node.html (1. Febr. 2020)
Baum, D. (2006): Die Stadt in der Sozialen Arbeit; in: Badawia, T., Luckas, H., und Müller, H. (Hg.), Das Soziale gestalten, Wiesbaden: 167–184
Beck, I. (Hg.) (2016): Inklusion im Gemeinwesen, Stuttgart
Becker, M. (2014): Soziale Stadtentwicklung und Gemeinwesenarbeit in der Sozialen Arbeit, Stuttgart
Becker, M. (2017): Gemeinwesen, Quartiere, Gemeinwesenarbeit; in: Forum Wohnen und Stadtentwicklung 4/2017: 176–180
Becker, M. (2019): Beteiligungs- und Vernetzungsmodelle auf Stadtteil- und Quartierebene; in: Riede, M., und Dölker, F. (Hg.): Gemeinwesenarbeit und lokale Demokratie, Bonn: 23–41
Becker, M. (2020a): Quartierarbeit als professionelle Soziale Arbeit zur Verminderung oder Verhinderung von Erfahrungen einer „Bürgerschaft 2. Klasse" aus sozialraumorientierter Perspektive; in: Bildungsforschung 1/2020: 1–17
Becker, M. (2020b): Sozialraumorientierung im Handlungsfeld der Sozialen Arbeit in und mit Gemeinwesen; in: ders. (Hg.): Handbuch Sozialraumorientierung, Stuttgart: 60–100
Becker, A., und Schnur, O. (2021): Digitale Nachbarschaften; in: vhw / Bundesverband Wohnen und Stadtentwicklung (Hg.): Factsheet Nachbarschaft Nr. 6, Berlin
Beckmann, K., Ehlting, T., und Klaes, S. (2018): Berufliche Realität im Jugendamt, Freiburg / Brsg.
Behn, S., u. a. (2013): Lokale Aktionspläne für Demokratie, Weinheim und Basel
Berg-Schlosser, D., und Stammen, T. (2003): Einführung in die Politikwissenschaft, 7. Aufl. München
Berndt, E., und Fritz, R. (2013): street college; in: dreizehn. Zeitschrift für Jugendsozialarbeit 10/2013: 44–48
Berndt, E. (2019): Aufsuchende Jugendsozialarbeit; in: Sozialmagazin 7–8/2019: 70–75

Bertelsmann-Stiftung (2021): Deliberative Demokratie: Mehr als nur wählen, Gütersloh
Bertram, M. (2022): „Wann einmischen?"; in: Wendt, P.-U. (Hg.), Kritische Soziale Arbeit, Weinheim und Basel: 110–125
Bessette, J. (1980): Deliberative Democracy: The Majority Principle in Republican Government; in: Goldwin, R. A., und Schambra, W. A. (Hg.), How Democratic is the Constitution? Washington: 102–116
Bessette, J. (1994): The Mild Voice of Reason, Chicago
Betschka, J. (2019): „Da ist so viel Destruktives, weißte?" In: Die Zeit online, 16. Juni 2019
Bettinger, F. (2009): Perspektiven kritischer Sozialer Arbeit; in: Theorie und Praxis der Sozialen Arbeit 4/2009, 301–309
Bettinger, F. (2013): Widerstand an allen Fronten! In: Zimmermann, I., u. a.: Anatomie des Ausschlusses, Wiesbaden: 339–431
Bettinger, F. (2022): "… genau hinsehen, geduldig nachdenken und sich nicht dumm machen lassen! In: Wendt, P.-U. (Hg.), Kritische Soziale Arbeit, Weinheim und Basel: 17–41
Beyer, T. (2015): Seniorengenossenschaften zwischen Bürgerschaftlichem Engagement und wirtschaftlichem Interesse; in: Beyer, T., Görtler, E., und Rosenkranz, D. (Hg.), Seniorengenossenschaften, Weinheim und Basel: 50–56
Bieker (2020a), R.: Kommune; in: socialnet Lexikon, 15. Juli 2020; URL: https://www.socialnet.de/lexikon/Kommune (17. Juli 2020)
Bieker (2020b), R.: kommunale Selbstverwaltung; in: socialnet-Lexikon, 15. Juli 2020; URL: https://www.socialnet.de/lexikon/Kommunale-Selbstverwaltung (17. Juli 2020)
Binne, H. (2010): Beteiligung konkret: das Prinzip der Bremer Stadtteilgruppen / Lokale Foren; in: BAG Soziale Stadtentwicklung und Gemeinwesenarbeit e. V. (Hg.), Zivilgesellschaftliche Netzwerke in der Sozialen Stadt stärken! Bonn: 29–31
Binne, H., und Teske, I. (2017): Zurück zu den Wurzeln oder Aufbruch in eine neue Zeit? In: Riede, M., und Noack, M. (Hg.), Gemeinwesenarbeit und Migration, Bonn: 16–23
BJK / Bundesjugendkuratorium (2017): Demokratie braucht alle, Berlin
Blanke, M., und Lang, R. (2010): Soziales Engagement von Unternehmen als strategische Investition in das Gemeinwesen; in: Hardtke, A., und Kleinfeld, A. (Hg.), Gesellschaftliche Verantwortung von Unternehmen, Wiesbaden: 242–272
Bleck, C., u. a. (2018): Sozialräumliche Perspektiven in der stationären Altenhilfe, Wiesbaden
Blum, S., und Schubert, K. (2009): Politikfeldanalyse, Wiesbaden
BMEL / Bundesministerium für Ernährung und Landwirtschaft (2022a): Soziale Dorfentwicklung, Berlin
BMEL / Bundesministerium für Ernährung und Landwirtschaft (2022b): Gemeinsam stark, Berlin
BMEL / Bundesministerium für Ernährung und Landwirtschaft (2022c): Ländliche Regionen im Fokus, Berlin
BMFSFJ / Bundesministerium für Familie, Senioren, Frauen und Jugend (Hg.) (2005): Fünfter Bericht zur Lage der älteren Generation in der Bundesrepublik Deutschland, Berlin
BMFSFJ / Bundesministerium für Familie, Senioren, Frauen und Jugend (Hg.) (2010): Sechster Bericht zur Lage der älteren Generation in der Bundesrepublik Deutschland, Berlin
BMFSFJ / Bundesministerium für Familie, Senioren, Frauen und Jugend (Hg.) (2021): Freiwilliges Engagement in Deutschland, Berlin
BNN / Bündnis für gute Nachbarschaft Niedersachsen (2021): Gründungserklärung, Hannover; URL: https://www.gutenachbarschaft-nds.de/gruendungserklaerung (21. Juni 2022)
Bock, V. (2018): Versuche linkspopulistischer Klassenpolitik in der Praxis; in: realistisch und radikal. Das Debattenheft der sozialistischen Linken 8/2018: 54–56
Boeltner, J. (2007): Sozialraumanalyse – soziale Räume vermessen, erkunden, verstehen; in: Michel-Schwartze, B. (Hg.), Methodenbuch Soziale Arbeit, Wiesbaden: 259–292
Boer, J., und Utermann, K. (1970): Gemeinwesenarbeit, Stuttgart

Boettner, J. und Schweitzer, H. (2019): Gemeinwesenarbeit und öffentlicher Raum, In: Sozial Extra 6/2019: 388–390

Bogumil, J., und Holtkamp, L. (2013): Kommunalpolitik und Kommunalverwaltung, Bonn

Bohlen, S. (2017): Soziale Arbeit als Menschenrechtsprofession; in: Soziale Arbeit 7/2017: 256–262

Böhnisch, L., und Münchmeier, R. (1993): Pädagogik des Jugendraums, 2. Aufl. Weinheim und München

Böhnisch, L. (2013): Lebensbewältigung und Bewältigung als Kategorien der Gemeinwesenarbeit; in: Stövesand, S., Stoik, C., und Troxler, U. (Hg.), Handbuch Gemeinwesenarbeit, Opladen, Berlin und Toronto: 122–127

Bokelmann, S., und Wendt, P.-U. (2022): Sozialarbeiterisches Handeln in Kindertagesstätten; in: Swat, M., und Reifenhäuser, A. (Hg.), Praxishandbuch Kita-Sozialarbeit, Weinheim und Basel: 37–70

Bonas, I., und Schwarz, C. (2018): Planning for Real; in: Stiftung Mitarbeit und Österreichische Gesellschaft für Umwelt und Technik/ÖGUT (Hg.), Bürgerbeteiligung in der Praxis, Bonn: 214–220

Borrmann, S. (2006): Soziale Arbeit mit rechten Jugendlichen, Wiesbaden

Borrmann, S. (2016): Jugendarbeit mit rechten Jugendlichen; in: Soziale Arbeit 5/2016: 162–167

Borstel, D., und Fischer, U. (2018): Politisches Grundwissen für die Soziale Arbeit, Stuttgart

Bott, J. M. (2022): Netzwerke und Netzwerkarbeit für das Älterwerden; in: Bleck, C., und van Rießen A. (Hg.); Soziale Arbeit mit alten Menschen, Wiesbaden: 667–683

Boulet, J. J., Krauss, F. J., und Oelschlägel, D. (1980): Gemeinwesenarbeit. Eine Grundlegung, Bielefeld

Bourdieu, P. (1983): Ökonomisches Kapital, kulturelles Kapital, soziales Kapital; in: Kreckel, R. (Hg.), Soziale Ungleichheiten, Göttingen: 183–198

Bourdieu, P. (1985): Sozialer Raum und „Klassen", Frankfurt/M.

Bradl, C., und Küppers-Stumpe, A. (2018): Gemeinweseningetration und Vernetzung; in: Schwalb, H., und Theunissen, G. (Hg.), Inklusion, Partizipation und Empowerment in der Behindertenarbeit, 3. Aufl. Stuttgart: 57–76

Braun, K.-H. (2020): Soziales Milieu; in: Wendt, P.-U. (Hg.), Soziale Arbeit in Schlüsselbegriffen, Weinheim und Basel 2020: 83–87

Braun, K.-H., und Wetzel, K. (2010): Sozialreportage, Wiesbaden

Braun, K.-H., Elze, M., und Wetzel, K. (2016): Sozialreportage als Lernkonzept, Wiesbaden

Braun, K.-H., Elze, M., und Wetzel, K. (2015): Sozialreportage als Methode der sozialraumbezogenen Tiefenhermeneutik – am Beispiel städtischer Grafittikulturen; in: Dörr, M., Füssenhäuser, C., und Schulze, H. (Hg.), Biografie und Lebenswelt, Wiesbaden: 209–226

Bretherton, L. (2022): Der Ursprung des Community Organizings; in: Meier, T., Penta, L., und Richter, A. (Hg.), Community Organizing, Weinheim und Basel: 30–74

Brock, J. (2017): Hybride Streetwork; in: sozialraum.de 1/2017; URL: https://www.sozialraum.de/hybride-streetwork.php (18. Mai 2022)

Brock, J. (2018): Digitale Lebenswelt – Hybride Mobile Jugendarbeit; in: Rundbrief der Gilde Soziale Arbeit 2/2018: 17–25

Bronfenbrenner, U. (1976): Ökologische Sozialisationsforschung, Stuttgart

Brown, J., und Isaacs, D. (2005): The World Café: Shaping our Futures Through Conversation That Matter, San Francisco

Brown, J., und Isaacs, D. (2007): Das World Café, Heidelberg

Buck, G. (1982): Gemeinwesenarbeit und kommunale Sozialplanung, Berlin

Bulliger, H. und Nowak, J. (1998): Soziale Netzwerkarbeit, Freiburg/Brsg.

bürgerrat.de (2022): Was ist ein Bürgerrat? URL: https://www.buergerrat.de/ueber-buergerraete/was-ist-ein-buergerrat/ (25. Juli 2022)

Burkart, G., und Meyer, N. (Hg.) (2016): „Die Welt anhalten", Weinheim und Basel: Teile I und IV

Burkhardt, M. (2023): Whistleblowing – Selbstschutz bei ethisch begründeten Entscheidungen; in: Prasad, N. (Hg.), Methoden struktureller Veränderung in der Sozialen Arbeit, Opladen und Toronto: 204–220

Busch-Geertsema, V. (2013): Housing First Europe; in: Nachrichtendienst des Deutschen Vereins 11/2013: 503–509

Butterwegge, C. (2010): Neoliberale Modernisierung, Sozialstaatsentwicklung und Soziale Arbeit; in: Michel-Schwartze, B. (Hg.), „Modernisierungen" methodischen Handelns in der Sozialen Arbeit, Wiesbaden: 49–88

CGF / Calouste Gulbenkian Foundation (Hg.) (1972): Gemeinwesenarbeit und sozialer Wandel, Freiburg / Brsg.

Chassé, K. A., und Lindner, W. (2014): Kommunale Jugendhilfepolitik; in: Benz, B., u. a. (Hg.), Politik Sozialer Arbeit (Bd. 2), Weinheim und Basel: 157–169

Clausen, J., und Hahn, H. (2012): Vom Theater im Kiez zum Kieztheater; in: Clausen, J., Hahn, H., und Runge, M. (Hg.), Das Kieztheater, Stuttgart: 38–63

Coffey, A. (2018): Dragon Dreaming; in: Stiftung Mitarbeit und Österreichische Gesellschaft für Umwelt und Technik / ÖGUT (Hg.), Bürgerbeteiligung in der Praxis, Bonn: 134–141

Conen, M.-L. (2011): Ungehorsam – eine Überlebensstrategie, Heidelberg

Cooperrider, D. L., Whithney, D., und Stavros, J. M. (2008): Appreciative Inquiry. Handbook, 2. Aufl. Brunswick / Ohio und San Francisco

Croft, J. (2023): DragonDreaming; URL: DragonDreaming_eBook_german_V02.09.pdf (25. Juni 2023)

Cromwell, P. A. (2023): Was ist Community Organizing? URL: https://www.stadtteilarbeit.de/gemeinwesenarbeit/community-organizing/was-ist-community-organizing (25. Juni 2023)

Czimmer-Gauss, B. (2016): Polizei stuft Mailänder Platz als Brennpunkt ein; in: Stuttgarter Nachrichten vom 27. Jan. 2016

Dachverband MJA Stuttgart (2014): Konzeption Mobile Jugendarbeit Stuttgart

Dahme, H.-J., Schütter, S., und Wohlfahrt, N. (2008/2013): Lehrbuch Kommunale Sozialverwaltung und Soziale Dienste. Grundlagen, aktuelle Praxis und Entwicklungsperspektiven, Weinheim und München 2008, 2. Aufl. Weinheim und München

Dahme, H.-J, und Wohlfahrt, N. (2003): Aktivierungspolitik und der Umbau des Sozialstaats; in: Dahme, H.-J., u. a. (Hg,), Soziale Arbeit für den aktivierenden Staat, Opladen: 75–100

Dahme, H.-J., und Wohlfahrt, N. (2005): Sozialinvestitionen – zur Selektivität der neuen Sozialpolitik und den Folgen für die Soziale Arbeit; in: dies. (Hg.), Aktivierende Soziale Arbeit, Hohengehren: 6–20

Dahme, H.-J., und Wohlfahrt, N. (2009): Bürgerschaftliche Sozialpolitik; in: Der pädagogische Blick 2/2009: 81–92

Daubner, B., u. a. (2023): Was ist sozialer Zusammenhalt; in: Hassel, H., u. a. (Hg.), Sozialer Zusammenhalt, Stuttgart: 13 f.

Dauscher, U. (2020): Zukunftswerkstatt; in: socialnet-Lexikon. Bonn, 26. Aug.; URL: https://www.socialnet.de/lexikon/Zukunftswerkstatt (25. Juni 2023)

Deinet, U. (2007): Lebensweltanalyse – ein Beispiel raumbezogener Methoden aus der offenen Kinder- und Jugendarbeit; in: Kessl, F. und Reutlinger, C. (Hg.), Sozialraum, Wiesbaden: 57–71

Deinet, U. (2009): Analyse- und Beteiligungsmethoden; in: ders. (Hg.), Methodenbuch Sozialraum, Wiesbaden: 65–86

Deinet, U. (2017): Herausforderung an sozialräumliche Analysemethoden vor dem Hintergrund der Flexibilisierung der Räume – am Beispiel der Nadelmethode; in: Alisch, M., und May, M. (Hg.), Methoden der Praxisforschung im Sozialraum, Opladen, Berlin und Toronto: 201–215

Deinet, U., und Knopp, R. (2022): Sozialraumorientierung und Sozialraumarbeit; in: Bleck, C., und van Rießen A. (Hg.); Soziale Arbeit mit alten Menschen, Wiesbaden: 685–699

Destatis (2021) / Statistisches Bundesamt: Ergebnisse der 14. koordinierten Bevölkerungsvorausberechnung; URL: https://www.destatis.de/DE/Themen/Gesellschaft-Umwelt/Bevoelkerung/Bevoelkerungsvorausberechnung/Tabellen/variante-1-2-3-altersgruppen.html (4. März 2021)

Destatis (2023) / Statistisches Bundesamt: Pressemitteilung Nr. 305 vom 2. August 2023; URL: https://www.destatis.de/DE/Presse/Pressemitteilungen/2023/08/PD23_305_229.html (5. Aug. 2023)

Dewey, J. (1996): Die Öffentlichkeit und ihre Probleme (1927), Bodenheim

DFeV / Dynamic Facilitation e. V. (2022): Der Bürger*innenrat mit DF; URL: https://dynamicfacilitation.org/was-ist-der-buergerinnen-rat-bzw-buergerrat/ (20. Juli 2022)

DGSA-FG / Deutsche Gesellschaft für Soziale Arbeit / Fachgruppe Soziale Arbeit in Kontexten des Alter(n)s (2022): Positionspapier zur Sozialen Arbeit in Kontexten des Alter(n), s. o. O. (Sersheim)

Die große Jugendhilfe Reklamat!on (2020): Auswertungsverfahren; URL: https://jugendhilfereklamation.de/abstimmung/ (25.11.2020)

Dilk, A., und Tuchan, S. (2007): „Wir sind vor allem Vermittler"; in: Penta, L. (Hg.), Community Organizing, Hamburg: 199–206

dpa/deutsche presseagentur: Zahl der Sozialwohnungen sinkt weiter; in: ntv.de online vom 31. Juli 2023; URL: https://www.n-tv.de/politik/Zahl-der-Sozialwohnungen-sinkt-weiter-article24294872.html (16. Aug. 2023)

Dölker, F. (2006): Russisch – deutsch – deutschrussisch; in: deutsche jugend 9/2006: 383–389

Dölker, F. (2009): „Da könnte ja jeder kommen …!" – Streetworker als Profis ohne Eigenschaften? In: Dölker, F., und Gillich, S. (Hg.), Streetwork im Widerspruch, Gründau: 100–113

Dollinger, B. (2006): Zur Einleitung: Perspektiven aktivierender Sozialpädagogik; in: ders. und Raithel, J. (Hg.), Aktivierende Sozialpädagogik, Wiesbaden: 7–22

Domes, M., und Wagner, L. (2020): Haltung (Gesinnung); in: socialnet-Lexikon; URL: https://www.socialnet.de/lexikon/Haltung-Gesinnung (10. Aug. 2020)

DPWV (2020) / PARITÄTISCHER Gesamtverband: Expertise: Arm, abgehängt, ausgegrenzt. Pressemitteilung vom 31. August 2020; URL: https://www.der-paritaetische.de/publikationen/expertise-arm-abgehaengt-ausgegrenzt-eine-untersuchung-zu-mangellagen-eines-lebens-mit-hartz-iv/ [3. Sept. 2020]

DPWV (2021) / PARITÄTISCHER Gesamtverband: Glossar Kinder- und Jugendhilferecht; in: Textor, M., u. a. (Hg.), SGB VIII Online-Handbuch, o. J. (2021); URL: https://www.sgbviii.de/s42.html [8. Jan.2021]

DPWV (2022) / PARITÄTISCHER Gesamtverband: Überzeugend sozial! Berlin

DPWV (2023a) / PARITÄTISCHER Gesamtverband: Zwischen Pandemie und Inflation – Paritätischer Armutsbericht 2022, 2. akt. Aufl. Berlin

DPWV (2023b) / PARITÄTISCHER Gesamtverband: Armut deutlich größer als angenommen (Pressemitteilung), Berlin

Drilling, M., und Oehler, P. (2021a): Was sind Nachbarschaften? In: vhw / Bundesverband Wohnen und Stadtentwicklung (Hg.): Factsheet Nachbarschaft Nr. 1, Berlin

Drilling, M., und Oehler, P. (2021b): Für wen Nachbarschaft wie relevant ist; in: vhw / Bundesverband Wohnen und Stadtentwicklung (Hg.): Factsheet Nachbarschaft Nr. 2, Berlin

Drilling, M., und Oehler, P. (2021c): Nachbarschaftshilfe und Unterstützung im Alltag; in: vhw / Bundesverband Wohnen und Stadtentwicklung (Hg.): Factsheet Nachbarschaft Nr. 3, Berlin

Droel, W., und Pierce, G. F. A. (1997): Activism That Makes Sense: Congregations and Community Organization, Chicago

DV / Deutscher Verein für öffentliche und private Fürsorge e. V. (Hg.) (2019): Soziale Arbeit in der digitalen Transformation, Freiburg / Brsg.

Eberhard, U., u. a. (2003): Die Organizer-Spirale, 2. Aufl. Bonn

Eberlei, W., Neuhoff, K., und Riekenbrauk, K. (2018): Menschenrechte – Kompass für die Soziale Arbeit, Stuttgart

Eigner-Thiel, S., u. a. (2020): Dorfmoderation Niedersachsen 4: Dorfanalyseschema, Göttingen
Enders, K., Miraß, T., und Romoli, A. (2018): „Was ist denn bitte radikal?"; in Stiftung Mitarbeit und Bewegungsstiftung (Hg.): Engagement in Aktion, Bonn und Verden: 114–121
Endt, C., und Jacobsen, L.: Die Meinung der Unsichtbaren; in: ZEIT online vom 30. Juni 2022; URL: https://www.zeit.de/gesellschaft/2022-06/studie-more-in-common-gesellschaft-krisen-demokratie (10. Juli 2022)
Engelhardt, T. (2022): Dynamic Facilitation; URL: https://vdokument.com/dynamic-facilitation-transformation-labde-was-ist-dynamic-facilitation-klassische.html (21. Juli 2022)
Eylert-Schwarz, A. (2014): Politik für Kinder, mit Kindern, von Kindern – Partizipation als Aufgabe der Sozialen Arbeit; in: Panitzsch-Wiebe, M., Becker, B., und Kunstreich, T. (Hg.), Politik der Sozialen Arbeit – Politik des Sozialen, Opladen, Berlin und Toronto: 255–263
Falk, K., und Wolter, B. (2018): Sozialräumliche Voraussetzungen für Teilhabe und Selbstbestimmung sozial benachteiligter älterer Menschen mit Pflegebedarf; in: Bleck, C., van Rießen, A., und Knopp, R. (Hg.), Alter und Pflege im Sozialraum, Wiesbaden: 143–160
Fehren, O. (2006): Gemeinwesenarbeit als intermediäre Instanz: emanzipatorisch oder herrschaftsstabilisierend? In: neue praxis 6/2006: 575–595
Fehren, O. (2011): Sozialraumorientierung sozialer Dienste; in: Evers, A., Heinze, R. G., und Olk, T. (Hg.), Handbuch Soziale Dienste, Wiesbaden: 442–457
Fehren, O. (2013): Gemeinwesenarbeit als Akteurin der integrierten Stadtteilentwicklung seit 1993; in: Stövesand, S., Stoik, C., und Troxler, U. (Hg.), Handbuch Gemeinwesenarbeit, Opladen, Berlin und Toronto: 273–279
Fehren, O. (2015): Community Organizing und Soziale Arbeit; in: Forum Community Organizing (Hg.), Handbuch Community Organizing, 2. Aufl. Bonn: 59–68
Fehren, O. (2017): Gemeinwesenarbeit und Sozialraumorientierung – ein ambivalentes Verhältnis; in: Forum Wohnen und Stadtentwicklung 4/2017: 185–188
Fehren, O., und Hinte, W. (2013): Sozialraumorientierung – Fachkonzept oder Sparprogramm? Freiburg/Brsg.
FES//Friedrich Ebert-Stiftung (2018): Die Zukunftskonferenz. Ein Partizipationsverfahren, Bonn
Filipp, S.-H., und Aymanns, P. (2018): Kritische Lebensereignisse und Lebenskrisen, 2. Aufl. Stuttgart
Finger, P. und Rudel, G. (2004): Hinein in die Sitzung! In: Herrmann, R., A. und Munier, G. (Hg.), Kommunal Politik machen, Bielefeld: 57–60
Fischer, J., und Kosellek, T. (2013): Netzwerke und Soziale Arbeit Weinheim und Basel
Flad, C. (2013): Medienkompetenz als integraler Bestandteil der Fachlichkeit; in: Rundbrief der Gilde Soziale Arbeit 2/2013: 31–44
Frank, N. (2012): Praxiswissen Presse- und Öffentlichkeitsarbeit, 2. Aufl. Wiesbaden
Franke, A., u. a. (2017): Kritische Lebensereignisse im Alter, Köln
Franke, T., Löhr, R.-P., und Sander, R. (2000): Soziale Stadt — Stadterneuerungspolitik als Stadtpolitikerneuerung; in: Archiv für Kommunalwissenschaften 2/2000: 243–268
Franzenburg, G. (2021): Planspiel; in: socialnet-Lexikon. Bonn, 4. Aug. 2021; URL: https://www.socialnet.de/lexikon/Planspiel (25. Juni 2023)
Fraser, N. (2001): Halbierte Gerechtigkeit, Frankfurt/M.
Fregin, S. (2021): Mobile Jugendarbeit in integrierten Netzwerkprozessen, Masterthesis, Duale Hochschule Baden-Württemberg, Stuttgart
Fregin, S., u. a. (2020): „Also eigentlich machen wir die gleiche Arbeit wie im Stadtteil, bloß an einem außergewöhnlichen Ort"; in: Landesarbeitsgemeinschaft Mobile Jugendarbeit/Streetwork Baden-Württemberg e. V. (Hg.), Praxishandbuch Mobile Jugendarbeit, Berlin: 123–138
Fregin, S., und Schoppe, L. (2020): Aufsuchende Arbeit im (halb-)öffentlichen Raum; in: Landesarbeitsgemeinschaft Mobile Jugendarbeit/Streetwork Baden-Württemberg e. V. (Hg.), Praxishandbuch Mobile Jugendarbeit, Berlin: 405–416

Freigang, W. (2007): Hilfeplanung; in: Michel-Schwartze, B. (Hg.), Methodenbuch Soziale Arbeit, Wiesbaden: 101–118
Freitag, E. (2020): Kreativitätstechniken, Stuttgart
Friedrich, S. (2010): Arbeit mit Netzwerken; in: Möbius, T. und Friedrich, S. (Hg.), Ressourcenorientiert Arbeiten, Wiesbaden: 63–105
Friedrich, S. (2013): Ressourcenorientierte Netzwerkmoderation, Wiesbaden
Früchtel, F., Budde, W., und Cyprian, G. (2007a): Sozialer Raum und Soziale Arbeit. Textbook, Wiesbaden
Früchtel, F., Budde, W., und Cyprian, G. (2007b): Sozialer Raum und Soziale Arbeit. Fieldbook: Methoden und Techniken, Wiesbaden 2007
Früchtel, F., und Budde, W. (2011a): Soziales Kapital; in: Deutscher Verein für öffentliche und Private Fürsorge (Hg.), Fachlexikon der sozialen Arbeit, 7. Aufl. Baden-Baden: 810–811
Früchtel, F., und Budde, W. (2011b): Sozialraumorientierung; in: Deutscher Verein für öffentliche und Private Fürsorge (Hg.), Fachlexikon der sozialen Arbeit, 7. Aufl. Baden-Baden: 845–847
Fürst, R., und Hinte, W. (2020) (Hg.), Sozialraumorientierung 4.0, Stuttgart 2020
Funcke, A., und Menne, S. (2020): Kinderarmut in Deutschland, Gütersloh
Gädker, J., Sinnig, H., und Thalheim, K. (2014): Checklisten „Altersgerechte Quartiersentwicklung", Erfurt o. J.
Galtung, J. (1975): Strukturelle Gewalt, Reinbek
Galtung, J. (1994): Menschenrechte – anders gesehen, Frankfurt/M., insb. S. 165 ff.
Galtung, J. (2007): Frieden mit friedlichen Mitteln, Münster
Galuske, M. (2003/2013): Methoden der Sozialen Arbeit, 5. Aufl., 11. Weinheim und München
Galuske, M. und Müller, C. W. (2010): Handlungsformen in der Sozialen Arbeit; in: Thole, W. (Hg.), Grundriss Soziale Arbeit, 3. Aufl. Wiesbaden: 587–610
Galuske, M., und Rietzke, T. (2008): Aktivierung und Ausgrenzung; in: Anhorn, R., Bettinger, F., und Stehr, J. (Hg.), Sozialer Ausschluss und Soziale Arbeit, 2. Aufl. Wiesbaden: 399–416
Geißler, K. A., und Hege, M. (2001): Konzepte sozialpädagogischen Handelns, 10. Aufl. Weinheim
Gerlich, W., und Posch, H. (2018): „Blended Participation" – das Beste aus zwei Welten verschränken; in: Stiftung Mitarbeit/Österreichische Gesellschaft für Umwelt und Technik (Hg.), Bürgerbeteiligung in der Praxis, Bonn: 13–17
Germain, C. B., und Gitterman, A. (1999): Praktische Sozialarbeit, 3. Aufl. Stuttgart
Gibson, T. (2018): Wie Planning for Real entstand; in: Schwarz, C. u. a. (Hg.), Planning for Real, 2. Aufl. Bonn: 7–11
Gieschler, S. (2009): Mütterliche Kieze; in: Sozialmagazin 9/2009: 6–9
Giesecke, H. (1971): Jugendarbeit und Emanzipation; in: Neue Sammlung 3/1971: 216–230
Gillich, S. (2004): Ein Arbeitsprinzip schlägt Wurzeln; in: Odierna, S., und Berendt, U. (Hg.), Gemeinwesenarbeit, Neu-Ulm: 267–278
Girke, G. (2021): Subsidiarität; in: Wendt, P.-U., Lehrbuch Soziale Arbeit, 2. Aufl. Beltz Juventa, Weinheim und Basel, 237–240
Götze, R. (2015): Fortschrittliches Modell einer neuen Gesellschaft oder vielmehr konsequent gelebte Nächstenliebe; in: stadtteilarbeit.de (2015); URL: https://www.stadtteilarbeit.de/lernprogramm-stadtteilarbeit/hauptseiten/soziale-arbeitsgemeinschaft-ost-berlin (19. Aug. 2022)
Graeber, D. (2013): Direkte Aktion. Ein Handbuch, Hamburg
Graf, P., Raiser, C., und Zalfen, M. (1976): Sozialarbeit im Obdachlosenbereich, Westberlin
Greving, H., und Hülsmann, I. (2023): Gesprächsführung, Stuttgart
Grieger, G. (2001): Appreciative Inquiry, Paderborn
Grießmeier, N. (2019): „Arbeitskreise kritische Soziale Arbeit" (AKS) als politischer Akteure; in: Toens, K., und Benz, B. (Hg.), Schwache Interessen? Weinheim und Basel: 291–299
Grimm, G., Hinte, W., und Litges, G. (2004): Quartiermanagement: Eine kommunale Strategic für benachteiligte Wohngebiete, Berlin

Grobe, R. (2018): Wie gelingt die Strategie-, Ressourcen- und Kampagnenplanung im Rahmen von Kampagnenarbeit? In: SM-BS / Stiftung Mitarbeit und Bewegungsstiftung (Hg.), Engagement in Aktion, Bonn und Verden: 29–38

Grobys, C. (2020): Soziale Arbeit und Transformative Organizing – eine Verhältnisbestimmung, Bachelorthesis, Hochschule Magdeburg

Groß, S. (2020a): Großgruppenmoderation; in: socialnet-Lexikon. Bonn, 13. Okt. 2020; URL: https://www.socialnet.de/lexikon/Grossgruppenmoderation (25. Juni 2023)

Groß, S. (2020b): Open Space; in: socialnet-Lexikon. Bonn, 22. Dez. 2020; URL: https://www.socialnet.de/lexikon/Open-Space (25. Juni 2023)

Grunwald, K., und Thiersch, H. (2004): Das Konzept Lebensweltorientierte Soziale Arbeit – einleitende Bemerkungen; in: dies. (Hg.), Praxis Lebensweltorientierter Sozialer Arbeit, Weinheim und München: 13–39

Habermann, T. (2010): Nachbarschaftsgärten in Leipzig-Lindenau in: BAG Soziale Stadtentwicklung und Gemeinwesenarbeit e. V. (Hg.), Zivilgesellschaftliche Netzwerke in der Sozialen Stadt stärken!" Bonn: 32–36

Handler, M. (2018): World Café; in: Stiftung Mitarbeit und Österreichische Gesellschaft für Umwelt und Technik / ÖGUT (Hg.), Bürgerbeteiligung in der Praxis, Bonn: 276–282

Hartnuß, B. und Klein, A. (2011): Bürgerschaftliches Engagement; in: Deutscher Verein für öffentliche und Private Fürsorge (Hg.), Fachlexikon der sozialen Arbeit, 7. Aufl. Baden-Baden: 144 f.

Hauser, R., und Hauser, H. (1971): Die kommende Gesellschaft, München und Wuppertal

Hauß, F. (1974): Zur Strategie fortschrittlicher Sozialarbeit; in: Victor-Gollancz-Stiftung (Hg.): Reader zur Theorie und Strategie von Gemeinwesenarbeit, Frankfurt / M.: 252–275

Häußermann, H. (2000): Die Krise der „sozialen Stadt", in: Aus Politik und Zeitgeschichte 10–11/2000: 13 21

Häußermann, H. (2004): „Problembehaftete" Gebiete; in: Odierna, S., und Berendt, U. (Hg.), Gemeinwesenarbeit, Neu-Ulm: 129–139

Häußermann, H. (2011): Das Bund-Länder-Programm „Stadtteile mit besonderem Entwicklungsbedarf – die Soziale Stadt"; in: Dahme, H.-J., und Wohlfahrt, N. (Hg.), Handbuch Kommunale Sozialpolitik, Wiesbaden: 269–279

Häußermann, H., und Kronauer, M. (2009): Räumliche Segregation und innerstädtisches Ghetto; in: Stichweh, R., und Windolf, P. (Hg.), Inklusion und Exklusion, Wiesbaden: 157–173

Hegner, V. (2018): Der Knabenklub; in: Lindner, R. (Hg.), „Wer in den Osten geht, geht in ein anderes Land": Die Settlementbewegung in Berlin zwischen Kaiserreich und Weimarer Republik, Berlin und Boston: 109–128

Hellrigl, M., und Lederer, M. (2019): Wisdom Councils im öffentlichen Bereich; in: Zubizarreta, R., zur Bonsen, M. (Hg.), Dynamic Facilitation, 2. Aufl. Weinheim und Basel: 154–166

Henkel, G. (2016): Rettet das Dorf! München

Henkel, G. (2017): Gebietsreformen sind nicht mehr zeitgemäß; in: kommunal.de vom 18. Oktober 2017; URL: https://kommunal.de/gebietsreformen-sind-nicht-mehr-zeitgemaess (1. Aug. 2022)

Henkel, G. (2020): Das Dorf im Wandel: Zwischen Selbstverantwortung und fortgesetzter Entmündigung; in: Kröhnert, S., Ningel, R., und Thomé, P. (Hg.), Ortsentwicklung in ländlichen Räumen, Bern: 93–110

Herriger, N. (2010/2020): Empowerment in der Sozialen Arbeit. Eine Einführung. 4. Aufl. Stuttgart 2010, 6. Aufl. Stuttgart

Herriger, N., und Kähler, H. D. (2001): Kompetenzprofile in der sozialen Arbeit; in: Archiv für Wissenschaft. und Praxis der Sozialen Arbeit 32/2001: 3–28

Herrmann, F. (2006): Konfliktarbeit. Theorie und Methodik Sozialer Arbeit in Konflikten, Wiesbaden

Herrmann, H. (2019): Soziale Arbeit im Sozialraum, Stuttgart

Herwig-Lempp, J. (2009): Die Macht der Sozialarbeiter; in: Sozialmagazin 5/2009: 32–39

Hesse, J. (1986): Erneuerung der Politik „von unten"? In: ders. (Hg.), Erneuerung der Politik „von unten"? Opladen: 11–25

Hill, B., u. a. (2013): Selbsthilfe und Soziale Arbeit, Weinheim und Basel

Hinte, W. (1993): Die mit den Wölfen tanzen. Intermediäre Instanzen in der Gemeinwesenarbeit; in: Sozial Extra 1/1993: 9–12

Hinte, W. (1994): Intermediäre Instanzen in der Gemeinwesenarbeit: die mit den Wölfen tanzen; in: Bitzan, M., und Klöck, T. (Hg.), Politikstrategien (Jahrbuch Gemeinwesenarbeit, Bd. 5), München: 77–89

Hinte, W. (1997): Management mit Charme – Kommunikation in der Gemeinwesenarbeit; in: Ries, H. A., u. a. (Hg.), Hoffnung Gemeinwesen, Neuwied, Kriftel und Berlin: 280–291

Hinte, W. (1998): Bewohner ermutigen, aktivieren, organisieren; in: Alisch, M. (Hg.), Stadtteilmanagement, Opladen: 153–170

Hinte, W. (2001): Von der Stadtteilarbeit zum Stadtteilmanagement; in: Hinte, W., Lüttringhaus, M., und Oelschlägel, D., Grundlagen und Standards der Gemeinwesenarbeit, Münster: 83–89

Hinte, W. (2010): Von der Gemeinwesenarbeit über die Sozialraumorientierung zur Initiierung von bürgerschaftlichem Engagement; in: Thole, W. (Hg.), Grundriss Soziale Arbeit. Ein einführendes Handbuch, 3. Aufl. Wiesbaden: 663–676

Hinte, W. (2011a): Das Fachkonzept „Sozialraumorientierung" als Grundlage für den Umbau der Jugendhilfe; in: Jugendhilfe 4/2011: 223–230

Hinte, W. (2011b): Sozialraumorientierung und das Kinder- und Jugendhilferecht; in: Sozialpädagogisches Institut im SOS-Kinderdorf e. V. (Hg.): Sozialraumorientierung auf dem Prüfstand, München: 125–156

Hinte, W. (2011c): Gemeinwesenarbeit; in: Deutscher Verein für öffentliche und Private Fürsorge (Hg.), Fachlexikon der sozialen Arbeit, 7. Aufl. Baden-Baden: 340

Hinte, W. (2018a): Gemeinwesenarbeit; in: Braches-Chyrek, R., und Fischer, J. (Hg.), Handlungsmethoden der Sozialen Arbeit, Baltmannsweiler:103–123

Hinte, W. (2018b): Gemeinwesenarbeit; in: Graßhoff, G., u. a. (Hg.), Soziale Arbeit. Eine elementare Einführung, Wiesbaden: 205–216

Hinte, W. (2019a): Gemeinwesenarbeit – Stadtteilarbeit; in: Wegweiser Bürgergesellschaft; URL: https://www.buergergesellschaft.de/mitentscheiden/methoden-verfahren/planungsprozesse-initiieren-und-gestaltend-begleiten/gemeinwesenarbeit-gwa-stadtteilarbeit/ (11. Aug. 2022)

Hinte, W. (2019b): Gemeinwesenarbeit – unter Wert verkauft? In: Sozial Extra 6/2019: 398–403

Hinte, W. (2022): Das Fachkonzept Sozialraumorientierung als Grundlage für regionale Planung und Steuerung; in: Fischer, J., Hilse-Carstensen, T., und Huber, S. (Hg.), Handbuch Kommunale Planung und Steuerung, Weinheim und Basel: 104–115

Hinte, W., und Karas, F. (1989): Studienbuch Gruppen- und Gemeinwesenarbeit. Eine Einführung für Ausbildung und Praxis. Neuwied und Kriftel

Hinte, W., und Karas, F. (1989/2019): Die Aktionsforschung in der Gemeinwesenarbeit (1989); in: Lüttringhaus, M., und Richers, H. (Hg.), Handbuch Aktivierende Befragung, Bonn: 36–53

Hinte, W., und Treeß, H. (2007/2014): Sozialraumorientierung in der Jugendhilfe, Weinheim und München 2007, 3. Aufl. Weinheim und München

Hoffmann, E. (2006): Amt; in: Voigt, R., und Walkenhaus, R. (Hg.), Handwörterbuch zur Verwaltungsreform, Wiesbaden: 1–4

Hofmann, H. (2014): UN-Kinderrechtskonvention und Beteiligungsrechte; in: Forum Jugendhilfe 4/2014: 16–22

Holzinger, H. (2018): Zukunftswerkstatt; in: Stiftung Mitarbeit und Österreichische Gesellschaft für Umwelt und Technik/ÖGUT (Hg.), Bürgerbeteiligung in der Praxis, Bonn: 294–205

Iben, G., u. a. (1981): Gemeinwesenarbeit in sozialen Brennpunkten, München

Israel, G. (2006): Sozial-kulturelle Arbeit im Gemeinwesen – ein Bericht; in: Bütow, B., Chassé, K. A., und Maurer, S. (Hg.), Transformationsprozesse im Osten Deutschlands und die Kinder- und Jugendhilfe, Wiesbaden: 207–217

Jähn, S., und Sülzle, A. (2019): Stadtteilmütter und institutionelle Öffnung; in: Sozial Extra 2/2019: 106–109

Jamoul, L. (2007): Handwerkszeug für Community Organizer; in: Penta, L. (Hg.), Community Organizing, Hamburg: 224–230

Jamoul, L. (2022): Wie funktioniert eine Bürgerplattform? In: Meier, T., Penta, L., und Richter, A. (Hg.), Community Organizing, Weinheim und Basel: 195–200

Janssen, J. (1977): Was heißt da Nachbarschaft? In: Gronemeyer, R., und Bahr, H.-E. (Hg.), Nachbarschaft im Neubaublock, Weinheim und Basel: 73–93

Johanning, W. (2018): Wie kommen wir in die Medien? In: Stiftung Mitarbeit und Bewegungsstiftung (Hg.), Engagement in Aktion, Bonn und Verden: 85–88

Jungk, R. und Müllert, N. R. (1989): Zukunftswerkstätten, 6. Aufl. München

Kaase, M. (1982): Partizipatorische Revolution – Ende der Parteien? In: Raschke, J. (Hg.), Bürger und Parteien, Bonn: 173–189

Kahrs, H., und Falkner, T. (2020): Corona als Richtungsimpuls, Berlin

Kammann, B., und Schaaf, H. (2004): Strategie und Taktik in der Gemeinwesenarbeit – Bedeutung und praktische Beispiele; in: Gillich, S. (Hg.), Gemeinwesenarbeit, Gelnhausen: 179–190

Karas, F., und Hinte, W. (1978): Grundprogramm Gemeinwesenarbeit, Wuppertal

Kaßner, J., und Kersting, N. (2022): Beteiligung von schwer erreichbaren Zielgruppen im politischen Entscheidungsprozess; in: Fischer, J., Hilse-Carstensen, T., und Huber, S. (Hg.), Handbuch Kommunale Planung und Steuerung, Weinheim und Basel: 582–593

Keppeler, S. (1993): Mobile Jugendarbeit als sozialräumlicher Prozeß; in: Böhnisch, L., und Münchmeier, R., Pädagogik des Jugendraums, 2. Aufl. Weinheim und München: 168–179

Kessl, F., und Reutlinger, C. (2007): Reflexive räumliche Haltung; in: Kessl, F. und Reutlinger, C. (Hg.), Sozialraum, Wiesbaden: 121–129

Keupp, H. (2013): Empowerment; in: Kreft, D./Mielenz, I. (Hg.), Wörterbuch Soziale Arbeit, 7. Aufl. Weinheim und Basel: 248–251

Khella, K. (1973/1983): Handbuch der Sozialarbeit und Sozialpädagogik, 5 Bände, 1. und 2. Aufl. Hamburg 1973 bis 1983

Kilb, R. (2009): Jugendgewalt im städtischen Raum, Wiesbaden

Kinkartz, S.: Wird Wohnen zum Luxus in Deutschland? Deutsche Welle online vom 2. Aug. 2023; URL: https://www.dw.com/de/wird-wohnen-zum-luxus-in-deutschland/a-66417482 (16. Aug. 2023)

Klare, H., und Sturm, M. (2011): Anwälte für Veränderung; in: Sozialmagazin 10/2011: 34–38

Klein, A. (1991): Das Projekt Zivilgesellschaft – Anmerkungen zur Renaissance der demokratischen Frage; in: Forschungsjournal Neue Soziale Bewegungen 1/1991: 70–80

Klein, M. (2019): Digitale Kooperation mit Adressat_innen? Ja, aber nicht um jeden Preis; in: Sozialmagazin 3–4/2019: 36–43

Klippert, H. (2008): Planspiele, 5. Aufl. Weinheim und Basel

Klöck, T. (2004): Das Arbeitsprinzip Gemeinwesenarbeit als Qualitätsmerkmal von Sozialraumorientierter Sozialer Arbeit und Quartiersmanagement; in: Odierna, S., und Berendt, U. (Hg.), Gemeinwesenarbeit, Neu-Ulm: 161–173

Klose, A. (2021): Treffpunkt Straße? In: sozialraum.de, 2/2021; URL: https://www.sozialraum.de/treffpunkt-strasse.php (25. Juni 2023)

Kloss, T., und Nenke, A. (2020): Kritische Soziale Arbeit – Politik der Sozialen Arbeit; in: Wendt, P.-U., (Hg.), Soziale Arbeit in Schlüsselbegriffen, Weinheim und Basel: 234–239

Knabe, A., u. a. (2021): Lebenschancen in ländlichen Räumen; in: Hoffmann, R., Knabe, A., und Schmitt, C. (Hg.), Ungleichheit, Individualisierung, Lebenslauf, Wiesbaden: 141–163

Knecht, A., u. a. (2014): Mit Ressourcenansätzen soziale Welten verstehen und Veränderungen aktivieren; in: Köttig, M. u. a. (Hg.) Soziale Wirklichkeiten in der Sozialen Arbeit, Opladen, Berlin und Toronto: 107–117

Knemeyer, F.-L. (1997): Bürgerbeteiligung und Kommunalpolitik, 2. Aufl. Landsberg am Lech

Knemeyer, F.-L. (2006): Kommunalverwaltung / Kommunalverfassung; in: Voigt, R., und Walkenhaus, R. (Hg.), Handwörterbuch zur Verwaltungsreform, Wiesbaden: 193–196

Knopp, R. (2009): Sozialraumerkundung mit Älteren: in: Deinet, U. (Hg.), Methodenbuch Sozialraum, Wiesbaden: 155–164

Koch, L.-B. (2020): Stadtteilmütter in Berlin zwischen Aktivierung und Nicht- / Anerkennung; Gesemann, F., u. a. (Hg.), Engagement für Integration und Teilhabe in der Einwanderungsgesellschaft, Wiesbaden: 195–214

Köhn, B. und Seithe, M. (2012): „aufstehen ... widersprechen ... einmischen!" In: Unabhängiges Forum kritische Soziale Arbeit (Hg.), Zukunftswerkstatt Soziale Arbeit, Berlin: 12–20

Kolenaty, E. (2017): Open Space Conference; in: Patze-Diordiychuk, u. a. (Hg.), Methodenbuch Bürgerbeteiligung. Band 2, München: 132–148

Korf, T.-N.: Humanistisches Menschenbild; in: socialnet-Lexikon, Bonn, 22. März 2022; URL: https://www.socialnet.de/lexikon/Humanistisches-Menschenbild (17. Mai 2022)

Kotlenga, S., und Müller, D. (2012): Engagement von Bewohnerinnen und Bewohnern in benachteiligten Stadtteilen; in: Theorie und Praxis der Sozialen Arbeit 3/2012: 215–224

Krafeld, F. J. (1992): Cliquen-orientierte Jugendarbeit, Weinheim und München

Krafeld, F. J. (1995): Kleinräumliche Jugendarbeit; in: deutsche jugend 9/1995: 381–393

Krafeld, F. J. (1998): Cliquenorientiertes/akzeptierendes Muster; in: Deinet, U., und Sturzenhecker, B. (Hg.), Handbuch Offene Jugendarbeit, Munster 1998: 180–188

Krafeld, F. J. (1999): Cliquenorientierte Jugendarbeit mit zugewanderten Jugendlichen – unter besonderer Berücksichtigung von Aussiedlerjugendlichen; in: deutsche jugend 1/1999: 13–20

Krafeld, F. J. (2012): Streetwork; in: Thole, W., Höblich, D., und Ahmed, S. (Hg.), Taschenwörterbuch Soziale Arbeit, Bad Heilbrunn 294

Kraus, B., und Sagebiel, J. (2021): Macht in der Sozialen Arbeit; in: socialnet-Lexikon, Bonn, 15. Dez. 2021; URL: https://www.socialnet.de/lexikon/Macht-in-der-Sozialen-Arbeit (16. Mai 2022)

Kraus, H. (1951): Amerikanische Methoden der Gemeinschaftshilfe; in: Soziale Welt 2/1951: 184–192

Krause, L.-K., und Gagné, J. (2019): Die andere deutsche Teilung: Zustand und Zukunftsfähigkeit unserer Gesellschaft, Berlin

Krauss, E. J. (2004): Einmischung; in: Odierna, S., und Berendt, U. (Hg.), Gemeinwesenarbeit: Entwicklungslinien und Handlungsfelder, Neu-Ulm: 67–81

Kriesten, A. (1982): Gemeinwesenorientierte Sozialarbeit in Unterschichtquartieren, Darmstadt

Krisch, R. (2005): Sozialräumliche Perspektiven von Jugendarbeit; in: Braun, K.-H., u. a. (Hg.), Handbuch Methoden der Kinder- und Jugendarbeit, Wien: 336–351

Krisch, R. (2009a): Sozialraumanalyse als Methodik der Jugendarbeit; in: sozialraum.de 2/2009; URL: https://www.sozialraum.de/sozialraumanalyse-als-methodik-der-jugendarbeit.php (18. Mai 2022)

Krisch, R. (2009b): Sozialräumliche Methodik der Jugendarbeit. Aktivierende Zugänge und praxisleitende Verfahren, Weinheim und München

Kronauer, M. (2017): Soziale Polarisierung in Städten: Ursachen, Hintergründe und Gegenstrategien; in: Geteilte Räume. Strategien für mehr sozialen und räumlichen Zusammenhalt. Bericht der Fachkommission „Räumliche Ungleichheit" der Heinrich-Böll-Stiftung, Bd. 21, Berlin

Kronauer, M. (2020): Gentrifizierung und soziale Polarisierung in der Stadt; in: POLITIKUM 3/2020: 18–24

Krummacher, M., u. a. (Hg.) (2003): Soziale Stadt – Sozialraumentwicklung – Quartiersmanagement, Opladen

Kruse, V., und Barrelmeyer, U. (2012): Max Weber. Eine Einführung, Konstanz und München

Kühnel-Cebeci, K. (2022): 44 Ideen für gute Nachbarschaft, Bonn

Kumpf, R. (2019): Wir für unsere Heimat! In: Wahlprogramm der Alternative für Deutschland zur Stadtratswahl in Magdeburg; URL: http://www.afd-md.de/wp-content/uploads/2019/04/AfD_Magdeburg_Kommunalwahlprogramm2019.pdf (17.12.2020)

Kunkel, P.-C. (2021): Gesamtverantwortung, Grundausstattung; in: Textor, M., u. a. (Hg.), SGB VIII Online-Handbuch, § 79 SGB VIII, o. J. (2021); URL: https://www.sgbviii.de/s128.html) (8. Jan. 2021)

KVV / Kulturelle Vereinigung Volksheim e. V. Hamburg (Hg.) (1991): 90 Jahre Kulturelle Vereinigung Volksheim e. V. in Hamburg 1901–1991, Hamburg

LAG MJA (2001) / Landesarbeitsgemeinschaft Mobile Jugendarbeit / Streetwork Baden-Württemberg e. V.: Fachliche Standards 2001; URL: https://www.lag-mobil.de/wp-content/uploads/2018/06/Standards-LAG-MJA-2001.pdf (16. Aug. 2020)

LAG MJA (2020) / Landesarbeitsgemeinschaft Mobile Jugendarbeit / Streetwork Baden-Württemberg e. V.: Landesweite Statistik 2020; URL: https://www.lag-mobil.de/landesweite-erhebungen/ (16. Aug. 2020)

Lampert, T., und Kroll, L. E. (2014): Soziale Unterschiede in der Mortalität und Lebenserwartung, Berlin

Landwehr, C. (2012): Demokratische Legitimation durch rationale Kommunikation; in: Lembcke, O. W., u. a. (Hg.), Zeitgenössische Demokratietheorie (Bd. 1), Wiesbaden: 355–385

Lange, S., und Braun, D. (2000): Politische Steuerung zwischen System und Akteur, Opladen

Lattke, H. (1955): Soziale Arbeit und Erziehung, Freiburg / Brsg.

Lechtenfeld, S., Olbermann, E., und van den Wetering, D. (2017): Praxishandbuch Generationenarbeit, Bielefeld

Lehnert, M. (2019): „Wo drückt der Hut? Wo sitzt er gut?" In: Lüttringhaus, M., und Richers, H. (Hg.), Handbuch Aktivierende Befragung, 4. Aufl. Bonn: 104–108

Lettgen, S. (2022): Armut bringt Tafeln ans Limit; in: ntv online, 10. Dez. 2022; URL: https://www.n-tv.de/panorama/Armut-bringt-Tafeln-ans-Limit-article23775372.html (22. Dez. 2022)

Lindner, R. (2018): Die Anfänge der Sozialen Arbeitsgemeinschaft Berlin-Ost; in: ders. (Hg.), „Wer in den Osten geht, geht in ein anderes Land", Berlin und Boston: 81–94

Lob-Hüdepohl, A. (2013): „Menschenwürdig leben fördern" – zu normativen Grundlagen einer Politik Sozialer Arbeit; in: Benz, B., u. a. (Hg.), Politik Sozialer Arbeit (Bd. 1), Weinheim und Basel: 85–102

Lorenz, G. (2017): Planning for Real; in: Patze-Diordiychuk, u. a. (Hg.), Methodenbuch Bürgerbeteiligung. Band 2, München: 248–258

Lörx, S. (2017): Zukunftskonferenz; in: Patze-Diordiychuk, u. a. (Hg.), Methodenbuch Bürgerbeteiligung. Band 2, München: 214–229

Lummitsch, U., und Geißler, C. (2017): Redezeit; in: Riede, M., und Noack, M. (Hg.), Gemeinwesenarbeit und Migration, Bonn: 90–93

Lüttringhaus, M. (2001): Zusammenfassender Überblick: Leitstandards der Gemeinwesenarbeit; in: Hinte, W., Lüttringhaus, M., und Oelschlägel, D., Grundlagen und Standards der Gemeinwesenarbeit, Münster: 263–267

Lüttringhaus, M. (2004): Partizipation in der Stadt(teil)entwicklung; in: Odierna, S., und Berendt, U. (Hg.), Gemeinwesenarbeit, Neu-Ulm: 151–160

Lüttringhaus, M. (2019a): Bewohnerversammlungen aktivierend moderiert; in: dies. und Richers, H. (Hg.), Handbuch Aktivierende Befragung, 4. Aufl. Bonn: 143–149

Luttringhaus, M. (2019b): Voraussetzungen für Aktivierung und Partizipation; in: dies. und Richers, H. (Hg.), Handbuch Aktivierende Befragung, 4. Aufl. Bonn: 66–72

Lüttringhaus, M., und Richers, H. (2019a): Tipps zu den 8 Phasen der Aktivierende Befragung; in: dies. (Hg.), Handbuch Aktivierende Befragung, 4. Aufl. Bonn: 75–88

Lüttringhaus, M. und Richers, H. (2019b): „10 Minuten nach dem Beratungsgespräch"; in: dies. (Hg.), Handbuch Aktivierende Befragung, 4. Aufl. Bonn: 150–154

Lüttringhaus M., und Richers, H. (2013): Die Methode der Aktivierenden Befragung; in: Stövesand, S., Stoik, C., und Troxler, U. (Hg.), Handbuch Gemeinwesenarbeit, Opladen, Berlin und Toronto: 384–390

Lüttringhaus, M., und Streich, A. (2004): Das aktivierende Gespräch im Beratungskontext; in: Gillich, S. (Hg.), Gemeinwesenarbeit, Gelnhausen: 102–108

Lutz, R. (2020): Tripelmandat; in: socialnet-Lexikon, Bonn, 16. Jan. 2020; URL: https://www.socialnet.de/lexikon/28855 (25. Juni 2023)

Lutz, R., Sartorius, W. und Simon, T. (2021): Lehrbuch der Wohnungslosenhilfe, 4. Aufl. Weinheim und Basel

Machura, S. (2006): Verwaltung; in: Voigt, R., und Walkenhaus, R. (Hg.), Handwörterbuch zur Verwaltungsreform, Wiesbaden: 355–363

Maier, T. (2022): Das Organizing-Dreieck; in: ders., Penta, L., und Richter, A. (Hg.), Community Organizing, Weinheim und Basel: 223–229

Maier, T., Penta, L., und Richter, A. (2022a): Glossar; in: dies. (Hg.), Community Organizing, Weinheim und Basel: 293–296

Maier, T., Penta, L., und Richter, A. (2022b): Arbeitsblätter: Handwerkszeug des Community Organizing; in: dies. (Hg.), Community Organizing, Weinheim und Basel: 297–310

Maleh, C. (2001): Open Space. Effektiv arbeiten mit großen Gruppen, 2. Aufl. Weinheim

Maleh, C. (2017): Appreciative Inquiry; in: Patze-Diordiychuk, u. a. (Hg.), Methodenbuch Bürgerbeteiligung. Band 2, München: 230–246

Malmedie, L. (2023): Lobbying im Kontext Sozialer Arbeit; in: Prasad, N. (Hg.), Methoden struktureller Veränderung in der Sozialen Arbeit, Opladen und Toronto: 55–70

Mann, E. (2017): Transformative Organizing, Karlsruhe

Maruschke, R. (2014a): Transformative Organizing, Berlin

Maruschke, R. (2014b): Community Organizing, Münster

Maruschke, R. (2019): Linkes Organizing, Berlin

Maruschke, R., Pieschke, M., und Rokitte, R. (2019): Transformative Organizing, Berlin

Marx, K. (1978): Zur Kritik der Hegelschen Rechtsphilosophie. Einleitung; in: Marx, K., und Engels, F., Werke (MEW). Band 1, Berlin (DDR): 378–391

Matthies, A.-L. und Kauer, K. (2004): Bürgerschaftliches Engagement und politisch-administratives System – von getrennten Welten zur Kooperation; in: Matthies, A.-L. und Kauer, K. (Hg.), Wiege des sozialen Kapitals, Bielefeld: 71–84

May, M. (2016): Sozialraum: Der passende Begriff für alle möglichen Problemstellungen; in: sozialraum.de 1/2016; URL: https://www.sozialraum.de/sozialraum-der-passende-begriff-fuer-alle-moeglichen-problemstellungen.php (17. Mai 2022)

May, M. (2017): Soziale Arbeit als Arbeit am Gemeinwesen, Opladen, Berlin und Toronto

May, M., und Stock, L. (2019): Das uneingelöste Erbe der gemeinwesenarbeiterischen Arbeitsprinzipien Dieter Oelschlägels; in: sozialraum.de 1/2019; URL: https://www.sozialraum.de/das-uneingeloeste-erbe-der-gemeinwesenarbeiterischen-arbeitsprinzipien-dieter-oelschlaegels.php (17. Mai 2022)

Maykus, S. (2018): Praxis kommunaler Sozialpädagogik, Weinheim und Basel

Mayntz, R., und Scharpf, F. (1995): Gesellschaftliche Selbstregelung und Politische Steuerung, Frankfurt/M.

Maywald, J. (2014): Das Kind als Träger eigener Rechte; in: Forum Jugendhilfe 4/2014: 11–15

McAlevey, J. (2019): Keine halben Sachen: Machtaufbau durch Organizing, Hamburg

McAlevey, J. (2021): Macht. Gemeinsame. Sache, Hamburg

McAlevey, J., und Lawlor, A. (2023): Rules to Win by Power and Participation in Union Negotiations, Oxford

McNeil, L. B. (2007): Beziehungsarbeit – eine sanfte Kunst; in: Penta, L. (Hg.), Community Organizing, Hamburg: 231–238

Mecheril, P., und Plößer, M. (2011): Diversity und Soziale Arbeit; in: Otto, H.-U., und Thiersch, H. (Hg.), Handbuch Soziale Arbeit, 4. Aufl. München und Basel: 278–287

Mehnert, T., und Kremer-Preis, U. (2014): Ist-Analysen im Quartier. Handreichung im Rahmen des Förderbausteins 3.1.1 „Projekte mit Ansatz zur Quartiersentwicklung", Köln

Mehr Demokratie e. V. (2019): Bürgergutachten Demokratie, Berlin

Mehr Demokratie e. V. (2021): Bürgerrat Deutschlands Rolle in der Welt, Berlin 2021; URL: https://www.buergerrat.de/fileadmin/downloads/fuenf-minuten-info-buergerrat-deutschlands-rolle.pdf (/22. Juli 2022)

Merscheid, S. (2017): Ein Stadtteil als Gemeinwesen und Sozialraumorientierte Soziale Arbeit, Berlin

Merten, R. (2001a): Soziale Arbeit im Strudel ihres (politischen) Selbstverständnisses; in: ders. (Hg.), Hat Soziale Arbeit ein politisches Mandat? Opladen: 7–11

Merten, R. (2001b): Soziale Arbeit, Politikfähigkeit durch Professionalität; in: ders. (Hg.,): Hat Soziale Arbeit ein politisches Mandat? Opladen: 159–178

Meyer, T., u. a. (2017): Freizeitort Europaviertel (Abschlussbericht der wissenschaftlichen Begleitung), Stuttgart

Meyer, T., und Rayment-Briggs, D. (2020): Streetwork im Europaviertel (Kurzfassung des Abschlussberichts der wissenschaftlichen Begleitung), Stuttgart

mic/more in common (2023): Mehr Erreichen: Impulse für eine breitere Bürgerbeteiligung vor Ort (Impulspapier), Berlin

Mielenz, I. (1981a): Sozialarbeit in der Offensive; in: Projektgruppe Soziale Berufe (Hg.), Sozialarbeit: Problemwandel und Institutionen, München: 223–226

Mielenz, I. (1981b): Die Strategie der Einmischung; in: neue praxis 6/1981: 57–66

Mielenz, I. (2013): Selbsthilfe / Selbstorganisation; in: Kreft, D., und Mielenz, I. (Hg.), Wörterbuch Soziale Arbeit, 7. Aufl. Weinheim und Basel: 744–747

Miltner, W. / Specht, W. (1977): Definition mobiler Jugendarbeit, Forschungsbericht, Univ. Tübingen

Misamer, M., Hackbart, M., und Thies, B. (2017): Der Umgang mit Macht in der Sozialen Arbeit; in: Soziale Arbeit 12/2017: 450–456

Mogge-Grotjahn, H. (2022): Gesellschaftliche Teilhabe, Stuttgart

Mohrlok, M., u. a. (1993): Let's organize!, Neu-Ulm

Mollenhauer, K. (1968): Erziehung und Emanzipation, München

Mollenhauer, K. (1972): Theorien zum Erziehungsprozeß, 2. Aufl. München

Morris, D. und Hess, K. (1980): Nachbarschaftshilfe, Frankfurt / M.

Mühlberg, P. (2011): Quartiersmanagement; in: Deutscher Verein für öffentliche und Private Fürsorge (Hg.), Fachlexikon der sozialen arbeit, 7. Aufl. Baden-Baden: 689

Müller, C. (2010): Community Organizing – ein Mittel zur Re-Politisierung der Sozialen Arbeit im aktivierenden Sozialstaat?! In: Forum Sozial 4/2010: 26–29

Müller, C. (2014): Community Organizing als Konzept, Methode und Haltung kritischer Sozialer Arbeit; in: Benz, B., u. a. (Hg.), Politik Sozialer Arbeit (Bd. 2), Weinheim und Basel: 300–313

Müller, C. W. (1971): Die Rezeption der Gemeinwesenarbeit in der Bundesrepublik Deutschland; in: ders. und Nimmermann, P. (Hg.), Stadtplanung und Gemeinwesenarbeit, München: 228–240

Müller, C. W. (1985): 90 Jahre Street Settlement; in: Hillenbrand, W., Luner, B., und Oelschlägel, D. (Hg.), Jahrbuch Gemeinwesenarbeit 2, München: 203–212

Müller, C. W. (2003) Jane Addams; in: Tenorth, H.-E. (Hg.), Klassiker der Pädagogik. Band 1, München: 216–223

Müller, C. W. (2009): Wie Helfen zum Beruf wurde, Weinheim und München

Müller, K. (2004): Bürgerselbsthilfe an methodische Herausforderung der Sozialen Arbeit; in: Matthies, A.-L. und Kauer, K. (Hg.), Wiege des sozialen Kapitals, Bielefeld: 105–123

Müller, M. R., und Soeffner, H.-G. (Hg.) (2018): Das Bild als soziologisches Problem, Weinheim und Basel: 70–115, 210–264

Müller, W. (1974): Zum gegenwärtigen Stand von Gemeinwesenarbeit; in: Bahr, H.-E. und Gronemeyer, R. (Hg.), Konfliktorientierte Gemeinwesenarbeit, Darmstadt und Neuwied: 83–111

Müllert, N. R. (2017): Zukunftswerkstatt; in: Patze-Diordiychuk, u. a. (Hg.), Methodenbuch Bürgerbeteiligung. Band 2, München: 150–160

Nayhauß, A. (2015): Berlins Jugendämter hissen wegen Überlastung die weiße Fahne; in: Berliner Morgenpost vom 2. Juli

Nestmann, F. (1991): Soziale Netzwerke und Soziale Unterstützung; in: Dewe, B., und Wohlfahrt, N. (Hg.), Netzwerkförderung und soziale Arbeit, Bielefeld: 31–61

Netzwerk n (2017): Dynamic Facilitation; URL: https://www.netzwerk-n.org/wp-content/uploads/2017/04/Dynamic-Facilitation-1.pdf (21. Juli 2022)

Noack, M. (2015): Kompendium Sozialraumorientierung, Weinheim und Basel

Noack, W. (1999): Gemeinwesenarbeit, Freiburg/Brsg.

Noack, W. (2011): Gemeinwesenarbeit – eine (fast) vergessene Grundform sozialen Handelns; in: Theorie und Praxis der Sozialen Arbeit 4/2011: 278–284

Nollert, M. (2014): Soziale Netzwerke: in: SocialInfo. Wörterbuch der Sozialpolitik, o. O. 2014; URL: http://www.socialinfo.ch/cgi-bin/dicopossode/show.cfm?id=581 (27. Febr. 2014)

Northoff, R. (2012): Methodisches Arbeiten und therapeutisches Intervenieren, Weinheim und Basel

ntv (2023): Die Mittelschicht schrumpft an den Rändern; in: ntv online vom 7. Aug. 2023; URL: https://www.n-tv.de/wirtschaft/Die-Mittelschicht-schrumpft-an-den-Raendern-article24309803.html (16. Aug. 2023)

Odierna, S. (2004): Forumtheater im Gemeinwesen; in: Odierna, S., und Berendt, U. (Hg.), Gemeinwesenarbeit, Neu-Ulm: 329–339

Oehler, P. (2021): Gemeinwesenarbeit und lokale Demokratie, Berlin

Oehler, P., u. a. (2017): Professionelles Handeln in Nachbarschaften der Postmoderne; in: Forum Wohnen und Stadtentwicklung 4/2017: 204–210

Oehler, P., und Schnur, O. (2021): Warum Demokratie Nachbarschaften braucht; in: vhw/Bundesverband Wohnen und Stadtentwicklung (Hg.): Factsheet Nachbarschaft Nr. 8, Berlin

Oelschlägel, D. (1989): Gemeinwesenarbeit im Wandel 1969–1989, Dinslaken und Duisburg

Oelschlägel, D. (1994): Politikverständnis der Gemeinwesenarbeit im Wandel; in: Bitzan, M., und Klöck, T. (Hg.), Jahrbuch Gemeinwesenarbeit 5, München: 12–23

Oelschlägel, D. (1995): Die dritte Welle. Einige Bemerkungen zu Community Organizing; in: Sozial Extra 1–2/1995: 26 f.

Oelschlägel, D. (2001a): Zur Aktivierung bürgerschaftlichen Engagements im Rahmen von Kommunalpolitik und Kommunalverwaltung; in: Hinte, W., Lüttringhaus, M., und Oelschlägel, D., Grundlagen und Standards der Gemeinwesenarbeit, Münster: 181–197

Oelschlägel, D. (2001b): Lebenswelt oder Gemeinwesen? In: Hinte, W., Lüttringhaus, M., und Oelschlägel, D. (Hg.), Grundlagen und Standards der Gemeinwesenarbeit, Münster: 38–43

Oelschlägel, D. (2001c): Sozialkulturelle Gemeinwesenarbeit; in: Hinte, W., Lüttringhaus, M., und Oelschlägel, D.: Grundlagen und Standards der Gemeinwesenarbeit, Münster: 223–233

Oelschlägel, D. (2007): Zum politischen Selbstverständnis von Gemeinwesenarbeit; in: Gillich: (Hg.), Nachbarschaften und Stadtteile im Umbruch, 2. Aufl. Gelnhausen: 30–39

Oelschlägel, D. (2013a): Geschichte der Gemeinwesenarbeit in der Bundesrepublik Deutschland; in: Stövesand, S., Stoik, C., und Troxler, U. (Hg.), Handbuch Gemeinwesenarbeit, Opladen, Berlin und Toronto: 181–202

Oelschlägel, D. (2013b): Quartiersmanagement; in: Kreft, D., und Mielenz, I. (Hg.), Wörterbuch Soziale Arbeit, 7. Aufl. Weinheim und Basel: 713–717

Oelschlägel, D. (2015): Community Organizing und Gemeinwesenarbeit; in: Forum Community Organizing und Stiftung Mitarbeit (Hg.), Handbuch Community Organizing, 2. Aufl. Bonn: 229–237

Oelschlägel, D. (2017): Zur Geschichte der Gemeinwesenarbeit; in: Forum Wohnen und Stadtentwicklung 4/2017: 171–175

Oldenburg, K. (2017): Dynamic Facilitation; in: Patze-Diordiychuk, P., u. a. (Hg.), Methodenhandbuch Bürgerbeteiligung, München: 306–321

Olk, T. (2011): Arbeit mit Ehrenamtlichen; in: Bieker, R. und Floerecke, P. (Hg.), Träger, Arbeitsfelder und Zielgruppen der Sozialen Arbeit, Stuttgart: 419–433

Olk, T. (2013): Bürgerschaftliches Engagement; in: Kreft, D., und Mielenz, I. (Hg.), Wörterbuch Soziale Arbeit, 7. Aufl. Weinheim und Basel: 195–199

Olk, T., und Gensicke, T. (2014): Bürgerschaftliches Engagement in Ostdeutschland. Stand und Perspektiven, Wiesbaden

Orland, J. (2018): Der Einsatz von Social Media in der Kampagnenarbeit; in Stiftung Mitarbeit und Bewegungsstiftung (Hg.): Engagement in Aktion, Bonn und Verden: 89–94

Owen, H. (2001): Open Space Technology. Ein Leitfaden für die Praxis, Stuttgart

Patze-Diordiychuk. P. (2017a): Einwohnerversammlung; in: ders. u. a. (Hg.), Methodenbuch Bürgerbeteiligung. Band 2, München: 42–59

Patze-Diordiychuk. P. (2017b): Planungsworkshop; in: ders. u. a. (Hg.), Methodenbuch Bürgerbeteiligung. Band 2, München: 200–212

Penta, L. (2007): Die Macht der Solidarität; in: Penta, L. (Hg.), Community Organizing, Hamburg: 99–108

Penta, L. (2022): Der Aufbau einer Bürgerplattform; in: Meier, T., Penta, L., und Richter, A. (Hg.), Community Organizing, Weinheim und Basel: 230–233

Penta, L. J., und Sander, S. (2010): Community Organizing und Bürgergesellschaft; in: Baldas, E. (Hg.), Community Organizing, Freiburg/Brsg.: 58–63

Pfotenhauer, E. (2000): Stadterneuerung – Sanierung, in: Häußermann, H. (Hg.), Großstadt. Soziologische Stichworte, 2. Aufl. Opladen: 245 ff.

Pieper, J., Schneider, U., und Schröder, W. (2020): Gegen Armut hilft Geld: Der Paritätische Armutsbericht 2020 (hg. von Der Paritätische Gesamtverband), Berlin

Pieschke, M. (2019): Das Einfache, das schwer zu machen ist: Organize-To-Win in der Praxis; in: Pieschke, M., und Rokitte, R. (Hg.), Transformative Organizing, Berlin: 22–32

Pigorsch, S. (2022): Orte der Partizipation als Orte der Ausschliessung? In: Soziale Arbeit 12/2022: 449–457

Pleiner, G. und Heblich, B. (2009): Lehrbuch der Pressearbeit, Weinheim und München

Pletzer, W. (2017): Kommunale Jugendpolitik – Rahmenbedingungen, Leitlinien, Gestaltung; in: Lindner, W., und Pletzer, W. (Hg.), Kommunale Jugendpolitik, Weinheim und Basel: 71–110

Potz, P., u. a. (2020): Gemeinwesenarbeit in der sozialen Stadt. Endbericht, Berlin

Potz, P. (2021): Strukturelle Verankerung von Quartiersarbeit; in: Wegweiser Bürgergesellschaft 7/2021

Puhl, R. (2010): Öffentlichkeitsarbeit; in: Kreft, D. und Müller, C. W. (Hg.), Methodenlehre in der Sozialen Arbeit, München und Basel: 144–147

Puhm, J. (2020): Mobile Jugendarbeit, ihr Beitrag zur Demokratiebildung und ihre friedensstiftende Wirkung im Gemeinwesen; in: Landesarbeitsgemeinschaft Mobile Jugendarbeit/Streetwork Baden-Württemberg e. V. (Hg.), Praxishandbuch Mobile Jugendarbeit, Berlin: 271–282

Prasad, B. (2023): Methoden struktureller Veränderungen (in der Sozialen Arbeit); in: dies. (Hg.), Methoden struktureller Veränderungen in der Sozialen Arbeit, Opladen und Toronto: 7–32

Quilling, E., u. a. (2013): Praxiswissen Netzwerkarbeit, Wiesbaden

Raffo, J. (2012): Transformative Organizing im Betrieb (2012); URL: https://www.zeitschriftluxemburg.de/transformative-organizing-im-betrieb/ (27. April 2020)

Ragg, L. (2022): Anwohnerstammtisch (Dorfstammtisch). Erfahrungsbericht; in: Kühnel-Cebeci, K.: 44 Ideen für gute Nachbarschaft, Bonn: 65–71

Rampelmann, F. (2004): Der öffentliche Auftritt; in: Herrmann, R., A. und Munier, G. (Hg.), Kommunal Politik machen, Bielefeld: 61–63

Reich, K. (2007a): Open Space; in: dies. (Hg.), Methodenpool, Köln 2007 ff.; URL: http://methodenpool.uni-koeln.de (5. Aug. 2021)

Reich, K. (2007b): Zukunftswerkstatt; in: dies. (Hg.), Methodenpool, Köln 2007 ff.; URL: http://methodenpool.uni-koeln.de (5. Aug. 2021)

Reiss, H. C. (2022): Verwaltungsmodernisierung; in: Dt. Verein für öffentliche und private Fürsorge (Hg.), Fachlexikon der Sozialen Arbeit, 9. Aufl. Baden-Baden: 971 f.

Reiß, L. G., und Seeleib-Kaiser, M. (2022): Sozialpolitik; in: socialnet-Lexikon, Bonn, 21. März 2022; URL: https://www.socialnet.de/lexikon/Sozialpolitik (17. Mai 2022)

Reklamat!on (2019): Protestkampagne in Berlin: Die große Jugendhilfe Reklamat!on. In: Rundbrief der Gilde Soziale Arbeit 2/2019, 77–80

Renner, G. und Penta, L. J. (2015): Community Organizing in Deutschland; in: Forum Community Organizing und Stiftung Mitarbeit (Hg.), Handbuch Community Organizing, 2. Aufl. Bonn: 44–51

Reutlinger, C., Kemper, R., und Schmid, T. (2018): Jugendliche im Einkaufszentrum; in: Deinet, U. (Hg.), Jugendliche und die „Räume" der Shopping Malls. Opladen, Berlin und Toronto: 141–156

Reutlinger, C., und Deinet, U. (2022): Sozialraum; in: socialnet Lexikon, Bonn 14. Juni 2022; URL: https://www.socialnet.de/lexikon/Sozialraum (14. Juni 2022)

Richers, H. (2019a): Aktivierende Befragungen – Ziele, kritische Punkte und ihre Mindeststandards; in: Lüttringhaus, M., und Richers, H. (Hg.): Handbuch Aktivierende Befragung, 4. Aufl. Bonn: 57–65

Richers, H. (2019b): „Doorknocking" – Aktivierende Gespräche an der Haustür; in: Lüttringhaus, M., und Richers, H. (Hg.), Handbuch Aktivierende Befragung, 4. Aufl. Bonn: 155–157

Richers, H. (2022): Werkzeug Aktivierende Befragung – Erfahrungsbericht; in: Kühnel-Cebeci, K.: 44 Ideen für gute Nachbarschaft, Bonn: 42–45

Richter, A. S. (2016): Intersektionalität und Anerkennung, Weinheim und Basel

Richter, A. S. (2020): Altern aus intersektionaler Perspektive; in: Z Gerontol Geriat 3/2020: 205–210

Richter, A. (2022): Rolle und Entwicklung von Schlüsselpersonen in Bürgerplattformen; in: Meier, T., Penta, L., und Richter, A. (Hg.), Community Organizing, Weinheim und Basel: 201–209

Riede, M. (2016): GWA als Brückenbauerin; in: Soziale Arbeit 9/2016: 325–332

Riede, M. (2019a): Gemeinwesenarbeit als zukunftsorientierte, demokratiefördernde Brückenbauerin; in: dies. und Dölker, F. (Hg.), Gemeinwesenarbeit und lokale Demokratie, Bonn: 15–22

Riede, M. (2019b): Gemeinwesenarbeit als demokratiefördernde Brückenbauerin; in: Schnur, O., Drilling, M., und Niermann, O. (Hg.): Quartier und Demokratie, Wiesbaden: 67–88

Riede, M., u. a. (2017): Gemeinwesenarbeit und Geflüchtete; in: Riede, M., und Noack, M. (Hg.), Gemeinwesenarbeit und Migration, Bonn: 30–36

Rieger, G. (2013): Das Politikfeld Sozialarbeitspolitik; in: Benz, B., u. a. (Hg.), Politik Sozialer Arbeit (Bd. 1), Weinheim und Basel: 54–79

Rieger, G. (2014): Soziallobbying und Politikberatung; in: Benz, B., u. a. (Hg.), Politik Sozialer Arbeit, Bd. 2, Weinheim und Basel: 329–350

Rieger, G. (2021): Sozialpolitik; in: Amthor, R.-C., u. a. (Hg.), Kreft, D., und Mielenz, I. (Hg.), Wörterbuch Soziale Arbeit, 9. Aufl. Weinheim und Basel: 846–849

Ritter, M., und Buchner-Fuhs, J. (2017): Diskursive Zukunftsräume, Fotografie und Photovoice; in: Alisch, M., und May, M. (Hg.), Methoden der Praxisforschung im Sozialraum, Opladen, Berlin und Toronto: 123–147

Roddis, M., und Tengeler, S. (2018): Beteiligungskultur entwickeln; in: Schwarz, C., u. a. (Hg.), Planning for Real, 2. Aufl. Bonn: 78–92

Röh, D. und Meins, A. (2021): Sozialraumorientierung in der Eingliederungshilfe, München
Rohwer-Kahlmann, H. (2014): Soziale Gerechtigkeit; in; Deutscher Verein für Öffentliche und Private Fürsorge e. V. (Hg.), Fachlexikon der sozialen Arbeit, 7. Aufl., Baden-Baden: 852 f.
Ross, M. G. (1968): Gemeinwesenarbeit. Theorie – Prinzipien – Praxis, Freiburg/Brsg.
Roß, P.-S., und Roth, R. (2021a): Bürgerkommune; in: socialnet-Lexikon, Bonn, 23. Aug. 2021; URL: https://www.socialnet.de/lexikon/Buergerkommune (16. Mai 2022)
Roß, P.-S., und Roth, R. (2021b): Das Leitbild Bürgerkommune; in: socialnet-Lexikon, Bonn, 23. Aug. 2021; URL: https://www.socialnet.de/materialien/29329.php (16. Mai 2022)
Roth, R. (1991): „Sozialpolitik von unten"; in: Forschungsjournal Neue Soziale Bewegungen 1/1991: 41–56
Roth, R. (2000): Bürgerschaftliches Engagement; in: Zimmer, A., und Nährlich, S. (Hg.), Engagierte Bürgerschaft, Opladen: 25–48
Roth, R. (2004): Engagement als Ressource; in: Matthies, A.-L., und Kauer, K. (Hg.), Wiege des sozialen Kapitals, Bielefeld: 175–188
Roth, R. (2011): Bürgermacht, Hamburg
Rothe Ecke (2016): Organisierende Zentren am Beispiel einer Kampagne zum Nahverkehr in Kassel; in: sub/urban. Zeitschrift für kritische Stadtforschung 2–3/2016: 127–129
Rothschuh, M. (2013): Community Organizing – Macht gewinnen statt beteiligt werden; in: Stövesand, S., Stoik, C., und Troxler, U. (Hg.), Handbuch Gemeinwesenarbeit, Opladen, Berlin und Toronto: 375–383
Rumpf, J. (2022): Das Land digitalisieren; in: LandInForm. Magazin für Ländliche Räume 1/2022: 8–12
Runge, M. (2017): Nachbarschaftshäuser und Gemeinwesenarbeit; in: Forum Wohnen und Stadtentwicklung 4/2017: 201–203
Saalbach, K.-P. (2009): Einführung in die politische Analyse, Osnabrück
Sagebiel, J. (2022): Machttheorien für eine machtvolle Praxis; in: Wendt, P.-U. (Hg.), Kritische Soziale Arbeit, Weinheim und Basel: 58–70
Sagebiel, J., und Pankofer, S. (2022): Soziale Arbeit und Machttheorien, 2. Aufl. Freiburg/Brsg.
Saliterer, I. (2009): Kommunale Ziel- und Erfolgssteuerung, Wiesbaden
Schäfer, M. (2019): „Wo sollen wir hin?"; in: Lüttringhaus, M., und Richers, H. (Hg.), Handbuch Aktivierende Befragung, 4. Aufl. Bonn: 113–116
Schäkel, S. (2018): Bürgerinitiative „Wittstock Contra Industriehuhn" (Erfahrungsbericht); in: SM-BS/Stiftung Mitarbeit und Bewegungsstiftung (Hg.), Engagement in Aktion, Bonn und Verden: 132–136
Schloß, E. (2017): Stakeholderanalyse; in: Patze-Diordiychuk, P., u. a. (Hg.), Methodenbuch Bürgerbeteiligung. Bd. 1, München: 180–195
Schmettan, J., und Patze-Diordiychuk, P. (2014): Bürgerbeteiligung vor Ort, 2. Aufl. Bonn
Schmidt, W. (2019): Das fremde Land – Zum Verständnis ländlicher Milieus; in: Wenzel, F. und Boeser-Schnebel, C., Dorfgespräch, Bonn: 5–15
Schnurer, J. (2021): Runder Tisch; in: socialnet-Lexikon, Bonn, 25. Okt. 2021; URL: https://www.socialnet.de/lexikon/Runder-Tisch (16. Mai 2022)
Scholich, D. (2017): Stärkung und Weiterentwicklung der lokalen Demokratie; in: Forum Wohnen und Stadtentwicklung 4/2017: 220–222
Scholz, H., Vesper, R., und Haussmann, H. (2007): Lernlandkarte World Café, Eichenzell
Schönig, W. (2006): Aktivierungspolitik; in: Dollinger, B., und Raithel, J. (Hg.): Aktivierende Sozialpädagogik, Wiesbaden, 23–39
Schönig, W. (2014): Kommunalpolitik in der Sozialen Arbeit; in: Benz, B., u. a. (Hg.), Politik Sozialer Arbeit (Bd. 2), Weinheim und Basel: 43–61
Schönig, W. (2020): Sozialraumorientierung, 3. Aufl. Frankfurt/M.
Schönknecht, C. (2014): Die Zukunft liegt im Quartier; in: Theorie und Praxis der Sozialen Arbeit 5/2014: 376–386

Schreiber, F., u. a. (2017): Digital vernetzt und lokal verbunden? In: Forum Wohnen und Stadtentwicklung 4/2017: 211–216
Schröder, A. (1994): Aufsuchende Jugendarbeit; in: deutsche jugend, H. 1: 16–23
Schröpel, M. (2021): Bürgerbeteiligung – weit mehr als die Einbeziehung in Entscheidungsprozesse; in: Stiftung Mitarbeit (Hg.), Glaubwürdig beteiligen, Bonn: 53–62
Schubert, B., und Hubert, A. (2021): Alle an einen Tisch, Rezepte und Methoden für das Gelingen von Initiativen auf dem Land, Oberndorf
Schubert, K., und Bandelow, N. C. (Hg.) (2008): Lehrbuch der Politikfeldanalyse, 2. Aufl. München
Schütte, J. D., und Günther, C. (2015): Ausgrenzung erzeugt Ausgrenzung; in: Institut für Soziale Arbeit e. V. (Hg.), ISA-Jahrbuch zur Sozialen Arbeit, Münster und New York: 83–98
Schütte, U. (2004): „Nachbarschaftsentwicklung"; in: Gillich, S. (Hg.), Gemeinwesenarbeit, 2. Aufl. Gelnhausen: 48–63
Schwarz, C. (2018a): Planning vor Real: Arbeitsprinzipien, Verfahrensschritte und Aufgaben im Prozessverlauf; in: dies., u. a. (Hg.), Planning for Real, 2. Aufl. Bonn: 12–28 und 103–126
Schwarz, C. (2018b): Planning for Real im Sprengelkiez in Berlin-Wedding; in: Stiftung Mitarbeit und Österreichische Gesellschaft für Umwelt und Technik/ÖGUT [Hg.], Bürgerbeteiligung in der Praxis, Bonn: 221–223
Schwingel, M. (2009): Pierre Bourdieu zur Einführung, 6. Aufl. Hamburg (9. Aufl. 2023) 104 ff.
Seelmeyer, U. (2019): Soziale Arbeit und ihre Doppelrolle in der digitalen Transformation; in: Sozialmagazin 3–4/2019: 58–64
Seippel, A. (1974): Konfliktorientierte Gemeinwesenarbeit als Erwachsenenbildung; in: Bahr, H.-E. und Gronemeyer, R. (Hg.), Konfliktorientierte Gemeinwesenarbeit, Darmstadt und Neuwied: 112–135
Seippel, A. (1976/2019): Aktionsuntersuchung (1976); in: Lüttringhaus, M., und Richers, H. (Hg.): Handbuch Aktivierende Befragung, 4. Aufl. Bonn: 25–32
Seippel, A. (1976a): Handbuch Aktivierende Gemeinwesenarbeit, Gelnhausen und Berlin
Seippel, A. (1976b): Stadtteilarbeit im Ruhrgebiet, Gelnhausen und Berlin
Seithe, M. (2010a/2012): Schwarzbuch Soziale Arbeit, Wiesbaden 2010, 2. Aufl. Wiesbaden
Seithe, M. (2010b): Jeder kämpft für sich allein? In: FORUM Sozial 3/2010, 22–25
Seithe, M. (2013): Zur Notwendigkeit der Politisierung der Sozialarbeitenden; in: Sozialmagazin 1–2/2013: 24–31
Seithe, M. (2014): Repolitisierung und sozialpolitische Einmischung Sozialer Arbeit; in: Panitzsch-Wiebe, M., Becker, B., und Kunstreich, T. (Hg.), Politik der Sozialen Arbeit – Politik des Sozialen, Opladen, Berlin und Toronto: 40–50
Seithe, M., und Wiesner-Rau, C. (Hg.) (2013): „Das kann ich nicht mehr verantworten!" Stimmen zur Lage der Sozialen Arbeit, Neumünster
Selle, K. (2022): Konflikt als Normalfall; in: Fischer, J., Hilse-Carstensen, T., und Huber, S. (Hg.), Handbuch Kommunale Planung und Steuerung, Weinheim und Basel: 217–229
Senft, J., und Tober, I. (2021): Dorf macht Zukunft; in: Stiftung Mitarbeit (Hg.), Glaubwürdig beteiligen. Impulse für eine partizipative Praxis, Bonn: 74–89
Shaller, C. (2023): Armut in Deutschland – ein Erdbeben, und niemand schaut hin; in: die tageszeitung (taz) vom 20. Mai 2023; URL: https://taz.de/Armut-in-Deutschland/!5933070/(29. Juli 2023)
Six, H. (2022): Dynamic Facilitation: Anders moderieren; URL: https://www.holger-six.de/upload/dynamic-facilitation.pdf (21. Juli 2022)
Slevogt, V. (2008): Das Mo.Ki Netzwerk – Verbesserung der Bildungs- und Entwicklungschancen des Kindes; in: Schubert, H. (Hg.), Netzwerkmanagement, Wiesbaden: 229–240
SM-ÖGUT/Stiftung Mitarbeit und Österreichische Gesellschaft für Umwelt und Technik/ÖGUT (Hg.) (2018): Bürgerbeteiligung in der Praxis, Bonn
Spannagel, D., u. a. (2017): Aktivierungspolitik und Erwerbsarmut, Düsseldorf

Spatscheck (2009a), C.: Methoden der Sozialraum- und Lebensweltanalyse im Kontext der Theorie- und Methodendiskussion der Sozialen Arbeit; in: Deinet, U. (Hg.), Methodenbuch Sozialraum, Wiesbaden: 33–43

Spatscheck (2009b), C.: Methoden der Sozialraum- und Lebensweltanalyse im Kontext der Theorie- und Methodendiskussion der Sozialen Arbeit; in: sozialraum.de 1/2009; URL: https://www.sozialraum.de/spatscheck-theorie-und-methodendiskussion.php (18. Mai 2022)

Spatscheck, C., und Wolf-Ostermann, K. (2016): Sozialraumanalysen, Opladen und Toronto

Specht, H. (1971): Disruptive Taktiken in der Gemeinwesenarbeit (Nachdruck); in: Müller, C. W., und Nimmermann, P. (Hg.), Stadtplanung und Gemeinwesenarbeit, München: 208–227

Specht, W. (1977): Konzept und Praxis einer mobilen Jugendarbeit; in: deutsche jugend 10/1977: 458–462

Specht, W. (1979): Jugendkriminalität und mobile Jugendarbeit, Neuwied

Specht, W. (1987): „Randgruppen" als Herausforderung für die offene Jugendarbeit; in: neue praxis 1/1987b: 86–88

Spieckermann, H. (2012): Aktivierende Befragung als Methode der Gemeinwesenarbeit; in: Blandow, R., Knabe, J., und Ottersbach, M. (Hg.), Die Zukunft der Gemeinwesenarbeit, Wiesbaden: 155–170

Spitzenberger, E. (2011): Handlungskonzepte in der Gemeinwesenarbeit; in: Sozial Extra 5–6/2011: 6–10

Springer, M. (2022): Stiftung; in: Deutscher Verein für öffentliche und Private Fürsorge (Hg.), Fachlexikon der Sozialen Arbeit, 9. Aufl. Baden-Baden: 531

Stadtplanungsamt der Landeshauptstadt Magdeburg (2001): Magdeburg – Architektur und Städtebau, Halle/Saale 2001: 249–255

Staub-Bernasconi, S. (2006): Der Beitrag einer systemischen Ethik zur Bestimmung von Menschenwürde und Menschenrechten in der Sozialen Arbeit; in: Dungs, S., u. a. (Hg.), Soziale Arbeit und Ethik im 21. Jahrhundert, Leipzig: 267–289

Staub-Bernasconi, S. (2018): Soziale Arbeit und Menschenrechte, Opladen, Berlin und Toronto

Staub-Bernasconi, S. (2019): Menschenwürde – Menschenrechte – Soziale Arbeit. Die Menschenrechte vom Kopf auf die Füße stellen, Opladen, Berlin und Toronto: 361–420

Steckelberg, C., und Homann, K. (2011): Jenseits pädagogischer Aufsicht: Jugendarbeit und öffentlicher Raum; in: Theorie und Praxis der Sozialen Arbeit 3/2011: 186–191

Steffan, W. (2017): Straßensozialarbeit/Streetwork; in: Kreft, D./Mielenz, I. (Hg.), Wörterbuch Soziale Arbeit, 8. Aufl. Weinheim und Basel: 1002–1004

Sternberg, T. (2022): Durch Storytelling neue Realitäten in der Sozialplanung schaffen; in: Fischer, J., Hilse-Carstensen, T., und Huber, S. (Hg.), Handbuch Kommunale Planung und Steuerung, Weinheim und Basel: 424–536

Stiftung Mitarbeit (2021): Berliner Bürgerplattform Wedding/Moabit; URL: https://www.buergergesellschaft.de/praxishilfen/community-organizing/beispiele-aus-der-praxis/berliner-buergerplattform-weddingmoabit/ (4. März 2021)

Stimmer, F. (2006/2020): Grundlagen des Methodischen Handelns in der Sozialen Arbeit, 2. Aufl. Stuttgart 2006, 4. Aufl. Stuttgart

Stock, L. (2003): Milieuspezifische Ressourcen und Formen von Engagement von benachteiligten Bevölkerungsgruppen; in: Munsch, C. (Hg.), Soziale Benachteiligte engagieren sich doch, Weinheim und München: 229–238

Stock, L. (2013): Die Sozialraumanalyse als Handlungsinstrument der Gemeinwesenarbeit; in: Stövesand, S., Stoik, C., und Troxler, U. (Hg.), Handbuch Gemeinwesenarbeit, Opladen, Berlin und Toronto: 369–374

Stock, L. (2015): Zur Geschichte des Community Organizing in Deutschland; in: Forum Community Organizing und Stiftung Mitarbeit (Hg.), Handbuch Community Organizing, 2. Aufl. Bonn: 33–43

Stock, L. (2016): Community Organizing in Deutschland; in: Soziale Arbeit, 5/2016: 168–176

Stoik, C. (2008): Sozialraumorientierung als theoretische Grundlegung der Sozialen Arbeit (2008); URL: https://ams-forschungsnetzwerk.at/downloadpub/sioe_2_08_stoik2008.pdf (2. Aug. 2022)

Stoik, C. (2009): Aktivierende Befragung/Aktivierendes Gespräch; in: sozialraum.de 2/2009; URL: http://www.sozialraum.de/aktivierende-befragung-aktivierendes-gespraech.php (29. Juli 2022)

Stoik, C. (2011): Gemeinwesenarbeit und Sozialraumorientierung – Ein „entweder – oder" oder ein „sowohl – als auch"? In: sozialraum.de 1/2011; URL: https://www.sozialraum.de/gemeinwesenarbeit-und-sozialraumorientierung.php (1. Aug. 2022)

Stoik, C. (2013a): Arbeiten in und mit der Öffentlichkeit; in: Stövesand, S., Stoik, C., und Troxler, U. (Hg.), Handbuch Gemeinwesenarbeit, Opladen, Berlin und Toronto: 439–445

Stoik, C. (2013b): Von der Gemeinwesenarbeit zur „sozialraumorientierten Verwaltungsmodernisierung": Wolfgang Hinte; in: Stövesand, S., Stoik, C., und Troxler, U. (Hg.), Handbuch Gemeinwesenarbeit, Opladen, Berlin und Toronto: 79–84

Stoik, C. (2013 c): GWA als intermediäres und parteiliches Handeln in der deliberativen Demokratie: Oliver Fehren; in: Stövesand, S., Stoik, C., und Troxler, U. (Hg.), Handbuch Gemeinwesenarbeit, Opladen, Berlin und Toronto: 105–109

Stoik, C. (2017): Aktivierende Befragung; in: Patze-Diordiychuk, u. a. (Hg.), Methodenbuch Bürgerbeteiligung. Band 2, München: 28–41

Stövesand, S. (2013a): Community Organizing als Soziale Aktion: Saul D. Alinsky und Co; in: Stövesand, S., Stoik, C., und Troxler, U. (Hg.), Handbuch Gemeinwesenarbeit, Opladen, Berlin und Toronto: 48–52

Stövesand, S. (2013b): Sozial-konservative, integrative Gemeinwesenarbeit: Murray G. Ross; in: Stövesand, S., Stoik, C., und Troxler, U. (Hg.), Handbuch Gemeinwesenarbeit, Opladen, Berlin und Toronto: 53–57

Stövesand, S. (2017): GWA als Akteurin in Gentrifizierungsprozessen; in: Forum Wohnen und Stadtentwicklung 4/2017

Stövesand, S., und Stoik, C. (2013): Gemeinwesenarbeit als Konzept Sozialer Arbeit – eine Einleitung; in: Stövesand, S., Stoik, C., und Troxler, U. (Hg.), Handbuch Gemeinwesenarbeit, Opladen, Berlin und Toronto: 14–36

Strack, K. (2018): Kooperation im Quartier – Prinzipien des Gelingens und Erscheinungsformen von Kooperation; in: Landesarbeitsgemeinschaft Soziale Brennpunkte Niedersachsen e. V. (Hg.) Kooperationen im Quartier, 2. Aufl. Bonn: 13–16

Stracke-Baumann, C. (2009): Zukunftswerkstatt; in: Buchkremer, H. (Hg.), Handbuch Sozialpädagogik, Darmstadt: 425–428

Stracke-Baumann, C. (2013): Zukunftswerkstatt als Methode in der Gemeinwesenarbeit; in: Stövesand, S., Stoik, C., und Troxler, U. (Hg.), Handbuch Gemeinwesenarbeit, Opladen, Berlin und Toronto: 419–424

Stracke-Baumann, C. (2014): Visuelle Synektik – Zukunftswerkstatt – Open Space. Bürgerbeteiligung mit Partizipationsmethoden nachhaltig gestalten; in: Benz, B., u. a. (Hg.): Politik Sozialer Arbeit (Bd. 2), Weinheim und Basel: 314–328

Sturm, H. (2014): Planungszelle/Bürgergutachten als hochstandardisiertes Beteiligungsverfahren; in: Dienel, H.-L., u. a. (Hg.), Die Qualität von Bürgerbeteiligungsverfahren, München: 103–122

Sundermann, J. (2018): Campaigning, was ist das? In: SM-BS/Stiftung Mitarbeit und Bewegungsstiftung (Hg.), Engagement in Aktion, Bonn und Verden: 21–28

Susen, A.-S. (2021): Community Communication: Diskursive Beteiligung im Gemeinwesen; in: Marks, E. (Hg.), Prävention und Demokratieförderung, Bad Godesberg: 289–297

Szynka, P. (2005): Theoretische und empirische Grundlagen des Community Organizing bei Saul D. Alinsky (1909–1972), Bremen

Szynka, P. (2011): Community Organizing, Berlin

Szynka, P. (2019): Aktivierende Gespräche bei Saul Alinsky; in: Lüttringhaus, M., und Richers, H. (Hg.), Handbuch Aktivierende Befragung, 4. Aufl. Bonn: 11–17

Tappert, S. (2021): Orte der Nachbarschaft; in: vhw / Bundesverband Wohnen und Stadtentwicklung (Hg.): Factsheet Nachbarschaft Nr. 4, Berlin

Taschner, S., und Löhle, C. (2018): Wer macht mit? Bündnisse und Vernetzung; in: SM-BS / Stiftung Mitarbeit und Bewegungsstiftung (Hg.), Engagement in Aktion, Bonn und Verden: 52–57

Theunissen, G. (2021): Behindertenarbeit vom Menschen aus, Februar / Brsg

Thiersch, H. (1992/2014): Lebensweltorientierte Soziale Arbeit, Weinheim und München 1992, 9. Aufl. Weinheim und Basel

Thiersch, H. (1993): Strukturierte Offenheit; in: Rauschenbach, T., u. a. (Hg.): Der sozialpädagogische Blick, Weinheim und München: 11–28

Thiersch, H. (2002a): Lebensweltorientierung in der Sozialen Arbeit – als radikalisiertes Programm; in: ders., Positionsbestimmungen der Sozialen Arbeit, Weinheim und München: 29–51

Thiersch, H. (2002b): Der Beitrag der Sozialen Arbeit für die Gestaltung des Sozialen; in: Lange, D., und Karsten, F. (Hg.): Soziale Fragen – Soziale Antworten, Neuwied: 12–21

Thiersch, H. (2002c): Strukturierte Offenheit; in: ders., Positionsbestimmungen der Sozialen Arbeit, Weinheim und München: 203–220

Thiersch, H. (2020): Lebensweltorientierte Soziale Arbeit – revisited, Weinheim und Basel

Thies, R. (2010): Quartiermanagement – Strategischer Ansatz zur Kooperation in der Sozialen Stadt; in: Kreft, D., und Müller, C. W. (Hg.), Methodenlehre in der Sozialen Arbeit, München und Basel: 129–132

Thies, R. (2011): Soziale Stadt; in: Deutscher Verein für öffentliche und Private Fürsorge (Hg.), Fachlexikon der sozialen Arbeit, 7. Aufl. Baden-Baden: 813

Thomas, S., und Gilles, D. (2018): Ergebnisse der Jugendbefragung in drei Malls; in: Deinet, Ulrich (Hg.), Jugendliche und die „Räume" der Shopping Malls, Opladen, Berlin und Toronto: 29–60

Toens, K., und Benz, B. (2019a): Schwache Interessen? Politische Beteiligung in der Sozialen Arbeit, Weinheim und Basel

Toens, K., und Benz, B. (2019b): Einleitung; in: dies. (Hg.): Schwache Interessen? Politische Beteiligung in der Sozialen Arbeit, Weinheim und Basel: 11–25

Troxler, U. (2013): Gemeinwesenarbeit als Arbeitsprinzip: Jaak Boulet, Jürgen Krauss, Dieter Oelschlägel; in: Stövesand, S., Stoik, C., und Troxler, U. (Hg.), Handbuch Gemeinwesenarbeit, Opladen, Berlin und Toronto: 70–72

Trümper, L. (2017): Aktuelle Debatte „Sicherheit auf öffentlichen Plätzen in der LH Magdeburg"; in: Stadtratssitzung SR/043(VI)/17 vom 17. Aug. 2017 (Teil 1/2)

Tsebelis, G. (1995): Decision Making in Political Systems; in: British Journal for Political Science 25/1995: 289–325

UFo / Unabhängiges Forum kritische Soziale Arbeit (2012): Zukunftswerkstatt Soziale Arbeit, Berlin

Ulrich, M. (2008): Sind Planspiele langwierig und kompliziert? In: Blötz, U. (Hg.), Planspiele in der beruflichen Bildung, 4. Aufl. Bonn

ver.di: Schlechte Bedingungen, um sein Bestes zu geben. Was sich im Bereich Sozialarbeit ändern muss; URL://mehr-braucht-mehr.verdi.de/sozialarbeit (16.08.2020)

von Kietzell, D. (1998): Das Hamburger Volksheim zwischen Settlement und Arbeiterbewegung; in: Klöck, R. (Hg.), Solidarische Ökonomie und Empowerment, Neu-Ulm: 281–301

von Kietzell, D. (2002): Gemeinwesenarbeit: eine Kern-Kompetenz im Quartiersmanagement, Hannover

von Spiegel, H. (2013): Methodisches Handeln in der Sozialen Arbeit: Grundlagen und Arbeitshilfen für die Praxis, 5. Aufl., Stuttgart

von Werder, L. (1999): Die Methode „Zukunftswerkstatt" in der Sozialpädagogik, 2. Aufl. Berlin

Wahren, H.-K. (1999): Zukunftskonferenz; in: Rationalisierungs- und Innovationszentrum der Deutschen Wirtschaft (Hg.), Erfolgreich durch Lernen, Köln: 49–72

Walter, F. (2018): Appreciative Inquiry; in: Stiftung Mitarbeit und Österreichische Gesellschaft für Umwelt und Technik/ÖGUT (Hg.), Bürgerbeteiligung in der Praxis, Bonn: 36–44
Wansing, G. (2016): Soziale Räume als Orte der Lebensführung; in: Beck, I. (Hg.), Inklusion im Gemeinwesen, Stuttgart: 239–267
Weber, K. (2018): Toynbee Hall in London; in: Lindner, R. (Hg.), „Wer in den Osten geht, geht in ein anderes Land", Berlin und Boston: 51–60
Weinberger, S., und Lindner, H. (2011): Personzentrierte Beratung, Stuttgart
Weisbord, M. R., und Janoff, S. (2008/2010): Future Search, Stuttgart/San Francisco
Weisz, A. (2018): Großstadtdrama: Die SAG und das Kino; in: Lindner, R. (Hg.), „Wer in den Osten geht, geht in ein anderes Land", Berlin und Boston: 153–160
Weitz, L. (2018a): Open Space; in: Stiftung Mitarbeit und Österreichische Gesellschaft für Umwelt und Technik/ÖGUT (Hg.), Bürgerbeteiligung in der Praxis, Bonn: 196–293
Weitz, L. (2018b): Planspiel – Simulation; in: Stiftung Mitarbeit und Österreichische Gesellschaft für Umwelt und Technik/ÖGUT (Hg.), Bürgerbeteiligung in der Praxis, Bonn: 296–211
Wendt, P.-U. (2005): Selbstorganisation Jugendlicher und ihre Förderung durch kommunale Jugendarbeit, Hamburg
Wendt, P.-U. (2017): „... dass, wenn die Jugendlichen was sagen, dass dann auch Gewicht hat"; in: Lindner, W., und Pletzer, W. (Hg.), Kommunale Jugendpolitik, Weinheim und Basel: 192–214
Wendt, P.-U. (2020): Emanzipation – Teilhabe und Empowerment; in: ders. (Hg.), Soziale Arbeit in Schlüsselbegriffen, Weinheim und Basel: 134–140
Wendt, P.-U. (2021a): Lehrbuch Methoden der Sozialen Arbeit, 3. Aufl. Weinheim und Basel
Wendt, P.-U. (2021b): Lehrbuch Soziale Arbeit, 2. Aufl. Weinheim und Basel
Wendt, P.-U. (2022): Soziale Gruppenarbeit; in: Simon, T., und Wendt, P.-U.: Lehrbuch Soziale Gruppenarbeit, 2. Aufl. Weinheim und Basel: 106–304
Wendt, W. R. (2010): Das ökosoziale Prinzip, Freiburg/Brsg.
Wenzel, F. und Boeser-Schnebel, C. (2019): Dorfgespräch, Bonn
Wenzl, U. (1995): Planspiele in der Jugendarbeit, Östringen
Wenzl, U. (2004): Handbuch Cyberdingen, Stuttgart
Weyers, S. (2006): Verantwortung/Eigenverantwortung; in: Dollinger, B., und Raithel, J. (Hg.): Aktivierende Sozialpädagogik, Wiesbaden: 217–233
WHO (2007): Global age-friendly cities. A guide (WHO: Ageing and life course, family and community health), Genf 2007; URL: http://bibpurl.oclc.org/web/21329
Wietschorke, J. (2013): Soziale Mission im dunklen Berlin 1911–1933, Frankfurt/M.
Williger, B., und Wojtech, A. (2018): Digitalisierung im ländlichen Raum, Nürnberg
Willms, B. (2006): Streetworker im Kontakt mit Jugendlichen in Wochenendszenen; in: deutsche jugend 9/2006: 373–382
Witzel, M. (2019): Aneignung unter Bedingungen von Digitalisierung; in: Sozialmagazin 3–4/2019: 44–50
Wolf, M. (2007): Sozialpolitik und Soziale Arbeit jenseits des Wohlfahrtsstaats; in: UTOPIE kreativ 12/2007: 1153–1170
Wolfer, D. (2009): Qualitäts- und Fachstandards von Streetwork/Mobiler Jugendarbeit; in: deutsche jugend 7–8/2009: 319–326
Wurtzbacher, J. (2011): Partizipation; in: Deutscher Verein für Öffentliche und private Fürsorge (Hg.): Fachlexikon der Sozialen Arbeit, 7. Aufl. Baden-Baden: 634
Zandt, F. (2022): Wen Sonderausgaben in die Armut treiben könnte; in: statista.de vom 6. Oktober 2022; URL: https://de.statista.com/infografik/28404/anteil-der-haushalte-in-folgenden-nettoaequivalenzeinkommensgruppen-nach-typ (7. Oktober 2022)
Zandt, F. (2023): Wo die Kindergrundsicherung am dringendsten gebraucht wird; in: statista.de vom 4. Juli 2023; URL: https://de.statista.com/infografik/5784/kinderarmut-in-deutschland/ (4. Juli 2023)

Zimmer, M. (2018): Motivationen, Bedingungen und Hindernisse für Kooperationen im Sozialraum; in: Landesarbeitsgemeinschaft Soziale Brennpunkte Niedersachsen (Hg.), Kooperationen im Quartier, 2. Aufl. Bonn: 17–20

Zinell, H. O. (2023): Verwaltung und gestalten – Pflicht und Kür im Bürgermeisteramt; in: Holzwarth, E.: Bürgermeisterwahlen gewinnen, Stuttgart: 11–22

Zinner, G. (2015): Nachbarschaftshäuser in ihrem Stadtteil, Berlin

Zubizarreta, R., und zur Bonsen, M. (Hg.) (2019): Dynamic Facilitation, 2. Aufl. Weinheim und Basel

Zühlke, W. (2011): Die Gestaltung kommunaler Politik; in: Dahme, H.-J., und Wohlfahrt, N. (Hg.), Handbuch Kommunale Sozialpolitik, Wiesbaden: 40–52

zur Bonsen, M. (2007): Werkzeugkiste Dynamic Facilitation; in: OrganisationsEntwicklung 3/2007: 91–95

zur Bonsen, M. (2019): Wisdom Council – der Rat der Weisen; in: Zubizarreta, R., und zur Bonsen, M. (Hg.), Dynamic Facilitation, 2. Aufl. Weinheim und Basel: 141–153

zur Bonsen, M. (2021): Zukunftkonferenz; in: socialnet-Lexikon, Bonn, 16. Juni 2021; URL: https://www.socialnet.de/lexikon/4609 (25. Juni 2023)

zur Bonsen, M., und Maleh, C. (2013): Appreciative Inquiry, 2. Aufl. Weinheim und Basel

Zychlinski, J. (2013): Netzwerkarbeit in der GWA; in: Stövesand, S., Stoik, C., und Troxler, U. (Hg.), Handbuch Gemeinwesenarbeit, Opladen, Berlin und Toronto: 431–438

Titus Simon | Peter-Ulrich Wendt
Lehrbuch Soziale Gruppenarbeit
Eine Einführung
2. Aufl. 2022, 462 Seiten, broschiert
ISBN: 978-3-7799-3098-3
Auch als E-BOOK erhältlich

Soziale Gruppenarbeit mag Alltag Sozialer Arbeit sein, Allgemeingut ist sie nicht – vielfach fehlt die spezifische Kompetenz, mit Gruppen zu arbeiten. Was sie gleichwohl unverzichtbar macht, kann nicht allein durch den Verweis darauf beantwortet werden, dass sie neben Einzelfall- und Gemeinwesenarbeit Teil der Trias der klassischen Arbeitsformen Sozialer Arbeit ist. Entscheidend ist: Gruppen haben sich in der Arena sozialpädagogischer Interventionen als brauchbar erwiesen. So findet Soziale Arbeit entweder unmittelbar in Gruppen statt oder ist in Gruppenbezüge eingebunden. Diese enge Verbindung zur Praxis bildet das Lehrbuch nicht zuletzt durch die Darstellung der Erfahrung von rund 50 Fachkräften unterschiedlicher Arbeitsfelder ab.

www.beltz.de
Beltz Juventa · Werderstraße 10 · 69469 Weinheim

Peter-Ulrich Wendt
Lehrbuch Methoden der Sozialen Arbeit
3. Aufl. 2021, 462 Seiten, broschiert
ISBN: 978-3-7799-3097-6
Auch als E-BOOK erhältlich

Was sind die Grundlagen methodisch abgestützten Handelns, das professionelle Soziale Arbeit auszeichnen soll? Die Einführung vermittelt als Lehr- und Arbeitsbuch einen Überblick über die zur Anwendung kommenden methodischen Arrangements, wobei eine subjektorientierte Haltung die Grundlage jedes Handelns sein muss, das den Anlässen gerecht wird, mit denen Soziale Arbeit zu tun hat.
Als Lehrbuch führt der Basistext in die zentralen Begriffe und Konzepte methodischen Handelns ein, als Arbeitsbuch enthält der Band ergänzende Materialien, Hinweise zu weiterführender Literatur und Aufgaben, die zur Vertiefung in Eigenarbeit bzw. selbstorganisierter Gruppenarbeit dienen.

www.beltz.de
Beltz Juventa · Werderstraße 10 · 69469 Weinheim